XIANDAI HANYU

现代汉语

陆俭明◎主　编

北京师范大学出版集团
BEIJING NORMAL UNIVERSITY PUBLISHING GROUP
北京师范大学出版社

图书在版编目 (CIP) 数据

现代汉语／陆俭明主编 . —北京：北京师范大学出版社，2012.5 (2021.1重印)

（金声书系）

ISBN 978−7−303−13759−6

Ⅰ.①现… Ⅱ.①陆… Ⅲ.①现代汉语−高等学校−教材　Ⅳ.① H109.4

中国版本图书馆 CIP 数据核字 (2011) 第 041032 号

营 销 中 心 电 话	010-58802181 58805532
北师大出版社高等教育分社网	http://gaojiao.bnup.com
电 子 信 箱	gaojiao@bnupg.com

出版发行：北京师范大学出版社　www.bnup.com

北京新街口外大街 19 号

邮政编码：100875

印　　刷：	保定市中画美凯印刷有限公司
经　　销：	全国新华书店
开　　本：	787mm × 1092mm 1/16
印　　张：	21.75
字　　数：	437 千字
版　　次：	2012 年 5 月第 1 版
印　　次：	2021 年 1 月第 7 次印刷
定　　价：	33.00 元

策划编辑：赵月华	责任编辑：杨　帆
美术编辑：毛　佳	装帧设计：李尘工作室
责任校对：李　菡	责任印制：马　洁

《现代汉语》编写成员

主　编　　陆俭明

陆俭明（北京大学中文系教授）　　绪论

苏培成（北京大学中文系教授）　　语音

苏培成（北京大学中文系教授）　　文字

杨锡彭（南京大学中文系教授）　　词汇

马　真（北京大学中文系教授）　　语法

王本华（人民教育出版社副编审）　修辞

苏培成（北京大学中文系教授）　　标点

目　录

现代汉语

现代汉语

现代汉语

现代汉语

绪　论

一、现代汉语指什么

(一)先说说语言是什么

在说明"现代汉语指什么"之前，有必要先简单跟大家说说"语言是什么"这个问题。

作为一个人，他在社会生活中，有两种活动是始终伴随着他的。一是思维，也就是想问题，思考问题；二是与他人交际，也就是与他人交流思想，交流看法，交流情感。而这两种活动都基本上要靠语言来进行，离开语言就不可能进行有效的思维和交际。事实上，整个社会都需要靠语言来协调。我们可以设想一下，假如有一天某个人类社会一下子都不会说话了，都不会认字、不会写字了，这个人类社会将会怎样？肯定就会乱作一团。所以说，语言和社会是互相依存着的，语言是人类借以思维和彼此互相交际的最重要的工具。

我们所说的语言，既包括口语，也包括书面语。书面语可以说是口语的一种延伸，它是人类借助于文字将口语记录下来并加以加工、提炼的产物。文字的产生实在是人类文明发展史上的一件大事。没有文字，人与人之间，只能进行面对面的交流。有了文字，人们不仅可以突破空间的限制，利用文字把自己的思想、看法、感情等传给远方的亲朋好友；而且也可以突破时间的限制，利用文字把自己的思想、看法、感情等传给后人。可见，文字的使用扩大了语言的交际作用，使地球上各个地方的人都有可能彼此进行交际，更为人类社会保存了可贵的文化遗产，包括在生产斗争和一切实践活动中所得到的经验和教训，使人类能在前人业绩的基础上不断地把人类社会推向前进。

(二)现代汉语指什么

任何一个人类社会都使用语言。但各民族所使用的语言一般说来是各不相同的。各民族所使用的语言，既有共性，也有个性，或者说特性。任何语言的任何表达单位都是一个声音和意义的结合体(简称"音义结合体")；在其语音系统里，都有元音和辅音，都存在着音节结构；在其词汇系统里，都有实词和虚词的类别，都有称代性词语；在其语法系统里，都不止一种结构规则，在语法构造上都可以一层套一层地进行组合。这些都可以说是人类语言的共性。各民族所使用的语言，对本民族的人来说，一定有一个共同能接受的形式；但对外族人所使用的语言来说，无论在语音、词汇、语法上，又往往都各具特色。正因为这样，不同民族的人如果要进行交际，就得互相学习对方的语言。

任何语言既有共性，又有民族性。正是这种语言的共性和民族性，形成了不同的民族语言。民族语言既是一个民族的标志，也是一个民族的文化形式，一个民族的文化正是通过本民族的语言文字保存下来和传播开来的。

汉语就是汉民族的语言。现代汉语就是现代汉民族的语言。关于汉语，我们需要有以下几方面的了解和认识。

汉语历史悠久，说汉语的人又是那么多，以汉语为母语的人口大约有十三亿，这在全世界是没有任何一种语言可以相比的；而自有史以来汉语没有分化为多种语言，这在全世界各种语言中更是罕见的。汉字，作为记录汉语的书写符号，是世界上最古老的文字之一；但汉字体系自古以来能基本保存下来，并至今仍然能通行，仍有生命力，这在世界各种文字中也是绝无仅有的。

语言是随着社会的发展而不断发展的。现代汉语与古代汉语相比，无论在语音、词汇、语法上都有很大差异。正因为这样，我们现在看起古书来会感到很吃力，有的甚至看不懂。但是语言又有极大的稳固性。除语音变化比较大以外，现代汉语里所用的词，大多是几千年沿用下来的；语法有变化，但不是很大。也正因为这样，古书看起来虽很吃力，但我们学习了古代汉语，就能把它们看懂。

在历史的长河中，由于各种原因、各种条件的影响，汉语形成了多种方言，但汉语始终没有分化为不同的语言，这是汉字的功劳。同时，为克服方言带来的口头交际上的困难，在漫长的历史进程中逐渐形成了现代汉民族的共同语。

二、汉语方言与汉语普通话

汉语方言到底该分为几类，至今学术界意见不一。以下七大类是大家公认的：

（1）北方方言。北方方言区包括长江以北地区，长江以南的镇江以西、九江以东的沿江地带，云、贵、川三省，湖北省大部（西南角除外），湖南省西北角以及广西壮族自治区北部。使用人口约占汉族人的71.2%。

（2）吴方言。吴方言区包括长江以南、镇江以东地区（镇江不包括在内），浙江省大部。使用人口约占汉族人的8.3%。

（3）湘方言。湘方言区就是湖南省（西北部除外）。使用人口约占汉族人的4.8%。

（4）赣方言。赣方言区包括江西省大部（东北沿江地带和南部一部分除外）。使用人口约占汉族人的2.4%。

（5）客家方言。客家方言区包括广东省东部和北部、广西壮族自治区东南部、福建省西部、江西省南部，以及湖南、四川少部分地区。使用人口约占汉族人的3.7%。

（6）闽方言。闽方言区包括福建省、台湾省、海南省一部分，以及广东省潮安、汕头一带。使用人口约占汉族人的4.1%。

（7）粤方言。粤方言区包括广东省大部分地区，香港、澳门特区，以及广西壮族自治区东南部。使用人口约占汉族人的5.5%。

不同方言之间的差别有大有小，总的说，语音上的差别比较大，其次是词汇，语法方面的差异最小。

各个方言之下，还有许多次方言。就汉语来说，不同方言区的人，如果通过书面进行交际，都不成问题，因为在书面上一般都是按汉民族共同语来写的；但口头交际，问题就比较大。且不说北方人可能听不懂南方人的话，南方人听不懂北方人的话，甚至同一个方言区的人，这个县的人可能听不懂那个县的话，甚至这个村的人跟隔一座山或隔一条河的那个村的人彼此不能通话。一般来说，中国东南省份的方言比较复杂，不同方言区、不同地区的人在口头交际上障碍要大一些；而广大的北方地区和西南地区，方言分歧相对较小，不同地区的人一般都能进行口头交际。但不管怎么说，方言的存在，给全民族的自由交际带来极大的不便，甚至造成不必要的麻烦。显然，为了使我们的社会能有效地协调与运作，使我们社会的政治、经济、文化、科技等各方面能飞速发展，我们迫切需要一个规范的、为全体汉民族都能接受的现代汉民族共同语。民族语言规范化是一个民族在政治上高度统一、在经济上迅速发展的必然要求，也是"民族意识增长，民族文化高涨的自然而直接的表现"（罗常培、吕叔湘《现代汉语规范问题》）。这个现代汉民族共同语就是现在一般人所说的普通话。但是，也必须明了，依法推广普通话，是为了克服交际障碍，便于沟通与交流，而不是歧视、禁止方言。方言是客观存在的，它是语言的活化石，而且也是中华文化的一个重要载体，因此有它自身存在的价值。

三、怎样理解"普通话"

普通话是现代汉民族的共同语。它是"以北京语音为标准音，以北方话为基础方言，以典范的现代白话文著作为语法规范"。"普通话"的名称及其含义是 1956 年 2 月 6 日国务院发布的《关于推广普通话的指示》里明确规定的。但是，现代汉民族的这种共同语并不是 20 世纪 50 年代才形成的。

从现有的文献资料看，我们汉族在历史上长期用"文言"作为统一的书面语。这种文言，最初想必也是以口语为基础的，但后来它越来越与口语脱节，能写能看的人只占汉民族的极少部分。这就很不适应汉语和整个社会的发展需要。到了晚唐五代，一种建立在北方话基础上的、同口语直接相连的、新的书面语"白话"逐渐兴起；到了宋元，特别是到了明清时代，白话发展到了与文言分庭抗礼的地步，各种体裁的文学作品，如一些元杂剧和后来成为传世名著的《水浒传》《西游记》《红楼梦》《儒林外史》等，基本上都是用白话写的。而明清时代更有了以北方话为基础的"官话"。清政府还曾命令在福建、广东两省设立"正音书院"，以教授官话。辛亥革命后，"官话"更名为"国语"，"国语统一"作为政令来推行，但文言文还是在书面语占有优势。1919 年的"五四"运动，明确提出了"废文言，兴白话"的口号，动摇了文言的统治地位，在书面语中文言逐渐完全让位于白话。汉民族共同语的最后确定，是在新中国成立以后。我国是一个多民族的国家，全国有 56 个民族。根据宪法，我国现行的各民族的语言文字地位一律平等；但为了确保国家的统一，为了加强各地各民族之间的交流与沟通，为了增进中华民族的凝聚力，以利于我国政治、经济、文化、科学技术全面、均衡地发展，全国各民族、各地区又必须有通用的语言文字，而各兄弟民族也都自觉要求选取汉语为共同的交际工具。2000 年 10 月 31 日中华人民共和国第九届全国人民代表大会常务委员会第十八次会议通过了《中华人民共和国通用语言文字法》，并于 2001 年 1 月 1 日起实施。这是我国历史上第一部有关语言文字的法律。《中华人民共和国国家通用语言文字法》的公布，是我们国家的一件大事。《国家通用语言文字法》一方面依照宪法规定我国现行的各民族的语言文字地位一律平等，同时明确规定普通话、规范汉字为国家通用语言文字，"国家推广普通话，推行规范汉字"。

而随着我国国际地位的提高，特别是在恢复了我国在联合国的合法地位之后，联合国大会第 28 届会议，于 1973 年 12 月 18 日一致通过决议，把汉语列为联合国大会和安理会的法定工作语言之一（目前列为法定工作语言的除汉语外，还有英语、俄语、法语、西班牙语和阿拉伯语）。

民族共同语是超方言的，同时又一定以某一种方言为基础。普通话以北方方言为基础方言，以北京语音为标准音，这不是少数人主观规定的，而是有它的客观基础的。这客观基础主要是指政治、经济、文化的因素。我们知道，从上古到近代，中国的经济中心一直在北方；800 年来，北京一直是中国的政治中心；唐宋以来，有影响的白话文学，都是以北方方言写成的。可见，今天规定普通话以北方方言为基础方言，以北京语音为标准音，以典范的现代白话文著作为语法规范，这是完全符合汉语发展规律的。

"普通话以北京语音为标准音"，这里所说的"北京语音"是指北京语音的语音系统，可不能把它理解为在语音上北京人怎么说，普通话也就怎么说。换句话说，我们不能认为北京土话就是普通话。譬如说，北京一部分人对某些字有误读的情况，如把"侵(qīn)略"读成"qǐn lüè"，这不能跟着误读；北京话里的大量儿化词（如"今儿""明儿"等）和轻音节词（如把"明天""古怪""主张""重要"等词里的"天""怪""张""要"都读成轻音），也不能都照搬到普通话里来。再说，普通话也要不断从其他方言中吸收富有表现力的成分。我们所以要强调这一点，一方面有助于方言区的人们增强学习普通话的信心；另一方面也可以消除误解，以免把北京土话当普通话来学习。

最后还需说明一点，由于历史或其他的原因，现代汉民族共同语，在中国大陆叫"普通话"，在香港、澳门特区和台湾省叫"国语"（香港、澳门相继回归后也开始叫"普通话"），而在海外华人中又称为"华语"。

四、"现代汉语"课的性质和教学目的

(一)"现代汉语"课的性质

"现代汉语"是中文院系、外语院系、新闻传媒院系各专业以及对外汉语专业的基础课。为什么要把这门课列为这些院系专业的基础课呢？

我们知道，自步入现代社会以来，特别是进入 21 世纪信息时代、知识经济时代之后，语言不只具有工具性，更具有资源性、情感性。就个人而言，一个人的语言

素养和语文水平逐渐成为与他人竞争的必要条件。就国家而言，语言已经成为一种软实力，关系到社会的和谐、国家的稳定和发展。社会现实告诉我们，应聘人员本民族的语文水平、语文修养如何，已逐渐成为聘用单位所要考虑的必要条件之一，也已逐步成为企事业单位领导考察下属员工素质如何的一个重要方面。对从事教育（包括外语教育）、文秘、出版、新闻传媒和翻译等工作的人员来说，在语言文字运用方面的要求更高。怎样保证自己写出来的东西，不仅文从字顺，而且能富有表现力、感染力，又朴实无华？怎样保证自己在正式场合的讲话、论辩、提问、作答或即兴讲话，不仅口音标准，而且连贯得体，富有意趣，能抓住听者的心，使听者满意，能给听者留下深刻的印象？总的来说，怎样才能让书面或口头表达获得良好的表达效果呢？这就要求自己具有较高的语文水平和语文修养。要做到这一点，当然首先是要多阅读，多自觉地吸取，并要持之以恒，同时也需要具有一定的现代汉语基础知识。有了一定的现代汉语基础知识，可以促使自己在语言文字的运用上，能自觉地推敲、斟酌，在遣词造句上，特别是在对自己所起草的文稿的修改上，不但能知其然，而且能知其所以然，从而使自己说出来的话，写出来的文字，能做到通顺流畅，清楚明白，准确、鲜明、生动。其实，一般人员也有必要学些现代汉语基础知识，因为现实告诉我们，不管你现在或者将来从事什么工作，都离不开写作以及在正式场合的说话、提问、作答，甚至演讲。随着我国在各行各业都引进竞争机制，一个人书面的、口头的表达能力将成为重要的竞争条件。正如世界知名语言学家、中国社会科学院语言研究所前所长吕叔湘先生所说的："学好语文是学好一切的根本。"也正如世界知名数学家复旦大学教授苏步青先生所说的："如果说数学是学习自然科学的基础，那么语文则是这个基础的基础。"

"现代汉语"课，将有助于你培养和增强语文能力。

(二)"现代汉语"课的目的和具体内容

本课程注重现代汉语基础知识与实际的汉语运用能力的结合。本课程的目的是，通过本课程的学习，学习者能较系统地掌握有关现代汉语语音、词汇、语法、修辞、现代汉字和标点符号方面的基础知识，并能运用这些知识指导自己的语言实践。

"现代汉语基础"除"绪论"外，有以下六个部分：

1. 语音。这一部分讲授普通话的语音系统及相关知识，目的在于帮助大家更好地学习普通话，切实掌握汉语拼音方案。因为有了普通话的语音知识，可以帮助自己自觉地运用发音器官，运用普通话与方言之间的对应规律，更有效率地学好普通话；而切实掌握了汉语拼音方案，可以帮助自己更好地使用工具书，更熟练地使用电脑的拼音输入法。

2. 文字。这一部分讲授汉字的基础知识。文字是记录语言的书写符号。书面语言中的正字与口头语言中的正音处于同等重要的地位，有时甚至显得更重要些，因为口头说话如果出现对方不明白的地方，对方还可以当面问清楚，而书面上如果因错别字而让人误解，有可能造成无法弥补的损失。掌握有关现代汉字的基础知识，有助于大家正确使用汉字，避免写错别字。

3. 词汇。这一部分讲授现代汉语词汇的基础知识。词汇是一个语言中词的总汇。在说话或写作中，最容易犯的毛病是"用词不当"。造成"用词不当"的原因主要有两方面，一是词汇贫乏，二是没有能确切了解与掌握词的意义和用法。学习、掌握有关现代汉语词汇的基础知识以及一些辨析词义的方法，有助于人们懂得怎样丰富词汇，并指导自己的语言实践，使自己运用词语的能力有所提高。

4. 语法。这一部分讲授现代汉语语法的基础知识。语法是一个语言中组词造句的规则。掌握现代汉语语法的基础知识，初步具备分析句子结构的能力，了解常见的语法错误，懂得怎样分析、改正病句，有助于提高防止和纠正语法错误的自觉性。

5. 修辞。这一部分讲授现代汉语修辞的基础知识。修辞，简单地说，可以理解为根据语言表达的需要，运用各种表现手法，以提高语言表达效果的一种技巧和规律。同样一个意思，一个会说话的人可以说得娓娓动听，一个不会说话的人可能会把听话人说得不知所云昏昏欲睡。其中的奥秘就在于能不能、会不会选择、使用合适的、富有表现力的词句和恰当的表达手段。掌握现代汉语修辞的基础知识，并注意联系自己所接触的优秀作品和日常生活中丰富多彩的语言实际，使自己把语言运用得好，具体来说，就是使自己对汉语修辞的鉴赏能力和表达能力能有所提高。

6. 标点符号。这一部分讲授标点符号的基础知识。标点符号是辅助文字记录语言的符号，是现代书面语不可缺少的组成部分。许多人不重视标点符号，他们不懂得标点符号的正确运用可以大大增强书面表达的明确性。掌握标点符号的基础知识，有助于大家正确使用标点符号，避免由于标点符号使用不当所造成的语言表达上的毛病。

每一节之后都附有练习。练习，有复习性的，也有思考性的。练习是教学环节中很重要的一环，它不仅起着帮助学生复习讲授内容的作用，更有助于培养学生思考分析的能力。因此，无论教师还是学生一定要认真对待练习。

最后，我们向学习这个课的学生提出几点要求：识记现代汉语中的一些重要概念，理解并融会贯通教材所讲的有关现代汉语语音、文字、词汇、语法、修辞和标点符号的基本知识，认真做好每一个练习，以使自己初步具有分析语言、运用语言的能力。

练 习

一、普通话的含义是什么？推广普通话是不是要取消方言？

二、"现代汉语"是个什么性质的课程？

三、修读"现代汉语"这个课程会获得什么样的好处？

四、语言有什么功用？文字有什么功用？

第一章 语 音

第一节 语音的基础知识

一、语音的性质

什么是语音？语音是由人的发音器官发出来的具有一定意义的声音。自然界的风声、雨声都不是由人的发音器官发出来的，所以不是语音；气喘声、打喷嚏声虽然是由人的发音器官发出来的，但那只是人的本能生理反应，并不具有意义，不起交际作用，所以也不是语音。语音是语言的物质外壳，语言要通过语音来传递信息进行交际。没有语音这个物质外壳，意义无法传递，语言也就不能成为交际工具。

语音具有物理的、生理的和社会的三种性质。

(一)语音的物理性质

语音作为一种声音具有物理性质。从物理上说，声音是由物体振动而产生的音波。下面是音波示意图：

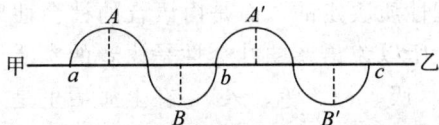

图中 a 到 b 是一个波，b 到 c 是另一个波。A 和 A' 叫波峰，B 和 B' 叫波谷。a 到 b、b 到 c 的距离叫波长。A、A'、B、B' 到甲乙线上的距离叫振幅。

语音和其他声音一样具有音高、音强、音长、音色四种要素。

1. 音高指声音的高低，是由发音体振动的快慢来决定的。声波每秒振动的周期次数就是声波的频率。振动的次数多，频率就高，声音就高；振动的次数少，频率就低，声音就低。音乐里的音阶是由音高构成的。汉语的声调，如北京话里的 dū（督）、dú（独）、dǔ（赌）、dù（度），主要是由不同的音高构成的。女人的声音听起来比男人高，就是因为女人说话时声波的频率比男人高。

2. 音强指声音的强弱，是由声波振幅的大小决定的。振幅大，声音就强；振幅小，声音就弱。敲鼓时，用力大，音强就强，发出的声音就大；用力小，音强就小，发出的声音就小。北京话里的"孝子"和"儿子"里的"子"音强不同，前一个"子"音强比较强，后一个"子"音强比较弱。

3. 音长指声音的长短，是由发音体振动时间的长短决定的。时间长，音长就长；

时间短，音长就短。英语 eat(吃)和 it(它)的区别，主要是其中元音 i 的音长不同。eat 里的 i 音长长，it 里的 i 音长短。广州话里"三"和"心"的不同，主要是其中元音 ɑ 的音长不同，"三"里的 ɑ 音长长，"心"里的 ɑ 音长短。

4. 音色指声音的特色，是由声波的不同形状决定的。它是每个声音的本质，所以也叫音质。音色是区别不同声音的最重要的要素，元音 ɑ、o、i 的区别就是由于它们的音色不同。下面是 ɑ、o、i 波纹的示意图：

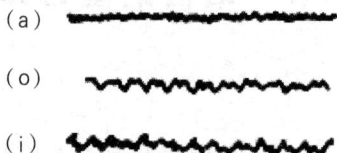

(a) ～～～～～～～～～～～～～

(o) ～～～～～～～～～

(i) ～～～～～～～～～

(二)语音的生理性质

语音是由人的发音器官发出来的，因而具有生理性质。发音时发音器官状况不同，所用的方法不同，发出的声音也不同，所以我们在学习语音时也要研究发音器官的构造及其在发音中所起的作用。

(三)语音的社会性质

语言是人类最重要的交际工具，具有社会性；语音是语言的物质外壳，也具有社会性。每种语言的语音特点，如：有哪些音，没有哪些音；哪些音能和哪些音相拼，不能和哪些音相拼；哪些音能区别意义，哪些音不区别意义等，这些主要不是由语音的物理性质和生理性质决定的，而是由语音的社会性质决定的，也就是由使用该语言的民众决定的，所以说语音的社会性是语音的本质属性。例如，上海话有入声，北京话没有入声。"吸、白、笔、入"，在上海话里是入声，发音短促，在北京话里不是入声，发音不短促。又如，北京话里声母 g、k、h 不和韵母 i、ü 相拼，而胶东话里就可以相拼。"去"北京话读 qu，不读 kü，而胶东话就读 kü。再如，北京话的 n 和 l 能区别意义，"脑"和"老"发音不同；而不少方言，如四川话、兰州话里 n 和 l 不区别意义，"脑"和"老"的声母既可以是 n 也可以是 l。

二、发音器官

发音器官可以分为三个部分。

(一)肺和气管

气流是发音的动力，呼气时肺是气流的动力站。气管是气流出入的通道，吸气时气流经过气管进入肺，呼气时气流由肺经过气管呼出。汉语主要靠呼出的气流来发音。

(二)喉头和声带

气管的上部接着喉头。喉头是由四块软骨构成的圆筒，圆筒的中部附着声带。

声带是两片富有弹性的肌肉薄膜，两片薄膜中间的空隙是声门，声门是气流的通道。声带可以放松，也可以拉紧。放松时发出的声音较低，拉紧时发出的声音较高。声门可以打开，也可以关闭。打开时，气流可以自由通过；关闭时，气流可以从声门的窄缝里挤出，使声带颤动发出响亮的声音。

（三）口腔和鼻腔

喉头上面是咽腔。咽腔是个三岔口，下连喉头，前通口腔，上连鼻腔。呼出的气流由喉头经过咽腔到达口腔和鼻腔。口腔、鼻腔、咽腔都是共鸣器，对发音来说口腔最重要。构成口腔的组织，上面的叫上腭，下面的叫下腭。上腭包括上唇、上齿、齿龈、硬腭、软腭和小舌，下腭包括下唇和下齿，舌头也附着在下腭上。舌头又分为舌尖、舌面和舌根。上腭上面的空腔是鼻腔，软腭和小舌处在鼻腔和口腔的通道上。软腭上升时，鼻腔关闭，气流从口腔通过，这时发出的声音叫口音。软腭下垂时，口腔中的某一部位关闭，气流从鼻腔通过，这时发出的声音叫鼻音。下面是口腔和鼻腔的示意图：

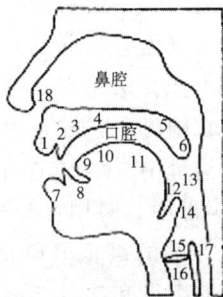

1 上唇	2 上齿	3 齿龈
4 硬腭	5 软腭	6 小舌
7 下唇	8 下齿	9 舌尖
10 舌面	11 舌根	12 咽腔
13 咽壁	14 喉盖	15 声带
16 气管	17 食道	18 鼻孔

三、语音的基本概念

（一）音素和元音、辅音

音素是最小的语音单位，它是从音色的角度划分出来的。例如，汉语里的 a、i、u 都是音素。一种语言的语音系统大都是由几十个不同的音素组成的。

音素分为元音和辅音两大类，元音如 a、o、e、i、u；辅音如 b、p、d、t、g、k、s、r。元音和辅音的区别主要是：

1. 元音发音时，气流不受阻碍；辅音发音时，气流通过口腔、鼻腔时要受到阻碍。

2. 元音发音时，发音器官各部位保持均衡的紧张状态；辅音发音时，构成阻碍的部位比较紧张，其他部位比较松弛。

3. 元音发音时，气流较弱；辅音发音时，气流较强。

4. 元音发音时，声带要颤动，发出的声音比较响亮；辅音发音时，有的声带颤动，声音响亮，如 m、n、l、r，有的不颤动，声音不响亮，如 b、t、z、c。

（二）音节

音节是听觉上最容易分辨出来的语音单位，如"建设"是两个音节，"图书馆"是三个音节，"增产节约"是四个音节。汉语音节和汉字基本上是一对一的，一个汉字也就是一个音节。只有少数例外，如"花儿""盆儿"都写成两个汉字，可是读成一个音节 huār、pénr。

音节是由音素构成的。北京话里一个音节可以只有一个音素，例如"啊"（ā）、"鹅"（é）；也可以有两个或三个音素，例如"搭"（dā）、"地"（dì）、"人"（rén）、"民"（mín）；最多可以有四个音素，例如"交"（jiāo）、"先"（xiān）。

（三）声母、韵母、声调

汉语音韵学的传统办法是把一个音节分为声母、韵母和声调三个部分。

声母指音节开头的辅音，韵母指音节里声母后面的部分。例如 dā（搭）的声母是 d，韵母是 a；jiǎ（甲）的声母是 j，韵母是 ia；rǎng（嚷）的声母是 r，韵母是 ang。

元音、辅音和声母、韵母是从不同的角度分析语音得出来的概念。元音、辅音是音素的分类，适用于一切语言；声母、韵母是对汉语的音节进行分析得出的概念，只适用于汉语和与汉语有相同的音节结构的语言。在普通话中，声母都是由辅音充当的，韵母主要由元音来充当，有的韵母中也有辅音，但只限于 n 和 ng。换一个角度说，元音只用在韵母中，辅音主要用在声母中（只有 ng 不作声母）。辅音 n 既用在声母中，也用在韵母中。如音节 niān（蔫）里的前一个 n 是声母，后一个 n 是韵尾。辅音 ng 不用在声母中，只用在韵母中，如 gāng（钢）里的 ng。

声调指整个音节的高低升降的变化。普通话里 dū（督）、dú（毒）、dǔ（赌）、dù（度）这四个音节的声母和韵母都相同，只是声调不同，表示的意思也就不同。

练习一

一、什么是语音？为什么说语音是语言的物质外壳？

二、说出发音器官示意图中各部位的名称。

三、为什么说语音的社会性质是语音的本质属性？

四、举例说明什么是音素？

五、元音和辅音的主要区别是什么？

六、下列各音素，哪些是元音？哪些是辅音？

　　p、m、u、i、g、j、e、n、a、ng

七、举例说明什么是音节？什么是声母？什么是韵母？什么是声调？

八、说明元音、辅音和声母、韵母的关系。

九、指出下列音节中各有几个元音和辅音。

　　（1）xiā（瞎）　　　（2）bān（班）　　　（3）chōu（抽）　　　（4）tīng（听）

　　（5）lóu（楼）　　　（6）shǎng（赏）　　　（7）zhuāng（庄）　　　（8）dāi（呆）

　　（9）huān（欢）　　　（10）jiǎn（柬）

十、指出下列音节中的声母和韵母。

(1)biān(边)　　　(2)zhǎo(找)　　　(3)zhī(知)

(4)xiǎo(小)　　　(5)jiǔ(酒)　　　(6)cì(次)

(7)huī(灰)　　　(8)jīn(今)　　　(9)què(确)

(10)chuāng(窗)

第二节　声母

一、声母的发音

声母指音节开头的辅音。普通话中有 21 个辅音声母，即：b、p、m、f、d、t、n、l、g、k、h、j、q、x、zh、ch、sh、r、z、c、s。

因为声母是由辅音构成的，所以研究声母的发音也就是研究构成声母的辅音的发音。辅音发音时，气流通过口腔或鼻腔时要受到阻碍，通过克服阻碍而发出声音。因此，我们可以从两个方面来研究声母的发音：(1)发音部位，就是气流受到阻碍的部位。(2)发音方法，就是气流克服阻碍发出声音的方法。

二、声母的发音部位

普通话的声母按照发音部位分为以下七组：

(一)双唇音

由上唇和下唇构成阻碍而形成的音，有 3 个，是 b、p、m。

(二)唇齿音

由下唇和上齿构成阻碍而形成的音，只有 1 个，是 f。

(三)舌尖中音

由舌尖和上齿龈构成阻碍而形成的音，有 4 个，是 d、t、n、l。

(四)舌根音

由舌根和软腭构成阻碍而形成的音，有 3 个，是 g、k、h。

(五)舌面音

由舌面和硬腭构成阻碍而形成的音，有 3 个，是 j、q、x。

(六)舌尖后音

舌尖翘起和硬腭构成阻碍而形成的音，有 4 个，是 zh、ch、sh、r。

(七)舌尖前音

由舌尖和上齿背构成阻碍而形成的音，有 3 个，是 z、c、s。

下面是声母发音部位的示意图：

三、声母的发音方法

声母的发音方法要从三个方面来说明：

(一)克服阻碍的方式

按照发音时气流克服阻碍的方式，普通话的声母分为五类。

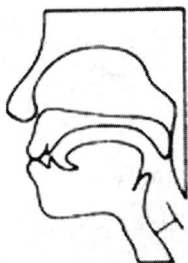
双唇音

唇齿音

舌尖中音

舌根音

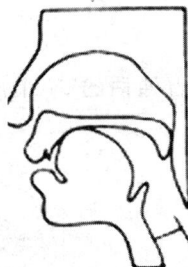
舌面音

舌尖后音

舌尖前音

1. 塞音。构成阻碍的两个部位完全闭塞。软腭上升，堵塞通向鼻腔的通路。气流经过口腔时冲破阻碍迸裂而出，爆发成声。塞音有6个，就是b、p、d、t、g、k。

2. 擦音。构成阻碍的两个部位非常接近，留下窄缝。软腭上升，堵塞通向鼻腔的通路。气流经过口腔时从窄缝挤出，摩擦成声。擦音有6个，就是f、h、x、sh、r、s。

3. 塞擦音。构成阻碍的两个部位完全闭塞。软腭上升，堵塞通向鼻腔的通路。气流经过口腔先把阻塞部位冲开一条窄缝，从窄缝中挤出，摩擦成声。先破裂，后摩擦，结合成一个音。塞擦音有6个，就是j、q、zh、ch、z、c。

4. 鼻音。口腔里构成阻碍的两个部位完全闭塞。软腭下垂，打开通向鼻腔的通路。气流颤动声带，从鼻腔通过。鼻音有两个，就是m和n。

5. 边音。舌尖与齿龈相接构成阻碍，舌头两边留有空隙。软腭上升，堵塞通向鼻腔的通路。气流经过口腔，颤动声带，从舌头的两边通过。边音只有1个，就是l。

(二)气流的强弱

按照发音时呼出的气流的强弱，普通话声母中的塞音和塞擦音分为两类，就是不送气音和送气音。

1. 不送气音。发音时，呼出的气流较弱。不送气音有 6 个，就是 b、d、g、j、zh、z。

2. 送气音。发音时，呼出的气流较强。送气音有 6 个，就是 p、t、k、q、ch、c。

(三)声带是否颤动

按照发音时声带是否颤动，普通话的声母分为两类，就是清音和浊音。

1. 清音。气流呼出时，声门打开，声带不颤动，发出的音不响亮。清音有 17 个，就是 b、p、f、d、t、g、k、h、j、q、x、zh、ch、sh、z、c、s。

2. 浊音。气流呼出时，颤动声带，发出的音比较响亮。浊音有 4 个，就是 m、n、l、r。

四、普通话声母的发音

把上面讲的声母的发音部位和发音方法结合起来，就可以说明普通话的 21 个声母是怎么发音的。

b　双唇不送气清塞音，例字：罢、拜、报、辨别、标兵。

p　双唇送气清塞音，例字：怕、派、炮、批评、乒乓。

m　双唇浊鼻音，例字：骂、迈、冒、美满、面目。

f　唇齿清擦音，例字：伐、飞、凤、方法、反复。

d　舌尖中不送气清塞音，例字：大、待、到、地点、当代。

t　舌尖中送气清塞音，例字：踏、太、套、团体、探讨。

n　舌尖中浊鼻音，例字：纳、耐、闹、牛奶、农奴。

l　舌尖中浊边音，例字：辣、赖、烙、联络、劳力。

g　舌根不送气清塞音，例字：尬、盖、告、骨干、国歌。

k　舌根送气清塞音，例字：客、慨、靠、刻苦、宽阔。

h　舌根清擦音，例字：哈、害、浩、欢呼、辉煌。

j　舌面不送气清塞擦音，例字：架、街、建、积极、经济。

q　舌面送气清塞擦音，例字：恰、窃、欠、请求、确切。

x　舌面清擦音，例字：下、歇、县、学习、虚心。

zh　舌尖后不送气清塞擦音，例字：诈、债、照、主张、政治。

ch　舌尖后送气清塞擦音，例字：岔、拆、超、出产、查抄。

sh　舌尖后清擦音，例字：事、晒、哨、声势、手术。

r　舌尖后浊擦音，例字：日、热、肉、柔软、仍然。

z　舌尖前不送气清塞擦音，例字：杂、在、早、走卒、栽赃。

c　舌尖前送气清塞擦音，例字：擦、菜、草、层次、参差。

s　舌尖前清擦音，例字：撒、塞、臊、思索、琐碎。

声母的发音部位和发音方法可以综合为下面的表：

发音方法 / 发音部位	塞音		塞擦音		擦音		鼻音	边音
	清音		清音		清音	浊音	浊音	浊音
	不送气	送气	不送气	送气				
双唇音	b	p					m	
唇齿音					f			
舌尖中音	d	t					n	l
舌根音	g	k			h			
舌面音			j	q	x			
舌尖后音			zh	ch	sh	r		
舌尖前音			z	c	s			

五、零声母

除了以上说的 21 个辅音声母以外，普通话还有一些音节不用辅音声母开头，例如 ān(安)、ēn(恩)、áo(遨)、ōu(欧)、áng(昂)等。这样的音节没有声母，可是语言学家从语音的系统性考虑认为它们有声母，不过不是辅音声母，而是特殊的声母，叫做零声母。有了零声母这个概念，我们就可以说普通话里所有的音节都有声母，都可以分为声母和韵母两部分。汉语拼音的 y 和 w 只出现在零声母音节的开头，它们的作用主要是使音节界限清楚。例如，yī(衣)、yū(迂)、yān(烟)、yuān(冤)、yāng(央)、wāng(汪)、wēng(翁)、yōng(雍)等。

六、声母辨正

方言区的人学习普通话声母时要注意以下四个问题：

(一) zh、ch、sh、r 和 z、c、s

zh、ch、sh、r 是舌尖后音，发音时舌尖卷起来对着硬腭；z、c、s 是舌尖前音，发音时舌尖对着上齿背。先发 z、c、s，然后把舌尖卷起来对着硬腭，发出的音就是 zh、ch、sh。普通话里 zh、ch、sh、r 和 z、c、s 能区别意义，而吴方言、闽方言、粤方言，还有北方方言的部分地区，都没有 zh、ch、sh、r 这套声母。北方方言里有些地区虽然有这两套声母，但是分合情况也和普通话不完全相同。因此，这些方言区的人学习普通话时就要学会 zh、ch、sh、r 的发音，还要知道普通话里哪些字要读 zh、ch、sh，哪些字要读 z、c、s。比较下列各组词语的发音：

诗人 shīrén——私人 sīrén　　　　主力 zhǔlì——阻力 zǔlì

木柴 mùchái——木材 mùcái　　　　新春 xīnchūn——新村 xīncūn

(二)f 和 h

f 是唇齿音,发音时下唇和上齿构成阻碍。h 是舌根音,发音时舌根和软腭构成阻碍。南方有些方言没有 f 这个声母,普通话的 f 在闽方言多数读成 b、p 或 h,湘方言有些地区把 f 读成 h,而粤方言则相反,把普通话里一些读 h 的字(大都是和 u 结合的字,如"虎"hu、"花"huā)也读作 f。比较下列各组词语的发音:

发生 fāshēng——花生 huāshēng　　废话 fèihuà——会话 huìhuà
公费 gōngfèi——工会 gōnghuì　　三伏 sānfú——三壶 sānhú

(三)n 和 l

n 是鼻音,发音时气流通过鼻腔,由鼻孔呼出,不由口腔呼出。l 是边音,发音时气流从舌头的两旁呼出,不从鼻腔呼出。普通话里 n 和 l 能区别意义,而闽方言、北方方言里的西南话和部分江淮话里 n 和 l 是不分的。有的有 n 没有 l,有的有 l 没有 n,有的 n、l 随便读。例如"男制服"和"蓝制服"不分,"女客"和"旅客"不分。这些方言区的人除了要学会 n 和 l 的发音外,还要记住在普通话里哪些字的声母是 n,哪些字的声母是 l。比较下列各组词语的发音:

你想 nǐxiǎng——理想 lǐxiǎng　　水牛 shuǐniú——水流 shuǐliú
年代 niándài——连带 liándài　　无奈 wúnài——无赖 wúlài

(四)清声母和浊声母

清声母发音时声带不颤动,浊声母发音时声带要颤动。普通话里只有 m、n、l、r 四个浊声母,而吴方言和湘方言的部分地区除了 m、n、l、r 外还有浊塞音、浊擦音和浊塞擦音声母。例如上海话中"病""动""共""词"的声母就是浊声母。这些方言区的人学习普通话的时候,要把这些浊声母改成发音部位相同的清声母。声调是平声的字,要改成送气清声母,如 p、t、k、q、ch、c 等;声调是仄声的,要改成不送气的清声母,如 b、d、g、j、zh、z 等。下列各组词语里带点的字都是浊声母,它们在普通话里要改成不同的清声母:

童话 tónghuà——动画 dònghuà　　评价 píngjià——病假 bìngjià
厨房 chúfáng——住房 zhùfáng　　水田 shuǐtián——水电 shuǐdiàn

练习二

一、什么叫发音部位?什么叫发音方法?

二、普通话声母有哪几个发音部位?

三、解释下列术语。

(1)塞音　(2)擦音　(3)塞擦音　(4)鼻音　(5)边音

四、举例说明声母的送气和不送气。

五、举例说明什么是清音?什么是浊音?

六、根据所给的发音部位和发音方法填出相应的声母。

(1)双唇送气清塞音( )。

（2）舌面不送气清塞擦音（　　）。

（3）舌尖后清擦音（　　）。

（4）舌尖中浊边音（　　）。

（5）舌尖后浊擦音（　　）。

七、下面有三组字，请把每组字中声母相同的字归并到一起，并写出它们的声母来。

（1）主　站　焦　举　暂　招　阻　剑　糟

（2）留　农　凉　兰　虑　宁　隆　乱　泥

（3）罚　欢　火　翻　昏　晦　逢　淮　佛

八、举例说明什么是零声母。

九、用汉语拼音注出下列词语的规范读音。

（1）知识　（2）事实　（3）男篮　（4）奶牛　（5）来路

（6）湖南　（7）芬芳　（8）群众　（9）淘汰　（10）道路

第三节　韵母

一、韵母的分类

韵母指音节里声母后面的部分。韵母主要由元音构成,有些韵母里除了元音之外还有辅音。普通话韵母里的辅音只有 n 和 ng 两个鼻辅音。

普通话有 38 个韵母,分为三类:(1)单韵母,也叫单元音韵母。韵母是由一个元音构成的。普通话有 9 个单韵母。(2)复韵母,也叫复元音韵母。韵母是由两个或三个元音构成的。普通话有 13 个复元音韵母。(3)鼻韵母,也叫带鼻音韵母。韵母是由元音和鼻辅音构成的。普通话有 16 个鼻韵母。

二、单韵母

普通话有 9 个单韵母,从发音来说分为两类。第一类叫舌面单韵母,发音时主要由舌面起作用,有 6 个,就是 a、o、e、i、u、ü。第二类叫舌尖单韵母,发音时主要由舌尖起作用,有 3 个,就是-i(舌尖后,"知、吃、诗、日"的韵母)、-i(舌尖前,"资、雌、思"的韵母)、er。

1. 舌面单韵母。单韵母是由一个元音构成的,所以它的发音也就是元音的发音。发元音时,气流颤动声带,然后由口腔呼出。元音音色的不同主要是由发音时口腔形状的不同造成的,口腔形状的不同又是由下面三个条件造成的。

(1)舌位的前后。舌位指发音时舌面隆起部分的最高点所在的位置。发元音时舌头前伸,舌位在前,这时发出的元音叫前元音。普通话里有两个前元音,就是 i、ü。发元音时,舌头后缩,舌位在后,这时发出的元音叫后元音。普通话里有 3 个后元音,就是 o、e、u。发元音时,舌头不前不后,舌位居中,这时发出的元音叫央元音。普通话里有 1 个央元音,就是 a。

(2)舌位的高低。舌面抬高,和硬腭的距离达到最小时,发出的元音叫高元音。舌面降低,和硬腭的距离达到最大时,发出的元音叫低元音。由高元音到低元音的这段距离可以分为相等的四份,中间有三个点。舌位处在这三个点上时,发出的元音由上而下分别叫做半高元音、中元音和半低元音。普通话里有 3 个高元音,就是 i、u、ü;有 2 个半高元音,就是 o、e;有 1 个低元音,就是 a。

(3)圆唇和不圆唇。嘴唇收圆,发出的元音叫圆唇元音;嘴唇展开,发出的元音叫不圆唇元音。普通话里有 3 个圆唇元音,就是 o、u、ü;有 3 个不圆唇元音,就是 a、e、i。

根据以上三个条件,我们就可以说明 6 个舌面单元音的发音原理。

a　央低不圆唇元音,例字:啊、八、插、发达、爸妈。

o　后半高圆唇元音,例字:喔、拨、摸、磨破、薄膜。

e　后半高不圆唇元音,例字:鹅、德、勒、合格、特色。

i　前高不圆唇元音，例字：衣、逼、鸡、集体、意义。

u　后高圆唇元音，例字：乌、不、出、互助、朴素。

ü　前高圆唇元音，例字：迁、居、女、区域、语句。

舌面单韵母的发音可以综合为下面的表：

	前元音		央元音		后元音	
	不圆唇	圆唇	不圆唇	圆唇	不圆唇	圆唇
高元音	i 衣	ü 遇				u 屋
半高元音					e 饿	o 喔
中元音						
半低元音						
低元音			ɑ 啊			

2. 舌尖单韵母。舌尖单韵母的发音也就是舌尖单元音的发音。舌尖单元音都是不圆唇元音，它的发音主要是由舌尖的前后决定的。

-i(后)　舌尖后元音。舌尖后高不圆唇元音，例字：知、吃、诗、知识、支持。发音时舌尖翘起，靠近硬腭，形成一条窄缝，气流经过时不发生摩擦。只用在声母 sh、ch、sh、r 的后面。

-i(前)　舌尖前元音。舌尖前高不圆唇元音，例字：资、雌、思、自私、此次。发音时舌尖前伸，靠近上齿背，形成一条窄缝，气流经过时不发生摩擦。只用在声母 z、c、s 的后面。

er　卷舌元音。卷舌央中不圆唇元音，例字：儿、而、耳、尔。发音时舌头处于自然状态，舌尖翘起和硬腭相对，气流的通路比较宽，嘴唇不圆。韵母 er 永远不和辅音声母相拼。

三、复韵母

复韵母也叫复元音韵母，是由两个或三个元音构成的。由两个元音构成的叫做二合复韵母，由三个元音构成的叫做三合复韵母。

复韵母的发音有两个特点。第一，发音时从一个元音到另一个元音是逐渐过渡的，而不是跳跃的，中间有许多过渡音。例如发 ao 时，先发 ɑ，然后舌位逐渐升高，后移，嘴唇逐渐收圆，最后发出 o。第二，各元音的响度不等。响度大的元音在前的，叫做前响复韵母；响度大的元音在后的，叫做后响复韵母；响度大的元音在中间的，叫做中响复韵母，中响复韵母一定是三合复韵母。

普通话有 13 个复韵母，分为三组。

1. 二合前响复韵母，有 4 个。

ai　例字：哀、来、该、爱戴、白菜。

ei　例字：每、类、黑、配备、肥美。

ao　例字：熬、涝、靠、烧烤、报告。

ou　例字：欧、漏、扣、口头、守候。

2. 二合后响复韵母，有 5 个。

ia　例字：呀、家、下、加价、假牙。

ie　例字：耶、姐、谢、结业、贴切。

ua　例字：蛙、刷、瓜、挂画、花袜。

uo　例字：窝、说、活、骆驼、错过。

üe　例字：约、学、决、约略、雀跃。

3. 三合中响复韵母，有 4 个。

iao　例字：腰、聊、叫、巧妙、逍遥。

iou　例字：忧、流、救、悠久、绣球。

uai　例字：歪、怀、帅、摔坏、外快。

uei　例字：威、回、睡、追随、摧毁。

汉语拼音方案规定：iou、uei 两个韵母和声母相拼时，写作 iu、ui。例如"牛"写作 niú，不作 nióu；"归"写作 guī，不作 guēi。

四、鼻韵母

鼻韵母也叫带鼻音韵母，是由元音和鼻辅音构成的韵母。鼻韵母发音时，由元音开始逐渐向鼻辅音过渡，最后阻碍部分完全闭塞，气流从鼻腔流出。

普通话中作韵尾的鼻辅音有两个，就是 n 和 ng。n 是舌尖中浊鼻音，既可作声母又可作韵尾。作韵尾时要等气流停止后，双唇构成的阻碍才消除。ng 是舌根浊鼻音，在普通话中只作韵尾不作声母。发音时，舌根抵住软腭，堵塞气流通往口腔的通路，同时软腭下垂。气流颤动声带，从鼻腔通过。右图是 ng 的发音示意图。

鼻韵母有两类，就是前鼻音韵母和后鼻音韵母。

1. 前鼻音韵母，是以 n 为韵尾的韵母。有 8 个。

an　　例字：安、单、罕、感叹、展览。

ian　　例字：烟、颠、先、前线、片面。

uan　　例字：弯、端、欢、贯穿、转换。

üan　　例字：冤、捐、宣、渊源、全权。

en　　例字：恩、痕、深、认真、根本。

in　　例字：因、亲、今、殷勤、信心。

uen　　例字：温、昏、春、论文、馄饨。

ün　　例字：晕、群、熏、均匀、军训。

2. 后鼻音韵母，是以 ng 为韵尾的韵母。有 8 个。

ang   例字：昂、郎、常、帮忙、厂房。

iang   例字：央、江、腔、想象、响亮。

uang   例字：汪、荒、庄、状况、狂妄。

eng   例字：烹、登、蒸、更正、丰盛。

ing   例字：英、丁、星、命令、平定。

ueng   例字：翁、嗡、瓮、蕹。

ong   例字：工、东、通、隆重、从容。

iong   例字：雍、兄、窘、汹涌、穷凶。

五、韵母辨正

方言区的人学习普通话韵母时要注意以下三个问题：

(一) i 和 ü

i 和 ü 都是舌面前高元音，差别只是发音时 i 不圆唇，ü 要圆唇。先发 i 的音，舌位保持不变，慢慢把嘴唇收圆就是 ü。闽方言、客家方言和西南一些地区的方言没有单元音 ü，这些地方的人常常把普通话里的 ü 读成 i。注意分辨下列各组词语的发音：

名义 míngyì——名誉 míngyù

前面 qiánmiàn——全面 quánmiàn

季节 jìjié——拒绝 jùjué

盐分 yánfèn——缘分 yuánfèn

(二) 鼻韵尾 n 和 ng

n 和 ng 发音不同。n 是舌尖浊鼻音，发音时由舌尖和上齿背构成阻碍；ng 是舌根浊鼻音，发音时由舌根和软腭构成阻碍。普通话里由鼻韵尾 n 和 ng 组成两套鼻韵母，区别意义。有些方言却不能分辨，有的有 n 没有 ng，有的有 ng 没有 n。南京话不能区分 an 和 ang、ian 和 iang、uan 和 uang，"天坛"等于"天堂"，"平凡"等于"平房"；更多的地区不能区分 en 和 eng、in 和 ing，"人民"等于"人名"，"老陈"等于"老程"。注意分辨下列各组词语的发音：

赞颂 zànsòng——葬送 zàngsòng

陈旧 chénjiù——成就 chéngjiù

山口 shānkǒu——伤口 shāngkǒu

亲近 qīnjìn——清静 qīngjìng

(三) 单韵母和复韵母

普通话的复韵母比较丰富，有 13 个，而有些方言缺乏复韵母。吴方言的许多地方把 ai、ei、ao、ou 读成单韵母，粤方言的有些地方又缺乏韵头，也把带有韵头的复韵母读成没有韵头的韵母。这些方言区的人学习普通话时要注意学习复韵母，分辨下列各组词语的发音：

赤地 chìdì——赤道 chìdào

冲洗 chōngxǐ——冲销 chōngxiāo

重读 chóngdú——重叠 chóngdié

出力 chūlì——出列 chūliè

练习三

一、普通话韵母分为几类？

二、舌面单韵母的发音是由哪几个条件决定的？

三、根据所提供的条件，在括号内填上舌面单韵母。

    (1)前高圆唇元音（　　）

    (2)后半高不圆唇元音（　　）

    (3)后高圆唇元音（　　）

    (4)后半高圆唇元音（　　）

四、普通话有哪几个舌尖单韵母？说明它们的发音。

五、说明复韵母发音的特点。

六、普通话的复韵母分为几类？都有哪些韵母？

七、说明鼻韵母的发音特点。

八、普通话的鼻韵母分为几类？都有哪些韵母？

九、说明下列每组内两个韵母的发音区别。

    (1)o 和 e   (2)u 和 ü   (3)-i(后)和-i(前)

    (4)ie 和 üe   (5)uai 和 uei   (6)an 和 uan

    (7)ang 和 iang   (8)ong 和 ueng

十、给下列汉字注出韵母。

    (1)蛊   (2)疵   (3)白   (4)姐

    (5)优   (6)温   (7)翁   (8)用

现代汉语

第四节　声调

一、调值和调类

声调指整个音节的高低升降的变化。汉语的声调可以区分意义。普通话里"山西"（shānxī）和"陕西"（shǎnxī）的不同，"主人"（zhǔrén）和"主任"（zhǔrèn）的不同，就是由于声调的不同。

声调包括调值和调类两个方面。调值指声调的实际读法，也就是高低升降变化的具体形式。调值是由音高决定的，音乐的音阶也是由音高决定的，但是调值和音阶不同。音阶的高低是绝对的，调值的高低是相对的。在音乐里，如 C 调的 1，不管谁来唱，也不管用什么乐器来演奏，音高都是一样的；调值则不同，用普通话读"天"字，成年男人的调值比女人和小孩儿的低，同一个人情绪平静时的调值比情绪激动时低。

描写调值常用五度制声调表示法。把一条竖线四等分，得到五个点，自下而上定为五度：1 度是低音，2 度是半低音，3 度是中音，4 度是半高音，5 度是高音。一个人所能发出的最低音是 1 度，最高音是 5 度，中间的音分别是 2 度、3 度和 4 度。一个音如果又高又平，就是由 5 度到 5 度，简称为 55，是个高平调；如果从最低升到最高，就是由 1 度到 5 度，简称为 15，是个低升调；如果由最高降到最低，就是由 5 度降到 1 度，简称为 51，是个全降调。五度制声调表示法图示如下：

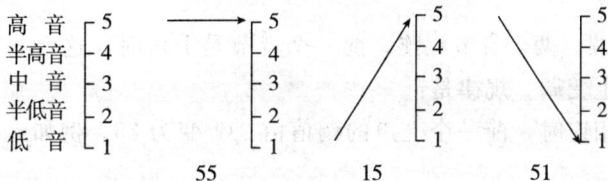

调类指声调的类别，就是把调值相同的音归纳在一起建立起来的声调的类别。例如普通话的"去、替、废、动、恨"调值相同，都是由 5 度到 1 度，就属于同一个调类。古代汉语的声调有四个调类，古人叫做平声、上声、去声、入声，合起来叫做四声。现代汉语普通话和各方言的调类都是从古代的四声演变来的。在演变的过程中有分有合，形成非常复杂的局面。

二、普通话的声调

(一)普通话的调值和调类

普通话有四种基本调值，可以归并为四个调类。根据古今调类演变的对应关系，定名为阴平、阳平、上声和去声。具体描写如下：

1.阴平。高而平，叫高平调。发音时由 5 度到 5 度，简称 55。例字：妈、督、加、先、通。

2. 阳平。由中音升到高音，叫中升调。由 3 度到 5 度，简称 35。例字：麻、毒、荚、贤、铜。

3. 上声。由半低音降到低音再升到半高音，叫降升调。由 2 度降到 1 度，再升到 4 度，简称 214。例字：马、赌、甲、显、桶。

4. 去声。由高音降到低音，叫全降调。由 5 度到 1 度，简称 51。例字：骂、度、价、县、痛。

普通话声调的调类和调值可以综合为下面的表：

调类	调值	调型	调号	例字
阴平	55	高平	一	咪 mī 身 shēn
阳平	35	中升	/	迷 mí 神 shén
上声	214	降升	∨	米 mǐ 审 shěn
去声	51	全降	\	密 mì 慎 shèn

(二)变调

我们平常说话，总是一个一个音节连在一起发音的。音节和音节相连时，有的音节的调值会发生有规律的变化，这种变化叫做变调。变调是汉语许多方言都有的现象，最常见的变调是后面音节的调值影响前面音节的调值。下面我们介绍普通话里两种重要的变调。

1. 上声的变调。两个音节相连，前一个音节是上声时，这个上声受到它后面音节声调的影响发生变调。规律是：

上声和上声相连时，前一个上声的调值由 214 变为 35。例如：买米、好酒、土改、检举、冷水。

上声和非上声相连时，前一个上声的调值由 214 变为 21(半上)。

(1)上声加阴平，例如：买姜、好书、写诗、语音。

(2)上声加阳平，例如：买油、好房、写人、语言。

(3)上声加去声，例如：买菜、好戏、写事、语句。

2. "一"和"不"的变调。

"一"的本调是阴平，单读时或在词句末尾时读本调。例如：一、第一。在阴平、阳平、上声的前边读时发生变调，改读为 51 去声。

(1)"一"加阴平，例如：一斤、一天、一杯。

(2)"一"加阳平，例如：一元、一年、一条。

(3)"一"加上声，例如：一两、一晚、一本。

"一"在去声的前边改读为 35 阳平。例如：一寸、一夜、一个。

"不"的本调是去声，单读时或在词句末尾时读本调。例如：不、就是不。在阴平、阳平、上声的前边读时发生变调，改读为 51 去声。

　　(1)"不"加阴平，例如：不说、不高、不听。

　　(2)"不"加阳平，例如：不来、不直、不能。

　　(3)"不"加上声，例如：不走、不好、不肯。

　　"不"在去声的前边改读为 35 阳平。例如：不去、不累、不会。

练习四

一、什么是调值？什么是调类？

二、举例说明普通话的声调有几类？每类的调值是什么？

三、把下列各字按照普通话的声调分为阴平、阳平、上声和去声。

　　围　味　印　影　形　星　提　体　倦　暖　煤　睡　式　明　秒
　　戴　崖　非　龙　懈　玷　猫　扶　站　次　友　绘　榜　瓮　永

四　把下列古入声字按照普通话的读音分为阴平、阳平、上声和去声。

　　急　黑　各　岳　局　册　竹　出　桌　决　学　入　宅　舌　七
　　即　读　笔　匹　达　吸　绿　鹿　俗　插　德　尺　错　北　彻

五、举例说明上声变调的规律。

六、举例说明"一"和"不"的变调规律。

第五节 音节

一、音节的构成

汉语音节从构成来说可以分为声母、韵母和声调三个部分，其中韵母部分最复杂。一个韵母最少有一个音素，最多有三个音素。在由三个音素构成的韵母中，中间的发音最响亮的音素叫韵腹；韵腹前面的音素叫韵头，也叫介音；韵腹后面的音素叫韵尾。韵腹是韵母中不可缺少的成分，韵头和韵尾可以都有，也可以都没有，也可以只有其中的一个。韵母中如果只有一个音素，这个音素就是韵腹。如果有两个音素，可能是韵头和韵腹，也可能是韵腹和韵尾。如果有三个音素，就是韵头、韵腹和韵尾。分析韵母结构时要先找出韵腹，然后再找韵头和韵尾（如果有韵头和韵尾的话）。

普通话 38 个韵母中，单韵母只有韵腹。复韵母中，二合前响复韵母（ai、ei、ao、ou）包含韵腹和韵尾，二合后响复韵母（ia、ie、ua、uo、ue）包含韵头和韵腹，三合中响复韵母（iao、iou、uai、uei）里韵头、韵腹、韵尾三部分俱全。鼻韵母中一定有韵腹和韵尾（n 或 ng），有的有韵头（如 ian、iang），有的没有韵头（如 an、ang）。

分析普通话的音节结构时，iou、uei、uen 不用省写式 iu、ui、un。由 y、w 开头的音节的韵母，要用原式，不用改写式。例如，yī（衣）、yū（迂）、yān（烟）、yuān（冤）、yāng（央）、wāng（汪）、wēng（翁）、yōng（雍）的韵母，要用 i、ü、ian、üan、iang、uang、ueng、iong 等。

从下表可以了解到普通话的音节结构的类型：

例字	声母	韵母			声调
		韵头	韵腹	韵尾	
牛 nióu	n	i	o	u	阳平
归 guēi	g	u	e	i	阴平
论 luèn	l	u	e	n	去声
烟 iān		i	a	n	阴平
威 uēi		u	e	i	阴平
约 üē		ü	e		阴平
衣 i			i		阴平

普通话的音节有以下几个特点：

1. 每个音节都有声母、韵母和声调三个部分。

2. 声母有 22 个，其中 21 个是辅音声母，1 个是零声母。

3. 韵母有 38 个，其中 9 个是单韵母，13 个是复韵母，16 个是鼻韵母。

4. 韵母有韵头、韵腹和韵尾三个部分，其中韵腹是不可缺少的。可以做韵腹的有 9 个元音，就是 a、o、e、i、u、ü、-i(前)、-i(后)、er；可以做韵头的有三个元音，就是 i、u 和 ü；可以做韵尾的有两个元音 i、u(包括 o)和两个辅音 n 和 ng。

5. 有 4 个声调，就是阴平、阳平、上声和去声。

二、四呼

"四呼"是传统音韵学里的术语，主要是以韵头为标准对韵母做出的分类。普通话的 38 个韵母，有的有韵头，有的没有韵头。能够构成韵头的元音只有 3 个，就是 i、u、ü。根据这个特点韵母可以分为四类：

1. 开口呼：没有韵头，韵腹又不是 i、u、ü 的韵母。有 15 个。

2. 齐齿呼：韵头或者韵腹是 i 的韵母。有 10 个。

3. 合口呼：韵头或者韵腹是 u 的韵母。有 9 个。

4. 撮口呼：韵头或者韵腹是 ü 的韵母。有 4 个。

韵母按四呼分类列表如下：

	开口呼	齐齿呼	合口呼	撮口呼
单韵母		i	u	ü
单韵母	a	ia	ua	
单韵母	o		uo	
单韵母	e			
单韵母		ie		üe
单韵母	-i(后)			
单韵母	-i(前)			
单韵母	er			
复韵母	ai		uai	
复韵母	ei		uei	
复韵母	ao	iao		
复韵母	ou	iou		

	开口呼	齐齿呼	合口呼	撮口呼
鼻韵母	an	ian	uan	üan
	en	in	uen	ün
	ang	iang	uang	
	eng	ing	ueng	
	ong	iong		

三、普通话声韵配合规律

普通话声母和韵母的配合有比较强的规律性，掌握了这种配合规律，有助于深入了解普通话的语音系统，更好地学习普通话。普通话声母和韵母的配合规律主要表现在声母的发音部位和韵母的四呼上。这种规律可以列表如下：

声母发音部位 / 韵母四呼	双唇音 b p m	唇齿音 f	舌尖中音 d t	舌尖中音 n l	舌根音 g k h	舌面音 j q x	舌尖后音 zh sh ch r	舌尖前音 z c s	零声母
开口呼	班	番	单	南	甘	○	占	赞	安
齐齿呼	边	○	颠	年	○	坚	○	○	烟
合口呼	（布）	（富）	端	暖	官	○	专	钻	弯
撮口呼	○	○	○	略	○	宣	○	○	冤

关于这个表有几点说明：

1. 表中有字的表示声和韵可以配合，画○的表示不能配合。列出的字是举例性的。

2. 所谓配合就是相拼。能配合只是说其中有的声母和有的韵母能相拼，不是说所有的声母和所有的韵母都能相拼。

3. 双唇音、唇齿音只能和合口呼中的韵母 u 相拼，不能和合口呼中的其他韵母相拼，所以表中的"布、富"加括号。

从这个表中可以看出，普通话声母和韵母配合的主要规律有以下四条：

1. b、p、m 和 d、t 能和开口呼、齐齿呼、合口呼韵母相拼（b、p、m 和合口呼相拼限于 u），不能和撮口呼韵母相拼。

2. g、k、h，zh、ch、sh、r，z、c、s 这三组声母能和开口呼、合口呼韵母相拼，不能和齐齿呼、撮口呼韵母相拼。

3. j、q、x 和上述三组声母相反，只能和齐齿呼、撮口呼韵母相拼，不能和开口呼、合口呼韵母相拼。

4. n、l，零声母和四呼都能相拼。

掌握这些规律可以避免拼写上的一些错误。例如，知道 j、q、x 不能和开口呼韵母相拼，就不会把"尖"jiān 误拼为 jān；知道 b、p、m、f 和合口呼韵母相拼只限于韵母 u，就不会把"波"bō 误拼为 buō。

练习五

一、举例说明普通话音节可以分为哪几个部分？

二、分析下列音节的构成。

    (1)叫   (2)袄   (3)言   (4)雄

    (5)英   (6)快   (7)床   (8)鱼

三、什么是"四呼"？

四、说明下列各韵母属于四呼里的哪一呼。

    (1)iao   (2)ua   (3)e   (4)en

    (5)er   (6)ao   (7)üe   (8)uen

五、举例说明普通话声母和韵母配合的规律。

第六节　轻声和儿化

一、轻声

　　北京话中有些词语的音节改变原有的声调，读得又轻又短。这样的语音变化叫做轻声，读轻声的音节叫做轻声音节，例如"玻璃、桌子、舌头、聪明、喜欢"等词里的第二个音节就是轻声音节。

　　轻声的性质和声调的性质不同。声调决定于音高，轻声决定于音强和音长。轻声音节都有它原来的声调，例如"们"永远读轻声，可是单独读这个字时要读阳平。"桌子"的"子"读轻声，"孔子、孟子"的"子"读上声。由此可见，轻声和声调是性质不同的两种语音现象。

　　汉语拼音方案规定轻声音节不标声调符号，而非轻声音节要标声调符号，两者不同。例如，"我们"要拼作 wǒmen，"去吧"要拼作 qùba。

　　轻声并不是单纯的语音现象，它和语法有密切关系，而且有比较强的规律性。下列一些语法成分都读轻声（下面加点的字读轻声）：

　　1. 语气词"吧、吗、呢、啊"等。例如：吃吧、走吗、去呢、跑啊。

　　2. 结构助词"的、地、得"。例如：我的书、慢慢地走、跑得很快。

　　3. 动态助词"了、着、过"。例如：走了、看着、去过。

　　4. 名词的后缀"们、子、头"。例如：你们、房子、石头。

　　5. 名词后面表示方位的"上、下、里"。例如：桌上、地下、院里。

　　6. 单音节动词重叠式的第二个音节。例如：看看、说说、问问。

　　7. 作宾语的人称代词"我、你、他"。例如：找我、请你、麻烦他。

有的轻声音节和非轻声音节构成对比，区别意义。例如：

买卖：生意。	买卖：买和卖。
地道：纯粹，真正。	地道：地下通道。
大意：疏忽，没有注意。	大意：主要的意思。
东西：泛指各种事物。	东西：东面和西面。

　　有些词语里的轻声音节并不区别意义，只是语言习惯。像下面这些词语的第二个音节，在北京话里如果不读轻声，听起来会很别扭，例如"衣服、豆腐、薄荷、扁担、认识、打听、拾掇、漂亮、干净、凉快"。此外，还有些词语在北京口语里可以读轻声也可以不读轻声，例如"丁香、芍药、通知、预备、颠倒、打扫"。

　　普通话以北京语音为标准音，所以普通话要有轻声，这是就语音系统来说的。但这并不是说北京话里所有读轻声的词语，都应该原封不动地被引进普通话，而是要区别对待。像上面说的，一些读轻声的语法成分，读轻声能区别意义的词语，都应该引进普通话，以丰富普通话语音的表现力。像"衣服、豆腐"那一类，读或不读轻声既不表示语法意义，也不区分词汇意义，就不一定进入普通话。至于像"丁香、芍药"那些词语轻声的读法可以归入北京的方音，不必进入普通话。

二、儿化

"儿化"是北京语音里的一种十分突出的语音变化。我们学习汉语语音应该对它有所了解。北京语音里读"儿"的可以分为两类。一类指"儿童、儿女、婴儿、幼儿"里的"儿"，有具体意义，独立构成音节；另一类指"花儿、鸟儿、玩儿、遛弯儿、大院儿、片儿汤、馅儿饼"里的"儿"，没有具体意义，也不能独立构成音节，只表示它前面韵母带有卷舌作用。"儿化"指的是后一种的"儿"。

北京话里的"花儿"不是两个音节，而是一个音节。在读"花"的韵母 ua 时，不等读完，舌尖就开始逐渐卷起来，使韵母 ua 改变了音色，带有明显的卷舌色彩。这种语音变化就叫儿化，带有儿化的音节就叫儿化音节。用汉字书写时，在儿化音节的后面加一个"儿"，例如"花儿、玩儿"。不过这个"儿"可以不出现。即使那些一定要儿化的音节，在书写时也常常不写出"儿"来，例如"大院、遛弯、豆馅、焦圈（一种油炸的小食品）、馅饼、片警"。这是汉语书面语和口语不一致的一个突出的例子。汉语拼音规定，用-r 表示儿化，就是在儿化音节的后面加上个-r。例如"花儿"要拼作huar，"一点儿"拼作 yidianr。

儿化音节带有明显的口语色彩，书面语词很少有儿化的。一个词儿化后，常常就有了"小"的意义，而且有喜爱的意味，例如"小孩儿、小猫儿、小刀儿、小碗儿、小玩意儿"。不过这个现象并不严格，"老头儿、老伴儿、大院儿、东边儿"没有小的意思，"小偷儿、小流氓儿"也说不上什么喜爱的意味。

北京话里的儿化从作用来说可以分为三类。第一类，儿化能区别意义。例如：

信：信件。	信儿：消息。
头：脑袋。	头儿：首领。
盖：动词，打上，蒙上。	盖儿：名词，盖子。
尖：形容词，末端锐利。	尖儿：名词，锐利的末端。
白面：小麦粉。	白面儿：毒品，海洛因。

第二类，虽然不能区别意义，但在北京话里一定要儿化，不儿化就不像北京话，北京人听起来很别扭，不容易接受，例如"冰棍儿、三轮儿、汽水儿、小孩儿、拐棍儿、摆摊儿、包干儿"等。第三类，有些词语可以儿化也可以不儿化，表示的意义和色彩没有明显的不同。例如："上班、写字、作文、帮忙、打铃、冒烟、逗哏"。

普通话以北京语音为标准音，所以普通话要有儿化，这是就语音系统来说的。但这并不是说所有北京话里的儿化词都要进入普通话，既没有这个必要，也没有这个可能。有些方言区的人学习儿化十分困难。从原则上来说，上述的第一类，也就是能够区别意义的儿化应该进入普通话，第二和第三两类不一定要进入普通话。最近几十年，北京话受普通话的影响，儿化音节也有减少的趋势。在北京话里，原来说"干劲"一定要儿化，可现在也可以不儿化了。

练习六

一、试说明轻声和儿化的发音原理。

二、用拼音字母给下列词语注出在普通话里的读音。

  (1)瞎子——虾子 (2)蚊子——文字 (3)帘子——莲子

  (4)舌头——蛇头 (5)兄弟(弟弟)——兄弟(兄和弟)

  (6)大爷(伯父)——大爷(傲慢任性的男子)

三、说明下列各组内两个词语在词性或意义上的区别。

  (1)滚——滚儿   (2)活——活儿   (3)一块——一块儿

  (4)破烂——破烂儿 (5)眼——眼儿   (6)错——错儿

四、用汉语拼音给下列词语注出规范的读音。

  (1)复杂 (2)混乱 (3)比较 (4)尖锐 (5)惭愧

  (6)舆论 (7)创造 (8)针灸 (9)潜力 (10)霍乱

第七节　语调

　　我们说话的时候，除了每个音节的声调外，整个句子在语音上还有抑扬顿挫的变化。有的音节要读得重些，有的音节后面要有个停顿；有的句子的音高逐渐上升，有的句子的音高逐渐下降。这些变化和单个音节的读音没有直接的关系，但是和全句的意思和说话人的感情有直接的关系。例如说"他来了"这句话的时候，音高逐渐上升就是问话，音高逐渐下降就是一般的叙述。这种帮助表达说话人的意思和感情的贯穿全句的抑扬顿挫就是语调。构成语调的因素很复杂，因为它包括整句话声音的高低、快慢、长短、强弱的变化。下面只从停顿、重音和升降三个方面作一些分析。

一、停顿

　　停顿就是句子内部或句与句之间说话时的间歇。一段话里面什么地方停顿、停顿是长是短，是由表达的需要来决定的。句与句之间的停顿一般要大于句子内部的停顿。在一句话里面，关系非常密切的词语间一般没有停顿，只在关系不很密切的词语间才可以有停顿。下面这个句子内可以有两个停顿：

　　中华民族/是一个/有五千年光辉历史的民族。

　　句中的停顿把一句话分为几个段落。这样的段落叫做"节拍群"。一句话里节拍群的多少可以有变化，说得快时节拍群就少些，说得慢时节拍群就多些。上面的句子在说得快些的时候，中间可以只有一个停顿，分成两个节拍群。例如：

　　中华民族/是一个有五千年光辉历史的民族。

说得慢些的时候，中间可以有 5 个停顿，分成 6 个节拍群。例如：

　　中华民族/是一个/有/五千年/光辉历史的/民族。

说话的时候，各节拍群所用的时间要相差不多，大体一致。音节多的节拍群要说得快些，音节少的节拍群要说得慢些。这样就使各个节拍群有快有慢，听起来富于变化。

　　停顿的改变有时会引起结构和意义的改变。例如："二加三/乘以五"和"二加/三乘以五"的层次不同，意义也不同。"/"表示句内较大的停顿。前者的数值是二十五，后者的数值是十七。又如："我没找着小李，/小高很着急"和"我没找着小李小高，/很着急"。前者着急的是小高，后者着急的是"我"。

二、重音

　　重音指的是语句里的某些音节根据表达的需要而读得较重的语音现象。人们说话时，句子里的音节有的要重读。这又分两种情况：

（一）语法重音

根据语法结构的要求，句子里有些成分要重读，这种重读叫语法重音。具体如下：

1. 一般句子的谓语常要读成语法重音。例如：

今天晴天。

北京的春天常常刮风。

2. 定语和状语常常传达新的信息，常读成语法重音。下面是定语带有语法重音的例子：

你们的胜利也就是我们的胜利。

平凡的人创出了不平凡的业绩。

下面是状语带有语法重音的例子：

天气渐渐地暖和起来了。

我们不怕敌人的威胁和恐吓。

3. 动词的补语要读成语法重音。例如：

他的普通话说得很流利。

衣服洗得干干净净。

（二）强调重音

为了故意强调意思，而重读某些成分，这叫做强调重音。强调重音没有固定的规律，要根据交际的具体情况而定。例如：

谁在屋里看电视？　　我在屋里看电视。

你在屋里干什么？　　我在屋里看电视。

你在屋里看什么？　　我在屋里看电视。

有时为了强调对比，有关的成分要读成强调重音。例如：

我问的是他，没有问你。

这件事我是不知道，不是故意不告诉你。

强调重音只起强调作用，不改变句子的意义。

三、升降

除了停顿和重音外，全句声音的高低、升降的变化也是语调的重要组成部分。这种变化最能表达说话人的态度和感情。普通话语调有两种基本类型，就是降调和升调。

降调就是句尾的声音降低的调子。陈述句、祈使句、感叹句一般用降调。例如：

他刚从乡下回来。

别磨蹭了，你快说吧！

这片房子真漂亮！

升调就是句尾的声音升起来的调子。部分疑问句用升调，一般句子中暂停的地方也用升调。例如：

您找谁？

这个学生是北大的，不是清华的。

说话时的感情和语气可以有种种变化，这种变化常常使得句子的语调发生比较复杂的变化。例如：

今天天气很好。（一般的陈述，用降调）

今天天气很好？（一般的提问，用升调）

今天天气很好！（天气之好出乎意料，先升后降）

今天天气很好？（不太相信，升得快而高）

今天天气很好。（极端的肯定，降得快而低）

练习七

一、什么是语调？

二、举例说明停顿在表达中的作用。

三、说明语法重音和强调重音的区别。

四、分析下面这段话的语调，指出语调跟准确表达之间的关系。

曹先生笑着点了点头。"我说祥子，你要是没在宅门里的话，还上我那儿来吧？我现在用着的人太懒，他老不管擦车，虽然跑得也怪麻利的；你来不来？"

"还能不来，先生！"祥子似乎连怎样笑都忘了，用小毛巾不住的擦脸。"先生，我几儿上工呢？"

"那什么，"曹先生想了想，"后天吧。"

"是了，先生！"祥子也想了想，"先生，我送回你去吧？"

"不用；我不是到上海去了一程子吗，回来以后，我不在老地方住了。现在住在北长街；我晚上出来走走。后天见吧。"曹先生告诉了祥子门牌号数，又找补了一句："还是用我自己的车。"

祥子痛快得要飞起来，这些日子的苦恼全忽然一齐铲净，像大雨冲过的白石路。（老舍《骆驼祥子》）

第八节　汉语拼音方案

一、由国内标准到国际标准

汉语拼音方案是用国际通用的拉丁字母、按照音素化的拼音原则来拼写以北京语音为标准音的普通话语音的拼音方案。1958 年 2 月 11 日，第一届全国人民代表大会第五次会议批准了这个方案，方案成为拼写汉语的国内标准。1977 年 9 月，联合国第三届地名标准化会议通过决议，建议"采用汉语拼音作为中国地名罗马字母拼法的国际标准"。1982 年 8 月 1 日，国际标准化组织经过投票决定：汉语拼音是拼写汉语的国际标准，文件号是 ISO-7098。从此汉语拼音走上了国际舞台。

二、汉语拼音三原则

汉语拼音方案有三条原则：口语化、音素化和拉丁化。

(一)口语化

口语化是指汉语拼音所拼写的是以北京语音为标准音的普通话。有人说，汉字能区分同音字，汉语拼音不区分同音字，"中钟终"用拼音写出来都是 zhōng，可见拼音不如汉字。这是不了解汉语拼音的口语化原则。汉语拼音是拼写汉语语音的，不是拼写汉字的。凡是语言里发音不同的音节，汉语拼音都能够区分；凡是语言里发音相同的音节，汉语拼音没有必要加以区分。在汉语里"中钟终"读音相同，拼音就没有必要加以区分。设计能够区分同音字的方案并不难，不过那不是汉语拼音的任务。

(二)音素化

音素化是指汉语拼音按照音素来拼写音节。对汉语音节的分析可以有三种办法：双拼制、三拼制和音素制。例如 qian(千)，可以分为 q 和 ian 两部分，这是双拼制，中国古代的反切用的就是这种办法；还可以分为 q、i 和 an 三部分，这是三拼制，注音字母用的就是这种办法；还可以分为 q、i、a、n 四个音素，这是音素制，汉语拼音用的就是这种办法。比较来说音素制最好，用的字母最少，拼音最准确、最灵活。

(三)拉丁化

拉丁化是指汉语拼音采用国际通用的拉丁字母。拉丁字母是当今世界使用得最广泛的字母，也是广泛用于现代科学技术的字母。汉语拼音采用拉丁字母，实现了字母形式的国际化，使汉语拼音不但便于在国内使用，也便于国际交流。

三、汉语拼音的用途

(一)语文应用

1. 给汉字注音。汉字本身缺乏完备的表音系统，使汉字认读十分困难，需要想办法给它注音。古代的注音方法有直音和反切。直音就是用同音字来注音，例如"宫，音弓"。直音要受很多限制，"丢、嫩、耍"没有同音字可注，"宣，音瑄"虽然有同音字，可是"瑄"比"宣"还生僻，注了音等于不注。反切是用两个字来拼一个字的读音，例如"高，古牢切"，就是用"古牢"来给"高"注音。这种方法十分复杂，难于应用。汉语拼音容易学习、容易应用，是给汉字注音的最好工具。

2. 拼写普通话。学习普通话只靠口耳传授，难于收到良好的效果。如果给现代白话文注上汉语拼音，就成为学习普通话的好教材。学习的人根据汉语拼音就可以练习会话，逐步学会普通话。

3. 互联网上传输。在互联网上传输汉字，有时会遇到困难。中国大陆和台湾地区虽然都在使用汉字，但是由于内码不同，无法传输。西方国家很少有传输汉字的设备，因此汉字在中国和西方国家之间也无法传输。汉语拼音由于使用的是拉丁字母，许多国家都有使用拉丁字母的传输设备，在网上传输汉语拼音畅通无阻。

4. 设计特殊语文。特殊语文有两种，一种是聋哑人用的手指字母，另一种是盲人用的摸读文字盲文。这两种特殊语文都可以在汉语拼音的基础上进行设计。中国政府在 1963 年和 1974 年先后公布了两套供聋哑人使用的手指字母。前一套有 30 个字母指式，只用一只手就可以进行对话。后一套右手表示声母，左手表示韵母，两手同时使用就能把汉语音节打出来。盲文是在纸面上压出来的凹凸符号，供盲人摸读。利用汉语拼音设计盲文，容易学习，便于应用。

5. 制订少数民族文字。我国是多民族、多语言、多文字的国家。第二次世界大战以前，这些少数民族多半没有文字；现在主要的民族都有了文字，或者是传统的民族文字，如藏文、蒙古文、维吾尔文等，或者是新创造的拉丁化新文字，如壮文、侗文、布依文等。用拉丁字母作为少数民族文字的字母，便于和汉语拼音沟通，也符合国际拉丁化的新浪潮，便于和世界各国文字的沟通。

(二)技术应用

1. 序列索引技术。汉字本身没有内在的序列，为了排列和检索的需要，人们设计了多种外加的序列方法。以字形为基础的，如部首法、笔画法、号码法等，规则比较复杂，使用不便；以汉语拼音为基础的音序法使用方便，最为流行，这是汉字序列索引技术的重要发展。

2. 图书检索技术。图书馆的卡片以前都用笔画法、号码法检索。有了汉语拼音以后，许多图书馆逐步改为汉语拼音检索。拼音检索容易学习、容易使用。有了电脑以后，利用拼音在电脑上检索图书，更为方便。由电脑构成网络，实现图书检索的网络化，不但可以实现国内各图书馆联网，而且可以实现国际图书馆联网检索，汉语拼音是使中文图书实现国际联网检索的先决条件。

3. 人名地名拼写法的标准化。在拉丁字母的文字中，有时不能夹用汉字书写的人名和地名，就只能用拼音。在汉语拼音产生以前，流行的有英国人设计的威妥玛式、美国人设计的耶鲁式等拼写法。这些拼写法有许多缺点，并不适用。用汉语拼音拼写中国的人名和地名解决了人名地名拼写法的标准化问题。

4. 中文信息处理。中文信息处理的第一步是输入汉字，输入汉字的方法经过了三个发展阶段：第一阶段是使用特制的大键盘整字输入；第二阶段是拆字输入，把汉字拆分为笔画或部件输入；第三阶段是拼音输入，输入汉语拼音，机器自动转换为汉字。汉语拼音是中国小学生的必修课，因此不必专门学习拼音输入法。而且现在的拼音输入法以语词为输入单位，有效地解决了同音字的问题。

四、汉语拼音的拼写规则

使用汉语拼音拼写普通话时，要熟练掌握拼写规则，避免出现拼写错误。掌握拼写规则要注意以下几个问题：

(一)y 和 w 的使用

为了使音节界限清楚，汉语拼音方案规定零声母开头的音节，要分别使用隔音字母 y 和 w。

1. i 行韵母要写成 yi(衣)、ya(呀)、ye(耶)、yao(腰)、you(忧)、yan(烟)、yin(因)、yang(央)、ying(英)、yong(雍)。

2. u 行韵母要写成 wu(乌)、wa(蛙)、wo(窝)、wai(歪)、wei(威)、wan(弯)、wen(温)、wang(汪)、weng(翁)。

3. ü 行韵母要写成 yu(迂)、yue(约)、yuan(冤)、yun(晕)。

(二)iou、uei、uen 的使用

这三个韵母和声母相拼时，要去掉中间的元音字母，写为 iu、ui、un，例如 niu(牛)、gui(归)、lun(论)。如果前面是零声母，就要按照 y 和 w 的使用规则，分别写为 you、wei、wen。可见 iou、uei、uen 是理论的写法，在实际拼写时并不出现。在分析韵母的结构时，仍旧使用 iou、uei、uen，不用省写式。

(三)ü 的使用

韵母 ü 能和 j、q、x、n、l 五个声母相拼。声母 j、q、x 可以和 ü 相拼，但是不和 u 相拼。为了减少 ü 的出现频率和手写的方便，汉语拼音方案规定，当 j、q、x 和 ü 相拼时，ü 上的两点要省去，写成 u。"居、屈、虚"要写为 ju、qu、xu，不能写为 jü、qü、xü。而 n、l 既可以和 u 相拼，又可以和 ü 相拼，当 n、l 和 ü 相拼时，ü 上的两点不能省去。"女、吕"要写为 nü、lü，不能写为 nu、lu。

(四)声调符号的位置

声调符号简称调号，要标在韵母上，不标在声母上。单韵母只有一个元音，调号只能标在那个元音上，如 bā(八)、tí(提)。二合前响复韵母，调号标在前一个元音上，如 bāi(掰)、bēi(杯)；二合后响复韵母，调号标在后一个元音上，如 jiā(家)、guó(国)；三合中响复韵母，调号标在中间的元音上，如 jiāo(交)、guāi(乖)。iu、ui、un 是 iou、uei、uen 的省写式。iu、ui 的调号标在后一个元音上，un 的调号标在前一个元音上。如 niú(牛)、guī(归)、lùn(论)。

五、汉语拼音正词法

汉语拼音方案只规定了普通话音节的拼写规则，它并没有规定词、句子的拼写规则。从这点说它是不完备的，还需要有正词法规则加以补充。汉语拼音正词法规定了用汉语拼音方案拼写现代汉语的规则。1996 年 1 月 22 日，国家技术监督局批准、发布中华人民共和国国家标准《汉语拼音正词法基本规则》(GB/T16159—1996)。"本标准规定了用《汉语拼音方案》拼写现代汉语的规则。内容包括分词连写法、成语拼写法、外来词拼写法、人名地名拼写法、标调法、移行规则等。为了适应特殊的需要，同时提出一些可供技术处理的变通方式。本标准适用于文教、出版、信息处理及其他部门，作为用《汉语拼音方案》拼写现代汉语的统一规范。"

《汉语拼音正词法基本规则》规定：

拼写普通话基本以词为书写单位。例如：rén(人)、pǎo(跑)、péngyou(朋友)、yuèdú(阅读)、dànshì(但是)、fēicháng(非常)、diànshìjī(电视机)。

表示一个整体概念的双音节和三音节结构，连写。例如：gāngtiě(钢铁)、hóngqí(红旗)、duìbuqǐ(对不起)、chīdexiāo(吃得消)。

四音节以上表示一个整体概念的名称，按词(或语节)分开写，不能按词(或语节)划分的，全都连写。例如：wúfèng gāngguǎn(无缝钢管)、Zhōnghuá Rénmín Gònghéguó(中华人民共和国)、hóngshízìhuì(红十字会)。

学习正词法首先要建立一个观念，就是用汉语拼音拼写词和句子的时候，一定要分词连写。不要按音节(也就是按汉字)分写，也不要全连成一长串。例如"新闻联播"，可以有三种拼法：

(1)分词连写：xīnwén liánbō

(2)按汉字分写：xīn wén lián bō

(3)全部连写：xīnwénliánbō

只有第一种写法符合正词法的规定，也最便于阅读。

练习八

一、什么是汉语拼音的三原则？

二、说明汉语拼音的主要用途。

三、汉语拼音正词法的基本原则是什么？

四、指出下列各音节的拼写错误，并加以改正。

(1) shiǎo（小）　　　(2) juā（抓）　　　(3) xà（夏）

(4) guēng（工）　　　(5) jüé（决）　　　(6) può（破）

(7) zīng（精）　　　(8) jāng（江）　　　(9) jiǒu（久）

(10) uèn（问）　　　(11) lǚ（吕）　　　(12) wuèi（胃）

(13) niú（留）　　　(14) wāng（荒）

第二章 文 字

第一节 汉字的性质和特点

一、汉字的性质

文字是记录语言的符号体系，这是世界上一切文字的共性。它科学地阐明了文字和语言的关系。某种具体文字的性质，比如说汉字的性质，指的是这种文字区别于其他文字的本质属性。正确地认识一种文字的性质，是正确解决有关这种文字种种问题的基础。

文字是用来记录语言的，所以要联系语言来研究文字的性质。确定文字性质的标准，就是看这种文字的基本单位记录的是什么样的语言单位。语言是个层级体系：下层是语音层，分为音素和音节两级；上层是音义结合的语言符号层，分为四级：第一级是语素，第二级是词，第三级是词组，第四级是句子。世界上的文字有几千种，从文字的基本单位记录的语言单位看，主要有三类：记录音素的是音素文字，如英文；记录音节的是音节文字，如日文的假名；记录语素的是语素文字，如汉字。音素文字和音节文字合起来叫做表音文字，也叫拼音文字。表音文字的基本单位是字母，语素文字的基本单位是字。

一种语言的音素数目是有限的，不过几十个，因此音素文字的基本单位——字母也是有限的，只有几十个。例如，英文字母有 26 个，德文字母有 27 个，俄文字母有 33 个。字母所代表的音素就是这个字母的音值，每个字母都有确定的音值而没有意义。书写时按照字母的音值把词的发音记下来，语言里的词就变成了书面上的词；阅读时把字母的音值拼合起来就知道它记录的是什么词。

语素文字的代表是汉字。汉字记录的语言单位是汉语的语素，语素是最小的语音语义结合体，例如"国、走、大、很、吗"就是现代汉语的语素。作为语素文字的汉字，它用不同的形体表示不同的语素。它不但能区分读音不同的语素，例如"买"和"卖"是不同的语素，要写成不同的汉字，而且还能区分读音相同的语素，例如"黄、簧、皇"虽然同音，但是是不同的语素，所用的字形也不同。我们用汉字来记录汉语里的语素，语素的音和义就成了相关汉字的音和义。汉字的形体和它所表示的语素的音和义紧密结合在一起，所以汉字是形音义的统一体。有少数汉字单独不表示语素，如"徘、徊、琵、琶、葡、萄"等，只有形和音，没有义，不是形音义的统一体。不过这样的字数量很少，不反映汉字的本质。这样一些字的存在，不妨碍汉字是语素文字的论断。

二、汉字的特点

文字的性质和特点有密切的关系，文字的性质是根本，而特点是由性质派生出来的。汉字作为语素文字，有以下几个特点：

1. 汉字和汉语基本适应。汉语语素以单音节为主，汉字是单音节的文字，用单音节的汉字来记录单音节的汉语语素，两者基本适应。印欧语里的形态变化，常常要用音素来表示。例如，英语名词的复数一般是在单数的后面加-s，例如 book→books，pupil→pupils。这种变化用字母来表示很容易，如果用单音节的汉字来表示就很困难。汉字和汉语基本适应，这是汉字富有生命力的根本原因。汉字延续使用了几千年，至今仍旧充满了活力，仍然能够为各项建设事业和人民的生活服务。相反，如果汉字和汉语的特点不适应，使用非常困难，汉族的祖先就不会死抱住一套不适应汉语的文字体系不放。

2. 汉字是形音义的统一体。拼音文字的字母只有形和音，汉字的单字不但有形和音而且还有义，这是汉字的特点。"衣、医、依"虽然都读 yī，但是意义不同。"衣"是衣服的衣，"医"是医生的医，"依"是依靠的依，一目了然。如果写成汉语拼音 yī，就不知道是什么意思了。因为汉字具有表意性，它的形体可以负载较多的文化因素，这也是和拼音文字不同的。

3. 汉字具有一定的超时空性。现代的英国人、美国人看 600 年前的诗人乔叟（Geoffrey Chaucer，1340？－1400）的诗，比较困难，有点像外国诗。相反，汉族人读 2000 多年前的《论语》和《孟子》倒比较容易。"学而时习之，不亦说（悦）乎？""叟，不远千里而来，亦将有以利吾国乎？"稍加指点就容易读懂。这是因为汉语语素意义的变化比语音的变化慢，也就是用字的变化比字音的变化慢。这就是汉字的超时代性。北京人、上海人、福州人、广州人坐在一起，要是不会普通话，也不会对方的方言，就很难用各自的方言互相沟通，可是书信往来毫无困难，可以看同一份《人民日报》。这是因为方言之间语素意义的差别小，语音差别大，也就是说各方言用的字大致相同，只是读音不同。这就是汉字的超方言性。

4. 汉字数量繁多，结构复杂。一种语言的语素有几千个以至上万个，因此语素文字的字数也要有几千个以至上万个。如果再加上异体和古体，就会更多。现代汉语的通用字就有 7000 字，《中华字海》所收的古今汉字竟多达 86000 多字。而音素文字的字母一般只有几十个，比汉字的数量少得多。从形体说，文字都是由不同的线条构成的，表音文字用到的线条的种类少，汉字用到的线条的种类要多得多。汉字的线条成为笔画，笔画再组合为部件。现代汉字的笔画和部件的种类都比较多，汉字的基础部件就有 560 个；笔画的组合方式和部件的组合方式都很多，这就使得汉字的结构十分复杂，比表音文字要复杂得多。数量繁多，结构复杂，使汉字的学习和使用都比较困难。

5. 汉字进行国际文化交流难。当今的世界，经济和科技的发展非常迅速，各国的交往日益频繁。语言文字是重要的交际工具。拉丁字母是世界性的字母，世界有一百多个国家使用它，同是使用拉丁字母的国家进行文字交流十分方便。科技术语可以转写，人名地名也可以转写，都比较方便。斯拉夫字母、阿拉伯字母、希腊字母等字母，和拉丁字母进行转换也不困难。而汉字和拼音字母不同，让汉字进入拼音文字十分困难，只能借助汉语拼音。例如，把"北京"写作 Beijing，把"邓小平"写作 Deng Xiaoping。同样，要让字母文字中的科技术语和人名、地名进入汉字也很困难，要靠翻译。有时意译，有时音译，非常复杂。例如，science 写作"科学"是意译，写作"赛因斯"是音译；internet 写作"互联网"是意译，写作"因特网"是半音半意译。这么复杂对国际文化交流是不利的。

世界上的事物都是有利有弊的，汉字也不例外，既有优点又有缺点。上面说的汉字五个特点，前三个是优点，后两个是缺点。我们要充分发扬汉字的优点，同时要想办法弥补汉字的缺点，使汉字更好地为我国各项建设事业服务。

三、现代汉字

自古至今，汉语的书面语有两大类，就是文言文和白话文，白话文又分为古代白话文和现代白话文。文言文记录的是古代汉语，古代白话文记录的是近代汉语，现代白话文记录的是现代汉语。我们在这里不谈近代汉语，单就古代汉语和现代汉语来说，就有许多不同。因为古代汉语和现代汉语有不同，它们的书面语也有许多不同，使用的汉字也不完全相同。就使用的字来说，可以分为三类。第一类是古今通用的字，如"人手水进升美明而"等；第二类是文言文专用字，如"怛莒簦醯鬻箬谠粜"等；第三类是现代白话文专用字，如"叼蹦掰啤泵她傺惝"等，这些字是近一百多年才产生的。此外，还有一些字在文言文和现代白话文中虽然都有使用，但是音和义不同。例如"听"，文言文中读 yǐn，是笑的样子；现代白话文中读 tīng，是"聽"的简化字。又如"胺"，文言文中读 è，指肉腐败变臭；现代白话文中读 àn，指一种有机化合物。

既然文言文和现代白话文在用字上存在着许多不同，我们有必要把这两类字加以区分。立足于现代，我们把古今通用的字和现代白话文专用的字合为一类，叫做"现代汉字"；把文言文专用的字单独作为一类，叫做"文言古语用字"。现代汉字就是现代汉语用字，也就是现代白话文用字；文言古语用字就是古代汉语专用字，也就是文言文专用字。我们把古代汉语专用字叫做文言古语用字而不叫古代汉字，是因为人们习惯上把甲骨文、金文、小篆等字体叫做古代汉字。文言古语用字是从记录的语言来说的，古代汉字是从字体的特点来说的，两者是不同的。现代汉语课的文字部分只研究现代汉字，不研究文言古语用字。

一、为什么说汉字是语素文字？

二、汉字有哪些特点？

三、什么是现代汉字？举例说明现代汉字和文言古语用字的区别。

四、改正下列词语里的错别字。

  (1)纸张　(2)旅行　(3)政策　(4)整齐　(5)高低

  (6)供献　(7)克苦　(8)急燥　(9)杂揉　(10)渊搏

第二节　汉字的结构

　　汉字学主要研究汉字的形体，汉字形体研究的重点是汉字的结构。研究汉字的结构，可以有两个角度：一个是只就字形研究字形，不联系字音和字义，这种研究可以叫做汉字的外部结构研究；另一个角度是联系字音和字义来研究字形，这种研究可以叫做汉字的内部结构研究。例如"想"字，从外部结构研究来说，第一步分为"相"和"心"，第二步"相"还可以分为"木"和"目"。"心""木""目"叫做基础部件。这三个基础部件又可以分解为笔画，如"目"分为竖、横折、横、横、横。从内部结构研究来说，"想"分为"相"和"心"两个偏旁，"相"表音，"心"表义，由表音和表义偏旁组成的字叫形声字。我们这门课程只研究汉字的外部结构。

　　从外部结构研究来说，汉字从小到大有三个层次，就是笔画、部件和整字。下面我们就来研究这三个层次。

一、笔画

　　书写汉字时，从落笔到提笔，笔尖在书写材料上移动所留下的痕迹叫做笔画。笔画是汉字构形的最小单位。研究汉字的笔画，要注意以下四个问题：

　　1.笔画数。笔画数指的是每个汉字有几个笔画。学习汉字时要能够准确地计算出每个汉字的笔画数。计算时要根据规范字形，不能根据不规范字形。例如"骨"的规范字形是9画，而它的旧字形作"骨"，是10画。"象"的规范字形是11画，而它的旧字形作"象"，是12画。《现代汉语通用字表》规定了7000个通用汉字每个字的笔画数，是汉字笔画数的标准。

　　2.笔形。笔形指笔画的形状，现代汉字的基本笔形有五种，就是横（一）、竖（丨）、撇（丿）、点（丶）、折（乙）。横包括提（㇀），点包括捺（㇏），竖钩（亅）归竖，折包括各种折笔，如横折（㇆）、竖折（㇄）、撇折（㇜）等。在五种基本笔形里，横和竖出现的次数最多。

　　3.笔画的组合。笔画的组合指笔画和笔画的组合类型，有三种：

　　（1）相离，笔画彼此分离，如：三、川、小、六、刁、习。

　　（2）相接，笔画和笔画相接触，如：厂、了、口、上、工、乍。

　　（3）相交，笔画和笔画相交叉，如：十、丈、中、车、丰、事。

"刀"和"力"都是由折和撇组成的，但组合关系不同，"刀"是相接的，"力"是相交的。"八""人""乂"都是由撇和捺组成的，"八"是相离的，"人"是相接的，"乂"是相交的。"史"字五画，前三画是相接的，组成扁口形；第四画是撇，和扁口相交；第五画是捺和撇相交。

　　4.笔顺。笔顺就是书写汉字时笔画的先后顺序。笔顺的基本规则是：

　　先横后竖，如：十、干、丰。

　　先撇后捺，如：人、八、乂。

　　先上后下，如：三、呆、高。

先左后右，如：川、衍、做。

先外后内，如：月、同、匀。

先中间后两边，如：小、水、办。

先进去后关门，如：回、目、国。

以上规则并不能概括所有汉字的笔顺。为了实现汉字笔顺标准化，1997 年 4 月 7 日，国家语言文字工作委员会和新闻出版署联合公布了《现代汉语通用字笔顺规范》（语文出版社，1997），规定了 7000 个通用汉字的规范笔顺。《现代汉语通用字笔顺规范》中每个汉字的笔顺用三种形式表示。例如：

火，四画

　　跟随式：丶 丿 少 火

　　笔画式：丶 丿 丿 丶

　　序号式：4 3 3 4

脊，十画

　　跟随式：丶 丶 丷 丷 少 炏 米 脊 脊 脊

　　笔画式：丶 一 丿 丶 丿 丶 丨 乙 一 一

　　序号式：4 1 3 4 3 4 2 5 1 1

二、部件

　　部件也叫字根、字元、字素、码元或结构块，它是由笔画组成的具有组配汉字功能的构字单位，一般大于笔画小于整字。

　　1. 汉字的部件拆分。把汉字拆分为部件叫做汉字的部件拆分。有的部件包含着小的部件，成为多层次部件。对于多层次部件，要按照结构层次从大到小逐层拆分，直到基础部件。基础部件是最小的不再拆分的部件。汉字的部件拆分主要用于中文信息处理领域汉字编码的设计、管理、科研、教学和出版等方面，也可供汉字教学参考。

　　部件的拆分规则主要有：

　　(1)相离的组合沿着分隔沟进行拆分。只有一条分隔沟的，沿分隔沟拆分为两个部件。例如：

　　私——禾、厶　　　　　　　　兵——丘、八

　　固——囗、古　　　　　　　　趟——走、尚

分隔沟多于一条时，先拆长的后拆短的。例如：

　　想——相、心

　　　相——木、目

　　闾——门、昌

　　　昌——日、日

　　韶——音、召

　　　音——立、日

　　　　立——亠、丷

　　　召——刀、口

培——土、咅

　咅——立、口

遄——辶、耑

　耑——山、而

几条分隔沟长度相等时，沿着分隔沟多分。例如：

鸿——氵、工、鸟　　　葛——艹、曰、日

（2）相接的组合从接点处拆分。例如：

古——十、口　　　　　名——夕、口

接点有多有少时，先拆接点少的后拆接点多的。例如：

充——亠、允（只有一个接点）

允——厶、儿（有两个接点）

（3）相交的组合不拆。例如："东"不能拆分为"七"和"小"，"重"不能拆分为"千"和"里"。

（4）拆分的下限一般要大于笔画，例如"二"不能拆分为"一"和"一"；"人"不能拆分为"丿"和"乀"；"元"要拆分为"二"和"儿"，不能拆分为"一"和"兀"，避免拆出单笔画。

（5）相离的单笔画具有独立性的是部件，不具有独立性的不是部件。是不是具有独立性，要看它和相邻的笔画组合是否具有部件间的结构关系：有这种关系的是部件，没有这种关系的不是部件。相离单笔画成为部件的如：

旦：拆分为"日"和"一"。两者的组合关系与"昌"字里面的"日"和"日"的关系相同。

乱：拆分为"舌"和"乚"。两者的组合关系与"刮"里的"舌"和"刂"的关系相同。

幻：拆分为"幺"和"亅"。两者的组合关系与"幼"里的"幺"和"力"的关系相同。

（6）含有多层次部件的整字从大到小拆分，得到的部件依次叫做一级部件、二级部件、三级部件等。最小的不再拆分的部件叫做基础部件，也叫末级部件。例如"戆"字的分层拆分可以列成下面的图：

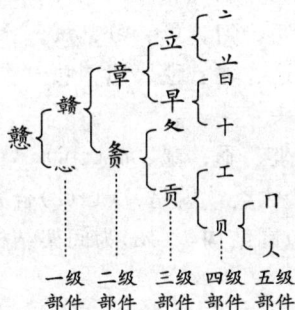

　　　　　　　　　　　　　　　　　立——亠

　　　　　　　　　　　　章　　　　　　　曰

　　　　　　　　赣　　　　　　早——十

戆　　　　　　　　　　　　　　　夂

　　　　　　　心　　　　贛　　　　　工

　　　　　　　　　　　　贡——　　　　冂

　　　　　　　　　　　　　　　　贝——　　人

一级　二级　三级　四级　五级
部件　部件　部件　部件　部件

（7）利用部件进行汉字编码时，不一定要拆到基础部件。有的编码方案把传统部首看做整体，不再拆分，也是可以的。

2. 成字部件和非成字部件。可以独立成字的部件叫做成字部件。例如："另、吉、唱、向"里的"口"，"村、杏、呆、困"里的"木"。成字部件有读音和意义，成字部件的读音也就是它的名称。不能独立成字的部件叫做非成字部件。例如"简、刚、网、铜"里的"门","疾、病、疼、嫉"里的"疒"。不成字部件没有读音和意义。为了便于称说，可以给不成字部件起个名称。例如"氵"叫"三点水"，"宀"叫秃宝盖。

3. 基础部件的数量。由于字集的大小不同，拆分的字数不同，得到的基础部件的数量也就不同。国家语言文字工作委员会公布的《信息处理用 GB13000.1 字符集汉字部件规范》(语文出版社，1998)有汉字 20902 个，拆分得到 560 个基础部件。

三、整字

整字就是一个个的方块汉字，它是汉字的使用单位。

1. 独体字与合体字。从内部的构成来说，整字分为独体字与合体字两类。一个部件构成的字是独体字，两个或两个以上部件构成的字是合体字。合体字多数是由两个部件或三个部件构成的。例如：

独体字——一、人、及、册、事

合体字——倍、街、衷、国、麟

2. 合体字的组合模式。按第一级部件的组合模式，合体字可以分为 4 大类 13 小类：

(1)左右结构，如：性、语、河、礳、鹚。

(2)左中右结构，如：辙、班、淅、嫩、挪。

(3)上下结构，如：台、是、要、竟、患。

(4)上中下结构，如：高、菩、簟、莽、鼻。

(5)全包围结构，如：回、囚、困、国、圆。

(6)上三包围结构，如：问、向、同、用、风。

(7)左三包围结构，如：匡、匣、匱、匜、匾。

(8)下三包围结构，如：凶、击、函、幽、凼。

(9)上左包围结构，如：厄、压、病、考、居。

(10)上右包围结构，如：句、匀、可、习、氧。

(11)下左包围结构，如：这、建、毯、翘、勉。

(12)下右包围结构，如：头、斗。

(13)间架结构，如：巫、坐、乖、噩、奭(shì)。

上述 13 类可以合并为四个大类，就是：(1)(2)合并为左右结构，(3)(4)合并为上下结构，(5)至(12)合并为包围结构，(13)为间架结构。

练习二

一、什么是汉字的内部结构？什么是汉字的外部结构？

二、什么是笔画？

三、指出下列各字的笔画数和笔顺。

(1)凹　(2)凸　(3)鼎　(4)鬼　(5)级　(6)凼

四、举例说明汉字笔画的组合类型。

五、什么是部件？说明部件拆分的主要规则。

六、拆分下列汉字，拆到基础部件。

(1)陪　(2)霜　(3)园　(4)蒋　(5)庭　(6)虞

七、举例说明什么是独体字？什么是合体字？

八、说明下列各字的组合模式。

(1)展　(2)延　(3)婪　(4)图　(4)爽　(6)街

第三节　汉字的规范化

文字作为辅助语言的交际工具必须具有明确、统一的规范。汉字规范的主要内容是"四定"，就是定量、定形、定音、定序。

一、定量

定量就是确定现代汉字的规范字量，包括各种专门用字的字量，实现汉字字有定量。

汉字自古至今的总字数多达数万。《康熙字典》收字 47000 多字，《汉语大字典》收字 54000 多字，1994 年出版的《中华字海》收字 86000 多字。在这 86000 多字中，大部分是文言古语用字，只有一万多个是现代汉字。在这一万多个现代汉字中，使用的频率并不相等，有的高有的低。据统计，按照字频由高到低排列，序号和覆盖率的关系大致如下：

序　号	1000	2400	3800	5200	6600
覆盖率	90％	99％	99.9％	99.99％	99.999％

频率最高的 1000 字在现代白话文中的覆盖率高达 90％。这就是说，在 100000 字的文章中大约有 90000 字，是用这 1000 字写成的。这样的统计规律可以帮助我们实现汉字的分级定量。

(一)常用字

常用字是教学用字，包括小学、初中等几个阶段的教学用字。根据汉字字频和覆盖率的关系，2400 个常用字覆盖率为 99％，可以作为小学的识字量；3800 个常用字覆盖率是 99.9％，可以作为初中的识字量。

选定常用字要综合考虑以下四个方面因素：第一，频率高的；第二，学科分布广的；第三，构词能力和构字能力强的；第四，日常生活中常用的。

1988 年 1 月，国家语言文字工作委员会和国家教育委员会公布的《现代汉语常用字表》，收常用字 3500 字。其中又分为两级：一级常用字 2500 字，二级次常用字 1000 字。经检测，一级常用字的覆盖率是 97.97％，二级次常用字的覆盖率是 1.51％，合计是 99.48％。

(二)通用字

通用字是印刷出版用字，是记录现代汉语一般要用到的字。从全部现代汉字中除去罕用字，得到的就是通用字。选定通用字对于印刷出版、辞书编纂、汉字的机械处理和信息处理都有重要的作用。

中华人民共和国成立以来，政府主管语言文字的部门公布过四个通用字表。(1) 1965 年 1 月，文化部和中国文字改革委员会联合公布的《印刷通用汉字字形表》，收通用字 6196 字。(2)1974 年邮电部编辑出版的《标准电码本》，收通用字 9317 字，其中包括已经废除的繁体字、异体字、日本汉字等。1983 年出版的《标准电码本》(修订本)，用简化字代替了繁体字，删除了异体字和生僻字，又增加了 106 字，共有 7292 字。(3) 1981 年 5 月，国家标准局公布的《信息交换用汉字编码字符集·基本集》，收 6763 字，分两级：一级是常用字 3755 字，二级是次常用字 3008 字。(4)1988 年 3 月，国家语言文字工作委员会和新闻出版署公布的《现代汉语通用字表》，收通用字 7000 字。

《现代汉语通用字表》是规范字表，它全面体现了国家关于汉字字形的规范。它显示了每个字的规范字形，包括笔画数、结构和笔顺。

通用字内包括常用字。《现代汉语通用字表》的 7000 字，就包括了 3500 个常用字。

二、定形

定形就是确定现代汉字的规范字形，实现汉字字有定形。现代汉字的标准字形是由三个字表确定的。

(一)《第一批异体字整理表》

异体字指的是读音和意义相同而形体不同的一组组的字，如：够夠、床牀、窑窰窯。汉字中有许多异体字，给学习和使用增加了负担，所以要对异体字进行整理。整理异体字就是从每组异体字中确定一个为标准字，其余的字作为非标准字加以淘汰，停止使用。确定标准字形的原则是从俗从简，而不是根据传统文字学的规定。从俗就是选择群众中比较流行的，从简就是选择笔画比较简单的。1955 年 12 月 22 日，文化部和中国文字改革委员会公布了《第一批异体字整理表》，表内收异体字 810 组，每组最少有 2 字，最多有 6 字，共有 1865 字。经过整理，每组保留一个为标准字，共保留 810 字，淘汰了 1055 字。例如(括号内是淘汰的字)：布(佈)、痴(癡)、唇(脣)、雇(僱)、管(筦)、迹(跡蹟)、杰(傑)、巨(鉅)、泪(淚)、犁(犂)、猫(貓)、剩(賸)、笋(筍)、它(牠)、席(蓆)、韵(韻)、周(週)、注(註)。在这之后，国家主管语言文字的部门从淘汰的异体字中先后恢复了 30 个字为标准字①，实际淘汰了

① 《第一批异批异体字整理表》发布后陆续恢复了 30 个异体字为规范字：

(1)1956 年 3 月 23 日恢复了"阪、挫"2 字为规范字。

(2)1986 年 10 月 10 日恢复了"忻、谳、晔、奢、诃、鳍、绌、刬、鲙、诓、雠"11 字为规范字。

(3)1988 年 3 月 25 日恢复了"翦、邱、於、澹、骼、彷、菰、涸、徽、薰、黏、桉、愣、晖、凋"15 字为规范字。

(4)之后发现《第一批异体字整理表》对"韶、杭"二字处理不妥，于是恢复"韶、杭"2 字为规范字。

1025 个异体字。

(二)《简化字总表》

汉字从甲骨文到现在的楷书、行书，总的发展趋势是简化。汉字简化主要是减少笔画，同时也减少字数。简体字和简化字的含义略有区别。简体字泛指比繁体字笔画减省的汉字，而简化字特指《汉字简化方案》和《简化字总表》里的简体字，也就是由政府公布推行的简体字。

早在 20 世纪初，就提出了汉字简化的要求，"五四时期"形成了高潮。1922 年钱玄同在国语统一筹备会上提出《减省现行汉字的笔画案》，主张把过去只通行于平民社会的简体字正式应用于一切正规的书面语上。1935 年 8 月，国民政府教育部公布了《第一批简体字表》，表内有简体字 324 字，准备推行，后来因为受到国民党领导层保守势力的反对，被迫宣布"暂缓推行"，因而搁浅。

新中国成立后，人民政府为了扫除文盲、普及教育积极推行简化字。1955 年 10 月举行的全国文字改革会议讨论了汉字简化问题，并就《汉字简化方案》(草案)交换了意见。1956 年 1 月 28 日国务院公布了《汉字简化方案》，方案包括 515 个简化字和 54 个简化偏旁。整个方案分四批推行，到 1959 年 7 月基本推行完毕。1964 年 2 月 4 日国务院就中国文字改革委员会的请示做出了批示，扩大了简化偏旁的数量，同时决定把已经推行的全部简化字编制成《简化字总表》，以便应用。1964 年版《简化字总表》有简化字 2236 字。1986 年 10 月 10 日国家语言文字工作委员会重新发表《简化字总表》，对字表里的个别简化字做了调整，最后有简化字 2235 字。这是新中国成立以来政府公布推行的全部简化字。《汉字简化方案》和《简化字总表》不是毫不相干的两个东西，后者是前者的发展和具体化。《汉字简化方案》只有 54 个简化偏旁，《简化字总表》增加到 146 个，而且把用这些简化偏旁类推简化出来的字都列了出来。

新中国汉字简化工作的方针和步骤是"约定俗成，稳步前进"。"约定俗成"指的是简化工作要在社会习惯的基础上因势利导，简化字的字形尽可能采用社会已经流行的写法；"稳步前进"指的是全部简化工作不是一次完成，而是分批进行，这样做为的是便于群众熟悉简化字，接受简化字。实践证明这个方针基本是正确的，推行工作进展顺利，简化字逐渐在群众中扎下了根。

简化汉字取得了明显的效果。《简化字总表》里的 2235 个简化字，平均每字 10.3画；已经简化了的繁体字有 2264 字，平均每字 15.6 画。简化字与繁体字相比，平均每字减少了 5.3 画。如果写 2000 个简化字，平均少写 10000 画。按每个字平均 10画计算，就等于少写了 1000 个字。根据 2004 年发布的中国语言文字使用情况调查得到的数据，平时主要写简化字的占被调查人数的 95.25%。汉字已经进入了简化字时代。

(三)《印刷通用汉字字形表》

汉字印刷用的传统的宋体和手写楷体有许多差别。例如：

印刷宋体：艹、辶、日、田、小、琴

手写楷体：艹、辶、日、田、小、琴

同是印刷体也常有不同的写法，如：叙敍敘、别別、羡羨、黄黃等。为了克服这种分歧，文化部、教育部、中国文字改革委员会、语言研究所等部门于1962年组成汉字字形整理组，对印刷用汉字字形进行整理，最后制成了《印刷通用汉字字形表》。1965年1月30日文化部和中国文字改革委员会公布了这个字表，并开始在出版印刷行业推行。《字形表》收印刷用宋体铅字6196字，规定了每个字的笔画数、结构，并隐含着笔顺。整理字形的标准是：同一个宋体字有不同笔画或不同结构的，选择一个便于辨认、便于书写的形体；同一个字宋体和手写楷体笔画结构不同的，宋体尽可能接近手写楷体；不完全根据文字学的传统。经过这次整理，不少字的字形发生了变化。人们习惯把《字形表》规定的字形叫新字形，《字形表》公布之前使用的字形叫旧字形。（新旧字形的差异，见本节附录《新旧字形对照表》）

三、定音

定音就是确定现代汉字的规范字音，实现汉字字有定音。普通话以北京语音为标准音，现代汉字的读音自然也就以北京语音为标准音。为了做到字有定音，主要要解决好异读字和多音字的读音问题。

(一)异读字的读音

一个字有两个或两个以上的读音而表示的意义相同，这样的字是异读字。汉字自古以来就有异读字。例如《广韵·阳韵》"镶"汝阳切，又息羊切；《广韵·皆韵》"稭"古谐切，又古八切。这两个字在《广韵》里就是异读字。现代汉字中也有一批异读字。例如"暂时"的"暂"可以读 zàn，也可以读 zhàn。"菜肴、酒肴"的"肴"可以读 yáo，也可以读 xiáo。为了促进语音规范化、推广普通话，对异读字的读音要加以审定。审定异读字的读音，就是从现有的几个读音中确定一个为标准音，其余的读音作为异读停止使用。

1956年1月中国科学院语言研究所聘请专家组成普通话审音委员会开始审定异读词的读音。单音节的异读词也就是异读字，所以审音委员会的工作虽然以词为审定的对象，实际上在很大程度上也解决了异读字的读音问题。从1957年到1962年，审音委员会分三次公布《普通话异读词审音表初稿》（简称《初稿》），共审定异读词1800多条。例如，"暂时"审定为 zànshí，"菜肴、酒肴"的"肴"审定为 yáo 。《初稿》自公布以来，受到文教、出版、广播等部门广泛重视，对规范异读词的读音起到了积极作用。但是，随着语言的发展，《初稿》中原审的一些读音有了变化；同时，作为语音规范的标准，《初稿》也需定稿。因此，在 1982 年 6 月中国文字改革委员会重建普通话审音委员会，对《初稿》进行修订。1985 年 12 月 27 日由国家语言文字工作委员会等部委发布修订后的《普通话异读词审音表》正式推行。修订后的《审音表》共审定读音 839 条，以字为单位按汉语拼音顺序排列。"自公布之日起，文教、出版、广播等部门及全国其他部门、行业所涉及的普通话异读词的读音、标音，均以本表为准。"异读字的读音也以审音表的规定为标准。

这次修订以符合普通话语音发展规律为原则，以便利广大群众学习普通话为着眼点，采取约定俗成、承认现实的态度。对《初稿》原订读音的改动，力求慎重。《普通话异读词审音表》里凡是注明"统读"的字，表示这个字不论用在什么词语中都读成这一个音。例如(～代表字头)：

阿 (一)ā ～訇 ～罗汉 ～木林 ～姨
　　(二)ē ～谀 ～附 ～胶 ～弥陀佛
挨 (一)āi ～个 ～近
　　(二)ái ～打 ～说
癌 ái(统读)
蔼 ǎi(统读)
隘 ài(统读)
拗 (一)ào ～口
　　(二)niù 执～ 脾气很～

(二)多音字的读音

多音字也叫多音多义字，指的是具有两个或两个以上的读音而不同的读音又和不同的意义相联系的字。例如"中"读 zhōng，表示中间、中心、跟四周距离相等；读 zhòng，表示正对上、遭受、受到。"脏"读 zāng，指不干净；读 zàng，指体内的器官、脏器。现代汉字中的多音字大约占 10%。

文章里的多音字要根据它的意义来决定读音。如果不了解意义，也就难以确定读音。例如：

离间　意思是使发生隔阂。"间"读 jiàn，不读 jiān。

冠心病　指的是冠状动脉性心脏病。"冠"读 guān，不读 guàn。

好逸恶劳　意思是喜欢安逸、厌恶劳动。"好"是动词，读 hào，不读 hǎo。"恶"是动词，读 wù，不读 è。

有些字作姓氏时，有特殊的读音。例如：

单　读 dān，作姓氏要读 shàn。

仇　读 chóu，作姓氏要读 qiú。

有些字作地名时，有特殊的读音。例如：

洞　读 dòng，洪洞县的洞要读 tóng。

番　读 fān，番禺的番要读 pān。

多音字有两种发展趋势，就是增加和减少。多音字的增加主要是由于引申和假借。引申属于词义的发展，假借属于文字的借用。现代汉语里词义的引申很少引起读音的改变，发生读音改变的多数是古代词义引申在现代的投影。例如：

瓦　(1)wǎ　砖瓦。　　(2)wà　盖瓦。

饮　(1)yǐn　喝。　　　(2)yìn　使喝：饮牲口。

背　(2)bèi　脊背。　　(2)bēi　用脊背驮。

由文字借用而造成的多音字，例如：

打　(1)dǎ 打击的打。(2)dá dozen 的音译，铅笔、毛巾等十二个为一打；soda 里 da 的音译，苏打的打。

茄　(1)qié 茄子的茄。(2)jiā 雪茄的茄的音译。

发　(1)fā 出发的发。發的简化字。(2)fà 头发、理发的发。髮的简化字。

多音字又有减少的趋势。因为多音字容易读错，不便使用。人们希望减少读音，就把使用较少的读音归并到经常使用的读音里去。古代的例子(反切根据《广韵》)：

下　(1)底下。胡雅切。(2)下降。胡驾切。(1)(2)古代不同音，现代都读 xià。

错　(1)错误。仓故切。(2)错杂，错综。仓各切。(1)(2)古代不同音，现代都读 cuò。

别　(1)分辨。方别切。(2)离别。皮列切。(1)(2)古代不同音，现代都读 bié。

现代的例子：

胜　《国音常用字汇》：(1)shèng，胜利。(2)shēng，胜任。(1)(2)本来不同音，《现代汉语词典》合并为 shèng。

劳　《国音常用字汇》：(1)láo，劳动。(2)lào 犒劳。(1)(2)本来不同音，《现代汉语词典》合并为 láo。

养　《国音常用字汇》：(1)yǎng，生养。(2)yàng，供养。(1)(2)本来不同音，《现代汉语词典》合并为 yǎng。

文　《国音常用字汇》：(1)wén，文采。(2)wèn，文饰，文过。(1)(2)本来不同音，《现代汉语词典》合并为 wén。

适当减少多音字的读音对于汉字的使用是有好处的。

四、定序

定序就是确定现代汉字规范的排列顺序，实现汉字字有定序。现代生活里，字序的应用极为广泛，工具书的检索、图书档案的排列、各种目录的编制都需要定序。

字母文字通过字母表确定字母的顺序，简单明确，使用方便。汉字字数繁多，又缺少完备的表音系统，建立字序十分困难。目前，最常用的字序有两种，就是部首法和音序法。

（一）部首法

这是传统的字序法，从汉字的字形着手，把具有相同偏旁的字归并为一部，那个相同的偏旁叫做部首。部首法要包括立部和归部两部分。建立多少部、都是哪些部，属于立部。某一个字归入哪一部，就是归部。不同的工具书立部多少常有不同，归部的原则也有不同。东汉许慎的《说文解字》首创部首法，立 540 部。《康熙字典》、《中华大字典》立 214 部。《新华字典》《现代汉语词典》的"部首检字表"立 189 部，修订本《辞海》立 250 部，《汉语大字典》《汉语大词典》立 200 部。归部的原则有两大类，一类是据义归部，一类是据位归部。据义归部是把表义的偏旁作为部首。以《说文解字》为例，"甥"属男性，归男部；"江"指长江，是水名，归水部；"颖"指禾苗的末梢，归禾部；"素"指白色的细密的丝织物，归糸部。《康熙字典》《汉语大字典》《汉语大词典》等主要采用据义归部的方法。据义归部在使用中遇到的主要困难是，部首在字里的位置不固定。如"江"的部首"氵"在字的左边，"甥"的部首"男"就在字的右边。使用者不知道字的本义，也就不容易确定哪个偏旁是部首，因而也就查不到要查的字。据位归部是针对据义归部的困难提出的改进方法，它根据偏旁所在的位置确定部首，部首的一般位置在字的上、下、左、右、外。一般位置没有部首的查中坐，中坐没有部首的查左上角。1989 年版修订本《辞海》采用了据位定部的归部法。一个字具有几个部首的，按照下列次序确定部首：

1. 上、下都有部首的，取上，不取下。例如：含（查人部，不查口部），思（查田部，不查心部）。

2. 左、右都有部首的，取左，不取右。例如：相（查木部，不查目部），划（查戈部，不查刂部）。

3. 内、外都有部首的，取外，不取内。例如：闷（查门部，不查心部），医（查匚部，不查矢部）。

4. 中坐、左上角都有部首的，取中坐，不取左上角。例如：坐（查土部，不查人部），半（查丨部，不查丶部）。

5. 下、左上角或右、左上角都有部首的，取下、取右，不取左上角。例如：渠（查木部，不查氵部），肆（查聿部，不查匕部）。

6. 在同一部位有多笔和少笔几种部首互相叠合的，取多笔部首，不取少笔部首。例如：章竟意（部首有丶亠立音，查音部），磨糜靡（部首有丶亠广麻，查麻部）。

教育部和国家语言文字工作委员会于 2009 年 1 月 12 日发布语言文字规范《汉字部首表》（GF0011－2009）和《GB13000.1 字符集汉字部首归部规范》（GF0012－2009）。《汉字部首表》设 201 部，《GB13000.1 字符集汉字部首归部规范》给出了

20902 个汉字的部首归部表。

（二）音序法

根据字的读音来排定字序。我国古代的韵书根据四声和韵部编排字序，就属于音序法。当前使用最广的音序法是汉语拼音音序法，按照汉语拼音字母表里的字母顺序排列字母的先后。同音字再按照笔画数的多少，由少到多排列。笔画数相同的，按起笔的笔形横竖撇点折顺序排列。起笔笔形相同的，按照第二笔笔形，依次类推。例如读 chù 的字，要按下列顺序排列：丁处怵绌畜搐触憷黜矗。《新华字典》《现代汉语词典》《中国大百科全书》等的条目排列都采用汉语拼音音序法。

音序法简明严谨，不会出现模棱两可的情况，使用起来比较方便。不过也有局限性，使用这种音序法查字首先要能读准字音，读不准字音就无法查到。在收字多的大型字典里有很多生僻字，使用音序法会遇到困难。

练习三

一、什么是通用字？现代汉字有多少通用字？

二、什么是常用字？现代汉字有多少常用字？

三、什么是异体字？对异体字的整理，政府主管部门公布过什么文件？

四、《汉字简化方案》和《简化字总表》这两个字表是什么关系？

五、写出与下列简化字相对应的繁体字。

（1）获　（2）蒙　（3）发　（4）历　（5）纤

六、什么是异读字？怎么确定异读字的规范读音？

七、用汉语拼音注出下列词语的规范读音。

（1）阿谀　　（2）庇护　　（3）哺育　　（4）称心　　（5）惩罚

（6）奢侈　　（7）供给　　（8）校正　　（9）歼灭　　（10）咀嚼

八、举例说明部首法里的据义归部和据位归部。

九、使用音序法如何排列同音字？

十、改正下列词语里的不规范字。

（1）谆谆告戒　（2）迫不急待　（3）以逸代劳　（4）精神可佳

（5）宁死不曲　（6）有持无恐　（7）烂鱼充数　（8）忧柔寡断

（9）一愁莫展　（10）永往直前

附录：《新旧字形对照表》

（字形后圆圈内的数字表示字形的笔画数）

旧字形	新字形	新字举例	旧字形	新字形	新字举例
艹④	艹③	花草	直⑧	直⑧	值植
辶④	辶③	连速	黾⑧	黾⑧	绳鼋
幵⑥	开④	型形	咼⑨	呙⑧	過蜗
丰④	丰④	艳沣	垂⑨	垂⑧	睡邮
巨⑤	巨④	苣渠	食⑨	食⑧	饮饱
屯④	屯④	纯顿	郎⑨	郎⑧	廊螂
瓦⑤	瓦④	瓶瓷	录⑧	录⑧	渌箓
反④	反④	板饭	昷⑩	昷⑨	温瘟
丑④	丑④	纽杻	骨⑩	骨⑨	滑骼
犮⑤	犮⑤	拔茇	鬼⑩	鬼⑨	槐鬼
印⑥	印⑤	茚	俞⑨	俞⑨	偷渝
耒⑥	耒⑥	耕耘	既⑪	既⑨	溉厩
吕⑦	吕⑥	侣营	蚤⑩	蚤⑨	搔骚
俢⑦	俢⑥	修倏	敖⑪	敖⑩	傲遨
爭⑧	争⑥	净静	莽⑫	莽⑩	漭蟒
产⑥	产⑥	彦产	眞⑩	真⑩	慎填
羊⑦	羊⑥	差养	备⑩	备⑩	摇遥
并⑧	并⑥	屏拼	殺⑪	杀⑩	搬锻
吴⑦	吴⑦	蜈虞	黄⑫	黄⑪	廣横
角⑦	角⑦	解确	虚⑫	虚⑪	墟歔
兔⑨	兔⑦	换痪	異⑫	异⑪	冀戴
肖⑧	肖⑦	敝弊	象⑫	象⑪	像橡
耳⑧	耳⑦	敢严	奥⑬	奥⑫	澳襖
者⑨	者⑧	都著	普⑬	普⑫	谱氆

（引自《现代汉语词典》）

现代汉语

第四节　汉字的正字法

一、规范字和不规范字

　　语言文字是社会的交际工具，具有很强的社会性。人们使用时必须遵守统一的明确的标准。只有这样，社会交际才能顺利实现，社会生产和生活才能有条不紊地进行。标准就是规范，标准化也就是规范化。汉字的规范涉及字量、字形、字音、字序几个方面，因为文字是视觉符号，所以汉字的规范首先是字形的规范。正字法的内容主要有两部分，就是确定字形规范和推广字形规范。新中国成立以来，国家对汉字进行了大规模的简化和整理，建立了新的汉字正字规范，这种规范首先要区分规范字和不规范字。

　　规范字就是标准字。现代汉字规范字指的是《第一批异体字整理表》里的选用字，《简化字总表》里的简化字和《印刷通用汉字字形表》规定的新字形。上述这些规定都体现在《现代汉语通用字表》里。《现代汉语通用字表》里的 7000 字都是规范字。《现代汉语通用字表》以外的现代汉字，它的字形也要符合上述三个字表的相关规定。

　　和规范字相对的是不规范字。它包括《简化字总表》里被简化了的繁体字，国家已经宣布废止的《第二次汉字简化方案（草案）》里的简化字，《第一批异体字整理表》里淘汰的异体字，《印刷通用汉字字形表》里的旧字形，此外还有社会上流行的自造简体字和错别字。

　　汉字规范的标准是发展的，不是永远不变的。例如，繁体字本来是和简体字相对而言的，没有简体字自然也谈不上繁体字。在实行汉字简化以前，自古流传至今的传承汉字是规范字；推行简化字以后，被简化了的繁体字，就成为不规范字。文字的规范必须统一、明确，政府推行简化字后，简化字就是规范字，不能繁简两体都是规范。如果繁简并用或繁简混用，势必造成汉字使用的混乱，增加学习和使用的负担。把被简化了的繁体字归入不规范字，不涉及对汉字的评价，不存在对自古流传下来的汉字的贬损，因为简化字同样是汉字。

二、正字法的基本要求

　　汉字正字法的基本要求就是：要使用规范字，不使用不规范字，首先要消灭错别字。

　　文字的使用范围十分广泛，可以大体分为两类，就是个人用字和社会用字。个人用字指的是只供个人使用、个人阅读的文字，它只面向写字的本人，如日记用字、私人账目用字等。社会用字指的是在社会上流通、用于社会交际的文字。它面向公众，面向他人。例如，国家法律法令用字、政府公文用字、出版印刷用字、商业用字等。从目前我国的情况看，社会用字大致包括四个方面，就是：出版印刷用字、影视用字、计算机用字和城镇街头用字。影响大、在社会用字中起主导作用的是前三个方面，但是城镇街头用字具有很强的直观性，在感官上给人的印象往往更强烈更深刻。

对汉字的使用，国家规定了明确的政策。关于异体字，文化部和中国文字改革委员会 1955 年 12 月 22 日《关于发布〈第一批异体字整理表〉的联合通知》规定：《第一批异体字整理表》"从 1956 年 2 月 1 日起在全国实施。从实施日起，全国出版的报纸、杂志、图书一律停止使用表中括弧内的异体字。但翻印古书须用原文原字的，可作例外。一般图书已经制成版的或全部中分册尚未出完的可不再修改，等重排再版时改正。机关、团体、企业、学校用的打字机字盘中的异体字应当逐步改正。商店原有牌号不受限制。停止使用的异体字中，有用作姓氏的，在报刊图书中可以保留原字，不加变更，但只限于作为姓用"。关于简化字，国家语言文字工作委员会 1986 年 10 月 10 日《关于重新发表〈简化字总表〉的说明》中指出："社会用字以《简化字总表》为标准；凡是在《简化字总表》中已经被简化了的繁体字，应该用简化字而不用繁体字；凡是不符合《简化字总表》规定的简化字和社会上流行的各种简体字，都是不规范的简化字，应当停止使用。"关于印刷铅字的新字形，文化部和中国文字改革委员会 1965 年 1 月 30 日《关于统一汉字铅字字形的联合通知》规定："各地字模制造单位，应即大力组织力量，以该表(指《印刷通用汉字字形表》)为范本，有计划、有步骤地尽早刻制各种印刷字体的新的铅字字模，供应各地需要。报纸、杂志、图书出版、印刷方面可视需要和字模供应情况逐步加以采用。""翻印古籍和有其他特殊需要者，可以不受范本限制。"大家都应该认真贯彻执行上述规定，做好汉字的规范化工作。

2000 年 10 月 31 日第九届全国人民代表大会常务委员会第十八次会议通过的《中华人民共和国国家通用语言文字法》(简称《国家通用语言文字法》)规定："国家推广普通话，推行规范汉字。"该法还具体规定了对规范汉字的使用要求，就是："国家机关以普通话和规范汉字为公务用语用字。""学校及其他教育机构以普通话和规范汉字为基本的教育教学用语用字。""汉语出版物应当符合国家通用语言文字的规范和标准。""公共服务行业以规范汉字为基本的服务用字。"另外，该法还对保留或使用繁体字、异体字的条件作了规定，就是："(一)文物古迹；(二)姓氏中的异体字；(三)书法、篆刻等艺术作品；(四)题词和招牌手书字；(五)出版、教学、研究中需要使用的；(六)经国务院有关部门批准的特殊情况。"上述各种规定深化了汉字正字法的内涵，我们应该努力学习、切实掌握并认真贯彻执行。

三、纠正社会用字的混乱现象

正确使用汉字，认真贯彻执行汉字正字法，对提高社会语文水平和交际的效率、促进精神文明建设，具有重要意义。多年来，在这方面我们做了许多工作，取得了成效，但是我们也应该清醒地看到，当前在社会用字方面还存在许多问题，具体表现为滥用繁体字、乱造简化字和随便写错别字。

滥用繁体字的问题，情况比较严重，也比较复杂。据一些省市抽样调查统计，在几类不规范字中，滥用繁体字占 50％～60％。情况最为严重的是工厂、企业、商店、事业单位的牌匾用字，报刊的名称用字，影视片片名用字和书名用字。另外，当前错用繁体字和繁简混用的现象也相当严重，加剧了社会用字的混乱。有一家鞋店，牌匾写的是"光嶽鞵店"，其中的"嶽"是"岳"的繁体，"鞵"是"鞋"的异体。有一本图书叫《皇後淚》，规范的写法是《皇后泪》。"皇后"的"后"没有简化，根本就不能写作"皇後"，"淚"是繁体字。

乱造简化字的现象在有的地方也比较普遍。"街道"写成"丁道"，"零售"写成"另售"，"白菜"写成"白才"，"餐厅"写成"歺厅"。这些都是《简化字总表》里没有的简化字。

错别字包括错字和别字，错字是汉字中根本没有的字，别字是汉字中虽然有但是不能这样用的字。在现今的文字生活中，错别字时常见到。"蒸汽"的"蒸"少了中间的一横。"喜迎回归"的"迎"，错成了走之旁加个"卯"。"宫廷桃酥"错成了"宫廷猇酥"，而"猇"读 zhào，意思是体大力壮的猛犬。"苹果店"错成了"萍果店"，不知道卖的是什么果品。"欢度元旦"错成了"欢渡圆旦"，不知道"圆旦"如何能"欢渡"。川味调料"南泉豆瓣"写成"南泉豆办"，调料一下子变成了行政机关。

推行正字法首先要消灭错别字。常见的错字有三类：（1）增笔。如"武"错成"武"，"展"错成"展"。（2）减笔。如"拜"错成"拜"，"文具"错成"文具"。（3）写错结构。如"范"错成"范"，"默"错成"默"。常见的别字有：（1）同音别字。如"捍卫"错成"撼卫"，"一箭封喉"错成"一剑封喉"，"水火不容"错成"水火不融"，"情有独钟"错成"情有独衷"，"蝇营狗苟"错成"蝇蝇狗狗"。（2）形近别字。如"床笫"错成"床第"，"大杂烩"错成"大杂脍"，"春风和煦"错成"春风和熙"，"肆无忌惮"错成"肆无忌弹"，"相形见绌"错成"相形见拙"。（3）同音形近别字，如"竞赛"错成"竟赛"，"沧桑"错成"苍桑"，"通宵"错成"通霄"，"嬉笑打闹"错成"嘻笑打闹"，"皇皇巨著"错成"煌煌巨著"。

消灭错别字首先要增强文字规范意识，提高使用规范汉字的自觉性。其次要加强对从业人员的语文教育，提高正确使用汉字的能力。编辑出版、影视制作等文字应用部门要订出切实有效的检查、纠正办法。

练习四

一、举例说明什么是规范字？什么是不规范字？
二、为什么说繁体字是不规范字？
三、现代汉字正字法的基本要求是什么？

四、当前社会用字存在的主要问题有哪些？

五、试分析繁体字和简化字混用现象的危害。

六、下列各字什么情况下要简化？什么情况下不简化？

    (1)乾   (2)夥   (3)徵   (4)瞭   (5)藉

七、指出下列各字用法上的主要区别。

    (1)竿、杆   (2)既、即   (3)颂、诵   (4)辩、辨

    (5)竟、竞   (6)象、像   (7)气、汽   (8)度、渡

    (9)坐、座   (10)做、作

八、指出下列各组字内哪个是规范字。

    (1)迹跡   (2)尸屍   (3)耻耻   (4)奸姦   (5)煙烟

    (6)劫刧   (7)笋筍   (8)劲效   (9)彩綵   (10)罚罸

九、改正下列成语里的不规范字。

    (1)变本加利   (2)黄梁美梦   (3)病入膏盲   (4)再接再励

    (5)趋言附势   (6)向偶而泣   (7)甘败下风   (8)世外桃园

    (9)承上起下   (10)委屈求全

附录：容易写错的字

下面列出一些容易写错的词语，请注意学习其中那些容易写错的字。括号外的字是正确的，括号内的字是错误的。

按部(步)就班	班(搬)门弄斧	变本加厉(利)	标新立异(意)
别出心(新)裁	病入膏肓(盲)	不耻(齿)下问	不计(记)其数
不假(加)思索	不胫(径)而走	不咎(纠)既往	不刊(堪)之论
不落窠(巢)臼	草菅(管)人命	层峦叠(迭)嶂	陈词滥(烂)调
称(趁)心如意	出类拔萃(粹)	出奇制(致)胜	川(穿)流不息
唇枪舌剑(箭)	寸草春晖(辉)	到处传诵(颂)	得不偿(尝)失
豆蔻(寇)年华	短小精悍(干)	发号施(司)令	飞扬跋(拔)扈
纷至沓(踏)来	丰功伟绩(迹)	风尘仆仆(扑扑)	凤毛麟(鳞)角
负隅(偶)顽抗	甘拜(败)下风	各行其是(事)	鬼鬼祟祟(崇崇)
含辛茹(如)苦	汗流浃(夹)背	哄(轰)堂大笑	虎视眈眈(耽耽)
哗(华)众取宠	荒诞(旦)不经	激(急)流勇进	集思广益(议)
记忆犹(尤)新	嘉(佳)宾满座	精神焕(换)发	精神可嘉(佳)
狙(阻)击敌人	开诚(成)布公	开天辟(劈)地	滥(烂)竽充数
老态龙钟(肿)	雷厉(励)风行	礼尚(上)往来	寥(瞭)若晨星
流言蜚(非)语	名列前茅(矛)	明辨(辩)是非	明火执仗(杖)
摩(磨)拳擦掌	磨杵(杆)成针	牟(谋)取暴利	能屈(曲)能伸

宁死不屈（曲）　　旁征（证）博引　　披星戴（代）月　　迫不及（急）待
气冲霄（宵）汉　　千锤百炼（练）　　千钧（斤）一发　　轻歌曼（慢）舞
穷兵黩（读）武　　惹是（事）生非　　任（忍）劳任怨　　如法炮（泡）制
如火如荼（茶）　　如愿以偿（尝）　　入不敷（付）出　　三番（翻）五次
声名狼藉（籍）　　食不果（裹）腹　　史无前例（列）　　势（试）在必行
拭（试）目以待　　首（手）屈一指　　受益匪（非）浅　　肆无忌惮（弹）
提（题）纲挈领　　天涯海角（脚）　　铤（挺）而走险　　完璧（壁）归赵
万马齐喑（暗）　　委曲（屈）求全　　无耻谰（滥）言　　无稽（计）之谈
无精打采（彩）　　无可非议（意）　　无所事（是）事　　无妄（忘）之灾
瑕不掩瑜（玉）　　心旷神怡（移）　　兴高采（彩）烈　　凶相毕（必）露
徇（殉）私舞弊　　言简意赅（该）　　偃（掩）旗息鼓　　一笔勾销（消）
一筹（愁）莫展　　一如既（继）往　　依山傍（旁）水　　以逸待（代）劳
义不容辞（词）　　因噎（咽）废食　　阴谋诡（鬼）计　　饮鸩（鸠）止渴
英雄辈（倍）出　　勇（永）往直前　　有恃（持）无恐　　怨天尤（由）人
再接再厉（励）　　责无旁贷（代）　　张冠李戴（带）　　仗义执（直）言
振聋发聩（愧）　　置若罔（网）闻　　中流砥（抵）柱　　珠联璧（壁）合
专心致（至）志　　自力（立）更生　　走投（头）无路

第三章　词　汇

第一节　词和词汇

一、什么是词

　　词是有意义的能独立运用的最小的语言单位。

　　词作为语言单位，自然是音义结合体。例如，"天"的声音形式是 tiān，有"天空"等意义；"书法"的声音形式是 shūfǎ，意义为"文字的书写艺术"。但是，语言中音义结合的单位并不一定就是词。词是最小的能"独立运用"的语言单位。

　　所谓"独立运用"是指独立作为造句的单位，包括两种情况：一是指能独立成句或充当句子成分；二是指在句子中表示某种语法关系，具有某种语法作用。例如"好"可以独立成句（"好！"），也可以充当句子成分（"这本书好！"）；结构助词"的"表示联结的两项之间有偏正结构关系，语气词"的"可以表示语气（"他是不去的。"）。因此，"好、的"都是独立运用的语言单位。语言中有一些音义结合的单位不能独立运用，例如"椭、基、础、浏、老-、阿-、-子、-头"等，它们必须跟别的语言单位组合成独立运用的语言单位。

　　词不仅是能够独立运用的语言单位，而且是"最小的"能够独立运用的语言单位，也就是说从词中不能进一步切分出更小的独立运用的语言单位。例如：

　　今天阳光灿烂。

在这句话中，"今天"虽然可以进一步切分出"今"和"天"这两个更小的语言单位，但"今天"是一个整体，充当句子的主语，是一个独立运用的最小语言单位。"阳光灿烂"也是一个独立运用的语言单位，但"阳光灿烂"不是词，而是词组，因为可以从中切分出"阳光"和"灿烂"这样两个更小的独立运用的语言单位。"阳光"虽然可以切分出"阳"和"光"这两个更小的有意义的单位，但"阳光"在这个句子中作为一个整体充当句子成分；"灿烂"不能进一步切分出更小的有意义的语言单位，自然更不可能切分出更小的独立运用的语言单位。所以，"阳光灿烂"是由"阳光"和"灿烂"这样两个词组成的。

二、什么是语素

（一）语素的定义

词是构造句子的最小单位。词是由语素构成的。

语素是音义结合的最小语言单位。

任何语素都是有音有义的，既没有仅有语义内容没有语音形式的语素，也没有仅有语音形式没有语义内容的语素。同时，语素作为音义结合的单位还必须是"最小"的。所谓"最小"，是指不能进一步切分出更小的音义结合的单位。

举例来说，"汉语"是音义结合的能够独立运用的最小语言单位，但"汉语"可以进一步切分出"汉"和"语"这样两个更小的音义结合的单位：

汉 　语音形式：hàn；意义：汉族。

语 　语音形式：yǔ；意义：语言。

"汉、语"都是音义结合的最小语言单位，即语素。

"窈窕、踌躇、沙发、巧克力"等复音节词不能进一步切分出更小的音义结合的语言单位，因此"窈窕、踌躇、沙发、巧克力"都只包含一个语素。

语素是音义结合的最小语言单位。不同语言中语素的语音形式各有特点。汉语语素的语音形式是带声调的音节或音节组合，如"汉、语"的语音形式都是带调音节，"窈窕、踌躇、沙发、巧克力"都是两个以上的带调音节的组合。

有的语素所表示的意义比较实在，如"汉、语、吃、走、窈窕、踌躇、沙发、巧克力"等。语言中绝大多数语素表示的是比较实在的意义，但是有的语素所表示的意义比较虚灵，表示的是一种语法意义。譬如词语中的附加性成分，如"老鹰、阿姨、桌子、木头、老大（'老'表示排行）、阿飞、扳子、甜头"中的"老-、阿-、-子、-头"，其意义就很虚。这些语素或具有标记词项语法功能的作用，如"老鹰、阿姨、桌子、木头"中的"老-、阿-、-子、-头"；或具有功能转化的构词作用，如"老大、阿飞、扳子、甜头"中的"老-、阿-、-子、-头"。再如：

他去过西藏。

他去了西藏。

这两句话意义不同，很明显是由动词"去"后的"过"和"了"的不同造成的。换句话说，"过"和"了"的替换可以形成不同的句子意义。这说明"过"和"了"具有不同的语法作用，也就是具有不同的语法意义。语法意义都是比较虚的，且不易说明，但也是一种意义。

语素是音义结合的最小语言单位。不论所表示的意义是比较实在的意义，还是很虚的语法意义，只要与语音形式结合起来，就都可以构成一个最小的音义结合的语言单位，即语素。

（二）语素的分类

1. 根据语音形式分类，分为单音节语素和复音节语素。

单音节语素：天　书　好　易　飞　写　三　个　那　也　所　的　呢

复音节语素：（双音节）忸怩　灿烂　蝙蝠　妯娌　逶迤　袅袅　娓娓　沙发　咖啡　（多音节）巧克力　迪斯科　萨其马　布尔什维克　英特耐雄纳尔

单音节语素是一个音义结合的最小语言单位，复音节语素虽然有两个或两个以上的音节，但也只表示一个音义结合的最小语言单位。

2. 根据构词功能分类，分为成词语素和不成词语素。

成词语素是可以独立成词的语素，如"人、天、话、写、走、看、好、也、只、很、三、个、的、吗"等。

不成词语素是不能独立成词、只能与其他语素组合成词的语素，如"椭、基、础、老-、阿-、-子、-头、-儿"等。

3. 根据分布位置分类，分为定位语素和不定位语素。

定位语素是与其他语素组合时位置固定的语素，或者前置，或者后置。

成词定位语素：(前置)被 所 把 (后置)的 吗 呢

不成词定位语素：(前置)老- 阿- 第- (后置)-子 -头 -儿

不定位语素是与其他语素组合时位置不固定的语素。

成词不定位语素：好(好事情/你好) 走(不走/走山路)

不成词不定位语素：基(基础、基石/地基、墙基) 础(基础/础石)

4. 根据语义虚实分类，分为实义语素和虚义语素。

实义语素：语 言 大 成 发 展 五 个 他

虚义语素：的 所 了 着 吗 呢 吧 把 被

此外，还可以根据语素的义项数量把语素分为单义语素和多义语素，根据语素的意义类聚关系把语素分为同义语素、反义语素，根据语素的音义关系把语素分为同音语素、多音(异读)语素，根据语素的书写形式把语素分为同形语素、异形语素，根据语素在合成词中的作用把语素分为词根、词缀，根据语素的语法功能把语素分为动词性语素、名词性语素、形容词性语素等。

三、字和语素、词

文字是记录语言的书写符号系统。字与汉语语素、词的关系有不同的情况。

(一)字和语素

1. 字和单音节语素

一个汉字在语音形式上是一个音节，单音节语素在书面上用一个字表示，因此字与语素有一定的对应关系。但是字与单音节语素不是一对一的关系。

(1)不同的字表示不同的语素，或表示同一个语素(异形语素)。

不同的字表示不同的语素，例如"汉、汗、旱、悍、焊、捍、颔、撼、憾、翰"，书写形式不同，读音相同，意义不同，是不同的语素。

不同的字表示同一个语素，例如"树荫、树阴"中的"荫、阴"书写形式不同，语音形式和意义都相同，是同一个语素；"热衷"又作"热中"，"衷、中"表示的也是同一个语素。①

(2)一个字表示一个语素，或表示两个以上的语素(同形语素)。

一个字表示一个语素，如"哭、拦、灯、杯、急、缓、这、也、吗"等。

一个字表示两个以上的语素，如"背"字既表示"脊背"义的"背"(bèi)，也表示"背负"义的"背"(bēi)。"地"字既表示实义语素"地"(dì)，也表示虚义语素"地"(de)。"老"字既表示"年岁大"等实义的"老"，又表示虚义的"老"(如"老鹰、老虎、老百姓"中的"老")。"两"(liǎng)字既表示记数的"两"，也表示计量的"两"。"花"字既表示"花朵"的"花"，也表示"花钱、花时间"的"花"("耗费"义)。

2. 字和复音节语素

复音节语素用两个以上的字记录。因此，记录复音节语素的字，一个字只表示复音节语素中的一个音节，如"踌躇、蹉跎"中的"踌、躇、蹉、跎"，"袅袅、娓娓、悻悻"中的"袅、娓、悻"，"沙发、咖啡、巧克力"中的"沙、发、咖、啡、巧、克、力"。

(二)字和词

一个字可能记录一个单音节词，也可能记录复音节词中的一个构成成分，还可能记录复音节词中没有独立意义的一个音节。一个字也可能记录了两个以上的词。字与词不是一一对应的关系。

1. 一个字表示一个词

大多数字记录的语素可以独立成词，如"笑、灯、鲜、五、条、这、很、吗"等，因此一个字表示一个词。

极少数单字记录的成词语素只能独立成词，不能作为词的构成成分，如"很、也、吗、呢、啊"等，也是一个字表示一个词。

2. 一个字表示词的一个构成成分

绝大多数单字记录的成词语素不一定独立成词，例如"电"和"灯"都可以独立成词，但在"电灯"中，"电"和"灯"都只是词的一个构成成分，因此记录合成词的字，一个字只表示词的一个构成成分。

少数字表示的语素不能独立成词，只能和其他语素组合成一个词，如"椭、基、础、-子、-头、-儿、第-、阿-、老-"等，一个字只表示词的一个构成成分。

3. 一个字表示两个以上的词

不同的单音节词用同一个字记录，就造成了一个字表示两个以上的词(同形词)。例如：

"地"字既表示名词"地"(dì)，也表示结构助词"地"(de)。

"好"字既表示形容词"好"(hǎo)，也表示动词"好"(hào，"喜爱"义)。

---

① 参见中国社会科学院语言研究所词典编辑室编：《现代汉语词典》(第5版)，北京，商务印书馆，2005。下同。

"该"字既表示"应当"义的动词"该₁"（如"不该这么说"），也表示"欠"义的动词"该₂"（如"该他十块钱"），还表示"指上文说过的人或事物"义的指示代词"该₃"（如"该地交通便利"），等。

4. 一个字表示词中的一个音节

复音节语素构成的词，用两个以上的字来记录，因此一个字只表示词中没有独立意义的一个音节。例如联绵词"踌躇、蹉跎"中的"踌、躇、蹉、跎"，叠音词"袅袅、娓娓"中的"袅、娓"，音译外来词"沙发、巧克力"中的"沙、发、巧、克、力"。

四、什么是词汇

词汇又叫语汇，是一种语言或方言中词语的总和。词汇系统里的单位包括语素、词和固定词组。

词汇单位是语言的建筑材料。语素可以独立成词或组合成词。词可以组成词组，可以充当句子成分或独立成句。固定词组是词与词的组合构成的，在结构上是大于词的语言单位，但结构固定，意义具有整体性，造句功能与词等价。

固定词组包括词组形式的专门用语和熟语（成语、谚语、歇后语、惯用语）。专门用语中有词，也有固定词组，作为专门用语的固定词组虽然在结构上大于词（即可以从中切分出两个以上的词），但在意义上具有专称的性质，例如"北京大学"不同于"北京的大学"，"宇宙速度"特指"物体能够克服地心引力的作用离开地球进入星际空间的速度"，因此在功能上与词等价。熟语中的成语（如"胸有成竹""众志成城"）、惯用语（如"和稀泥""唱高调"）、歇后语（如"腊月的萝卜——冻[动]了心"）、谚语（如"下雪不冷化雪冷"，"不怕不识货，就怕货比货"），在结构上都是大于词的单位，但都已固定成型，而且表达特定的意义，因此也是词汇系统的构成单位。

词汇也用以指称一个特定范围内所用词语的总和，如"鲁迅作品词汇"、"《红楼梦》词汇"、"计算机词汇"。词汇是个集合概念，因此不能以"词汇"称说个体词语。

练习一

一、举例说明字与语素的关系。

二、举例说明语素与词的关系。

三、分析下列词中各有几个语素。

吉普车　秋千　电子束　弟弟　教室　电灯泡　潺潺

四、"看"这个字代表了几个语素？（可借助词典）

五、说明下列各字是语素还是表音成分，是成词语素还是不成词语素。

被　吗　蹉　踌　各　晃　榷　浏

现代汉语

第二节　构词法和造词法

一、构词法和造词法概说

构词法指词的内部结构方法，构词法分析是对词的内部结构方式进行描写、分类；造词法指创造新词的方法，造词法分析是对词的创造方法进行分析。

构词法与造词法之间是有联系的。词的结构是造词形成的结果，而对已有词的结构方式进行分析，总结、概括出词的各种结构方式，利用这些方式进行类推，即可造出同样结构的新词。例如分析两个语素组成的词有派生和复合等结构，利用派生、复合的构造模式进行类推，即可造出新的派生词、复合词。

但是构词法与造词法又有区别。历史上利用声母、韵母、声调变化等音变手段造出的单音节词是没有内部结构的，因此就不存在构词法分析的问题（声、韵、调的组合是音节结构的分析，不是词的内部结构的分析）。假借法（把汉字当作记音字用以创造书面新词的方法）造出的单音节新词（例如用"花草"的"花"记写的"花费"的"花"）也不存在构词法分析问题。

构词法与造词法的区别还在于，造词方法与词的构造不一定有直接关联。例如用转化词性的方法造出的新词，结构不一定有变化（"编辑"从动词变为名词，词的结构并不因此发生变化）。用一种造词方法造出的词可能结构并不相同。例如缩略是一种造词方法，利用缩略造成的复合词却有不同的结构，有的是偏正式的（如"军属、高中"），有的是联合式的（如"科技、报刊"），有的是述宾式的（如"整风、扫盲"）。"缩略"是指造词的方法，"偏正式、联合式、述宾式"是指词的结构形式。因此，构词法与造词法并不等同，构词法分析和造词法分析是不同目的、不同角度的两种分析。

二、词的形式和构成

(一)单音词和复音词

根据词的音节数量，词分为单音词和复音词。

语音形式是一个音节的词叫单音词，如"江、河、唱、敢、个、从、啊"。

语音形式是两个以上的音节的词叫复音词，包括双音节词和多音节词。

双音节：现代　汉语　漂亮　进步　非常　尤其　袅袅　款款　窈窕
　　　　咖啡　沙发

多音节：毛边纸　起重机　双簧管　假嗓子　绕弯子　宇航员　老好人
　　　　所有制　交通线　并蒂莲　收音机　雄赳赳　反应堆　加速度
　　　　迪斯科　金达莱　厄尔尼诺　知识分子　空中小姐　公共关系

从历史发展来看，汉语的词有双音节化的倾向。在历史发展中，许多词在单音节形式的基础上增添成了双音节形式，如"民→人民，友→朋友、棍→棍子"；多音节词也往往缩略为双音节词，如"落花生→花生，山茶花→茶花，川贝母→川贝，机关枪→机枪、外国语→外语，照相机→相机，空中小姐→空姐，公共关系→公关"。

词在单音节形式的基础上增添双音节形式，与口语中表义明确的需要或书面上节律的协调有关。同一个词的单双音节形式的选用，如"但"和"但是"，"虽"和"虽然"，"敢"和"敢于"，"已"和"已经"，"曾"和"曾经"，与语句节律协调的要求有关。把多音节词缩略为双音节词，与交际中省时、省力的经济性要求有关。

(二)单纯词和合成词

根据词所包含的语素数量，词分为单纯词和合成词。单纯词是一个语素构成的词，合成词是两个以上的语素构成的词。

1. 单纯词

根据音节数量，单纯词分为单音节单纯词和复音节单纯词。

(1)单音节单纯词

风 云 走 说 好 大 曾 很 这 九 个 啊 的 于 吗

(2)复音节单纯词

①联绵词

双声(两个音节声母相同)：

仓促 踟蹰 参差 吩咐 尴尬 伶俐 玲珑 秋千 崎岖 蜘蛛

叠韵(两个音节韵母相同)：

从容 崔嵬 蹉跎 翘趄 荒唐 徘徊 烂漫 蹒跚 逍遥 窈窕

其他(两个音节无双声叠韵关系)：

芙蓉 玛瑙 鹦鹉 滂沱 牡丹 蜈蚣 蚯蚓 梧桐 鹧鸪 麒麟

这类无双声叠韵关系的联绵词，大多在书写形式上用相同的形旁体现两个音节之间联绵不可分的关系。

②叠音词

有的叠音词，其中的单个音节是没有意义的，例如：

悖悖 袅袅 款款 娓娓 潺潺 隆隆 孜孜 区区 猩猩 蛐蛐

这类复音词只包含一个语素，是单纯词。

③音译外来词

咖啡 沙发 槟榔 巧克力 迪斯科 金达莱 厄尔尼诺 英特耐雄纳尔

④形译外来词

通过借用文字书写形式借入汉语的外来词，有一些原为日语固有词，如"积极、消极、取缔、景气"等，这类外来词是囫囵一团的，无法进一步切分出更小的意义单位，因此也是复音节单纯词。

2. 合成词

合成词是由两个以上的语素构成的词。从结构上分类，合成词分为附加式、复合式、重叠式三类：

附加式合成词(亦称派生词)是词根附加词缀组成的词。例如：

桌子　棍子　石头　木头　风儿　船儿　老鹰　老虎　阿姨　阿飞

复合式合成词(亦称复合词)是由词根与词根组成的词。例如：

学院　教室　语言　签名　深刻　彩旗　打动　移植

重叠式合成词(亦称重叠词)是由词根通过重叠构成的合成词。例如：

弟弟　星星　娃娃　常常　刚刚　渐渐

三、构词法

(一)词根和词缀

1.什么是词根？什么是词缀？

词根、词缀是根据语素的构词作用对语素所做的分类。词根是实义语素充当的构词成分，是体现词义的基本成分、主要成分；词缀是意义虚化的语素充当的构词成分，是词结构中的附加成分。词根可以与词根组合，也可以跟词缀组合。词缀只能跟词根组合。

词根当中，有的可以独立成词，如"说、看、好、书、村"等。可以独立成词的词根既可以独立成词，也可以和别的词根组合成词，如"说话、称说、看穿、好看、美好、书店、藏书"中的词根都是可以独立成词的。可以独立成词的词根还可以和词缀组合成词，如"村子"就是可以独立成词的词根"村"附加词缀"子"构成的。

有的词根不能独立成词，只能与其他词根组合成词，如"基础"中的"基"和"础"，"巩固"中的"巩"，"黎明"中的"黎"。

词缀不能独立成词，只能附加在词根上，与词根组合成词，如"老虎、阿姨、第一、小王、桌子、木头、石头、马儿、尾巴"中的"老-、阿-、第-、小-、-子、-头、-儿、-巴"。

另外还有一些不能独立成词、只能作为构词成分的语素，意义比较虚化，但虚化程度不等，亦可归为词缀。如"者、员、家、手"：

者：编者　笔者　读者　患者　记者　能者　学者　目击者　旁观者

员：船员　店员　兵员　海员　会员　教员　学员　委员　职员　指挥员

家：姑娘家　老人家　孩子家　女人家　学生家　商家　厂家　店家　画家

手：打手　舵手　歌手　国手　猎手　能手　旗手　水手　多面手　吹鼓手

2.词根和词缀的辨析

词缀的意义是虚化的，不能独立成词，如"老-、阿-、第-、小-、-子、-头、-巴"等。根据是否有实义，是否可以独立成词，可以把书写同形的词缀与词根区别开来。例如：

"老鹰、老虎、老公、老婆、老百姓"中的"老"意义虚化，是词缀；"老人、老辈"(年岁大)和"老脑筋、老机器"(陈旧)中的"老"都有实义，是词根。

"桌子、棍子"中的"子"(念轻声)，意义虚化，是词缀；"独子、浪子、菜子、芥子"中的"子"(念上声)有实义，是词根。

"船员、店员、会员、委员"中的"员"的意义虚化程度不等，或指代某类人，或表示"成员"义，但都不能独立成词，不同于"一员大将"中的"员"(量词)，因此可以归为词缀。

"手"义本为"人体上肢前端能拿东西的部分"，但"打手、对手、舵手、歌手、国手、猎手、能手、旗手、水手、多面手、吹鼓手、一把手"中的"手"已转指"擅长某种技艺的人或做某种事的人"，在此意义上，不能独立成词，因此可以归为词缀。

"家"的基本义是"家庭"，但"姑娘家、老人家、孩子家、女人家、学生家"中的"家"表示某一类人，"商家、厂家、店家、船家、渔家、农家、东家"的"家"表示某种行业的经营者或具有某种身份的人，"画家、专家、作家、政治家、艺术家"中的"家"表示具有某种专门学识或从事某种专门活动的人，虽然意义虚化程度不等，但都发生转指，且不能独立成词，因此可以归为词缀。

3. 简单词根、合成词根

词根有简单词根(一个实义语素构成的词根)和合成词根(两个以上的语素构成的词根)之分。

合成词根分为派生式和复合式两种，派生式合成词根是词根与词缀的组合，复合式词根是词根与词根的组合。在三个以上的语素组合而成的合成词中，词根、词缀是分层逐次地组合起来的。例如：

词根与词缀组合成派生式词根，再跟另一个简单词根组合复合词：

窗＋(格＋子)→窗格子　　　老＋(班＋子)→老班子

石＋(礤＋子)→石礤子　　　肉＋(包＋子)→肉包子

铁＋(榔＋头)→铁榔头　　　(老＋板)＋娘→老板娘

(老＋虎)＋灶→老虎灶

词根与词根组合成复合式词根，再跟另一个简单词根组合成复合词：

电＋(冰箱)→电冰箱　　　潜＋(台词)→潜台词

(歌＋舞)＋剧→歌舞剧　　　(寒＋暑)＋表→寒暑表

肉＋(夹＋馍)→肉夹馍①　　　冰＋(糖＋葫芦)→冰糖葫芦

词根与词根组合成复合式词根，再跟另一个词缀组合成派生词：

老＋(百＋姓)→老百姓　　　(老＋人)＋家→老人家

(一＋下)＋子→一下子

(二)合成词的结构

1. 附加式

(1)前缀＋词根：

老虎　老鹰　老百姓　老好人　阿姨　阿飞　第一　小张

---

① "肉夹馍"的结构为偏正式，与"肉烧饼"结构类型相同。

（2）词根＋后缀：

桌子　椅子　棍子　木头　石头　前头　后头　风儿　船儿　马儿　嘴巴
尾巴　干巴　作者　笔者　职员　会员　孩子家　老人家　商家　歌手
国手　水手　多面手

2. 复合式

（1）主谓式：地震　心虚　胆怯　霜降　年轻　性急　眼红
（2）偏正式：热爱　深入　函授　鲜红　外科　国画　新闻
（3）述宾式：绑腿　管家　举重　干事　理事　司令　注意
（4）联合式：波浪　语言　学习　群众　道路　舍弃　始终
（5）述补式：提高　抓紧　认清　说明　改正　放大　打动
（6）连动式：查抄　查封　抄送　退休　收藏　装运　移植

3. 重叠式

星星　爸爸　妈妈　娃娃　馍馍　常常　刚刚　渐渐　恰恰　仅仅

四、造词法

（一）常见造词法

汉语史上出现过不同形式的造词法，有的造词法在现代汉语中已经不用或很少使用，如内部语音屈折法（利用声母、韵母、声调的变化创造新词的方法）、摹声法（如象声词"哗啦、哐当、叮当、咯吱、砰、嘭"、叹词"唉、哟、喂、唔、嗯、啊、嘿、哼、呵、嗬、哎哟、哎呀"、名词"知了、蛐蛐、猫"等就是用摹声法创造的）等。从历史发展来看，常见造词法主要有以下几种：

1. 组合法

组合法是把两个以上的语素组合起来造出新词，分为派生法、复合法。

（1）派生法

派生法是在词根前后附加词缀构造新词的方法，派生法造出的词是派生词，其内部结构方式有"词根＋词缀"和"词缀＋词根"两种。

常见的词缀有"阿-、第-、老-、小-、-子、-儿、-头、-者、-员、-家、-手、-巴"等。

词缀具有变词作用，或构造一个新词，或为同一个词增添一个音节从而造成一个双音节词的形式。例如"-子"：

抹子　扳子　冲子　塞子　拐子　推子　探子　折子
动词性实义语素后附加词缀"子"造成名词，"子"具有变词作用。

疯子　乱子　傻子　瘫子
形容词性实义语素后附加词缀"子"造成名词，"子"具有变词作用。

毡子　獐子　鞋子　蝎子　棍子　椅子
名词性实义语素后附加词缀"子"，造成同一个名词的双音节形式，"子"的附加构造了新的词形。

（2）复合法

复合法是把两个以上的词根组合起来构造新词的方法。复合法造出的词是复合词，其内部结构有主谓式、联合式、偏正式、述宾式、述补式、连动式等。

同一种结构模式的复合词，其构成成分之间的语义关系不一定相同，例如：

"茭白"和"雪白"都是偏正式构造，但"茭白"指的是"多年生草本植物菰的嫩茎部分"，"茭白"的两个构成成分之间有领属关系；"雪白"指的是"像雪一样白"，"雪白"的两个构成成分之间有喻体和属性的关系。

"热爱、深入"的"热、深"表示程度，"国画、新闻"的"国、新"表示属性。

"切面"的"切"表示加工方式，"碗面"的"碗"表示盛放的器具。

"波浪、学习、群众、道路、舍弃"的两个构成成分之间有同义并列的关系；"往来、收发、利害、早晚"的两个构成成分之间有反义并列关系。

用组合法造成的复合词，可能形成所谓同素异序的复合词。主要有两种情况：

一种是结构相同的同素异序，其中有的形成同一个词的不同词形（异形词），例如：

察觉—觉察　演讲—讲演　俭省—省俭　减缩—缩减　妒忌—忌妒

有的是不同的词，例如：

彩色—色彩　词根—根词　科学—学科　层云—云层　绿豆—豆绿

另一种是结构不同的同素异序，是词义、词性都不同的词。例如：

定评（偏正式）—评定（述补式）　　虚心（偏正式）—心虚（主谓式）

表面上看，同素异序是构成成分的次序变换造成的，其实只是利用词的结构模式代入不同的语素组合生成的。

2. 重叠法

重叠法是用重复音节或语素构造新词的方法。重叠的结果造成一个新词，是重叠造词法（构词法）；重叠法构造了词的另一种语法形式，是重叠构形的语法手段（构形法），如"漂亮→漂漂亮亮，大方→大大方方"。

重叠造词法有两种情况：

（1）非语素音节的重叠，如：

悻悻　泉泉　款款　娓娓　潺潺　区区　隆隆　侃侃　孜孜　姗姗　脉脉

这种非语素音节的重叠造出的是重叠式单纯词。

（2）语素的重叠，如"爸、妈、星、馍、娃、刚、常、仅"都是可以独立成词的语素，以这类语素为基础的重叠造出的是一个同义的重叠式合成词：

爸爸　妈妈　星星　馍馍　娃娃　刚刚　常常　仅仅

语素的重叠也可以造成一个不同于构词语素意义的新词，如：

本本（主义）　条条　杠杠　套套　滚滚　偷偷　滔滔

3. 缩略法

缩略法是减省词组成分而造成新词的方法。例如：

科学技术→科技，旅行游览→旅游，土地改革→土改，研究制造→研制，

调查研究→调研，整顿作风→整风，军人家属→军属

缩略法还包括用标数概括的方式造成新词，如：

三夏 三伏 四方 四季 五彩 五谷 六书 六艺

4. 转类法

转类法是在词类活用的基础上把词转变词性造出新词的方法。例如：

科学（名词）→科学（形容词，如"很科学"）

精神（名词）→精神（形容词，如"很精神"）

阳光（名词）→阳光（形容词，如"很阳光"）

翻译（动词）→翻译（名词，如"女翻译"）

方便（形容词）→方便（动词，如"方便他人"）

丰富（形容词）→丰富（动词，如"丰富市场"）

5. 转指法

转指法是已有的词语通过比喻、借代转化为有转指义的新词。例如用"一刀切"喻指采取一致的标准处理问题，用"包袱"喻指"思想负担"，用"领袖"喻指"国家、政治团体、群众组织的领导人"，用"聚焦"喻指"视线、注意力等集中于某处"，用"红领巾"代指少先队员，用"铁窗"代指监狱，用"丹青"代指"绘画"。

通过比喻（转喻）还可以把词组转化为意义转指的复合词，例如：

"绑腿"本义表示"用布带缠裹小腿"，是述宾短语；转指"缠裹小腿的布带"，是述宾式复合词。（动作→工具）

"管家"本义表示"管理家务、家产"，是述宾短语；转指"管理家务、家产的人"，是述宾式复合词。（动作→动作者）

"开关"原义是"开"和"关"，是联合短语；转指一种设备或装置（如"电器开关、煤气开关"），是联合式复合词。（动作→工具）

6. 音变法

现代汉语中音变造词法主要是利用音强的变化（变读为轻声）和儿化造成轻声音节和儿化音节，从而造出新词。

变读轻声：干事→干事，德行→德行，参谋→参谋（下加点的音节变读轻声）

儿化：画→画儿，盖→盖儿，扣→扣儿，塞→塞儿

7. 假借法

假借法是把汉字当做记录语词声音的符号创造书面新词的方法。假借法造词在汉语史上很常见，如用"花草"的"花"记写"花费"的"花"，用本义是"日暮"的"莫"记写否定副词的"莫"，用表示上马动作的"骗"记写"欺骗"的"骗"，用本义表示竹子里的白色薄膜的"笨"表示"笨拙、笨重"的"笨"，等等。在现代汉语中，假借造词法仍在应用，例如用"撮"记写的"撮（一顿）"的"撮"，用"侃侃而谈"的"侃"记写"侃大山"的"侃"，等等。音译词的创造用的也是假借法，如"骆驼、葡萄、哈达、戈壁、敖包、沙发、咖啡、巴士、的士、巧克力、迪斯科"等，都是用汉字作为记音符号记写

外语词的读音而创造的外来词。

(二)简称

简称与全称相对而言。简称是把一个词组省减成分而缩略形成的,因此简称又称为缩略语、略语。

1. 简称形成的方式

简称形成的基本方式有:

(1)减缩:截取全称中的特征专名。

中华人民共和国国务院→国务院　　　中国人民解放军→解放军

龙井茶→龙井　　茅台酒→茅台

(2)紧缩:分段提取成分,或省略相同成分。

师范大学→师大　　邮政编码→邮编　　流行性感冒→流感

高速铁路→高铁　　数学、物理、化学→数理化

工业农业→工农业　　理科工科→理工科

(3)标数概括:用数词概括相同的成分,省略不同的成分。

通邮、通航、通商→三通　　农业、农村、农民→三农

原子弹、氢弹、人造卫星→两弹一星

心灵美、行为美、语言美、环境美→四美

2. 关于简称的申说

简称是词组缩略过程中产生的单位,有的本身就是词,有确定的整体性词义,也有全称与之对应,如"国务院、解放军";有的功能相当于词,但意义的理解需要还原为全称,如"师大、龙井、茅台、三通、三农、四美、两弹一星";有的逐渐词化,意义比较明确,如"邮编、流感、高铁、工农业、理工科、数理化"等。

对简称意义的理解往往需要把简称还原为全称。有些属于特定地域、特定领域范围内使用的简称,表示了特定的事物、行为、现象,仅凭简称的构成成分未必能还原为全称来理解。此外,同形简称很常见,例如"师大"作为"师范大学"的简称,在不同地区指称不同的师范大学,在同一地区也有不同的师范大学;"龙井"既可以是"龙井村"的简称,也可以是"龙井茶"的简称。因此,简称的使用需要顾及交际对象是否有共同的理解,避免表义不明确。

简称在功能上与词等价。简称沿用久了,词化程度就会逐渐提高,有的虽有全称对应,但已基本不用全称,而多用简称凝结成的词,如多用"研制、旅游",少用"研究制造、旅行游览";有的简称已经凝结成词,其所由来的全称已经鲜为人知,如"经费"其实来自"经常费"的缩略;有的简称凝结成的词,意义、词形都已凝固化、整体化,其所由来的全称已经难以确定,如"工会"等。

练习二

一、举例说明单音词、复音词与单纯词、合成词的关系。

二、举例说明构词法与造词法的关系。

三、分析下列同素异序词的同异。

合适—适合　　红火—火红　　寻找—找寻

证明—明证　　蓝宝石—宝石蓝

四、分析下列词的造词方式。

洗衣机　编辑（动词）　编辑（名词）　三峡　盖儿　帽子　念头

花（～时间）　冰凉　蝈蝈　常常　红领巾（指少先队员）　英模

五、分析下列各词的结构类型、层次构造。

刀削面　硅化木　暴风雪　锭子油　电介质

电解质　腊八粥　水磨石　俯卧撑　反比例

第三节 词义

一、词义的性质

词是音义结合的语言单位。任何一个词都以声音为形式，以意义为内容。例如"摩天"的声音（形式）是 mótiān，意义（内容）是"跟天接触，形容很高"。"已经"的声音（形式）是 yǐjīng，意义（内容）是"表示动作、变化完成或达到某种程度"。

词义是对客观对象的反映，客观对象包括事物、现象、性质、状态、观念、关系、行为等。词义对客观对象的概括反映构成了词的概念义。此外，词义还有感情色彩、语体色彩、形象色彩等附加色彩，附加色彩是词的附加义。

（一）概念义

词的概念义有以下三个特点：

1. 概括性和具体性的统一

词义都是概括的，但词义又是具体的。词义是对某一类客观对象共同属性、特点的反映，而不是具体反映该类对象中某一个体的具体属性、具体特点。例如词典对"桌子"的释义是："家具，上有平面，下有支柱，在上面放东西或做事情。"这个释义概括反映了桌子的类别特点（家具）、形式特点（上有平面，下有支柱）和功能特点（在上面放东西或做事情），至于不同桌子的具体特点等，则未予反映。"书桌"的意义是"读书写字用的桌子"，这个释义概括了"书桌"的用途特点，至于不同书桌的样式、色彩、尺寸等具体的、个性的特点则不予反映。

词义都是概括的，但词在交际中指称客观对象时，词义又是具体的。例如"桌子上都是灰尘，要擦一擦"，"桌子"是有具体指称对象的，因此"桌子"的意义又是具体的、个别的。

2. 客观性和主观性的统一

词义是对客观对象的反映，因此词义有客观性。客观对象反映在人们的思维中，借助于语音形式表达出来，就形成了词义。有些事物、现象（例如"鬼、神、地狱"）在客观世界中并不存在，但存在于人的观念、意识、想象中，这样的观念、意识、想象也是一种客观对象，因此也可以反映为词义。

词义是思维对于客观对象性质、特点的概括反映，因此词义也有主观性。由于知识水平、观察角度、认知方式、文化背景的差异，思维对客观对象的反映也就有差异。例如古人认为"鲸"是一种鱼，但现代生物学认为"鲸"与鱼类不同，属于哺乳动物。又如古今对于"鬼、神"所指称的对象有不同的认识，因而概括、反映的词义也就不同。《说文解字》："鬼，人所归为鬼。"意为人死了是鬼；《现代汉语词典》（第5版）对"鬼"的释义是"迷信的人所说的人死后的灵魂"。《说文解字》："神，天神，引出万物者也。"《现代汉语词典》（第5版）对"神"的释义是"宗教指天地万物的创造者和统治者，迷信的人指神仙或能力、德行高超的人物死后的精灵"。

3. 明确性和模糊性的统一

词义有明确的指称对象，因此词义具有明确性。虽然词义对客观对象的反映是一种概括的反映，但词义的概括性并不等于模糊性，概括性和模糊性之间也不存在正比例关系。例如跟"桌子、椅子"等相比，"家具"的词义概括程度更高，但"家具"的词义仍是明确的。

词义也有模糊性。词义的模糊性是由词指称的客观对象的模糊性决定的。由于客观对象本身的性质、类别、范围具有一定的模糊性，词义对客观对象的概括反映也就有模糊性。例如白天和夜晚的界线是模糊的，很难精确到几点几分几秒，因此"白天"、"夜晚"这两个词的意义也就具有模糊性：白天是"从天亮到天黑的一段时间"，夜晚是"从天黑到天亮的一段时间"。又如大与小、高与低、长与短等都是相对而言的，因此"大、小、高、低、长、短"这几个词的意义也就具有模糊性。

词义的明确性和模糊性是对立统一的，也都是语言表达所需要的。词义的明确性赋予词明确表义的作用，词义的模糊性赋予词模糊表义的作用。模糊不等于含糊。词义的模糊性也是语言表达所需要的。例如"大漠孤烟直，长河落日圆"（王维《使至塞上》）所写景象辽阔旷远、雄浑壮观，但如果要精确度量"孤烟"到底有多直，"落日"到底有多圆，就大杀风景了。

（二）附加义

1. 感情色彩

感情色彩是词义所体现的对词所指对象的感情和主观态度，包括肯定或否定、赞许或贬损等，一般概括为褒义和贬义两类。例如"聪明、坚强、勇敢、雄伟、壮丽、美德、团结、无微不至、雄心勃勃"等是褒义词，"愚蠢、懦弱、讹诈、勾结、顽固、卑鄙、分裂、无所不至、野心勃勃"等是贬义词。

多数词不带褒贬色彩，在感情色彩方面属于中性词，如"房子、土地、工厂、说、看、知道、了解、调查、储藏、建造、已经、即将、暂时、很、的、所以、但是、虽然、一、个、你、我、他"等。

感情色彩在语境中可以发生转化，"褒词贬用"可以表达反讽的贬义，例如下列句子中的"伟大"：

当三个女子从容地转辗于文明人所发明的枪弹的攒射中的时候，这是怎样的一个惊心动魄的伟大呵！（鲁迅《记念刘和珍君》）

"贬词褒用"可以产生幽默的效果，或格外强烈地反映喜爱、亲昵的感情。例如"狠心贼"本是贬义的，但在下例中不仅没有贬义，反而体现出真挚深爱之情：

几个女人有点失望，也有点伤心，各人在心里骂着自己的狠心贼。（孙犁《荷花淀》）

2. 语体色彩

语体色彩属于风格色彩，分为口语色彩和书面语色彩。口语色彩的特点是通俗随意，书面语色彩的特点是庄重正式。例如下列各组词，前后有口语色彩和书面语色彩的差异：

爸爸—父亲　　　　妈妈—母亲　　　　星星—星辰
清晨—黎明　　　　山脚—山麓　　　　见面—晤面
溜达—散步　　　　走—行走　　　　　亮—明亮
清—清澈　　　　　混—混浊　　　　　忽悠—愚弄

书面语体可以分为文艺语体、科技语体、政论语体、法律语体、事务语体、外交语体等。不同书面语体的词语与口语语体的词语可以形成语体色彩不同的同义词，例如"氯化钠—盐""汞—水银"的差异是学名和俗名的差异，这种差异也是书面语体（科技语体）与口语语体的差异。

书面语色彩和口语色彩在语音形式上也有对比性的特点，例如平舌韵与儿化韵的差异就是书面语语音形式和口语语音形式的差异，平舌韵读音是文读音，儿化韵读音是白读音。有的异读词的语音差异也是口语和书面语的差异，例如"谁 shéi（口语）—谁 shuí（书面语）、血 xiě（口语）—血 xuè（书面语）、嚼 jiáo（口语）—嚼 jué（书面语）"等。

语体色彩决定词所适用的语体环境。但在语境中语体色彩的"反串"也有特定的修辞作用。例如"反动"的意义是"反对进步、反对革命"，"宣言"的意义是"文告；宣告、声明"等，两个词都有政治色彩，书面性强，语意庄重。但在下例中，把幼童稚拙的话语称为"反动的宣言"，庄词谐用，十分风趣。

但海婴这家伙却非常顽皮，两三日前竟发表了颇为反动的宣言，说："这种爸爸，什么爸爸！"真难办。（鲁迅《致增田涉》）

3. 形象色彩

有的词的构成成分中有喻体，因此词义带有鲜明的形象色彩。例如：

蘑菇云　凤尾竹　狗尾草　蝴蝶兰　鸡冠花　马尾松　狮子狗　黄鼠狼
猫头鹰　鸭舌帽　蜂窝煤　日光灯　狐疑　冰凉　雪白　豆绿　葱绿
桃红　土黄　米黄　月白　天蓝　鱼肚白　葡萄紫　宝石蓝　瓦解
龟守　鼠窜　狐步　虎步　蛙泳　蝶泳　猴拳

有的词中带有描摹性成分，反映人物、事物、行为、现象的状态、情貌，例如：

述补式：苦巴巴　皱巴巴　金灿灿　黄澄澄　急匆匆　乐呵呵　热烘烘
　　　　傻乎乎　软乎乎　血糊糊　明晃晃　雄赳赳　热辣辣　灰溜溜
　　　　光溜溜　软绵绵　香扑扑　红扑扑　黑黢黢　黑森森　热腾腾
　　　　红彤彤　笑嘻嘻　喘吁吁　笑盈盈　红艳艳　喜洋洋　慢悠悠
　　　　乐悠悠　绿油油　喜滋滋　美滋滋　黑不溜秋　灰不溜秋　酸不拉唧
　　　　咸不拉唧　直不愣登　傻不愣登　花里胡哨　圆咕隆咚　黑咕隆咚
　　　　苦了吧唧　酸了吧唧　甜了吧唧
主谓式：水汪汪　泪汪汪　水淋淋　气昂昂　气冲冲　雾腾腾　粉扑扑
偏正式：呱呱叫　嗷嗷叫　哈哈镜　溜溜转　蒙蒙亮　团团转　花花肠子

这些词都带有形象色彩，表义生动。当然，不是所有的词都有形象色彩，词义抽象程度越高，抽象色彩越强，也就相应地缺乏形象色彩。

二、词义的演变

(一)词义演变的原因

1. 社会因素

社会发展、交际的需要是词义演变的社会因素。

(1)社会发展促进思维的发展，思维的发展引起词义的发展。词义是人的思维对客观对象的概括反映，随着社会的发展，人们对于各种客观对象的认识也不断发展变化。例如从"道"的本义("路")引申出"途径、方法、规律、法则"等意义，就是人的思维对"道"的意义加以抽象、演绎的结果。

思维的发展引起词义的演变，还表现在随着认识的发展词义所表示的概念发生变化。例如，古人认为"鲸"是一种鱼，但在现代人的认识中，"鲸"是一种哺乳动物，"鲸"的词义所表示的概念是不同的。

(2)社会发展中出现的新事物、新现象需要语言中的词来指称。除了新造词以外，人们还常从已有的词引申出新义来满足交际的需要，从而使得词的词义发生变化。例如"网"原义是"用线、绳等结成的捕鱼捉鸟的器具"(如"渔网、结网")，引申出"像网的东西"、"像网一样纵横交错的组织系统"等意义(如"交通网、法网")；又因意译英语 internet 产生新词"互联网"，"网"也就有了指代"互联网"的意义，如"上网、网游"中的"网"。

(3)扩大词义范围以满足指称新事物、新现象的需要，也是社会发展导致词义演变的现象。例如"灯"本指油灯，现代社会发明了以电照明的器具(如"电灯、红绿灯、霓虹灯、探照灯、太阳灯")，也借"灯"来指称，"灯"的意义就由专指"油灯"发展为泛指"照明或做其他用途的发光的器具"。音译词"吧"在汉语中原来专指"酒吧"，后所指范围扩大，产生了"水吧、茶吧、陶吧、氧吧、网吧、书吧"等词语，"吧"的意义也变为泛指具有特定功能的小型休闲场所。

(4)随着社会的发展变化，词的用法发生变化，词义也随之发生变化。例如《现代汉语词典》(第5版)中的"肄业"有两个义项：①修业；学习(课程)。②学生没有达到毕业年限或程度而离校停学。现今各级学校学籍管理规定把"毕业"与"肄业"对比使用，使得"肄业"的义项②凸显，而"肄业"的义项①也逐渐从社会使用中淡出，只在保留旧语词风貌的作品中还能看到这样意义的用法。例如：

我在康大肄业三年，最大部分的时间用在选修课程和草写论文上面。(萧公权《问学谏往录》)

(5)词的附加色彩也会因时代、观念的发展变化而变化。例如"策划"一词在过去很长一段时期中含有贬义色彩，有所谓"策划于密室，策划政变"等用法，但现已逐渐从贬义色彩中蜕化出来，成为中性词。"性感"来自对英语 sexy 的意译，以往解释为"引起色欲的；色情的"，带有贬义色彩。《现代汉语词典》(第 5 版)对"性感"的释义是：①形体、穿着上给人的性别特征突出、明显的感觉。②形体、穿着上的性别特征突出、明显，对异性富有诱惑力。词义不再带有贬义色彩。但目前这个词所反映的观念或感情色彩尚未完全改变，在语用中还是有一定的限制的。

2. 认知因素

人的认知因素可以导致词义的变化。

(1)汉语单音节语素的优势导致的认知倾向，使得词义发生变化。

汉语中绝大多数语素都是单音节的(写下来是一个字)，单音节语素的优势导致人们形成了汉语汉字的认知特点，这就是倾向于每个字每个音节都有意义，甚至于把没有意义的音节、没有意义的字也看作是有意义的。这就会导致词义变化。例如"苓落"是联绵词，两个音节两个字只表示一个意义(草木枝叶枯萎而脱落)，改写成"零落"后，由字面意义("零"有"零碎、零散"义，"落"有"落下、错落"等义)产生了"稀疏不集中"义(枪声零落；村庄零落地散布在河边)，词义发生了变化。又如"望洋兴叹"出自《庄子》，"望洋"本为联绵词，形容抬头向上看的样子。但由于望文生义，把"望洋"理解为"(眼睛)望着(海)洋"，从而类推出"望山兴叹、望房兴叹、望水兴叹"等说法。虽然从语源上讲应把"望洋"理解为联绵词，但在语用中，人们还是倾向于字面意义上的理解，甚至以字面意义的理解为基础构造了"对着大海发愁——望洋兴叹"等歇后语。这就不免使"望洋"的意义发生变化。"望洋兴叹"的本义指在伟大的事物面前感叹自己的渺小，今多比喻要做一件事而力量不够，感到无可奈何。比喻义的产生跟字面上的望文生义是不无联系的。

(2)另行释义。

例如"对牛弹琴"原来比喻对不懂道理的人讲道理，对外行人说内行话。但毛泽东在《反对党八股》一文中对"对牛弹琴"给予另一种解释：

"对牛弹琴"这句话，含有讥笑对象的意思。如果我们除去这个意思，放进尊重对象的意思去，那就只剩下讥笑弹琴者这个意思了。(毛泽东《反对党八股》)
对"对牛弹琴"另作解释导致"对牛弹琴"产生新义，即"讥笑说话的人不看对象"。

(3)认知改变词语结构导致词产生新义。

例如《现代汉语词典》(第 5 版)中，"创意"有两个义项：

①有创造性的想法、构思等：颇具～│这个设计风格保守，毫无～可言。②提出有创造性的想法：这项活动由工会～发起。
在义项①上，"创意"是偏正式结构；在义项②上，"创意"是述宾式结构。结构不同，意义、功能也就不同。结构的改变，是认知上"重新分析"的结果。

认知导致结构变化引起词义变化的例子很多，例如"唱歌"本为联合结构，"歌"是动词，但认知上的变化把联合结构变成了述宾结构(例如扩展为"唱个歌，唱个好听的歌")，"歌"的意义也就发生了变化。

3. 语用因素

词义的演变常常是从词在语用环境中的变异用法开始的。词在语用环境中的变异用法沿用开来，变异用法所表示的意义就会逐渐形成固定的词义，使词产生新义。例如"包袱"原义是：①包衣服等东西的布。②用布包起来的包儿。毛泽东《学习和时局》一文中用"包袱"比喻思想负担：

为了争取新的胜利，要在党的干部中间提倡放下包袱和开动机器。所谓放下包袱，就是说，我们精神上的许多负担应该加以解除。有许多的东西，只要我们对它们陷入盲目性，缺乏自觉性，就可能成为我们的包袱，成为我们的负担。

"包袱"的这一比喻用法用开以后逐渐形成固定比喻义，"包袱"就有了新的义项：思想负担。类似的例子很多。"走过场"原指戏曲中角色出场后不停留，穿过舞台从另一侧下场，后用以比喻敷衍了事。"磨合"原指新组装的机器，通过一定时间的使用，把摩擦面上加工痕迹磨光而变得更加密合，后比喻在彼此合作的过程中逐渐相互适应、协调。"包装"原指"在商品外面用纸包裹或把商品装进纸盒、瓶子等"，后比喻对人或事物从形象上装扮、美化，使其更具吸引力或商业价值。"充电"原指"把蓄电池连接到电源上，使蓄电池获得放电能力"，后比喻通过学习补充知识、提高技能等。

词在语用环境中的借代用法沿用开来，形成固定的借代义，也会使词增加新义。例如"红领巾"的"少先队员"义，就是由"红领巾"在语用中的借代用法产生的。

词类活用也是导致词义演变的语用因素。诸如名词"精神"活用为形容词，动词"编辑"活用为名词，形容词"方便"活用为动词，都导致词的功能发生变化，并随之产生新义。

(二)词义演变的形式

词义演变的形式复杂多样，主要有以下几种：

1. 直接引申

直接引申是通过相关性联系从一个意义中延伸出新的意义。例如"民"由"人民"义引申出"指某种人"(例如"藏民、回民、农民、牧民、居民、侨民")、"民间的"(如"民歌、民谣")、"非军人、非军事的"(如"拥军爱民、民航、民用")等意义；"老"由"年岁大"义引申出"很久以前就存在的"(跟"新"相对，如"老厂、老朋友、老牌子")、"陈旧"(如"老脑筋、老脾气")、"很久"(如"老没见了")等意义；"非常"由"异乎寻常的；特殊的"义(如"非常时期、非常事件")引申出"十分；很"义(如"非常好")；"过"由"经过"义(如"过桥、过江")引申出"完毕"义(如"开过花就结果了")等，都是通过相关性联系直接引申出来的。

2. 比喻引申

比喻引申是通过相似性联系用比喻的方法引申出新的意义。例如下列词语的义项②都是以义项①为基础通过比喻而产生的。

登陆：①渡过海洋或江河登上陆地，特指作战的军队登上敌方的陆地。②比喻商品打入某地市场。

聚焦：①使光或电子束聚集于一点。②比喻视线、注意力等集中于某处。

滑坡：①指地表斜坡上大量的土石整体下滑的自然现象。②比喻下降；走下坡路。

曝光：①使照相底片或感光纸感光。②比喻隐秘的事显露出来，被众人知道。

接轨：①连接路轨。②比喻两种事物彼此衔接起来。

含金量：①物体内黄金的百分比含量。②比喻事物所包含的实际价值。

3. 借代引申

借代引申是用修辞上的借代方法引申出新的意义。例如"笔杆子"由"笔的手拿的部分"义引申出"指写文章的能力"(耍笔杆子；他嘴皮子、笔杆子都比我强)、"指擅长写文章的人"等意义，就是通过修辞上的借代用法引申出新的意义。再如"铁窗"原义是"安上铁栅的窗户"，代指"监狱"；"丹青"本指红色和青色的颜料，代指"绘画"；"红领巾"原指"红色的领巾，代表红旗的一角"，代指系红领巾的"少先队员"；"地铁"原义是"地下铁道"，代指"地铁列车"(如"坐地铁")；"岗哨"原指"站岗放哨的处所"，代指"站岗放哨的人"。

4. 转类生义

转类生义是词因转变语法功能而产生新义。

例如"丰富"作为形容词，指"(物质财富、学识经验等)种类多或数量大"，但把"丰富"用作动词，意义就发生了变化，产生了致使义："使丰富"。诸如"繁荣、方便、明确"等形容词转为动词时，都因语法功能的转化而产生致使义。

下例中"设计"义项②、"工作"的义项②、③是在动词"设计、工作"转化为名词中产生的：

设计：①在正式做某项工作之前，根据一定的目的要求，预先制定方法、图案等。②设计的方案或规划的蓝图等。

工作：①从事体力或脑力劳动，也泛指机器、工具受人操纵而发挥作用。②职业。③业务；任务。

5. 组合生义

组合生义是在组合中产生新义。

"上网、上了一小时网"中的"网"专指"互联网"，"网"的这一专指义是因"互联网"这样的语素组合而产生的。"个体"在1978年版《现代汉语词典》中只有一个意义(单个的人或生物)，在2005年版《现代汉语词典》中有两个意义：

①单个的人或生物。②指个体户。

新义项②来自"个体户"的组合(表示"个体经营的农民或工商业者")。也可换个角度说"个体"是"个体户"的缩略或代称。

6. 弱化和脱落

弱化和脱落是指词的某个意义由于社会使用价值低而弱化乃至消失。

"肄业"原有的一个意义"修业；学习(课程)"在当今社会已弱化，几乎不用，实际上只是历史词义。"落泊"(又作落魄)本有两个意义：①潦倒失意。②豪迈，不拘束。后一意义今已不用，也已是历史词义。从当今情况看，"肄业"原有的"修业；学习(课程)"义、"落泊/落魄"原有的"豪迈，不拘束"义都脱落了。

(三)词义演变的结果

1. 义项增加

词的意义发展导致词的义项增加。以《现代汉语词典》2005年的第5版与1978年版比较，"登陆"和"聚焦"这两个词都增加了义项。

登陆：渡过海洋或江河登上陆地，特指作战的军队登上敌方的陆地。(1978年版)

①渡过海洋或江河登上陆地，特指作战的军队登上敌方的陆地。②比喻商品打入某地市场。(第5版)

聚焦：使光或电子束聚集于一点。(1978年版)

①使光或电子束聚集于一点。②比喻视线、注意力等集中于某处。(第5版)

2. 义项减少

在词的意义发展过程中，词的某些意义已经过时，因此被淘汰，词的义项就减少了。以1978年版和2005年的《现代汉语词典》(第5版)的比较为例，"右派、资本"这两个词的义项在2005年版中都减少了。

右派：①在阶级、政党、集团内，政治上保守、反动的一派。②在我国特指反对社会主义的资产阶级反动分子。(1978年版)

在阶级、政党、集团内，政治上保守、反动的一派。也指属于这一派的人。(第5版)

资本：①掌握在资本家手里的生产资料和用来雇用工人的货币。资本家通过资本来剥削工人，取得剩余价值。②经营工商业的本钱。③比喻谋取利益的凭借。(1978年版)

①用来生产或经营以求牟利的生产资料和货币。②比喻谋取利益的凭借。(第5版)

3. 泛指化

泛指化是指词义由专指到泛指的变化。例如：

出局：①指棒球、垒球比赛击球员或跑垒员在进攻中因犯规等被判退离球场，失去继续进攻的机会。②泛指在体育比赛中因失利而不能参加下一阶段的比赛。③比喻人或事物因不能适应形势或不能达到某种要求而无法在其领域继续存在下去。义项①到义项②是专指到泛指的变化，再通过比喻引出义项③，词义所指范围进一步泛化或扩大。

大本营：①指战时军队的最高指挥部。②泛指某种活动的策源地或根据地。义项①到义项②的词义所指范围的变化，即专指到泛指的变化。

4. 专指化

专指化是指词义由泛指到专指的变化。例如"网"由"像网一样纵横交错的组织系统"的意义到专指"互联网"的意义变化，就是由泛指到专指的变化。"上网、网谈、网购"中的"网"都是专指"互联网"。又如：

喜事：①值得祝贺的、使人高兴的事。②特指结婚的事。

老人：①老年人。②指上了年纪的父母、祖父母等长辈亲属。

从义项①到义项②是词义由泛指到专指的变化。

5. 词义转移

所谓词义转移是指由相似、相近的联想引起名称的转移，即因比喻、借代的用法而引起的意义所指范围的转移。例如"登陆"由"渡过海洋或江河登上陆地，特指作战的军队登上敌方的陆地"义引申出"比喻商品打入某地市场"义，"聚焦"由"使光或电子束聚集于一点"义引申出"比喻视线、注意力等集中于某处"义，"笔杆子"由"笔的手拿的部分"义引申出"指写文章的能力"、"指擅长写文章的人"等意义，词义所指对象的范围都发生了转移。

6. 易色

易色是指词的附加色彩改变。例如"策划"由贬义词到中性词的变化。又如"正人君子"原指品行端正的人，现多用于讽刺假装正经的人。"资本"在 1978 年版《现代汉语词典》中有一贬义项："掌握在资本家手里的生产资料和用来雇用工人的货币。资本家通过资本来剥削工人，取得剩余价值。"2005 年版《现代汉语词典》删除了这一义项，"资本"也就不再有贬义色彩了。

三、词义和词

(一)单义词和多义词

1. 单义词

单义词是只有一个意义的词。不同意义类别、不同功能类别的词都有数量不等的单义词。例如：

科技术语：函数　方程　量子　纳米　化合价　脉冲星　冷锋　风暴潮

专有名词：天安门　太湖　长白山　长江　黄河　曹操　祖冲之

事物名称：电视机　电灯　飞机　汽车　公路　房子　电风扇

其他：知道　接受　悄悄　赶紧　迅速　已经　不但　而且　虽然

单义词只与一个概念对应，因此，不借助语境，词义也是明确的。

词在产生之初都是单义的，在历史发展过程中可能有了多个意义。但是也有一些词从古至今都是单义词。在现代汉语时期产生的新词，包括改革开放时期以来的新词，也有迄今仍是单义的，例如"彩电、邮编、旅游、超市、电磁炉、迪斯科"等。

2. 多义词

多义词是有两个以上的意义的词。例如：

高兴：①愉快而兴奋。②带着愉快的心情去做某件事；喜欢。

多义词有两个以上的意义，但在句子中一般只显现出一个意义。因此，多义词在具体句子中大多是单义的。例如"高兴"的两个意义，在下列两个句子中分别只显现一个意义：

听说你要来，我们全家都很高兴。（"高兴"的义项①）

他就是高兴看电影，对看戏不感兴趣。（"高兴"的义项②）

但也有少数多义词在一个句子中同时出现两个以上的意义。例如"热"有"温度高；（感觉）温度高"、"加热；使热"等意义，因此"饭不热了"就有歧义。又如"扶"的基本义是"用手支持使人、物或自己不倒"，实际上包含两个意义：①用手支持使人、物不倒。②用手支持使自己不倒。因此，在"我扶着他上汽车"这个句子中，"扶"有歧义，必须借助于更大的语境知识（例如上下文）才能分辨。

(二)本义、基本义、引申义

多义词的几个意义之间是有联系的。多义词的意义有本义、基本义、引申义之分。

本义（本来意义）是一个词产生之初就具有的意义。本义是从词的原始义来说的。

基本义是最常用、最基本的意义，其他意义都是从这个意义延伸、发展出来的。

引申义是由本义或基本义延伸出来的意义。

词的基本义往往就是它的最初的意义（本义）。例如"花草"的"花"，它的基本义就是它的本义，由"花"的基本义引申出"可供观赏的植物"（如"花盆、花匠"）、"比喻事业的精华"（如"文艺之花、文学之花"）、"比喻年轻漂亮的女子"（如"校花"）等意义。"民"的基本义是"人民"，基本义也就是它的本义，引申出"指某种人"（如"藏民、回民、农民、牧民、居民、侨民"）、"民间的"（如"民歌、民谣"）、"非军人、非军事的"（如"拥军爱民、民航、民用"）等引申义。"登陆"的基本义也是它的本义（渡过海洋或江河登上陆地），由基本义引申出"商品打入某地市场"的比喻义。

词的基本义与本义也有不一致的情况，例如"快"的本义是"愉快、高兴、舒服"（如"大快人心、快意、心中不快"），基本义是"速度高；走路、做事等费的时间短"（如"又快又好、进步很快"），由这一基本义延伸出"赶快"（如"快来帮忙"）、"快要；将要"（如"他快来了"）、"灵敏"（如"脑子快"）、"快慢的速度"（如"这种汽车能跑多快"）、"锋利"（如"这把菜刀很快"）等引申义。

(三)词义和词的语境义

词义是词的固有义，词的语境义是词在具体语境中显示出来的意义。这两者有很大的一致性，但不等同。因为在特定语境中显示出来的意义并不一定就是词的固定义。

1. 词义和词的语境特指义

词义是词的固有义，词的语境特指义是词在语境中所表示的特定所指义。词的语境特指义不是词的固定义，多义词的意义不包括词的语境特指义。

例如"现代"在1978年版《现代汉语词典》中有两个义项：

①现在这个时代，在我国历史分期上多指五四运动到现在的时期。②指社会主义时代。

2005 年版《现代汉语词典》(第 5 版)中的"现代"只有一个义项：

现在这个时代，在我国历史分期上多指五四运动到现在的时期。

表面上看，"现代"在 1978 年版《现代汉语词典》中是多义词，在 2005 年版《现代汉语词典》中是单义词。但就其实质来说，1978 年版《现代汉语词典》中"现代"的义项②并不是词的固定义，而只是语境特指义。此类语境特指义现今也是有的，例如"创新是时代对我们的要求"，这个时代当然是指当今的"时代"，或指改革开放时代，或指全球化时代等。

2. 词的比喻义和比喻用法

比喻义源自词在具体语境中的比喻用法，但比喻义是词的固定义，跟词的比喻用法不同。词的比喻用法所表示的意义是词的语境义，而不是词的固有义。例如"我们的祖国是花园"，把"祖国"比作"花园"是语境中的比喻用法，只在语境中存在。"花园"的词义并没有喻指"祖国"的固定义。

3. 词的借代义和借代用法

借代义源自词在具体语境中的借代用法，但借代义是词的固定义，跟词的借代用法不同。词的借代用法所表示的意义是词的语境义，而不是词的固有义。例如：

先生，给现钱，袁世凯，不行吗？(叶圣陶《多收了三五斗》)

上例中，"袁世凯"是铸有袁世凯头像的银圆。"袁世凯"作为这种银圆的代称是语境中的临时借代用法，"袁世凯"只是人名，并没有"银圆"义。历史上表示铸有袁世凯头像的银圆的俗语词是"大头"等，"大头"作为这种银圆的代称，其意义是借代引申义。

(四)词义和构词成分义

多义词的几个意义所具有的构词能力不一定相同，有的意义既可以作为构词成分义，也可以独立作为词义；有的意义只能作为构词成分义，例如：

"火"表示"物体燃烧时所发出的光和焰"，"火"可以作为构词成分(例如"失火、火焰、火光、火苗")，也可以独立成词(例如"火越烧越旺")；"火"指"枪炮弹药"，"火"只能作为构词成分，例如"军火、火器、火力、火网、走火"。

"情"表示"感情"，"情"可以作为构词成分(例如"热情、温情、爱情、友情、情绪、情意、情怀")，也可以独立成词(例如"兄弟之情、战友之情、黄金有价情无价")；"情"表示"情形；情况"，"情"只能作为构词成分(例如"军情、敌情、病情、实情、行情、情状、情报、情景")。

练习三

一、概括说明词义的性质。

二、概括说明词义的构成。

三、举例说明社会发展对词义演变的作用。

四、举例说明直接引申、比喻引申、借代引申。

五、说明下列词语的各个意义及与意义相关的用法。

搁浅　风波　软着陆　淡出　顶风　冷处理

第四节　同义词、反义词、同音词

一、同义词

(一)什么是同义词

同义词是词义相同或相近的词。根据词义的相同或相近，同义词分为等义词和近义词。

1. 等义词

等义词是概念义相同的词。等义词的形成有不同的原因，例如：

(1)学名与俗称的不同

马铃薯—土豆　　玉蜀黍—玉米　　角膜接触镜—隐形眼镜　江豚—江猪

(2)命名角度的不同

西红柿—番茄　　连环画—小人书　　杜鹃花—映山红　玫瑰红—玫瑰紫①

(3)口语词和书面语词并存

生日—诞辰　　吓唬—恐吓　　完全—全然　　要是—倘若　　怎么—如何

(4)方言词的吸收

知道—晓得　　斧头—斧子　　什么—啥　　红薯—白薯　暖水瓶—热水瓶

(5)译名的不同

维生素—维他命　　公尺—米　　发动机—马达　　互联网—因特网

(6)本族语词与外来语词并存

公共汽车—巴士　　出租车—的士　　激光—镭射　　虚脱—休克

等义词的形成可以从不同的角度进行分析，例如"巴士"是从方言渠道引进的外来词，因此"公共汽车"和"巴士"这组同义词的形成既是吸收外来语词的结果，也是吸收方言词的结果；"西红柿"和"番茄"的差异既是命名角度不同造成的，也是吸收方言词的结果；"连环画"和"小人书"的差异既是命名角度的不同，也是学名与俗称的不同。

等义词虽说等义，事实上还是略有差异，主要是风格色彩的差异。

2. 近义词

近义词是概念义相近的词。例如"努力—竭力""战役—战争""爱惜—爱护"是三组近义词：

"努力"和"竭力"有程度的差异。

努力：(使出)力气——竭力：尽力

---

① 《现代汉语词典》(第5版)"玫瑰紫"："像紫红色玫瑰花的颜色，也叫玫瑰红。"可见，"玫瑰紫"的命名偏重于"紫"，"玫瑰红"的命名偏重于"红"。

"战争"和"战役"有范围大小的差异。

战役：一系列战斗的总和——战争：武装斗争

"爱惜"和"爱护"有语义侧重点的差异。

爱惜：因重视而不糟蹋（语义侧重点在"不糟蹋"）——爱护：爱惜并保护（语义侧重点在"保护"）

概念义相近还表现在用法的有同有异上，例如"互相"和"相互"在状语位置上可以互相替换（互相促进/相互促进），在定语位置上，只能用"相互"（相互关系），不能用"互相"（*互相关系）。

有些近义词看起来只是附加义不同，但从根本上讲，附加义的差别是由概念义的差别引起的。例如"果断"和"武断"都是形容词，褒贬色彩的不同是概念义的差异引起的：

果断：有决断，不犹豫——武断：只凭主观决断

3. 关于同义词的申说

(1)构成成分的意义之间有基本义和引申义关系的词不是同义词。例如：

老人（老年人）—老人（指上了年纪的父母、祖父母等长辈亲属）

—老人（与"新人"相对）

(2)同一个词的不同语法形式不构成同义词。例如：

想—想想　　调查—调查调查

大方—大大方方—大方大方（你也大方大方吧）

(3)同一个词的不同书写形式不构成同义词，而是异形词。例如：

浑浊—混浊　　树荫—树阴　　曝光—暴光　　热衷—热中

耿直—梗直—鲠直

(4)多义词在不同的义项上与不同的词有同义关系。例如：

"匍匐"有两义，一义与"爬行"同义，一义与"趴"同义。

"骄傲"有两义，其中一个意义与"自豪"相同：

骄傲：①自以为了不起，看不起别人。②自豪。

自豪：因为自己或者与自己有关的集体或个人具有优良品质或取得成就而感到光荣。

"骄傲"义项②与"自豪"相同，因此词典直接用"自豪"来释义。但"骄傲"的义项①是"自豪"所没有的，因此"骄傲"只是在义项②上与"自豪"形成同义关系。

"骄傲"在义项①上与"自满"形成同义关系：

骄傲：①自以为了不起，看不起别人。

自满：满足于自己已有的成绩。

"自以为了不起"以"满足于自己已有的成绩"为基础，但程度更高。此外，"骄傲"还有"看不起别人"的意味。因此，"骄傲"义项①与"自满"是意义相近的关系。

(5)脱离上下文同义关系仍可成立的同义词是语言同义词，只在特定语境中形成同义关系的词语属于语境同义词，如"调价"在不同的语境中似乎可以分别与"涨价"

或"降价"同义，但"调价"只是"调整价格"义，与"涨价"或"降价"是上下位的语义关系，而不是同义关系。

(二)同义词辨析

同义词或是词义有别，或是附加色彩有异，或是组合功能不同。因此，同义词的辨析可以从这三方面来进行。

1. 词义的差异

(1)程度轻重

揭发—揭穿　　炎热—酷热　　爱好—嗜好　　秘密—绝密　　失望—绝望
损坏—毁坏　　准确—精确　　努力—竭力　　责任—重任　　委托—重托
称赞—赞美　　优良—优秀—优异　　忽视—漠视—无视
轻视—蔑视—蔑视—鄙视　　请求—恳求—乞求—哀求　　希望—盼望—渴望

上述各组词中都有不同的构成成分，正是不同的构成成分具有的表示或区分程度的作用，造成了同义词的语义轻重不同。

(2)范围大小

边境—边疆　　灾害—灾难　　战斗—战役—战争　　事故—事变—事件

"边境"指紧靠国界的地方，"边疆"指靠近国界的领土，所指对象有范围大小的不同。"灾害"通常指天灾，"灾难"包括天灾人祸，指称对象有范围大小的不同。"一场战斗、一场战役、一场战争"中的"战斗、战役、战争"，指称对象在范围上有从小到大的递增。"事故"指带有意外不幸因素的一种事情，如"交通事故、工伤事故"；"事变"是突然发生的政治性、军事性事件，如"西安事变、皖南事变"；"事件"统称各种引人注意的特殊事情，如"政治事件、经济事件、法律事件、撞船事件、暴力犯罪事件、互联网事件、突发事件、湖泊污染事件、股票交易事件"等，因此"事故、事变、事件"三个词有指称范围的大小不同。

(3)语义侧重

界限—界线　　教导—教训　　轻率—草率　　呈现—涌现　　周密—严密
抵偿—赔偿　　侵占—侵犯　　轻率—草率　　茂盛—旺盛　　改正—改善—改进

上述各组词中的构成成分有同有异，不同的构成成分恰恰起了区别意义的作用，也是各个词的语义侧重点。

语义侧重点的不同还体现为同素异序同义词的意义差异上，例如：

代替—替代："代替"的语义侧重点是"代"，"替代"的语义侧重点是"替"。

和缓—缓和："和缓"的语义侧重点在"和"，"缓和"的语义侧重点在"缓"。

由于语义侧重点不同，用法上也就有差异。"代替他出席会议"不同于"替代他出席会议"，"语气和缓地说"不同于"语气缓和地说"。

(4)具体和概括

具体和概括的词义差别实际上是个体与集合的差异。例如：

书—书籍　　树—树木　　湖—湖泊　　马—马匹　　花—花卉

纸—纸张　　船—船舶

在上述各组同义词中，词的指称客观对象有具体和概括的差异，因此在用法上是有差异的，例如可以说"一张纸"，不说"一张纸张"；说"一条船"，不说"一条船舶"。

2. 附加色彩的差异

(1)语体色彩

不同的语体色彩适合不同的语体，下列各组同义词有口语色彩和书面语色彩的差别：

生日—诞辰　　要是—倘若　　怎么—如何　　水灾—水患　　顺当—顺遂

小气—吝啬　　大方—慷慨　　走运—幸运　　开口—启齿　　哆嗦—颤抖

溜达—散步　　数落—责备

(2)感情色彩

感情色彩是由词义决定的，不同的感情色彩有不同的表义作用。感情色彩主要是褒义色彩和贬义色彩，但感情色彩的不同并不都是褒贬的差异，也有褒扬色彩与中性色彩的差异，或贬损色彩与中性色彩的差异。例如：

褒—中—贬：爱护—保护—庇护　　成果—结果—后果

　　　　　　果断—决断—武断　　坚强—顽强—顽固

褒—贬：称赞—奉承　　创造—杜撰

褒—中：攻克—攻占　　温馨—温暖

贬—中：充斥—充满　　比附—比较

(3)形象色彩

有的同义词，在词义表达上有比喻和直陈的差别，因此词义在有无形象色彩方面也有差异，例如：

眉目—头绪　　汗颜—惭愧　　瓦解—解体　　鸡头米—芡实

3. 组合功能的差异

(1)语义差异造成语义选择不同。例如：

交换—交流

　　交换—礼物、意见、资料、位置

　　交流—经验、文化、思想、学术、技术

维持—保持

　　维持—生活、秩序、现状、局面

　　保持—清洁、卫生、健康、传统、记录、荣誉、理想

发挥—发扬

　　发挥—作用、才干、力量、能力

　　发扬—传统、民主、作风、精神

(2)词性不同造成组合功能不同。例如：

充裕—充满："充裕"是形容词，可受"很"修饰；"充满"是动词，必带宾语。

即将—将来："即将"是时间副词，做状语；"将来"是时间名词，做主语、状语、

定语。

刚刚—刚才："刚刚"是时间副词，做状语；"刚才"是时间名词，做主语、状语、定语。

忽然—突然："忽然"是副词，做状语；"突然"是形容词，做状语、定语、谓语。

组合功能的差异大都是词义的差异造成的，例如"发挥"和"发扬"的词义有异，因此搭配对象也不同。有的则在词义上难以区别，如"突然"和"忽然"，它们"同"在词的概念义上，"异"在功能义上。

(三)同义词的表达作用

1. 精确严密

同义词或因意义差异，或因风格色彩不同，可以适应精确、严密的表意需要，有利于更加精确、清晰地表意。例如"卫护、庇护、爱护"这三个意义相近的同义词在下文中的运用：

只能卫护有益于人民从而也是有益于艺术的东西，断不能对作品中明明是缺点甚至是错误的东西加以庇护。对于作家，批评家负有爱护的责任。

"卫护"的意义是"保卫、保护"，"庇护"的意义是"包庇、袒护"，"爱护"的意义是"爱惜并加以保护"。这三个同义词意义有同有异，因此在表达中需要区别使用。

2. 错落有致

同义词的使用可以避免用词重复，使得语言表达富于变化，产生生动活泼的修辞效果。例如：

自古以来，多少人就歌颂过它，赞美过它，把它作为崇高的品质的象征。（陶铸《松树的风格》）

"歌颂"和"赞美"是同义词，"歌颂"义为"用诗歌颂扬，泛指用言语文字等赞美"，"赞美"义为"称赞，颂扬"。"歌颂"和"赞美"并举连用，加重了语意，又避免了用词重复，因而显得生动而变化有致。

同义词并举在成语中很常见，如"天翻地覆、烟消云散"中的"翻、覆；消、散"，同义词的并举连用既有加强语意的作用，又有错落有致的表达效果。

3. 气势充畅

同义词连用并不是简单的语意重复，而是可以加强语势，使得语气充沛畅达，产生酣畅淋漓的表达效果。例如：

我为家乡骄傲，我为家乡自豪。

"骄傲""自豪"这两个同义词的间隔连用，既有强调的意味，也使节奏和谐、语气充畅。又如：

世界上万事万物永远都在运动、变化、发展，语言也是这样。

"运动"指"宇宙间所发生的一切变化和过程"，"变化"指"事物在形态上或本质上产生新的情况"，"发展"指"事物由小到大、由简单到复杂、由低级到高级的变化"。三个意义相近的同义词的铺排连用，既在表意上各有侧重、互为补充，又产生了一种充沛畅达的气势。

二、反义词

(一)什么是反义词

反义词是意义相反或相对的词。根据意义的相反或相对，反义词分为绝对反义词和相对反义词。

1. 绝对反义词

绝对反义词的概念意义在逻辑上有矛盾关系，即肯定一方必否定另一方、否定一方必肯定另一方的关系。例如：

动—静　　开—关　　真—假　　对—错　　有—无　　同—异

是—非　　曲—直　　正确—错误　　正数—负数　　白天—晚上

出席—缺席　　出勤—缺勤　　肯定—否定

处于矛盾关系的两方有非此即彼的关系，因此"动"就是"不静"，"不动"就是"静"，是"真"就"不假"，"不真"就是"假"，没有中间状态。

2. 相对反义词

相对反义词的概念意义在逻辑上处于反对关系的两个极端，即肯定一方必否定另一方，但否定一方不能肯定另一方。例如：

大—小　　高—低　　软—硬　　上—下　　好—坏　　快—慢

升—降　　美—丑　　朋友—敌人　　快乐—忧愁　　先进—落后

处于反对关系的两个极端之间有中间项，因此"不大"不一定就是"小"，"不高"不一定就是"低"，"不美"不一定就是"丑"，"不大、不高、不美"都是中间状态。

3. 关于反义词的申说

(1)反义词相反、相对的关系必须属于同一意义范畴，否则就不能构成反义词。例如"高尚"与"卑鄙"构成反义关系，"君子"与"小人"构成反义关系，但"高尚"与"小人"、"君子"与"卑鄙"都不属于同一意义范畴，因此不能构成反义词。

(2)反义词的相反相对关系是就整体词义而言的。有的反义词的构成成分意义形成相反相对的关系，整个词义也有相反相对的关系，如"长久"与"短暂"。但词的构成成分在意义上的相反相对并不一定构成整体词义的相反相对关系。例如"深远"与"浅近"的构成成分"深"与"浅"、"远"与"近"有反义关系，但"深远"指"(影响、意义等)深刻而长远"，"浅近"指词语、言语浅显易懂，因此"深远"与"浅近"不构成反义关系。

(3)反义词一般在音节上是对称的，但也可以是不对称的，如"干净—脏、便宜—贵"。

(4)多义词在不同的义项上与不同的词形成反义关系，例如"简单"在"结构单纯，头绪少"的意义上与"复杂"形成反义关系，在"草率"义上与"细致"形成反义关系。

(5)脱离上下文反义关系仍可成立的反义词是语言反义词，只在特定语境中形成反义关系的词属于语境反义词，例如：

　　我们的痛疽，是它们的宝贝，那么，它们的敌人，当然就是我们的朋友了。（鲁迅《我们不再受骗了》）

上述话语中，"朋友"和"敌人"离开具体的语境仍可构成反义关系，因此"朋友"和"敌人"是语言反义词。"痛疽"和"宝贝"没有同一意义范畴内的相反相对关系，在上面的例子里，在对举用法中似乎形成了反义对比的关系，但离开具体的语境，这样的反义对比关系就消失了，因此实际并不构成反义词。

（二）反义词的表达作用

1. 构成对比、映衬的修辞手段

反义词表达的是成对的相反相对的概念，因此反义词的对举并用可以揭示行为、性质、状态的对立，产生对比、映衬的修辞效果。例如：

　　优点很多，缺点也不少。

　　耳听为虚，眼见为实。

　　虚心使人进步，骄傲使人落后。

　　远在天边，近在眼前。

2. 造成反讽的修辞效果

反义词的对举并用，可以造成反讽的修辞效果。例如：

　　记性不好，忘性不错。成事不足，败事有余。

3. 表达对立统一的复杂意义

反义词的对举并用，可以表示表面上矛盾实际上互补交融的性质、状态、感情、态度等。例如：

　　平凡而伟大　熟悉而陌生　痛苦而快乐　欢乐而忧伤　既快又慢　又爱又恨

4. 构造言简意赅的成语

很多成语就是利用反义词构成的，如"居安思危、取长补短、不破不立、深入浅出、异口同声、得不偿失、外强中干、眼高手低、争先恐后、阳奉阴违"等。相反相对的语意表达，具有言简意赅、鲜明醒目的表达效果。

三、同音词

（一）什么是同音词

同音词是语音形式相同而意义不同且意义之间没有联系的词。所谓语音形式相同，指的是声母、韵母、声调都相同，例如"急、极、及、级、吉、集"都念 jí，"悲剧"和"杯具"都念 bēijù。但是，"帘子"和"莲子"不是同音词，因为"帘子"的"子"读轻声，"莲子"中的"子"念上声。

根据书写形式的异同，同音词分为两种：

1. 同形同音词

同形同音词是书写形式相同的同音词。例如：

会（会滑雪）—会（开会）—会（会下雨）

别（天壤之别）—别（别上校徽）—别（久别重逢）—别（别去）

站（站起来）—站（船到码头车到站）

仪表（仪表大方）—仪表（汽车仪表）

大家（大家都看见了）—大家（书法大家）

生气（很生气）—生气（很有生气，生气勃勃）

新生（大学新生）—新生（获得新生）

2. 异形同音词

异形同音词是书写形式不同的同音词。例如：

电—店—垫　　福—服—浮　　交—胶—焦—浇　　古—鼓—谷—骨

话—化—画—划　　汗—撼—旱—焊　　是—事—誓—试

启事—启示　　绘画—会话　　忧郁—优裕　　极力—吉利

公式—公事—公示　　游船—油船—邮船　　示例—视力—事例

3. 关于同音词的申说

同音词虽然是根据语音形式的相同来命名的，但并非着眼于语音形式的相同，而是为了区别于多义词、同义词。同时，从词的音、义、形（书写形式）的关系看，同音词也不同于异形词、同形词，因此，同音词专指语音形式相同而意义不同且意义之间没有联系的词，而不是泛指有相同语音形式的词。

（1）同音词和多义词

同音词和多义词都是用同一语音形式表示不同的意义，区别在于同音词是不同的词具有相同语音形式，因此同音词表达的不同意义之间没有联系；多义词是一个词具有不同的意义，因此多义词表达的不同意义之间有基本义（或本义）和引申义关系。

下列各组词意义不同且没有联系，只是语音形式相同，因此是同音词：

高尚的人（"高尚"义为"道德水平高"）——高尚住宅、高尚消费（"高尚"义为"高雅时尚"）

点播（播种的一种方法，每隔一定距离挖一小坑，放入种子。也叫点种）——点播（指定节目请广播电台、电视台播送）

入世（投身社会）——入世（加入世界贸易组织）

如果意义不同，但意义之间有联系（有基本义和引申义的关系），则是同一个词（多义词）的不同意义。例如：

高尚的情操（"高尚"义为"道德水平高"）——高尚的娱乐（"高尚"义为"有意义的，不是低级趣味的"）

哈哈大笑（"笑"义为"露出愉快的表情，发出欢喜的声音"）——笑他不懂事（"笑"义为"讥笑"）。

（2）同音词和同义词

同音词是不同的词具有相同的语音形式，同义词是不同的词具有相同或相近的意义。在是否有同义关系上，同音词和同义词是不同的。同义词中的近义词，词义虽然有异但也有同。因此，近义词即使语音形式相同，也与同音词不同。例如：

权力—权利　　协同—偕同　　界限—界线　　融会—融汇

上述各组词意义和用法都有差异，但毕竟有同义关系。因此，同音的近义词不同于同音词。

（3）同音词和异形词

同音词是不同的词有相同的语音形式，异形词是同一个词有不同的书写形式。

下列各组同音词是异形的同音词：

启事—启示　　绘画—会话　　忧郁—优裕　　极力—吉利

下列各组异形词是同音的异形词：

浑浊—混浊　　树荫—树阴　　热衷—热中　　耿直—梗直—鲠直

（4）同音词和同形词

同音词是不同的词有相同的语音形式，同形词是不同的词有相同的书写形式。

有的同形词是同音词，例如：

会（会滑冰）——会（开会）

高尚（道德水平高）——高尚（高雅时尚）

有的同形词不是同音词，例如：

好（hǎo，优点多的；使人满意的。形容词）——好（hào，喜爱。动词）

地道（dìdào，在地面下掘成的交通坑道。名词）——地道（dìdao，真正的；纯粹的。形容词）

对头（duìtóu，正确。形容词）——对头（duìtou，冤家。名词）

（二）同音词的表达作用

同音词在语言表达中既有积极作用，也有消极作用。从积极作用看，同音关系可以构成多种表达手段。例如：

1. 谐音双关

谐音双关的表达，言在此而意在彼，具有含蓄、委婉的表达作用。

纸糊的琵琶——弹（谈）不得。

腊月里的萝卜——冻（动）了心。

东边日出西边雨，道是无晴（情）却有晴（情）。（刘禹锡《竹枝词》）

2. 谐音别解

谐音别解是利用同音关系另作解释。例如借助同音联想，从"既生瑜，何生亮"附会出"季氏生了周瑜，何氏生了诸葛亮"的谐谑解释：

乙：哎，我问问你，这周瑜他姥姥家姓什么？

甲：周瑜他姥姥家姓季，季氏老太太所生。

乙：那你知道诸葛亮他姥姥家姓什么吗？

甲：诸葛亮他姥姥家姓何，何氏老太太所生。

乙：三国里有吗？

甲：咋没有啊！

乙：在哪儿啊？

甲：三气周瑜。周瑜临死的时候，躺在床上不是说过两句话吗："既生瑜，何生亮。"（相声《歪批三国》）

同音词在语言表达方面也有消极作用。同音词在口语表达中容易造成歧解，影响表意明确。例如"喜欢听越剧/粤剧""没有意义/异议""不能有娇气/骄气"，其中的同音词在口头上往往难以区分，听话人也往往难以辨别。

异形同音词是通过不同书写形式区分开来的，因此异形同音词在书面上的区别是很清楚的。但因为同音，如果不注意词的书写形式差异，就会写别字，导致混淆不同的词，如常见把"启事"错写为"启示"。在电脑写作中，用拼音输入法常常会误写同音词。

练习四

一、概括说明同义词的性质和特点。

二、概括说明反义词的性质和特点。

三、概括说明同音词的性质和特点。

四、在下列词中找出同义词、反义词，并且对同义词进行辨析，对反义词说明类型。

体现　浮躁　标记　痛苦　接受　踏实　厌恶　完整

改善　厌烦　改进　残缺　标志　表现　接收　快乐

第五节　词汇的构成

一、词汇的汇聚构成

现代汉语词汇是由不同来源的词语汇聚而成的。依据来源，现代汉语词汇分为传承词、新造词、历史词、文言词、方言词、行业词、外来词。

(一)传承词

1. 什么是传承词

传承词是汉语历史上产生并传承到现代汉语中的词。例如殷商时代就有了下列词：[1]

天象：日　月　星　云　风　雨　雷　霆　虹

地理：土　山　丘　石　水　川　泉　河

方位：东　南　西　北　上　下　左　右　中

时间：年　岁　今　夕　月　旬　日　朝　暮(写作"莫")

农牧：禾　黍　麦(统指粮食作物)　马　牛　羊　犬　豕　豚　牧　畜(动词)

渔猎：鱼　渔　兽(狩)　禽(擒)　逐　射　网　象　鹿　虎　狼　兔　乌　燕　龟

亲属称谓：祖　父　母　女　兄　弟　子　妻　妇

建筑：宫　室　家　门　户　官(馆舍)　宅

祭祀信仰：帝(也作"上帝"，天帝)　鬼　巫　祀　祝　祭　卜　贞(卜问)　佑

人体：天(人的头颅)　人　首　目　耳　自(鼻)　口　齿　舌　心　腹　身　足　止(脚)　骨

动作行为：步　行　来　往　出　入　涉　去　降　归　递　追　及　即(靠近)　从　乍(作)　为　用　立　得　取　保　受　易(赐)　献　异　学

视听言语：见　望　闻　听　曰　言　告　乎(呼)　令

日常生活：饮　食　宿　梦　浴　盥

颜色：赤　黄　白　黑

性质、状态：吉　利　安　宁　大　小　多　高　艰　新　旧　老

代词：我　朕　余　之　兹

数词：一　二　十　百　千　万　廿　卅

副词：允(果真、的确)　勿　毋　弗　不

上述词中的大多数迄今仍在使用，属于传承词。

词汇的历史发展过程中不断产生新词。不同历史时期产生的词语流传至今仍为现代社会交际所用的词语，都是传承词。

---

[1]　参见徐朝华：《上古汉语词汇史》，北京，商务印书馆，2003。

传承词在历史发展中长期存在，构词能力强，其意义为一般人所共同理解，具有稳固性和全民性。

大多数传承词在现代汉语中仍然能够独立成词，但也有少数词一般只能作为构词成分或出现在成语中，例如：盥（盥洗）、祀（祭祀、祀祖）、涉（涉水）、即（若即若离、不即不离）、浴（浴池、浴缸、淋浴）、巫（巫婆、巫术）、逆（逆风、逆水）、豚（海豚、江豚）、牧（畜牧、牧草、牧场）、妇（农妇、妇人、妇女）、岁（岁月、年年岁岁）、口（口述、口齿、口才、口传、口服、口福、口头禅、口诛笔伐、口若悬河、口诛笔伐）、豕（狼奔豕突）、犬（鸡犬相闻）。

一些单音节词作为构成成分结合成双音节词在现代汉语中通行，如"步行、安宁、口齿、吉利、门户、风雨"，其中有的意义转化产生新义，如"口齿、门户、风雨"等。现代汉语中绝大多数双音节词都是以传承词为基础构造起来的，其中都有传承词充当的成分。

2. 传承词的词形变化和词义演变

在历史发展中，有的传承词书写形式发生了变化（繁简差异不属此类），如"自→鼻，易→赐"等；有的用另一个字表示原来的词，而原字表示另一个词，如用"暮"表示"莫"的本义，"莫"表示副词的"莫"义；有的书写形式的变化把有两个意义的词分化开来，如"受"本有"受、授"二义，通过"受、授"两字区别开来，实际上造了新词。

在历史发展中，有的传承词词义发生了引申、分化。例如在现代汉语中，"闻"有"听见"这一本义（听而不闻、闻所未闻、耳闻），也有引申义"听见的事情、消息"（见闻、新闻、奇闻），等等。"女"有保留本义的"妇女、女性"的"女"，也有专指义的"女"（女儿、子女），等等。"得"在现代汉语中既有"获得"义的"得"（得到、获得），也有由本义虚化而来的"必须"义的"得"（děi，得去上班了），等等。

从传承词词义范围的演变来看，有意义缩小、意义扩大、意义转移三种情况：

有的传承词意义范围缩小。例如"麦"在卜辞中统指粮食作物，现专指一类粮食作物；"学"在卜辞中包括学与教两个意义，在现代汉语中"教"义消失。

有的传承词意义范围扩大。例如"河"在卜辞中专指黄河，在现代汉语中泛指河流，专名变成了通名。

有的传承词词义发生了转移，本义消失，由本义引申出的意义成为基本义，甚至是唯一的意义。例如"天"在卜辞中本指人的头颅，在现代汉语中表示"天空"这一基本义及其他引申义；"祝"本为祭祀名，在现代汉语中只表示"祝愿"。

（二）新造词

1. 什么是新造词

新造词相对于已有词语而言，是新创造的词，简称新词。应社会发展和语言表达的需要而不断产生的新词语，有的是利用汉语既有语词材料创造的，有的是赋予既有词语新义而创造的，有的是从汉语方言或外族语言中借来的。利用汉语既有语词材料创造新词固然是造新词，为汉语中的既有词语赋予新义也是造新词，而从汉语方言或外语中借用词语，需要对方言词、外语词的语音形式、书写形式加以改造，对词义加以明确，所以也是造新词。因此，广义地看，无论以何种方式产生的新词都是新造词。

从时间上看，新词的"新"是一个历史范畴。我国改革开放后产生的词相对于之前就有的词是新词，如"彩电、公关、空调、迪斯科、公务员"等；新中国成立以后产生的词相对于之前就有的词是新词，如"公社、大跃进、助学金、红领巾"等。如果与近代汉语相对而言，现代汉语时期（自"五四"新文化运动至今）产生的词是新词。当今人们讲新词，一般指改革开放以来出现的新词语。

从词本身看，新词的"新"有以下三个方面。

（1）指称新对象。例如：

羽绒服　电子琴　个体户　农民工　彩照　彩电　家电　空调　电脑
邮编　旅游　特区　身份证　纪检　超市　银行卡　信用卡　数码相机
快餐　商品房　物业　特区　微波炉　电磁炉　电饭煲　手机　动车
高铁　高速公路　有线电视　隐形眼镜　航天飞机　电子邮件　互联网
软件　硬件　香波　脱口秀　迪斯科

上述词语所指称的对象都是改革开放后才出现的新事物。

（2）表示新概念。例如：

酷（cool）　绿色食品　绿色经济　减肥　瘦身　休闲　短平快　一国两制
代沟（generation gap）　公共关系（public relations）　幸福指数（happiness index）

"酷（cool）"用以"形容人外表英俊潇洒、表情冷峻坚毅，有个性"。"绿色食品"指无公害、无污染的安全营养型食品。"绿色经济"指无污染、低排放、低能耗、可持续发展的环保型经济。"减肥、瘦身"反映的是肥胖不利健康或以瘦为美的观念。"休闲"作为一种生活观念，也不是以前就有的"休息"一词的意义所能反映的。"短平快"原指一种排球快攻技术，后来意义得到推广，表示"方法直接、耗时少、收效快"。"一国两制"指在一个国家的范围内实行两种制度，是中国共产党于1978年十一届三中全会后提出的完成国家统一的基本国策，用以解决香港、澳门回归问题，也适用于解决大陆和台湾的统一问题。"代沟、公共关系"都是意译外语词而产生的新词，反映了以前没有的新概念。"幸福指数"指衡量幸福感的主观指标数值，最早是由不丹国王提出的，近年来进入汉语。

（3）采用新词形。例如：

巴士　镭射　空姐　品牌　买单（埋单）　游戏规则（game rules）

上述新词所指称的对象是改革开放以前就有的，只是原先叫做"公共汽车、激光、女乘务员、牌子、付款、行规"等。

2. 新词的评价和抉择

新词是随着社会发展而产生的，新词可以满足指称新对象、表达新概念的交际需要，或以新的词形满足人们求新、求异的心理。

新词的出现会对已有的词语规范产生冲击，这样的冲击有积极的一面（丰富词汇，满足交际需要），也有消极的一面（造成词语使用的浮乱现象）。对于新词，首先应采取开放、包容的态度，允许、鼓励创新（当然不是鼓励乱造词义晦涩、词形怪异的所谓新词）；其次，要从词语理据、社会心理、社会使用等方面进行细致深入的研究，审慎地加以评价和抉择，积极地给予引导。既不能放任自流，也不能简单、粗暴地棒喝、压制。

在考虑词语规范时，应考虑语用需要，不能以单一标准来衡量新词的规范与否。例如正式语体、公务语域宜用"电子邮件"，不宜用"伊妹儿"；非正式语体的社会交际用"电子邮件"或"伊妹儿"应都无妨；"伊妹儿"一词在社会的网络语言交际中出现是很正常的，但用在中小学教材里则需要审慎。总之，对于新词的评价和抉择要考虑不同语体、语域的特点和交际需要。

（三）历史词

历史词指历史上出现的专门词语，指称历史上曾经存在过的事物、现象，或反映历史上的观念，也包括神话、传说中的事物、人物、神仙的名称。历史词在现代社会因失去现实指称性而较少使用，多在谈论历史、称说历史遗迹遗物时才使用，或作为比喻说明性词语使用。例如：

古器物名：鬲　鼎　簋　簠　圭　琮　璧　笏　磬　戟　钺　鬲

古典章制度名：望（古代山川祭祀专名）　藩镇　朝贡　门阀　科举
　　　　　　　乡试　殿试　充军　陵迟　刺配

古职官名：宰相　尚书　太尉　刺史　郡守　司马　巡抚　御使　知县

古人名、神名：轩辕　蚩尤　尧　舜　大禹　后稷　玉皇　女娲　共工　精卫
　　　　　　　刑天

古国名、古行政区划名、古地理名：赤县神州（古代中国的别称。战国时齐人邹
　　　　　衍创"大九州"学说，有"中国名曰赤县神州"之说）　夜郎（战国
　　　　　至汉时西南古国名）　会稽（古郡名）　兰陵（古县名；古郡名）
　　　　　万里长沙（明代古籍中我国南海诸岛中一些岛群的名称）

历史词的历史有长有短。民国时期通行的一些词语，如"银圆（银质硬币）、金圆券（国民政府在 1948 年发行的一种纸币）"等，随着社会变迁，都已成了历史词。时间更近的"文革"期间（1966—1976）的一些特有词语，在当今社会也已成为历史词，例如：

最高指示　破四旧　红卫兵　忠字舞　文攻武卫　天天读　样板戏　插队

历史词在当今社会中失去现实指称性，但可以用作比喻说明性词语。例如毛泽东诗作《七律·送瘟神》有"春风杨柳万千条，六亿神州尽舜尧"句，用"（六亿）神州"指代"中国（人）"，用"舜尧"比喻赞颂广大人民群众。

（四）文言词

文言词是古代文言词语。文言词分为文言实词和文言虚词。

文言实词：期颐（百岁）　囹圄（监狱）　尺牍（信件）　生民（人民）

文言虚词：纵（即使） 之（的） 亦（也） 乎（吗、呢） 俱（都、同）

文言词的书面色彩重，在现代作品中，往往为现代白话词语所替代。但现代汉语中仍有不少来自文言实词的词语（如"酝酿、遵循、典范、惆怅、踌躇、觊觎"等），也常见书面作品中使用文言虚词。

现代词语中有不少文言词充当的构词成分。例如：

采撷（撷：摘下，取下） 匮乏（匮：缺） 汗颜（颜：脸） 杀戮（戮：杀）

奢侈（奢：过分。侈：浪费） 淹博（淹：广） 愠怒（愠：怒）

上述词因有文言词充当的成分而具有较重的书面色彩。成语中更有不少文言词充当的成分。包含文言词成分是成语大多有较重书面色彩的原因之一。例如：

虎踞龙盘（踞：蹲） 义愤填膺（膺：胸膛） 不刊之论（刊：删削）

相形见绌（绌：不足） 大放厥词（厥：其；他的） 暴殄天物（殄：灭绝）

戮力同心（戮：并；合） 无稽之谈（稽：查考） 轻歌曼舞（曼：柔美）

揠苗助长（揠：拔） 名不副实（副：与…相配） 莫名其妙（名：说出来）

歧路亡羊（亡：丢失） 所向披靡（披靡：溃散） 披沙拣金（披：分开）

瞠目结舌（瞠目：瞪着眼睛看） 怙恶不悛（怙：坚持。悛：悔改）

文言词在现代汉语中有特定的表达作用。例如"黎明"和"清晨"、"铭记"和"牢记"是同义词，"黎明"和"铭记"有文言词色彩，"清晨"和"牢记"有白话词色彩，因此适用于不同语体的交际。在交际中应避免使用过于生僻、艰涩难懂的文言词，常见文言词的使用也要注意自然、协调，避免造成语言风格的半文不白。

（五）方言词

方言词是仅在某个地区使用的词语，或指已被普通话吸收的方言词（又称方源词）。现代汉语词汇中的方言词，是指后者。

不同方言在词语方面存在较大差异，同义异形的词语大量存在，例如"红薯（洛阳、呼和浩特等地）、白薯（北京等地）、山芋（南京等地）、番薯（贵阳等地）、红苕（成都等地）、地瓜（济南、沈阳等地）"等。同形异义的词语也很多，例如"客气"在普通话中指"对人谦让，有礼貌"，在南昌等地的赣方言以及西南官话中指女孩子长得漂亮；"土豆"在北方话中是马铃薯的俗称，在闽南话里指的是花生。类似的例子不胜枚举。

普通话以北方方言为基础方言，但不是所有北方方言词都能进入普通话。普通话对方言词的抉择，要看通行程度或使用的普遍性。一些过于土俗的北方方言词，流传不广，就很难为普通话所吸收，例如北京方言"抻练（以难题使人窘迫）、二乎（犹豫）、出溜（滑，或指小孩走路）、概喽（揽取）"，天津方言词"白乎（夸夸其谈）、饶（不但）、秧子（涉世之浅的公子哥儿）"，东北官话词"靰鞡（用靰鞡草做的防寒鞋）、埋汰（肮脏；贬损他人）"，西北官话词"婆姨（妻子；已婚妇女）、黑咧（夜里）、洋芋（土豆）"，西南官话词"哈包儿（傻子）、涮坛子（开玩笑；作弄）"，江淮官话词"韶（说话啰嗦）"等。这些方言词地域性强，流通范围窄，有的仅仅是老派地点方言特征词。

方言中的词语是普通话词语的重要来源。一些原本地域性较强的方言词语扩大了通行范围，就会进入普通话词汇，例如东北方言词"忽悠"（"用言语哄骗、愚弄他人"）近年来流通渐广，已经具有通语词的性质。

普通话吸收方言词语有助于丰富词汇，例如"马铃薯"是学名，"土豆"是俗称，两者并存，可以适应不同风格、不同用途的表达需要。

普通话词汇以北方方言为基础，但也有选择地吸收其他方言的词语以丰富自己，满足交际的需要，例如"垃圾、瘪三、尴尬、噱头、蹩脚、龌龊"来自吴方言，"生猛、埋单、打工、炒鱿鱼"来自粤方言。

（六）行业词

行业词是特定学科专业和特定行业使用的词语，与社会通用的词语相对而言。包括术语、行业专用语。

1. 术语

术语是表达特定学科领域专门概念的词语。例如：

哲学术语：辩证法　认识论　悖论　解构　证伪　形而上学

语言学术语：音位　区别性特征　语流音变　语素　语言接触

数学术语：微分　积分　有理数　无理数　函数　拓扑学　图论

物理学术语：中子　量子　纳米　原子能　摩擦力　多普勒效应

化学术语：化合　配位　硫酸钠　有机　无机　络合物　硅酸盐

术语的基本特征是：（1）专业性：表达某个专业学科中的特定概念。（2）科学性：有严密准确的定义。（3）系统性：在专业学科领域内，每个术语都与其他术语互相联系，又互相区别。

2. 行业专用语

行业专用语是各行各业使用的专门词语。例如：

工业用语：切削　冲压　锻造　焊接　电镀　热处理　冷加工

农业用语：保墒　点种　插秧　密植　套种　轮作　灌溉

商业用语：营销　销路　促销　清仓　拍卖　滞销　直销

军事用语：冲锋　阵地　空降　反潜　战线　前哨　进击

3. 行业词的来源和比喻推广

行业词可以是专门创造的词语，也可以取自一般语词，赋予特定的意义。例如物理学中"疲劳"源自一般语词，表示"因外力过强或作用时间过久而不能起正常的反应"，有"磁性疲劳、弹性疲劳"等术语。行业词还可以从外语中借用，如化学元素中的"氚、氦、锂"等术语都是音译外语中的化学术语而产生的，语言学中的"音位、语素"都是意译外语中的语言学术语而形成的。

专门创造的行业词可以通过比喻用法而推广为一般语词，例如在"锻造富有进取心的科研队伍"中，"锻造"已不是工业用语的意义（用锤击、加压的方法对金属材料进行加工），而是表示"锻炼、培养"。"锻炼"这个词原本也是工业用语，指"锻造、冶炼",在"锻炼身体、锻炼能力"中,"锻炼"的意义都更概括、更抽象,已不再仅仅具体指称工业加工方法了。因此,行业词是一般语词的重要来源。

(七)外来词

外来词是从外族语言中借来的词。词语的借用是语言接触中的常见现象,也是词汇丰富、发展的重要途径。

汉语从外语中借来的词语主要有以下几种:

1. 音译词

音译词是用和外语词语音形式相近的汉字摹写外语词语音而创造的外来词。例如:

骆驼 猩猩(匈奴语) 葡萄 苜蓿(大宛语) 哈达 喇嘛 糌粑(藏语)

站(车站) 戈壁 敖包 胡同(蒙古语) 萨其马(满语) 佛 浮屠

菩萨 罗汉 塔 刹那 袈裟 僧 琉璃 茉莉(梵语) 槟榔 芦荟(马来语)

金达莱(朝鲜语) 沙发 咖啡 巴士 的士 巧克力 迪斯科 氖 锂(英语)

杜马 布拉吉 布尔什维克(俄语)

汉语汉字的认知特点是倾向于每个音节每个字都有意义,记录音译词的单字都是作为表音的音节符号来使用的,因此音译词往往难以从字面上辨识词义。但是,以音译的方式从外语中借用语词是最简便的方式,也是最重要的方式之一,而且往往是别无选择的方式,因为外语词所表达的概念、性质、状态、现象、事物、行为等可能是无法用汉语已有语言成分来意译的,例如"沙发、迪斯科"等音译词所指称的对象就很难用汉语的既有成分来表示。

音译大多借用已有汉字来记录外语词的语音,如"哈达、站(车站)、戈壁、敖包、胡同、浮屠、罗汉、酷(cool)、沙发、的士、巴士、巧克力、迪斯科、杜马、布拉吉、布尔什维克"等,但为了字面上示意的需要,也专造形声字,借助形旁标示意义类属,如"骆驼、猩猩、葡萄、苜蓿、糌粑、袈裟、佛、僧、琉璃、槟榔、咖啡、氖、锂"等。

用音译的方式借用其他语言的语词,总要在语音形式上加以改造,以使吸收进来的外语词语具有本族语言的语音形式,从而把外语词变为外来词。如英语人名Patrick 的汉语译音"帕特里克"的形成,除了采用谐音音译的方法把 Pa-记为语音相似的音节"帕"、把-ck 加以音节化记为语音近似的"克"以外,还把汉语中所没有的音位[tr]按照字母书写形式分解为 t 和 r,t 读为汉语声母 t,进而转化为汉语音节 tè;r转化为汉语声母 l,并与 i 拼读为 lǐ,从而形成了"帕特里克"的译名。把汉语所没有的外语词的音位按字母书写形式转写、转读为汉语拼音的读音,可以称为"汉读法"。广义地讲,采用谐音法把 Patrick 中的 Pa-和-ck 分别记为语音相似的音节"帕"和"克"也是"汉读法"。

2. 意译词

意译词是用汉语既有成分记写外语词的意义而创造的外来词。汉语中有不少意译词，例如改革开放以来意译产生的新词：

　　代沟（generation gap）　公共关系/公关（public relations）　互联网（internet）

　　电子邮件（e-mail）　数码（digital）　在线（on line）　热线（hot line）

　　热钱（hot money）　热点（hot spot）　软件（software）　硬件（hardware）

　　超人（superman）　超级明星（super star）　超级市场/超市（super market）

　　街舞（street dance）　游戏规则（game rules）　强人（strongman）

　　零和（zero sum）　零距离（zero distance）

　　意译产生的外来词是用汉语成分构造的，其"外来"身份往往为人所习焉不察。实际上这样的词语都是因译借外语词而产生的。有的意译词或构词成分看起来貌似汉语原有的词语或词语成分，其实根本不相干。例如"游戏规则"是英语"game rules"的意译，"游戏"的意义并不是汉语中原有"游戏"的意义，而是"行业、职业"义，这一意义来自英语"game"的俚语义。汉语中原有的"强人"义为"强盗"，译自英语"strongman"的"强人"是"强有力的人，坚强而有能力的人"。源自"Watergate scandal"（水门丑闻）中"gate"的意译成分"门"已成为汉语中的一个新语素（"丑闻"义），它是"gate"在英语中产生了"丑闻"义后，汉语意译借入的。"干啤"（dry beer）中的"干"也是汉语原本所没有的语素（意为"不甜的，无果味的"），它与汉语原有"干"的意义无关。意译英语"plaza"形成的"市场、购物中心"等义的"广场"，看起来似乎只是汉语原有的"广场"（广阔的场地）增加了一个新义项，其实也是汉语里的新词。

　　3. 音意兼译词

　　汉语汉字的认知特点是习惯于词语字面上有意义。出于这一认知倾向，在从外族语言中借词时，汉语还采用各种"意化"（意义化）的方法使外来词词面形式具有示意性，因而创造出不同类型的音意兼译词。

　　（1）音意双关型

　　音意双关型外来词是以汉字摹写外语词语音时，兼以音译字及音译字组合的意义反映外语词的概念意义而创造的外来词。

　　汉字中的绝大多数单字都是有意义的。用音译的方式创造外来词，实际上是把一个个有意义的汉字当做音节符号来记录外语词的声音。由于绝大多数汉字原本是有意义的，所以用汉字音译造成的外来词，在兼顾声音的同时，有时音译词的字面上可能形成一个有意义的单位；如果单字原有的意义及单字组合的意义比较符合外语原词的概念意义，就会形成音意双关的外来词。例如：

　　苦力（coolie，coolly）　基因（gene）　黑客（hacker）　声纳（sonar）

　　乌托邦（Utopia）　媒体（media）　弗晰（fuzzy，弗晰逻辑）　泊（park）

　　如果音译词的字面意义与外语原词的意义根本不相干，就形成了字面意义的"别解"，可以叫做"谐音别解"，如"可口可乐（Coca-Cola）、奔驰（Benz，汽车名）、嘉年华（Carnival）、尖头鳗（gentlemen），粉丝（fans）、血拼（shopping）"。"谐音别解"造成的外来词属于音译词，不属于音意双关型外来词。

（2）音译意译型

音译意译型外来词是采用部分音译、部分意译的方法创造的外来词。

意译＋音译：

冰激凌（ice-cream）　新西兰（New Zealand）　新德里（New Delhi）

分贝（decibel）　草库伦（蒙语 öbsön xüree）　作秀（make show）

文化休克（culture shock）　信用卡（credit card）

奶昔（milkshake）　干啤（dry beer）

音译＋意译：

因特网（internet）　本票（bank cheque）　侏罗纪（Jurassic Period）

爵士乐（jazz music）　摩托车（motorbike）　呼啦圈（hula-hoop）

（3）音译附注型

音译附注型外来词是在音译形式之外附加汉语类名造成的外来词。

音译＋附注：

卡（car）＋车→卡车　　啤（beer）＋酒→啤酒

比萨（pizza）＋饼→比萨饼　　胡姬（orchid）＋花→胡姬花

沙丁（sardine）＋鱼→沙丁鱼　　沙（俄 Царь）＋皇→沙皇

雪茄（cigar）＋烟→雪茄烟　　芨芨（突厥 či）＋草→芨芨草

毛瑟（德 Mauser）＋枪→毛瑟枪　　桑巴（samba）＋舞→桑巴舞

香颂（法 chanson）＋歌曲→香颂歌曲　　桑拿（sauna）＋浴→桑拿浴

吉普（Jeep）＋车→吉普车

太妃（taffy，也作 toffee）＋糖→太妃糖

附注＋音译：

酒＋吧（bar）→酒吧　　车＋胎（tire 或 tyre）→车胎

从结构上看，汉语类名或是结构中心成分（如"音译＋附注"式的"卡车、啤酒"等），或是结构中的修饰成分（如"附注＋音译"式的"酒吧、车胎"），但在语义上都具有注释的作用。

4. 形译词

形译词是通过借用外语词的文字书写形式书写从外语中借来的词语。汉语从日语中借来的词语大都属于形译词（"榻榻米"等少数词属于音译词）。

历史上日语从汉语中借用了大量词语，其中有些词语因日语用以翻译外语或其他因素，词义发生了一些变化，但汉语从日语中借入的这类词，构成成分的意义基本上可以根据日语中汉字的意义来理解，如"革命、常识、经济、分配、改编、概略、进步、商业、右翼、失效、保险"等；也有少数从日语中借来的形译词，原为日语固有词，如"积极、消极、景气、取缔"等，不能按照汉语汉字的字面意义来理解。

从日语中借来的形译词，与汉语汉字书写形式不同的日语汉字词（繁简差异不属此例），在借入汉语后都进行了改造，如"失効"改为"失效"，"景気"改为"景气"。

二、常用词和非常用词

（一）常用词、非常用词的划分

常用词和非常用词是相对而言的，社会交际中常用的词就是常用词，不常用的词就是非常用词。常用词、非常用词一般是根据书刊上的词语使用频率来划分的。

大多数常用词有悠久的历史，自古流传至今。这些常用词指示的对象、表示的概念是社会生活中不可缺少的，意义为社会大众共同理解，使用最频繁。例如自殷商时代传承至今的词，"日、月、星、云、风、雨、雷、东、南、西、北、上、下、左、右、中、父、母、家、门、人、心、马、牛、羊、鱼、来、往、出、入、大、小、多、高、新、旧、十、百、千、万"等，在各个历史时期都是常用词。

传承词是常用词的重要来源。随着社会的发展，为了适应社会生活的需要，一些传承词或作为构词成分构造新词，或产生新义、新用法，成为新的常用词，而新造词以及方言词、行业词、外来词也可能成为常用词。

（二）常用词的时代性

常用词有时代性。随着语言的发展，常用词可能发生变化，例如从古代汉语到现代汉语的一个重要变化，就是语气词全部更换，其他虚词也多有更替（如结构助词"之"为"的"所替换，等等）。随着社会的发展，一些常用词所指示的对象、所表示的观念在社会生活中陈旧了、落伍了、被淘汰了，指称这样对象、表示这样观念的常用词就会失去常用性，成为非常用词；另一方面，如果适合社会交际的需要，非常用词也会成为常用词。以称呼为例，新中国成立后通行了几十年的"同志"在近十多年中逐渐隐退，而几十年中一直被冷落的称呼"先生"变得常用起来。就反映新中国成立以来社会状况的常用词而言，在不同的历史时期分别有下列富有时代特征的词：

新中国成立后十七年间的特征常用词，如：

抗美援朝　保家卫国　公私合营　社会主义改造　镇反　三反五反

反右　右派　大鸣大放　总路线　大跃进　人民公社　多快好省

大炼钢铁　放卫星　四清

"文革"十年期间的特征常用词，如：

大字报　批斗　最高指示　破四旧　大批判　大串联　黑帮　家庭成分

红卫兵　造反派　忠字舞　黑爪牙　文攻武卫　样板戏　天天读　上山下乡

赤脚医生　插队　知青　修正主义　反帝反修

20世纪70年代末至今（改革开放以来）的特征常用词，例如：

改革　开放　民主　法制　科技　独生子女　计划生育　承包　大包干

个体户　养殖户　羽绒服　托福（考试）　倒爷　走私　走穴　流行歌曲

收录机　彩照　傻瓜机　电子琴　大款　炒鱿鱼　大排档　市场经济

信息　信息产业　知识爆炸　代沟　电视连续剧　方便面　彩电　微波炉

电磁炉　热水器　污染　环保　股市　股票　炒股票　卡拉OK　快餐

肯德基　麦当劳　特区　三资企业　外资　一国两制　打工　农民工　下岗
待业　工薪阶层　弱势群体　立交桥　高速公路　收费站　纳税　克隆
基因　空调　高层建筑　电脑　公关　空姐　超市　信用卡　银行卡　的士
打的　大腕　扫黄打非　打黑　互联网　因特网　电子邮件　伊妹儿　软件
硬件　上网　液晶　数码相机　有线电视　品牌　减肥　美容　度假村　旅游
休闲　绿色经济　私家车　商品房　经济适用房　房改　房市　物业　社区
手机　动车　高铁　奥运会　医改　创新　新农保　公积金　开发区　公务员
纪检　腐败　反腐败　两会　航天　航天飞机　通讯卫星　反倾销　世贸组织
金砖国家

　　上述不同历史阶段的特征常用词，其中改革开放以前的特征常用词，大多数已经成为新的历史词，失去常用性；20世纪70年代末期以来的特征常用词中，有的也已逐渐从当今社会生活中隐退，成为非常用词，如"大包干、倒爷、收录机、傻瓜机、走穴"等；而一些近年来出现的新词正在逐渐成为新的常用词，如"动车、高铁、新农保"等。

（三）划分常用词、非常用词的价值

　　1. 常用词和非常用词的划分可以反映社会发展中各个历史阶段的面貌。语言是社会生活的镜子。语言随着社会的发展而发展，社会生活的方方面面都映射在词汇中。借助于词汇，可以窥见社会发展的历史形态和社会风貌。

　　2. 对常用词使用频度的统计，可以为有关应用性研究提供基础依据。例如根据《现代汉语频率词典》（北京语言学院出版社，1986），8000个高频词出现频率占语料总量的95％以上，低频词有2300个。常用词分两个层次，其中第一层次3000个常用词的前10个词使用度（综合反映词的频率和它的分布情况的概念）排列次序为：的，69080；了，26432；是，20401；一，19589；不，15757；我，11699；在，13438；有，12238；他，10017；个，10303。诸如此类的统计分析数据，为语文教学、中文信息处理、机器翻译等应用研究提供了依据，具有重要的参考价值。

练习五

一、举例说明传承词在现代汉语中的各种情况。

二、举例说明新词的来源。

三、举例说明行业词对于丰富普通话词汇的作用。

四、举出3～5个不同方言或方言与普通话之间同义异形、同形异义的词语，分析造词方式、命名理据。

五、举例说明文言词在现代汉语中的作用。

六、分析下列外来词的类型。

　　鲨鱼　奶昔　高峰会议　绷带　歇斯底里

七、试从当今社会特征常用词分析当今社会热点。

第六节 熟语

熟语是意义具有整体性的习用而成型的词组和语句，包括成语、惯用语、歇后语、谚语。成语、惯用语都是习用的成型词组，无疑具有词汇的性质。歇后语、谚语都是现成语句，表达的内容是一般规律，或是对客观现象的概括、总结，或是对客观对象性质的描述，或是对事理的说明，与表述具体的事件、动作、行为或状态变化的动态句不同，属于静态句，这一性质与作为静态语段的词组是相同的。因此，歇后语、谚语也具有词汇的性质。

一、成语

成语是相沿习用的成型词组，四字格形式，大都有特定的来源，意义具有整体性，结构具有凝固性。

(一)成语的特点

1. 意义的整体性

成语在意义上具有整体性的倾向。意义整体性的倾向可从以下五点来理解：

一是具有特定语源的成语，其意义是在特定的语源中形成的，因此成语的意义只能联系语源来理解，而不能从字面意义来理解。例如"风声鹤唳"表面上说的是"风声"和"鹤唳"，其实形容惊慌疑惧。但"惊慌疑惧"的意义并不是"风声"和"鹤唳"本身的意义及其意义相加，而是在特定语源中形成的特定意义：前秦苻坚领兵进攻东晋，大败而逃，溃兵听到风声和鹤叫，都疑心是追兵。（见于《晋书·谢玄传》）由这一特定语源，形成了"风声鹤唳"这一成语的整体意义。大多数成语的意义都是这样形成的，因而意义具有整体性，不能从字面意义的加合得到整个成语的意义。

二是在特定格式的基础上产生比喻、引申义，因此成语的意义不是字面意义的加合。例如"三心二意"的意义不能从字面上"三""二"与"心""意"的分别组合及"三心"和"二意"的组合来理解，数词的错综使用意在表示不稳定、不一致，因而产生转指的整体意义：犹豫不决或意志不坚定、不专心。再如"鸡毛"和"蒜皮"都是微小而不重要的东西，组成"鸡毛蒜皮"就形成了列举格式，从而形成"无关紧要的琐事"这一比喻义。诸如此类的成语意义是成语的整体格式造成的，因而意义具有整体性。

三是成语作为词组，从结构关系看属于某种结构类型，但有不同的内部语义构造，成语所表达的意义是在比喻性语义构造的基础上产生的。例如"龙马精神"是个偏正结构，但不是领属的语义关系（"龙马的精神"），而是比喻性的语义构造：像龙马一样的精神。"虎踞龙盘"中的"虎踞""龙盘"从结构关系上看都是主谓关系，在语义上却是比喻性的构造，意为"像虎蹲着，像龙盘着"，从而产生形容地势险要的比喻义。

四是少数成语的意义从字面上就可以得到整个成语的意义（意在言内），如"秋高气爽、轻歌曼舞"等。但是一则这类成语是极少数，绝大多数成语的意义都是整体性的，因此这类成语并不影响成语具有意义整体性的倾向；二则"意在言内"的成语在相沿习用中形成固定性的组合，其意义也因固定性组合形成整体性的意义。"秋高气爽"形容秋天天空晴朗明净（因而显得天高），气候清爽宜人。若改为"秋清气爽"，意义就发生了变化，只是说秋天空气的清爽。"轻歌曼舞"指"轻松愉快的歌唱和曼妙的舞蹈"，"曼"的意思是柔美，若改换字眼就难以表达固定组合所具有的整体意义。

五是"意在言内"和"意在言外"两种形式并存。例如"风卷残云"一为"大风吹散了残存的浮云"，一为"一下子消灭干净"；"风雨飘摇"一为"风雨的飘动摇摆"，一为"（形势）像风雨的飘动摇摆一样很不稳定"。"意在言内"的成语相沿习用，形成固定组合，表达一个成型词组的整体意义；"意在言外"的成语言在此而意在彼，不能根据字面意义的分解、加合来理解整体意义。

2. 结构的凝固性

成语在结构上具有凝固性的倾向。结构凝固性的倾向可从以下三点来理解：

一是改动成分就会失去与特定语源的联系，意义也就失去了确定性。例如"指鹿为马"若改换为"指驴为马"，就会失去与特定历史语源的联系，从而从相沿习用的固定词组变为非固定词组，意义上也失去了确定性（如"指驴为马，看错了眼"）。又如"老骥伏枥"比喻有志的人虽年老而仍有雄心，这一比喻义是在特定的诗文中形成的（"老骥伏枥，志在千里。烈士暮年，壮心不已"），若改为"老马卧槽"，失去了与特定语源的联系，就难有"老骥伏枥"的确定比喻义，表义也就不明确了。

一些成语的构成成分在流传使用中有所改动，产生同义异形成语。如"蛊惑人心"又作"鼓惑人心"，"蛊惑"的意义是"毒害、迷惑"，"鼓惑"字面意义是"鼓动迷惑"，意义相差不大，都以"迷惑"为语义中心，也都能与"人心"形成合理组合，但"鼓惑"更通俗。"名不副实"又作"名不符实"，"副"表示"与……相配"，"符"表示"符合"，因此"名不副实"和"名不符实"意义相同，但"符实"的意义更浅近。"揠苗助长"又作"拔苗助长"，意义相同，但"拔"比"揠"更通俗易懂。"莫名其妙"又作"莫明其妙"，"名"的意义是"说出来"，"明"的意义是"知道、明白"，但"明"的意义更浅显。诸如此类的成分改动并没有改变成语的整体意义，只是生成了同一个成语的另一个形式，两个形式之间是正体和变体的关系。

有的成语在使用中改换成分形成新的语义表达，如"急流勇进→急流勇退、走马观花→下马观花"，此类情况属于成语的翻造。翻造的形式可能形成新成语，如"急流勇退"；或者只是临时的活用，如"下马观花"。

二是改动语序失去理据。如"投笔从戎"在语义上有先后次序，改为"从戎投笔"就不符合现实的行为次序；"过河拆桥"若改为"拆桥过河"，不仅不合情理，而且也失去了"过河拆桥"所具有的比喻义；"画蛇添足"若改为"添足画蛇"，"添"的语义就不能落实（"添"表示"增添、添加"，在事理上表示的是后续动作）。有少数联合结构的成语，语序变动不改变成语的理据和意义，如"虎踞龙盘——龙盘虎踞、光明正大——正大光明、天涯海角——海角天涯"。但"风平浪静"虽为联合结构，如果改为

"浪静风平"，就破坏了原形式中"风平"和"浪静"之间的因果关系，因此语序不能变动。

有的成语内部语序变动可以形成不同的结构，具有不同的语义表述功能。如"精卫填海"陈述一个事件，改为"填海精卫"，语义上就形成一个指称；"狗尾续貂"改为"续貂狗尾"，陈述也变成了指称。陈述或指称的差异可以适应不同的表达需要，但这种语序的变动属于成语的化用，而不是通过语序变动产生另一个成语或同一个成语的另一个形式。

三是字数的增减影响成语的形式特征。成语在形式上是习用的成型词组，因此增减字数会改变成语的形式特征。如"百花齐放"改为"百花齐开放"或"百花放"，就因失去成语紧凑、对称的韵律特征而不成"成语"；"沁人心脾"若改为"沁入人心脾"，则失去原成语的成型词组特征而变为一般词组；"捉襟见肘"若改为"捉襟乃见肘"，意思虽不变，但失去了成语作为成型词组的形式特征。

(二)成语的来源

成语长期相沿习用，其意义的整体性、形式的凝固性大都与成语的来源有关。成语的来源主要有以下几种：

1. 神话寓言

源自神话寓言的成语，大多数见于先秦古籍。如"精卫填海"出自《山海经·北山经》：炎帝的女儿精卫在东海溺水而亡，化为精卫鸟，每天衔来西山的木石填东海。"精卫填海"比喻有深仇大恨，立志必报，也比喻不畏艰难，努力奋斗。"画蛇添足"出自《战国策·齐策》：蛇本没有脚，画蛇却添上了脚，比喻做多余的事反而不恰当。此外，"夸父逐日"出自《山海经·海外北经》，"狐假虎威"出自《战国策·楚策》，"鹬蚌相争"出自《战国策·燕策》，"刻舟求剑"出自《吕氏春秋》，"画蛇添足"出自《战国策·齐策》，等等。

2. 历史故事

源自历史故事的成语，有"指鹿为马"(《史记·秦始皇本纪》)、"破釜沉舟"(《史记·项羽本纪》)、"负荆请罪"(《史记·廉颇蔺相如列传》)、"完璧归赵"(《史记·廉颇蔺相如列传》)、"纸上谈兵"(《史记·廉颇蔺相如列传》)、"歧路亡羊"(《列子·说符》)、"投笔从戎"(《后汉书·班超传》)、"洛阳纸贵"(《晋书·左思传》)、"草木皆兵"(《晋书·苻坚载记(下)》)等。又如"期期艾艾"源自两件逸事：

汉代周昌口吃，有一次跟汉高祖争论一件事，说"臣口不能言，然臣期期知其不可"(见于《史记·张丞相列传》)；又三国邓艾也口吃，说到自己时连说"艾艾"(见于《世说新语·言语》)。后用"期期艾艾"形容口吃。

3. 诗文语句

出自诗文语句的成语，如"信誓旦旦"(《诗·卫风·氓》)、"众叛亲离"(《左传·隐公四年》)、"亦步亦趋"(《庄子·田子方》)、"当仁不让"(《论语》)、"子虚乌有"(司马相如《子虚赋》)、"老骥伏枥"(曹操《步出夏门行》)、"石破天惊"(唐代李贺《李凭箜篌引》)、"龙马精神"(唐代李郢《上裴晋公》)、"山高水长"(宋代范仲淹《桐庐郡严先生祠堂记》)、"杯水车薪"(《孟子·告子上》)、"凄风苦雨"(《左传·昭公四年》)等，其形成有不同的情况：

有的是从诗文语句中直接截取形成的，如"老骥伏枥"出自曹操《步出夏门行》："老骥伏枥，志在千里。烈士暮年，壮心不已。"后用"老骥伏枥"比喻有志的人虽年老而仍有雄心。"石破天惊"出自唐代李贺《李凭箜篌引》："女娲炼石补天处，石破天惊逗秋雨。""石破天惊"形容音乐的不同凡响、出人意料，后用以比喻言论、行为、事件的新奇、惊人。"龙马精神"出自唐代李郢《上裴晋公》："四朝忧国鬓如丝，龙马精神海鹤姿。"后用"龙马精神"比喻健旺的精神。"山高水长"出自宋代范仲淹《桐庐郡严先生祠堂记》："云山苍苍，江水泱泱，先生之风，山高水长。""山高水长"比喻人品节操高洁。

有的是采撷诗文语句中的词语组成成语，如"唯唯诺诺"出自《韩非子·八奸》："此人主未命而唯唯，未使而诺诺。""唯唯诺诺"比喻言行恭顺，绝对服从。"杯水车薪"出自《孟子·告子上》："今之为仁者，犹以一杯水救一车薪也。""杯水车薪"比喻无济于事。"凄风苦雨"出自《左传·昭公四年》："春无凄风，秋无苦雨。""凄风苦雨"本义形容天气恶劣，后用以比喻处境悲惨凄凉。

有的是在原文词语的基础上增减成分而形成的。如"短兵相接"出自屈原《国殇》"操吴戈兮被犀甲，车错毂兮短兵接"，在原文词语"短兵接"的基础上增加了"相"；"后来居上"出自《史记·汲郑列传》"陛下用群臣如积薪耳，后来者居上"，省减了原文中的"者"。

4. 口头俗语

源自口头俗语的成语，有的见于史籍，例如：

利令智昏："鄙谚曰：'利令智昏。'"(《史记·平原君虞卿列传》)

狗尾续貂："谚曰：'貂不足，狗尾续。'"(《晋书·赵王伦传》)

投鼠忌器："里谚曰：'欲投鼠而忌器。'"(《汉书·贾谊传》)

同病相怜："子不闻河上之歌乎？'同病相怜，同忧相救。'"(《吴越春秋》)

此类成语还有"敝帚千金"(曹丕《典论·论文》)、"成也萧何，败也萧何"(宋·洪迈《容斋随笔》)等。

大多源自口头俗语的成语难以确定出处，如"三心二意、七手八脚、说三道四、鸡毛蒜皮、有板有眼"等。

汉语中的大多数成语源自中国本土历史文化，也有一些成语另有来源，其中不少与佛经翻译、佛教文化有关，如"大千世界、在劫难逃、恒河沙数、现身说法、五体投地、衣钵相传、一尘不染"等；还有少数源自西方语言文化的成语，如"火中取栗、象牙之塔"等。

成语的历史长短不同，少数成语是现代汉语时期（主要是新中国成立以后）新造的成语，如"百花齐放、快马加鞭、求同存异、糖衣炮弹、文山会海、对号入座"等。

(三)成语的构造

成语的构造丰富多样，几乎所有的汉语词组结构类型在成语中都有反映。成语的基本构造类型有以下几种：

1. 联合型：日新月异　虎踞龙盘　天翻地覆　烟消云散　风平浪静
　　　　　深谋远虑　管窥蠡测　暴风骤雨　天涯海角　丰功伟绩
　　　　　披荆斩棘　耀武扬威　子丑寅卯　之乎者也

2. 偏正型：孜孜不倦　井井有条　侃侃而谈　恍然大悟　纸上谈兵
　　　　　巍然屹立　焕然一新　火中取栗　世外桃源　四面楚歌
　　　　　中流砥柱　龙马精神　前车之鉴　惊弓之鸟

3. 述宾型：包罗万象　暗送秋波　叱咤风云　蛊惑人心　颠倒黑白
　　　　　闪烁其词　沁人心脾　感人肺腑　忘乎所以　望其项背
　　　　　为所欲为　不知所措　出其不意　成人之美

4. 主谓型：名副其实　完璧归赵　狐假虎威　滥竽充数　胸有成竹
　　　　　风雨如晦　老骥伏枥　草木皆兵　毛遂自荐　天花乱坠
　　　　　心花怒放　叶公好龙　万籁俱寂　茅塞顿开

5. 述补型：毁于一旦　问道于盲　溢于言表　耿耿于怀　操之过急
　　　　　束之高阁　逍遥法外

6. 连动型：负荆请罪　走马观花　抛砖引玉　捉襟见肘　杀鸡取卵
　　　　　卸磨杀驴　见风使舵　临渊羡鱼　开门揖盗　投笔从戎
　　　　　披沙拣金　过河拆桥　望风披靡　取长补短

7. 递系型：请君入瓮　引人入胜　引狼入室　指鹿为马　望子成龙
　　　　　调虎离山　呼之欲出

8. 重叠型：兢兢业业　浑浑噩噩　战战兢兢　影影绰绰　卿卿我我
　　　　　唯唯诺诺　期期艾艾

成语的内部构造有不同的结构层次，成语的结构类型应以最大直接成分组合的结构关系来确定。例如"天翻地覆"中的"天翻"和"地覆"都是主谓结构，但"天翻"和"地覆"之间是联合关系。"负荆请罪"中的"负荆"和"请罪"都是述宾结构，但"负荆"和"请罪"的组合是连动关系。"风雨如晦"中的"风雨"和"如晦"分别为联合结构和述宾结构，但"风雨"和"如晦"之间是主谓关系。

成语的结构分析有不同的角度。很多成语从结构上可以划归某一类型，但从语义关系看，则往往是紧缩复句的形式。例如"曲高和寡"的结构类型可以划归为联合型，但从语义关系看，则是因果关系的紧缩复句；"得寸进尺"从结构上可以划归为连动型，但从语义关系看，则是递进关系的紧缩复句。尽管可以有不同角度的划分，但是结构分析对于成语意义的理解是重要的。例如"一衣带水"的结构，倘若受节律的影响而分析为主谓型，就会产生错误的意义理解。"一衣带水"出自《南史·陈后主纪》："我为百姓父母，岂可限一衣带水不拯之乎?""一衣带水"形容水面像一条衣带那样窄，内部组合层次是"一衣带＋水"，属于偏正结构。"成人之美"和"惊弓之鸟"看起来结构相似，其实完全不同。"成人之美"是述宾结构，意思是"成全人家的好事"；"惊弓之鸟"是偏正结构，意思是"被弓箭吓怕了的鸟（比喻受过惊恐见到一点动静就特别害怕的人）"。

（四）成语的表达作用

1. 言简意赅

成语是习用的成型词组，意义确定，为人们所共同理解，又有丰富的历史文化内涵，远比一般词语含义丰富，因而具有言简意赅的表达作用。例如"说是爱好某事物，其实并不爱好"这样一个包含让步、转折的复杂意思，用"叶公好龙"即可表达清楚；又如"夜不闭户"形容社会安定、秩序良好，"夜长梦多"比喻"时间拖长了，事情可能发生不利的变化"，"心宽体胖"形容"心情舒畅，身体健壮"，"溢于言表"表示"（感情）流露在言辞、神情上"，"千篇一律"比喻"事物只有一种形式，毫无变化"，都具有言语简明而意思完备的表达效果。

2. 形象生动

很多成语的意义是比喻性的，因此使用成语可以产生形象生动的表达效果。例如"眉飞色舞"形容"喜悦或得意"，"铜墙铁壁"比喻"十分坚固，不可摧毁的事物"，"胸有成竹"比喻"做事之前已有通盘的考虑"，"狗急跳墙"比喻"走投无路时不顾一切地行动"，"杯弓蛇影"比喻妄自惊慌，"画蛇添足"比喻做多余的事反而不恰当，"杯水车薪"比喻无济于事，"夜郎自大"比喻妄自尊大，都比用一般词语直接表达概念义来得生动、形象。

3. 流畅和谐

成语具有形式整齐、节律匀称的特点，用于构造语句，可以协调节奏，产生流畅和谐的表达效果。例如：

> 雾里看花，水中望月，
> 你能分辨这变幻莫测的世界？
> 涛走云飞，花开花谢，
> 你能把握这摇曳多姿的季节？（歌曲《雾里看花》）

这段歌词中有成语，也有和成语形式相应的四字格词组。这段歌词可以分为上下两段，上段中的成语"雾里看花"和结构对应的四字格词组"水中望月"构成形式对称、节奏整齐的两个短句，后续长句则与这两个短句形成了整散结合的节奏变化，长句中的成语"变幻莫测"也和其他词语构成了整散结合的节奏关系。下段歌词以四字格词组"涛走云飞，花开花谢、摇曳多姿"①为基础构造整散结合的句子，形成了与上段歌词相同的语句形式和节奏。因此，整段歌词不仅意象丰富，而且很有形式美，这就是整中有散，散中有整，节奏律动，流畅和谐。

---

① 这些词语都有成语的模样，但还不是成型的词组，即不具备习用性，辞书均未收录。

二、惯用语

惯用语是口语中短小成型的习用词组。惯用语的意义有比喻性，功能上惯用语常常作为语句中的构成成分，一般不能形成一个独立、完整的陈述性表达。

(一)惯用语的形式特点

惯用语形式上以三个音节以上的述宾词组为主，[①] 也包括其他结构形式的短小成型的习用词组，例如：

唱高调 唱反调 唱双簧 唱红脸 唱白脸 吃老本 吃错药(比喻说话办事有违常理) 吃小灶(比喻受到特殊照顾) 触霉头 穿小鞋 闯红灯(比喻超越规则办事) 打圆场 戴高帽 打算盘 放空炮 和稀泥 开倒车 开绿灯(比喻准许做某事) 敲边鼓 亮红牌(比喻取消资格或勒令停止) 亮黄牌(比喻提出警告) 磨洋工 拍马屁 碰钉子 泼冷水 耍把戏 抬轿子 拖后腿 挖墙脚 走过场 走后门 唱对台戏 唱空城计 吃闭门羹 吃大锅饭 吃定心丸 吃哑巴亏 打马虎眼 打退堂鼓 捅马蜂窝 卖狗皮膏药 睁一只眼闭一只眼 不管三七二十一 八竿子打不着 狗咬狗[②]

惯用语是口语中短小成型的习用词组，所谓成型，是指惯用语的结构确定，基本词语的搭配固定。在应用中，述宾结构的惯用语可以有扩展形式。例如：

穿小鞋——穿了一双不大不小的小鞋

碰钉子——碰了一个软钉子

泼冷水——泼点冷水

开倒车——开历史倒车

磨洋工——磨了三天的洋工

无论怎样扩展，惯用语中体现基本搭配的词语一般都要共现。

在惯用语的语序变化形式或其他的变化形式中，体现基本搭配的词语一般需要共现。例如：

这双小鞋穿了三年了。

这个钉子碰得他好不沮丧。

冷水你还是少泼点。

历史倒车开不得。

磨洋工磨了三天。

但是，并非语言中三个音节以上的短小成型的习用词组就是惯用语。惯用语有

---

① 有一种看法，把"半瓶醋、地头蛇、护身符、老油条、落汤鸡、铁公鸡、土皇帝"之类看作惯用语。实际上这类语段归为有转指义的复合词为宜。

② 这些习用的成型词组一般只是作为句子的一部分，例如："对这样的事，他总是睁一只眼闭一只眼。""他常常不管三七二十一地训斥别人。""这是八竿子打不着的事。""军阀混战，狗咬狗地打个不停。"

自己的意义特点。

(二)惯用语的意义特点

惯用语的意义不是字面上显示的意义,而是在字面意义基础上产生的整体性意义。例如:"高调"喻指不切实际的漂亮话,"唱高调"比喻"说不切实际的漂亮话";"反调"喻指"相反的主张、相反的行动","唱反调"比喻"提出相反的主张,采取相反的行动";"对台戏"喻指"与对方相反的行动","唱对台戏"比喻采取与对方相反的行动来与对方竞争或反对、搞垮对方;"睁一只眼闭一只眼"比喻看见了装作没看见,知道了装作不知道;"不管三七二十一"比喻"不顾一切,不问是非情由";"八竿子打不着"比喻两者之间关系疏远或毫无关联;"狗咬狗"比喻坏人之间互相倾轧、争斗。

惯用语的基础是一个一般词组。因此惯用语与惯用语借以形成的一般词组之间往往形成同形异义的两个词组。例如:

打算盘:①用算盘计算。②比喻合计、盘算。

打游击:①从事游击活动。②比喻从事没有固定地点的工作或场所。

唱主角:①在影视、戏剧戏曲节目中扮演主要角色。②比喻担负主要任务或在某方面起主导作用。

基本意义、字面意义上的词组(如上例中的义项①)是一般词组,有比喻义的词组(如上例中的义项②)是惯用语。

(三)惯用语的表达作用

惯用语因其具有习用性(即所谓"惯用")和特定的比喻义而具有言简意赅的表达作用和形象色彩、通俗性。惯用语具有较强的口语色彩,在交际中因其具有习用性可以信手拈来,造成生动形象、通俗易懂的表达效果。例如"磨洋工"的意思是"工作时拖延时间",或"工作懒散拖沓",如用一般话语表达,不仅直白、费事,而且不一定说得清楚,但短短的一个"磨洋工"即可形象生动、经济有效地表达清楚。

三、歇后语

歇后语是口语中诙谐而形象的现成语句,形式上分为两部分,使用时常常把后一部分省去,所以叫歇后语。

构成歇后语的前后两部分是一个意思的两种不同表达,前一部分是一个比喻,后一部分是一个推理、判断、评议,对前一部分的比喻加以解释。后一部分是歇后语的本意所在。

根据后一部分的特点,歇后语分为喻意歇后语和谐音歇后语。

(一)喻意歇后语

喻意歇后语的前一部分是个比喻,后一部分加以解释,指出本意。例如:

大水冲了龙王庙——自家人不识自家人。 茶壶煮饺子——肚里有,嘴里倒不出。

隔着门缝瞧人——把人看扁了。 千里送鹅毛——礼轻情谊重。

热锅上的蚂蚁——走投无路。 黄鼠狼给鸡拜年——没安好心。

擀面杖吹火——一窍不通。 泥菩萨过江——自身难保。

肉包子打狗——有去无回。 八仙过海——各显神通。

狗拿耗子——多管闲事。 蚂蚁撼树——不自量力。

飞蛾扑火——自取灭亡。 瓮中捉鳖——十拿九稳。

铁公鸡——一毛不拔。 骑驴看唱本——走着瞧。

石板上钉钉子——硬碰硬。 芝麻开花——节节高。

兔子尾巴——长不了。 猫哭老鼠——假慈悲。

竹篮打水——一场空。

(二)谐音歇后语

谐音歇后语的前一部分是个比喻，后一部分利用谐音双关的词语构成言在此而意在彼的形式，表明本意。例如：

卖布不带尺子——存心不量(良)。 小葱拌豆腐——一青(清)二白。

上鞋不使锥子——针(真)好。 纸糊的琵琶——弹(谈)不得。

四两棉花——弹(谈)不上。 老虎拉碾子——谁赶(敢)。

梁山的军师——吴(无)用。 外甥打灯笼——照舅(旧)。

产房传喜讯——生(升)了。 腊月里的萝卜——冻(动)了心。

刚开采的石油——欠炼(练)。

(三)歇后语的表达作用

歇后语是一种生动、形象的表达手段。歇后语前后两部分之间犹如谜面和谜底的关系。歇后语的前一部分提出一种比喻，曲折、形象地对要表达的本意加以暗示，启发听话人的想象和理解；后一部分指出本意所在，犹如揭开谜底。

歇后语前一部分所用比喻多为人们所熟知的各种对象(包括常见事物、现象、行为、历史故事、成语等)，说话人借助于前一部分的比喻往往即可婉转、曲折地表达自己的本意，因此歇后语经常省略后一部分，避免直白，从而收到生动、含蓄的表达效果。

对于听话人来说，歇后语前一部分所用比喻可以引起联想、推理、判断，即使说话人省略了或尚未说出后一部分的解释，听话人也往往可以心领神会地理解；如果不能理解，说话人说出的后一部分解释则会产生出人意料的效果，使得听话人有恍然大悟之感。

因此，歇后语是一种具有独特魅力、独特效果的语言表达形式。

四、谚语

谚语是流传开来的现成语句。谚语的内容是对自然或社会生活规律的概括总结，或是对客观对象性质、特点的描述，或是对事理的概括性解说。谚语的内容特点决定了谚语具有独立的陈述性表达功能。

(一)谚语的特点

1. 谚语的形式特点

谚语在形式上或是一个单句,或是一个复句。例如:

甘蔗没有两头甜。(单句)

饮水不忘挖井人。(单句)

看菜吃饭,量体裁衣。(联合复句)

众人拾柴火焰高。(紧缩复句)

谚语可以独用,在表达中,也常以"俗话说、老话说、常言说"或"古话说、古语云"之类的形式起句引出谚语。

2. 谚语的风格特点

谚语是流传开来的现成语句,大都有较强的白话色彩,所用词语通俗易懂。但也有少数通过书面流传至今的古谚,有文言色彩,如"流水不腐,户枢不蠹","一言既出,驷马难追","物以类聚,人以群分","千里之堤,溃于蚁穴","近朱者赤,近墨者黑"等。

3. 谚语的意义特点

(1)总结生产、生活经验,表达深刻的哲理。例如:

谷雨种甘蔗,立夏栽棉花。(说明农时农事)

下雪不冷化雪冷。(对雪天气温差别的说明)

小洞不补,大洞吃苦。(比喻小事不注意,就会出大问题)

种瓜得瓜,种豆得豆。(比喻做了什么样的事,就有什么样的结果)

(2)说明山川地理、风土人情特点。例如:

早穿皮袄午穿纱,围着火炉吃西瓜。(对新疆沙漠地区气温特点的形象说明)

南人吃米,北人吃面。(对我国南北方主食特点的概括)

(3)表达某一含义。例如:

这山望着那山高。(比喻不满意自己的环境、工作,老觉得别的环境、别的工作好)

雷声大,雨点小。(比喻话说得很有气势或计划订得很大而实际行动却很少)

来得早不如来得巧。(比喻行动赶巧)

(二)谚语的类型

谚语可以根据不同的标准进行分类,例如按时间分,可以分为古谚、今谚、唐谚、宋谚等;按地域分,可以分为鲁谚、苏谚、徽谚、浙谚、闽谚、粤谚、川谚、晋谚、陕谚等;按内容分类,谚语主要类型有农谚、气象谚、讽诫谚、风土谚、生活知识谚等,例如:

农　谚:桃三杏四梨五年,无儿莫种白果园。

　　　　夏至不栽,东倒西歪。

　　　　沙土掺泥,好得出奇。

枣树发芽种芝麻。

谷雨种甘蔗，立夏栽棉花。

谷雨前后，种瓜点豆。

人误地一时，地误人一年。

头伏萝卜二伏菜。

气象谚：朝霞不出门，晚霞行千里。

天上有了钩钩云，三五日里雨淋淋。

一场秋雨一场凉。

下雪不冷化雪冷。

霜后暖，雪后寒；风后暖，雨后寒。

讽诫谚：吃人的嘴软，拿人的手短。

一日被蛇咬，三年怕草绳。

牛不知角弯，马不知脸长。

犯胃不吃，犯法不做。

不怕不识货，就怕货比货。

自在不成人，成人不自在。

只要功夫深，铁棒磨成针。

种瓜得瓜，种豆得豆。

为人不做亏心事，半夜敲门心不惊。

小洞不补，大洞吃苦。

毛毛细雨湿衣裳。

活到老，学到老。

三百六十行，行行出状元。

水往低处流，人往高处走。

饮水不忘挖井人。

众人拾柴火焰高。

风土谚：一方水土养一方人。

百里不同俗，十里改规矩。

南人吃米，北人吃面。

南甜北咸，东辣西酸。

迎客饺子送客面。

东北有三宝，人参、貂皮、乌拉草。

浏阳有三宝，火药、豆豉、红辣椒。

吐鲁番的葡萄哈密的瓜，库车的羊羔一枝花。

棒打狍子瓢舀鱼，野鸡飞到饭锅里。

南方的才子北方的将，陕西的黄土埋皇上。

桂林山水甲天下。

　　　　五岳归来不看山，黄山归来不看岳。

　　生活知识谚：开水不响，响水不开。

　　　　病来如山倒，病去如抽丝。

　　　　看菜吃饭，量体裁衣。

　　　　伤筋动骨一百天。

　　　　牙不剔不稀，耳不挖不聋。

　　　　坐北朝南，冬暖夏凉。

　　　　冬吃萝卜夏吃姜，不劳医生开药方。

　　　　病从口入，寒从脚起。

　　以上分类只是大致的划分。有的谚语兼属两类，如：

　　　　人要实心，火要空心。

"人要实心"说的是做人的道理，"火要空心"说的是生活知识。

　　　　病从口入，祸从口出。

"病从口入"说的是生活知识，"祸从口出"告诫人们言语要谨慎。

　　有的谚语，从字面意义看，属于某一类，但从比喻义看，属于另一类。如"种瓜得瓜，种豆得豆"表面上说的是农事，实际上喻指因果关系的事理；"小洞不补，大洞吃苦"，"毛毛细雨湿衣裳"表面上说的是生活知识，实际上多用以比喻小事不注意，就会出大问题。

（三）谚语的表达作用

　　谚语的含义深刻而丰富，与成语一样，具有言简意赅的特点。谚语表达的内容为一般规律，或是对客观对象的性质、特点的概括总结，或是对事理的形象解说，因此表述的独立性更强。例如与成语"防微杜渐"表意相似的谚语是"毛毛细雨湿衣裳"，"小洞不补，大洞吃苦"等，比较起来，谚语在表达上更有独立性。

　　谚语的表意形象生动，通俗易懂。例如以"众人拾柴火焰高"比喻人多力量大，比直白说理来得形象、生动；用"种瓜得瓜，种豆得豆"比喻因果关系，显得通俗易懂；用"活到老，学到老"比喻学无止境，明白流畅，活泼上口。

练习六

一、如何理解成语意义具有整体性的特点？

二、如何理解成语结构具有凝固性的特点？

三、试谈对惯用语性质、范围的看法。

四、试拟一个歇后语。

五、试析自己家乡谚语的结构和意义特点。

第七节　字典和词典

一、字典、词典概说

(一)字典

"字"既是书写符号的概念(文字),也是汉语传统语文学概念。字典通常是指汉语字典。字典以字为收集对象,主要功用是为了查字。因此字典以字为单位,按一定方式排列,注明读音、意义和用法。从汉字和语言单位的关系来看,大多数单字都记录了音义结合的语言单位,但也有少数单字只有形、音,没有独立的意义,如"玻、逶、窈"等,因此字典只注释包含"玻、逶、窈"等字的"玻璃、逶迤、窈窕"的意义,不单独解释"玻、逶、窈"的意义,同时在"璃、迤、窕"字条目注明见"玻璃、逶迤、窈窕"。此外,有的单字记录的语言单位,既不能独立成词,也缺乏结合能力,其意义难以独立解释,因此,要结合其所参与构成的词的意义来解释。如"椭圆"的"椭"难以单独解释意义,只能通过解释"椭圆"的意义来释义。因此,汉语字典虽然以字为收录、释义对象,但从释义对象看,实际上是汉语语素。语文词典也借助字来编排条目,但是除了从语素的角度对字进行解释以外,主要是汇集语词并解释读音、意义、用法。

汉语字典的编纂历史悠久,历史上的著名字典有东汉许慎的《说文解字》、明代梅膺祚的《字汇》、清代的《康熙字典》以及 1915 年出版的《中华大字典》等。新中国成立以后出版了《新华字典》。迄今为止最大规模的汉语字典是 1986 年开始分册出版、至 1990 年出齐的《汉语大字典》。

(二)词典

词典(又作辞典),是汇集词语、按某种方式排列并加以解释以供查阅的工具书,主要分为两类,一是百科辞典,一是语文词典。百科辞典与语文词典的区别在于前者主要"释物",后者主要"释名"。

1. 百科辞典

百科辞典分为综合性百科辞典和专科性百科辞典。

综合性百科辞典也叫百科全书。综合性百科辞典详尽收录、解释各学科、各方面的名词术语。我国明代永乐年间编纂的《永乐大典》(1403—1409)被认为是世界上第一部综合性百科辞典。《中国大百科全书》从 1978 年开始编纂,1980 年开始出版,1993 年全部出齐。国外最著名的综合性百科辞典是英国大百科全书(1768 年创编)和苏联大百科全书(1925 年开始出版)。

专科性百科辞典也叫学科百科辞典。这种辞典汇集某一或几个相关学科的名词术语以供研究、学习的查考,或作为一般读者了解有关知识的工具书。如《哲学大词典》《宗教词典》《地质词典》《化工词典》《中国名胜词典》等。

2. 语文词典

语文词典是解释说明语言词语的词典，是学习、研究语文的工具书。语文词典说明词语（包括单音节的和多音节的）的读音、书写形式、意义、用法等。语文词典分为单语词典和多语词典。单语词典是解释一种语言词语的词典，如《汉语大词典》《现代汉语词典》等。多语词典以双语词典最常见。双语词典又称对译词典，是以一种语言解释另一种语言的词典，如《新英汉词典》《新日汉词典》《俄汉大词典》等。

单语词典的类型主要有：

共时语言词典。主要收录各断代语言的词语，如《现代汉语词典》《唐五代语言词典》《宋语言词典》《元语言词典》等。

历史词典。源流并重，汇集古今语词，如《汉语大词典》。

词源词典。主要收录古汉语语词，结合书证说明词源，如《辞源》。

方言词典。主要收录方言词语，如《现代汉语方言大词典》（江苏教育出版社，1998）、《汉语方言大词典》（中华书局，1999）。

外来语词典。收录外来词语，如《汉语外来词词典》（上海辞书出版社，1984）、《汉语外来语词典》（商务印书馆，1990）等。

此外，还有各种熟语词典（收录成语、惯用语、歇后语、谚语等）、同义词词典、反义词词典、虚词词典、专书语言词典、新词新语词典、用法词典（例如《动词用法词典》《形容词用法词典》）、逆序词典、频率词典等各种分类词典。

二、常见字典、词典简介

(一)《新华字典》

1953 年 10 月由人民教育出版社初版，后经多次修订再版。该字典是新中国成立后第一部按汉语拼音方案音序排列编纂的字典。2011 年商务印书馆所出第 11 版《新华字典》，收单字 13000 多个（包括繁体字、异体字），带注解的词语 3300 多个。用汉语拼音字母注音，附带注音字母注音。该字典简明实用，字形、注音规范，释义通俗，查检方便，出版以来深受读者欢迎，尤其是中小学生把它作为学习语文的必备工具书。

(二)《汉语大字典》

《汉语大字典》共 8 卷，由四川辞书出版社、湖北辞书出版社出版，1986 年开始分册出书，1990 年出齐。2010 年出第 2 版（四川出版集团四川辞书出版社、湖北长江出版集团崇文书局共同出版），收字 6 万余个，汇集古今，说明音形义；在楷书单字条目下，还收录了能够反映形体演变关系的有代表性的甲骨文、金文、小篆和隶书形体，并简要说明结构演变。该字典是迄今为止规模最大的汉语字典，古今书刊中出现的汉字，一般都能从该字典查出。

(三)《现代汉语词典》

《现代汉语词典》由中国社会科学院语言研究所词典编辑室 1958 年开始编纂，商务印书馆1978年初版，后经多次修订再版，2005年出第5版。这是一部以记录普通话词汇为主的中型词典，是为推广普通话、促进汉语规范化服务的。第5版所收条目，包括字、词、词组、熟语等，约65000条；除一般词语外，还收录了常见的方言词语、古语词、专业术语等，基本上反映了目前现代汉语词汇的面貌。该词典采用音序编排法，释义以现代口语解说，细致好懂；注音准确，查检方便。第5版的修订重点，一是增加新词新义，删减一些陈旧的而且较少使用的词语或词义；二是在区分词与非词的基础上给词标注词性。

(四)《汉语大词典》

《汉语大词典》正文12卷，另有检索表和附录1卷。1975年开始编纂，汉语大词典出版社1986年出版第1卷，至1994年《附录·索引》出版，全书出齐。共收词语375000余条，是一部汇集古今汉语语词、迄今为止规模最大的汉语语文词典。该词典所收单字以有文献例证者为限，单字除注今音外，加注《广韵》反切。收词古今兼顾，源流并重，只收一般语词，兼收进入一般语词范围的专科词。所收条目力求义项完备、释义确切。

(五)《辞源》

《辞源》于1908年(清光绪三十四年)开始编纂，1915年出版，1958年开始修订，新版由商务印书馆于1983年出齐。这是一部大型古汉语词典，共收12890个单字，复词84134条，共计97024条。主要收录语词，兼及百科；结合书证，重在说明词的最早意义和词义的历史发展；除注今音外，加注《广韵》反切。该辞典收词一般止于鸦片战争(1840年)，是阅读古籍用的工具书和文史研究的参考书。

(六)《辞海》

《辞海》最初刊行于1936年，1957年开始修订；上海辞书出版社1979年出版三卷本，2009年出第6版。第6版正文分4卷，共收词目127200余条，图片16000余幅，是一部语文兼百科的大型综合性辞典。

(七)《四角号码新词典》

《四角号码新词典》1950年由商务印书馆编辑出版，1982年出修订第9版。该词典以语词为主，兼收百科，共收单字10600多个，复音词和成语20400多条。字头按四角号码顺序排列，词义解释通俗易懂，可供中等文化程度的读者使用。

(八)其他

《中国成语大辞典》(上海辞书出版社，2007)收录成语18000余条。《汉语成语大词典》(中华书局，2002)收录成语17000余条。《新华成语词典》(商务印书馆，2002)收录常用成语8000余条。《新华谚语词典》(商务印书馆，2005)收录常用谚语约5000条。《新华惯用语词典》(商务印书馆，2007)收录常用惯用语约4500条。《新华歇后语词典》(商务印书馆，2008)收录常用歇后语约4000条。

三、检字法

（一）部首检字法

部首检字法是按照汉字的部首编排查检汉字的方法。部首是字典、词典中每一部类的首字。东汉许慎《说文解字》首创"部首法"，把汉字归为540部编排成书。明代梅膺祚《字汇》把部首合并为214部。《新华字典》（第10版）和《现代汉语词典》（第5版）采用201部编排，《汉语大字典》《汉语大词典》采用200部编排。采用部首检字法查检时先查部首目录，按部首所在页码查该字，再据该字所在页码查词典正文。用部首检字法查检的不便之处是有时对有的字的部首难以确定。

（二）笔画检字法

笔画检字法是以笔画数的多少及起笔的类型为序来编排检字的方法，也叫笔画笔形检字法。笔画少的排在前，笔画多的排在后，笔画数相同的排在一起，再按起笔的类型（一般按点、横、竖、撇的顺序）编排。部首检字法的部首排列以及同一部首下面字的排列一般也以笔画数及笔形为序。按部首编排的字典、词典一般附有部首难以确定的"难字表"，"难字表"也是按笔画编排的。笔画检字法简单方便，易于学习掌握，只是有时对笔画繁难的字计起笔画数来比较费时费事。

（三）号码检字法

号码检字法是把汉字笔形编成号码排列检字的方法。最常见的是四角号码检字法，即根据方块汉字四角的不同笔形，用四个数字作为代码，按左上、右上、左下、右下的顺序将四个数字列出，再按代号指示去查寻正文的字词。《四角号码新词典》采用的就是这种检字法。一般词典也往往附有四角号码查字表。用四角号码检字法检字比较快，但由于汉字结构复杂，有的字笔形号码不易确定，查检起来也就有一定的困难。

（四）音序检字法

音序检字法是按汉字的音序来编排检字的方法。以往有按注音字母次序编排检字的，还有按韵排列的（同韵的字再按声母顺序排列）。现在的字典、词典大多是按《汉语拼音方案》"字母表"中字母的顺序编排查检，依照声母次序排列，声母相同的字则按韵母的音序排列。如果知道字的普通话读音，查检方便，速度很快；但如果不知道字的读音，则无法用这一方法查检；如果方音很重，或不熟悉字的普通话音序，查检就有困难。

上述四种常用检字法各有长短。现在的字典、词典一般都有两种以上的检字法索引，可以互相补充，方便查检。

练习七

一、举例说明字典与词典的不同。

二、说明百科辞典、语文词典的特点。

三、举例说明部首检字法、笔画检字法、音序检字法的难易。

第四章 语 法

第一节 要学点儿语法

一、语法是什么

语法是什么？语法是语言中组词造句的规则。

我们说话是要遵守一定的规则的，只是因为我们从小就学会了说话，现在说起话来脱口而出，不觉得罢了。我们在交际过程中，说话双方，实际上都是按一定的说话规则在说，在表达自己的意思；按一定的说话规则在听，在了解对方所说的话。如果有人不按说话规则说话，别人就听不懂。譬如说，"买一个面包""面包买一个"这两种说法，凡汉族人都会领会说的是什么意思，因为这两种说法都是符合汉族人说话规则的；可是，如果有人说"＊一买面包个""＊个面包买一"，就让人不知所云了，因为这两种说法都不符合汉族人的说话规则。再如：

[1]妹妹不吃白菜。

[2]白菜妹妹不吃。

[3]＊不白菜妹妹吃。

[4]＊白菜不妹妹吃。

上面所举的四个例子里，都包含"妹妹""不""吃""白菜"这四个成分。但是说汉语的人都会感到，前两句能说，后两句不能说。这是为什么呢？这是因为例[1]和例[2]是按照汉族人的说话规则组织起来的；而例[3]和例[4]是胡乱拼凑起来的，根本不合汉族人的说话规则，所以不成话。例[1]和例[2]虽然能说，而且包含的成分也相同，但意思有细微的差别。这又为什么呢？这是因为它们各自所依据的具体的说话规则不一样。可见说话是有规则的。我们学习研究语法就是要学习、研究这种说话规则。

我们说话所要遵守的规则，其实不只是语法规则，还有语音规则、语义规则等。譬如说，例[1]"妹妹不吃白菜"，如果把其中的"不(bù)"去声说成了上声"(bǔ)"，就违背了普通话的语音规则，人家就会以为你说的是"妹妹补吃白菜"的意思；如果把上面这句话里的"吃"说成了"喝"，这就违背了语义规则，因为在汉族人的心目中白菜是不能喝的。

语法不是一般的说话规则，语法是语言中组词造句的规则。这包含两层意思：第一层意思，语法是语言的一种规则；第二层意思，语法专指语言中组词造句的规则。我们知道，人们说话总是一句一句说的，而句子都是由词按一定的规则组合成的，而词又是由更小的单位组成的。研究语法主要就是研究怎么组词，组词需要遵循什么样的规则；怎么造句，造句需要遵循什么样的规则。因此科学一点儿说，语法是语言中组词造句的规则。

就汉语来说，研究、学习句子的构造规则，要比研究、学习词的构造规则重要得多。从实用的角度说，学习汉语语法，主要是学习汉语的造句法。因此，"语法"这一章主要讲现代汉语造句法。

普通话是现代汉语的规范语言。本书所描写的语法是普通话的语法。

二、为什么要学点儿语法

有人可能会说，语法有什么好学的，我从来没有学过语法，不也照样说话、写文章吗？这话对不对呢？也对，也不对。说它"也对"，是因为这话部分地符合事实；说它"也不对"，是因为说这个话的人忽视了人们自觉认识、掌握并运用客观规律的重要性。

学一点儿语法知识，自觉掌握语法规则，可以更好地用以指导我们的语言实践，特别是对我们的书面写作有帮助。不仅可以帮助我们把话写得通顺，而且可以帮助我们把意思表达得更清楚、更准确些，使文章语言更富于表现力。大家都很熟悉鲁迅的短篇小说《祝福》，其中有这么一段话：

[1] 这一回她的变化非常大，第二天，不但眼睛窈陷下去，连精神也更不济了。而且很胆怯，不独怕暗夜，怕黑影，即使看见人，虽是自己的主人，也总惴惴的，有如在白天出穴游行的小鼠；否则呆坐着，直是一个木偶人。不半年，头发也花白起来了，记性尤其坏，甚而至于常常忘却了去淘米。（鲁迅《祝福》）

鲁迅先生这一段话是描写祥林嫂的急剧变化的。祥林嫂原是一个勤劳、质朴、能干、大胆的劳动妇女，她对生活充满了希望，但是在那吃人的封建社会里，在封建礼教这个精神枷锁的束缚下，她的希望受到了一次又一次的打击。她在土地庙捐门槛这一争取生存的最后努力被鲁四奶奶"你放着罢，祥林嫂"一声禁令宣布了无效之后，她的最后一线希望也破灭了，这对她来说，是个多么沉重而致命的打击啊！当时，她就"脸色变作灰黑"，只是失神地站着。这一回她发生了急剧的变化。上面所引的那段话正是鲁迅先生具体刻画描绘祥林嫂的这一变化的。值得我们注意的是，在这段话里鲁迅先生一连用了好些个关联词语："不但……连……也……而且……不独……即使……虽……也……否则……也……尤其……甚而至于……"为什么要用那么多关联词语呢？大家知道，关联词语的作用在于显示句与句之间的逻辑联系，恰当地运用关联词语可以使句子脉络清楚，增强逻辑力量。一般来说，在论说文里关联词语用得较多，平时讲话和文艺小说中很少用关联词语。譬如，公司某人向经理报告某人没来上班，一般都说："×××今天病了，不能来上班了。"而不会说："×××今天因为病了，所以不能来上班了。"在文艺作品中，关联词语用多了，动不动就来个"因为""所以""虽然""但是"，这不仅会使语句显得啰嗦，而且会使话语不生动，不活泼。鲁迅先生则反其道而行之，在这不长的三句话里，故意一连用了十几个关联词语。这样，不仅层次分明地描绘出了祥林嫂在封建制度和封建礼教的打击下的急剧变化，而且渲染了一种气氛，对于刻画祥林嫂越来越衰老、胆怯、呆板、麻木的神态，收到了独特的表达效果。这里足见鲁迅先生语文修养之高，在用词造句上真是达到了炉火纯青的地步。

我们在平时说话、写文章中，应尽量避免出现语病。如果我们写的文章句子毛病很多，往往就不能把意思表达清楚。例如：

[2]＊河北保定有位老工人，虽然已年过半百，坚持收听广播英语，然而两年下来，不但还不能会话，而且也不能自由地阅读，但可以看些外文资料了。

这是《广播电视外语讲座好》稿中的一段话，这段话啰嗦，不通畅，意思表达得含混不清。作者举出保定那位老工人收听广播英语的例子，当然是想说明广播英语讲座好，但是这个意思没有表达好。开头三个分句（"河北……，……，……英语"）作者还是按照这个意思说的，可是接着的三个分句（"然而……，不但……，而且……阅读"）似乎意在否定广播英语的效果，而最后一个分句又似乎意在肯定。这段话最主要的毛病就在于不恰当地使用了许多关联词语。下面是修改的文字：

[3]河北保定有位老工人，已年过半百，坚持收听广播英语，两年下来，虽然还不能会话，但可以看些外文资料了。

修改后无疑要明快流畅多了（"不能自由地阅读"这个意思已包含在后面两个分句里了，不必说出来）。再举个例子：

[4]＊通过调查和多方面取证，黑幕终于被揭开了，那是黑手党干的事，出面组织和收买凶手的是黑手党的一个头面人物的亲弟弟胡尔逊及其死党加尼略、克里斯、霍克迈以及一个叫 B. L. P. 的组织，也都参加了这起暗杀事件。

"出面组织和收买凶手的"到底是谁？又到底是谁"也都参加了这起暗杀事件"？这都不清楚。如果说，出面组织和收买凶手的只是胡尔逊，那么应将"及其"中的"及"改为逗号，句子改为：

[5]通过调查和多方面取证，黑幕终于被揭开了，那是黑手党干的事，出面组织和收买凶手的是黑手党的一个头面人物的亲弟弟胡尔逊，其死党加尼略、克里斯、霍克迈以及一个叫 B. L. P. 的组织，也都参加了这起暗杀事件。

如果说，出面组织和收买凶手的是胡尔逊及其死党加尼略、克里斯、霍克迈，那么应将"以及"改为逗号，把"一个叫 B. L. P. 的组织"后面的逗号删去，并把"也都……"里的"都"删去，句子改为：

[6]通过调查和多方面取证，黑幕终于被揭开了，那是黑手党干的事，出面组织和收买凶手的是黑手党的一个头面人物的亲弟弟胡尔逊及其死党加尼略、克里斯、霍克迈，一个叫 B. L. P. 的组织也参加了这起暗杀事件。

语言表达上有毛病，不仅会使文章意思含糊不清，有时甚至还会造成政治性错误。例如1974年4月2日《文汇报》有一条横贯一版的副标题：

[7]＊我国党政领导人周恩来、叶剑英、陈锡联、吴德、苏振华和西哈努克亲

王、宾努首相等以及首都群众到机场欢迎。

同一天的《人民日报》用的是这样两行字的标题：

> [8]我国党、政领导人周恩来、叶剑英、陈锡联、吴德、苏振华到机场欢迎
>
> 西哈努克亲王、宾努首相和夫人等也到机场欢迎。

两个标题一比较，前者的毛病就看得很清楚了。按前一个标题，柬埔寨的西哈努克亲王、宾努首相也成了"我国党政领导人"了。这不就大错特错了吗！这种错误会造成不良的政治影响。可见，语言表达问题，绝不是无关紧要的小问题。

有的语病，并不会造成政治性错误，也不一定会影响读者对文章内容的理解，但是有损祖国语言的纯洁和健康，也是不能容许的。例如：

> [9]＊在这次抗洪斗争中，人们传说着许多子弟兵奋不顾身，英勇抢救落水群众的动人事迹。
>
> [10]＊为什么对于这样浪费人才的现象，至今没有引起有些部门、有关单位的重视呢？

例[9]不能说"传说……事迹"，应将"传说"改为"传诵"。例[10]什么东西"没有引起有些部门、有关单位的重视"？当然是指"浪费人才的现象"，但是由于在"这样浪费人才的现象"之前，已安上了个"对于"，这就使它失去了作主语的资格，造成主语残缺的语法错误。比较好的改法是，删去"对于"，让"这样浪费人才的现象"作主语。

近年来语言污染比较严重，不仅在学生作文中，而且在我们的报刊、书籍、影视屏幕上，在广播中，都普遍存在着语句不顺、文理不通的现象。要改变这一状况，一方面要加强"正确使用祖国语言"的宣传教育，以引起各方面，特别是宣传教育部门的注意；另一方面要普遍加强语文学习，其中包括语法知识的学习，以提高语文修养，从而使语言这个交际工具更好地为我们交流思想服务。

三、语法单位——语素、词、词组、句子

学习语法，必须了解语法单位。什么叫"语法单位"呢？

语法是语言中组词造句的规则。语言中存在着大小不等的语言成分。为了语法研究的需要，我们有必要根据大小不等的语言成分的不同性质，设立若干单位。语法研究中所使用的单位就叫"语法单位"。我们学习语法，就需要知道这些语法单位。

一般把语法单位分为四种：语素、词、词组、句子。下面分别介绍。

(一)语素

语素是最小的语法单位，是语言中最小的音义结合体。例如上面提到过的"妹妹不吃白菜"这句话里就包含"妹""妹""不""吃""白""菜"这六个语素，每个语素都既有声音，又有意义。语素的特点是不能再被分割为更小的音义结合体，例如语素"妹"如果单纯从语音上说，还可以分析为更小的单位（可分析为一个去声声调，一个声母 m 和一个韵母 ei）；单纯从意义上看，可以分解为若干语义要素（可以分析为指事物，指生物，指动物，特别是指人，女性，同辈中岁数小于自己，等等）；但是，从音义

结合的角度说，它不能再被分割为更小的单位了，所以"妹"是汉语中的一个语素。汉语中的语素绝大部分是单音节的，也有少数是双音节或多音节的，例如"葡萄、咖啡、巧克力、奥林匹克……"这些大多是外来音译语素。

词汇领域里的语素可以是多义的，但语法领域里的语素都是单义的。例如"欢"有三个义项："①快乐；高兴：欢喜｜欢呼。②指所喜爱的人（多指情人）：新欢。③起劲；活跃：文娱活动搞得很欢。"（《现代汉语词典》第5版）从词汇的角度看，将"欢"分析为一个语素，它有三个义项；从语法的角度看，将"欢"分析为三个不同的语素。

语素的功用是构成词，它是词的建筑材料。

（二）词

在前面第三章第一节"词和词汇"中，曾经指出：**"词是有意义的能独立运用的最小的语言单位。"**这是从词汇的角度说的。从语法的角度说，词是比语素高一级的语法单位，是语言中最小的能独立运用的语法单位。

词都是由语素构成的。在"词汇"那一章中已经说过，汉语中有的词是由一个语素构成的，这种词我们称为"单纯词"；有的词是由两个或两个以上的语素构成的，这种词我们称为"合成词"。

一个"妹"字似乎也能表示妹妹的意思，那为什么"妹妹"才是一个词呢？要知道，不是能表示一个意思的字就是一个词，还得看它能不能独立运用。譬如说，我们从不说"＊妹不吃白菜""＊我有一个妹""＊妹很漂亮""＊我喜欢妹"等。这说明"妹"虽然是有意义的，但是在现代汉语里它不能独立运用，由"妹"字重叠以后合成的"妹妹"才能独立运用。所以"妹妹"是一个词，"妹"不是词，只是一个语素，它只是词的建筑材料。"白"和"菜"都能独立运用，可以是词，例如"这张纸很白"，"妈妈买了许多菜"。可是以汉语为母语的人会觉得"白菜"是一个词，不是两个词。这是为什么呢？那是因为"白菜"中的"白"和"菜"结合得很紧，不容随意拆开，而且"白菜"的意义也不等于"白"和"菜"这两个字意义的简单相加。再说，"白菜"不能说成"＊白的菜"，在意思上也不等于"白的菜"，所以"白菜"是一个词。"不吃"也连在一起用，大家都会认为那是两个词，不是一个词。这又为什么呢？那是因为一则"不"和"吃"都有意义，而且都能独立运用，如"不吃""不说""不去""不想"等（"不"独立运用），"吃白菜""吃苹果""吃巧克力""吃面包""吃得很饱"等（"吃"独立运用）；二则"不"和"吃"结合得不紧，可以拆开，如"不怎么吃""不常吃""不天天吃""不多吃"等。可见，"不吃"还能分解为更小的有意义的能独立运用的单位，所以"不吃"不是词，"不"和"吃"分别是词。总之，词是语言里最小的有意义的能独立运用的语言成分。它是造句的单位，是句子的建筑材料。

（三）词组

词组是词和词按一定句法规则组合成的比词大的语法单位。通常我们说，句子是由词造成的，其实如果一个句子不止包含两个词，譬如说包含四个词，那么，这四个词一般不是直接组成句子的，而是先构成词组，然后形成句子。如上面所举的"妹妹不吃白菜"这个句子，是由"妹妹"和词组"不吃白菜"组成的，而"不吃白菜"又是由词组"不吃"和"白菜"组成的。再如：

    ［1］锻炼身体很重要。

这个句子一共包含四个词（"锻炼""身体""很""重要"），但是直接组成句子的是"锻炼身体"和"很重要"这两个词组。可见，词组是介于词和句子之间的语法单位，它也是句子的建筑材料。

（四）句子

    句子是语言中最大的语法单位。研究语法只管到句子为止。句子以上，段落、篇章的研究属于作文法的范围。句子通常是由一个词组加上一个句调形成的（有时也可以由一个词加上一个句调形成），表示相对完整的意思。因此，句子可以理解为语言中伴有一定句调，表示相对完整意义的语言成分；一句话完了，有一个较大的停顿，书面上用句号、问号或叹号来表示。例如：

    ［2］他们都去。

    ［3］你喜欢看电影吗？

    ［4］爸爸回来了！

有时，一个词也能成为一个句子。下面对话中的一问一答两个句子就都是只由一个词形成的：

    ［5］"谁？"

       "我。"

    ［6］"蛇！"小红惊叫一声。

例［5］里的"谁""我"，例［6］里的"蛇"都是由一个词独立形成的句子。因此，就汉语来看，我们可以这样说：一个词组或一个词加上一定的句调就是句子。

四、学习汉语语法需要特别注意的地方

    汉语没有英语、俄语中那样的形态标志和形态变化，也没有日语中那种格助词，因此学习汉语语法要特别注意以下两点：

    首先需要注意词的次序（简称"词序"）。在汉语中，词的次序不同，不但意思会有差别，而且语法结构关系也可能不同。例如：

    ［1］a. 完全没有听懂

        b. 没有完全听懂

    ［2］a. 小王幸亏回来了，……

        b. 幸亏小王回来了，……

例［1］的 a 句和 b 句包含的词语相同，但由于"完全"和"没有"的位置不同，表示的意思就很不一样——前者是说一点儿也没有听懂，后者是说听懂了一部分。例［2］a 句和 b 句包含的词语也相同，但 a 句"幸亏"在主语"小王"之后，而 b 句"幸亏"在主语

"小王"之前。这两句话由于"幸亏"位置的不同，所以意思上有差别。按 a 句的说法，后面出现的句子将指出避免了怎样一件对"小王"不利的事情；按 b 句的说法，后面出现的句子将指出在"小王"的作用下避免了一起不如意的事情。此外，大家在后面学习了语法以后，将会知道 a 句和 b 句在结构上也有所区别。

其次需要注意虚词的使用。汉语中的虚词就是指副词、介词、连词、助词、语气词等。虚词在汉语中占有极为重要的地位，用不用虚词，用哪一个虚词，往往会对整个句子的结构和意义有很大的影响。例如"他对小王很了解"，这句话的意思是"他很了解小王"。如果把句子中的介词"对"（关于"介词"的概念见本章第二节）去掉，说成"他小王很了解"，句子的意思就变成了"小王很了解他"。二者意思正好相反。在结构上这两种说法也有很大区别（详见第九节"值得注意的一些虚词"）。

练习一

一、什么叫语法？为什么需要学一点儿语法？

二、什么叫"语法单位"？

三、什么叫语素？语素的特点是什么？试举例说明。

四、下面每句话中各包含几个词？

  (1)那是一匹白马。

  (2)弟弟最喜欢吃白菜。

  (3)妈妈用剪刀剪布。

  (4)蝈蝈不吃冰淇淋。

五、单纯词是否就是单音节词？合成词是否就是双音节词？请举例说明。

六、下面这些词是单纯词还是合成词？为什么？

  蛐蛐 爷爷 吝啬 纽约

  犹豫 慷慨 玫瑰 崎岖

  蚊子 鲫鱼 啤酒 盖儿

第二节　需要给词分类

一、为什么要给词分类

　　大家在中学语文课上，在外语学习中，大概都接触过"词类"这个概念。"词类"是根据词的语法功能所划分出来的词的类别。那么我们为什么要给词分类呢？

　　我们知道，任何科学领域，在开展研究时，少不了的一道手续，就是要对所研究的对象，根据研究的目的与研究的需要，进行必要的分类。分类的重要性，可以用这样一句话来说明："没有分类便没有科学。"我们研究、学习一种语言的语法时，也必须对这个语言里的词进行必要的分类，然后才有可能从大量语言事实中总结归纳出语法规律来。我们现在要学习、研究现代汉语的组词造句规则，即语法，而现代汉语里的词有许许多多，为了有效地进行学习和研究，我们需要先给词分分类。

　　那么我们划分词类得依据什么呢？对事物进行分类，分类的目的不同，所选取的分类依据也就会不一样。对于现代汉语里的词，我们可以根据不同的分类目的，选取不同的分类依据，进行不同的分类。例如，可以依据词的音节数目，把词分为单音节词、双音节词和多音节词；也可以依据词所包含的语素数目把词分为单纯词和合成词，等等。现在，我们是为了学习、研究语法而给词分类的，所以对词进行分类时主要得依据词的语法功能，也就是词在造句中所起的作用。事实告诉我们，现代汉语里的许许多多的词，它们在造句中的作用并不都是一样的。请看下面三组词：

　　a. 写　　修理　　了解
　　b. 信　　自行车　情况
　　c. 刚　　立刻　　很

如果我们要用这三组词进行组合的话，我们将会发现：

　　a 组词和 b 组词组合，可以有两种情况：一种是 a 组词在前 b 组词在后，构成支配关系。例如：

　　写信　　　　　　　修理自行车　　　　　　　了解情况

另一种是 b 组词在前 a 组词在后，构成陈述关系。例如：

　　信写（了）　　　　自行车修理（了）　　　　情况了解（了）

　　a 组词和 c 组词也可以组合，但只有一种情况，只能 c 组词在前 a 组词在后，构成修饰关系，而不能倒过来组合。例如：

　　　　刚写　　　　　　立刻修理　　　　　　很了解
　　＊写刚　　　　　　＊修理立刻　　　　　　＊了解很

　　b 组词和 c 组词，无论是 b 组词在前还是 c 组词在前，都不能组合。下面的说法在汉语里都不合法：

　　＊信刚　　　　　　＊自行车立刻　　　　　　＊情况很

＊刚信　　　　　＊立刻自行车　　　　　＊很情况

　　可见，这三组词在造句中所起的作用是不同的。如果需要，我们就可以根据上面所讲的组合情况，把它们分为不同性质的 a、b、c 三个词类。而这样分类对我们学习、研究语法显然是会有好处的。由此我们也可以进一步认识到，在语法学习和语法研究里所说的"词类"，是词的语法分类。这样分出来的类，在意义上也会有某种共同性。至此，我们可以给词类下一个明确的定义：**词类是根据词的语法功能所划分出来的词的类别。**词类是客观存在的。

　　根据词在造句中的作用给词分类，建立"词类"的概念，这是非常必要的。这有利于我们在语法研究和语法教学中分析、描写、说明各种语法规则。如上面我们所举的三组词，如果明确地把它们分为三类，管 a 组词叫动词，b 组词叫名词，c 组词叫副词，我们描写"看书""拿工具"这一类词组时就可以这样说：这些词组是表示支配关系的述宾词组（关于"述宾词组"的概念，见下文第三节），述语由动词充任，宾语由名词充任。如果不建立词类的概念，描写起来就会很啰嗦、很麻烦了。

　　给词分类，也有助于我们更好地了解、掌握各类词的语法特点，以便更准确地使用它们。下面这些病句都是由于不了解不同词类的语法性质而造成的：

　　[1]＊在整个记者招待会进行过程中，他健谈、机敏、聪慧、活力，留给人们的
　　　　印象是，"不愧为一位伟大的政治家"。（报）
　　[2]＊我们永远记忆周总理同地质战士多少次促膝谈心的音容笑貌，永远记忆周
　　　　总理同野外地质队员一起，徒步穿行在高山深谷的雄姿。（刊）
　　[3]＊看来我确实老了，不能思索，更不能情感了。（书）
　　[4]＊老人家很感触地说："这就是小柱儿的爷爷当年扛过的红缨枪。"

例[1]错把名词"活力"作形容词用了。"活力"是不能跟"健谈""机敏""聪慧"这些形容词并列来描写、说明人的。可以将"活力"改为"有活力"。例[2]的"记忆"是名词，它是不能带宾语的。例[3]"情感"也是名词，不能放在"能"后边。例[4]的"感触"也属名词，不能修饰动词"说"，宜改成"很感慨地说"。（关于"名词""动词"等概念，见下面各小节）如果我们有一些汉语词类方面的知识，就有助于避免如上的语法错误。

　　可见，划分词类不仅是可能的，而且是必要的。

二、汉语里的词可以分成哪些词类

　　根据词的语法功能，我们可以把现代汉语中的词分为以下 15 类：

　　1. 名词。如"牛、书、学生、松树、友谊、现在、昆明"等。
　　2. 动词。如"读、修理、访问、认为、喜欢、是、成为、有、能、可以"等。
　　3. 形容词。如"大、新、好、甜、干净、认真、踏实、仔细、伟大"等。
　　4. 状态词。如"通红、雪白、红彤彤、白花花、黑咕隆咚、白不呲咧"等。
　　5. 区别词。如"公、母、雌、雄、男、女、急性、慢性、巨型、微型、国营"等。
　　6. 数词。如"一、二、三、四、十、百、千、万、亿"和"第一、第二"等。
　　7. 量词。如"个、条、件、双、堆、公尺、公里、公斤、点儿、些、次、天"等。

8. 代词。如"我、你、他、我们、你们、他们、这、那、这样、谁、什么"等。

9. 副词。如"很、更、就、才、也、都、只、不、已经、的确、简直"等。

10. 介词。如"把、被、往、从、以、向、自从、对于、关于、按照、本着"等。

11. 连词。如"和、并、而、或、不但、而且、虽然、但是、因为、所以"等。

12. 助词。如"了$_1$、着、过、的、似的、等等"等。

13. 语气词。如"啊$_1$、吗、吧、呢、了$_2$、罢了"等。

14. 叹词。如"啊$_2$、噢、唉、哦、哼、呸、嗯、啊呀"等。

15. 拟声词。如"唑、嗞、叮当、当啷啷、丁零零零"等。

为语法研究的需要，一般将这 15 类词归并为三大类：

一是实词，包括名词、动词、形容词、状态词、区别词、数词、量词以及代词。从语法上说，实词的主要特点是在造句中能充任主要句法成分，如主语、谓语、述语、中心语等。

二是虚词，包括副词、介词、连词、助词、语气词。虚词，除了在意义上比较虚，只表示抽象的语法意义，起某种语法作用外，有一个很大的特点，那就是在造句中不能充任主要的句法成分。

三是特类词，包括叹词和拟声词。特类词在语法学习和研究中相对来说不如实词和虚词重要。

下面大略介绍一下各个词类。

三、名词

名词，从意义上看，都表示事物。所谓事物，可以是具体的事物，例如：

学生　老虎　桌子　报纸　水　汽油　空气　氧气

也可以是抽象的事物，例如：

思想　作风　规则　友谊　风格　品德　文学　艺术

也可以指时间、处所、方位，例如：

今天　去年　上午　　刚才　星期一

上海　东京　王府井　西单　新街口

上面　下边　前头　后方　左　右　东　南　西　北　东北　西南

一般将专门表示时间的名词称为"时间词"，将专门表示处所的名词称为"处所词"，将专门表示方位的名词称为"方位词"。

从语法功能上看，名词经常作主语或宾语，例如：

孩子已经长大了　　**啤酒**不买了　　**风格**很高　　[加黑的是作主语的名词]

我在看**报纸**　　　　不买**电视**　　　增强**信心**　　[加黑的是作宾语的名词]

也常常带定语。例如：

好**孩子**　干净**衣服**　绿油油的**庄稼**　冰凉的**手**　[加黑的是带定语的名词]

汉语名词还有一个很重要的特点，那就是可以直接受另一个名词修饰，也可以直接修饰另一个名词，例如：

中国学生　日本啤酒　今天报纸　音乐电视　［加黑的是带名词定语的名词］

学生家长　啤酒质量　报纸版面　电视节目　［加黑的是作定语的名词］

名词一般不能作谓语，不能作状语或补语，也不能带宾语或补语；名词不能受"不"或"很"的修饰，我们既不能说"＊不学生""＊不啤酒""＊不报纸""＊不电视"，也不能说"＊很学生""＊很啤酒""＊很报纸""＊很电视"。

四、动词

从意义上看，动词表示行为动作。可以是具体的动作，例如：

走　笑　吃　写

可以是某种行为，例如：

学习　研究　参观　分析

可以是某种心理感觉活动，例如：

想　考虑　爱　讨厌　觉得　认为　同意　反对

可以是某种意愿，例如：

愿意　能够　可以　应该

一般将表示意愿的动词称为"能愿动词"（也有人称为"助动词"）。动词所表示的行为动作也可以是一种存在变化，例如：

有　是　在　变成　成为

从语法功能上看，动词能作谓语，例如：

我看　他吃　你喝　她喜欢　［加黑的是所说的句法成分的动词］

能作述语，后面或能带宾语，或能带补语。例如：

看书　吃生鱼片　喝啤酒　喜欢京剧　喜欢游泳

看清楚　吃完　　喝下去　喜欢得不得了

能受"不"的修饰。例如：

不看　不吃　不喝　不喜欢

汉语里的动词在一定条件下也能作主语、宾语，例如：

游泳有好处　抽烟不好　［动词作主语］

喜欢游泳　　禁止抽烟　［动词作宾语］

有一部分动词能重叠，单音节动词的重叠形式是"A·A"（第二个音节读轻音），例如：

看看　想想　听听　走走　尝尝

双音节动词的重叠形式是"ABAB"，例如：

研究研究　考虑考虑　商量商量

一般根据能不能带宾语，将动词分为及物动词和不及物动词两小类——能带宾语的是及物动词，如"看"（看书）、"吃"（吃面条）、"喜欢"（喜欢京剧）等；绝对不能带宾语的是不及物动词，如"游泳""合作""咳嗽"等。

五、形容词

从意义上看，形容词都表示事物的性质。

从语法功能上看，形容词最大的特点是，能受"很"的修饰，而在受"很"修饰后不能同时带宾语。例如"干净"能受"很"修饰（如"很干净"），但是不能同时带宾语，不能说"＊很干净衣服"，所以"干净"是形容词。有一些表示心理活动的动词，如"喜欢""爱"等，也能受"很"修饰（如"很喜欢""很爱"），但它们受"很"修饰后同时能带宾语（如"很喜欢京剧""很爱他"），所以"喜欢""爱"等仍是动词，不是形容词。有一些词，如"团结""丰富""清醒"等，能受"很"修饰（如"很团结""很丰富""很清醒"），有时也能带宾语（如"团结多数人""丰富精神生活""清醒头脑"），但不能同时既受"很"修饰又带宾语，不能说"＊很团结群众""＊很丰富文娱生活""＊很清醒头脑"。像"团结""丰富""清醒"这些词，一般把它们看作形容词兼动词——当它们带宾语时是动词，其他场合都是形容词。

形容词也能作谓语。例如：

个儿**高**　眼睛**大**　这苹果**甜**　那衣服**干净**　态度**认真**

能带补语。例如：

高极了　**大**得很　**甜**得不得了　**干净**极了　**认真**多了

能作补语。例如：

抬**高**　放**大**　变**甜**　洗得**干净**　看得**认真**

一般都能受"不"的修饰。例如：

不**高**　不**大**　不**甜**　不**干净**　不**认真**

汉语里的形容词，在一定条件下也能作主语或宾语。例如：

虚心使人进步　**骄傲**使人落后　**虚伪**不好

爱**干净**　　　喜欢**安静**　　　觉得**好**

有一部分形容词能重叠。单音节形容词有两种重叠形式：如果重叠后不儿化，形式是"AA"（第二个音节念本调）。例如：

好好　　大大　　高高　　慢慢

如果重叠后儿化，形式是"AA儿"（第二个儿化音节念阴平）。例如：

好好儿　大大儿　高高儿　慢慢儿

六、状态词

状态词是指下面这样一些词：

通红	雪白	喷香	碧绿
红彤彤	绿油油	湿淋淋	水汪汪
黑咕隆咚	灰不溜秋	白不呲咧	脏不拉唧
马里马虎	糊里糊涂	傻里傻气	妖里妖气
干干净净	清清楚楚	认认真真	大大方方

通红通红　　　雪白雪白　　　碧绿碧绿　　　贼亮贼亮

这些词从表面看，似乎跟形容词差不多，其实有很大的差别。我们不妨将形容词"香""干净"跟这类词的"喷香""干干净净"作一比较，就可以看出它们在语法功能上的差异：

第一，形容词"香""干净"能受"不"修饰，如"不香""不干净"；可是"喷香""干干净净"不能受"不"的修饰，我们不说"＊不喷香""＊不干干净净"。

第二，形容词"香""干净"能受"很"修饰，如"很香""很干净"；可是"喷香""干干净净"不能受"很"的修饰，我们不说"＊很喷香""＊很干干净净"。

第三，形容词"香""干净"能带补语，如"香极了""香得很""香得醉人"和"干净极了""干净得很""干净得一点儿灰尘都没有"；可是"喷香""干干净净"不能带补语，我们不说"＊喷香极了""＊喷香得很""＊喷香得醉人"和"＊干干净净极了""＊干干净净得很""＊干干净净得一点儿灰尘都没有"。

从所表示的意义看，形容词表示事物的性质，而这些词都表示事物的某种状态，所以我们把这类词称为"状态词"。

七、区别词

区别词是指下面这样一类词：

公　母　雌　雄　男　女　荤　素　阴　阳　金　银

微型　巨型　急性　慢性　彩色　黑白　公共　私营　野生　切身　初等

从语法功能上看，这类词只能直接修饰名词，或加结构助词"的"形成"的"字结构。例如：

公山羊　母山羊　男宿舍　女宿舍　金项链　银手镯　微型电脑　私有财产
公的　　母的　　男的　　女的　　金的　　银的　　微型的　　私有的

从所表示的意义来看，这类词大都表示事物的区别性特征，因此现在都称为"区别词"。

八、数词

数词，有基数词和序数词两小类。基数词表示数目的多少，如"一""三""十"等；序数词表示事物排列次序的先后，如"第一""第二""第四""第五十六"等。

汉语中最基本的基数词有以下一些：

一　二　两　三　四　五　六　七　八　九　十　零　半　　［个数词］
十　百　千　万　亿　兆　　　　　　　　　　　　　　　　　［位数词］

汉语中所有的数目都由这些基数词构成，不管是整数（如"十四""四十""一百五十六"）、分数（如"二分之一""百分之九十四"）还是小数（如"零点二""三点一四一六"）。

序数词头上大都有"第"（如上面所举的"第一""第二"），也可以没有"第"，在形式上跟一个表示整数的基数词一样。例如：

三年级（＝第三个年级）　　五层楼（＝第五层楼）

一百五十三号（＝第一百五十三号）

公元二零一一年（＝公元第二零一一年）

九、量词

量词用来表示计量单位。在汉语中，无论说明事物的数量、行为动作的数量、时间的数量，还是说明事物的次序先后、行为动作次序的先后、时间的次序先后，一般都不能只用一个数词来表示，一定得用上一个表示数量单位的词，即本小节所要说的"量词"。例如：

三本书（＊三书）　　　　五个学生（＊五学生）

去了三次（＊去了三）　　玩儿了两回（＊玩儿了两）

住了三年（＊住了三）　　工作了三天（＊工作了三）

汉语里的量词可以分为三小类：

1. 名量词，表示事物的计量单位，包括度量衡单位，如"个、支、条、张、块、封"和"公斤、斤、公尺、尺、公分、寸、公里、里、克"等。

2. 动量词，表示行为动作的计量单位，如"次、下、遍、回、趟"等。

3. 时量词，表示时间的计量单位，如"年、天、时、点钟、分、分钟、秒"等。

从语法上看，量词的最大的特点是，它只能跟数词或指示代词"这""那"或疑问代词"哪"相结合。例如：

三个　这个　那个　哪个

三次　这次　那次　哪次

三天　这天　那天　哪天

十、代词

代词是一类具有指代功能的词。汉语代词按指代意义的不同可以分为人称代词、指示代词和疑问代词三小类。下面略作说明。

1. 人称代词。现代汉语里的人称代词主要有以下几种：

我　　　咱　　　　你（您）　　　他（她、它）

我们　　咱们　　　你们（您们）　他们（她们、它们）

人家　　别人　　　大家　　　　　自己

关于人称代词，需说明以下几点：

第一，需注意"咱""咱们"跟"我们"的区别。用"咱"或"咱们"一定包括听话人在内，例如：

[1]山本先生，咱（们）该走了。

例[1]里的"咱（们）"既包括说话人，也包括山本先生在内。而"我们"可以不包括听话人在内，也可以包括听话人在内。例如：

[2]山本先生，我们该走了，过些日子再来看您。

[3]山本先生，我们该走了，您的行李我来帮您拿。

从上下文语境看，例[2]里的"我们"不包括听话人山本先生在内，而例[3]里的"我们"就包括听话人山本先生在内。

第二，"您"是"你"的敬称，例如：

[4]李老师，您说得真好。

[5]奶奶，您慢点儿走，别摔着。

"您"的复数形式是"您们"，不过只偶尔在书面上用（主要在写信时用）；在口语里不用"您们"，一般用"您几位"这类说法。例如：

[6]您二位要喝点儿什么？

[7]让您三位久等了，真对不起。

2. 指示代词。汉语里的指示代词可以分"这"系和"那"系两组：

这　这儿　这里　这会儿　这些　这么　这样　这么样

那　那儿　那里　那会儿　那些　那么　那样　那么样

"这"系的指示代词表示近指，"那"系的指示代词表示远指。例如：

[8]"那三位同学坐我这儿来。"张教授指着站在那边的三位同学说。

[9]我身边的这个孩子是大哥的儿子，靠窗口站着的那个孩子是我们家的小铁蛋儿。

例[8]所说的"那三位同学"原先一定不在张教授跟前，所以张教授说到他们时用"那"来指明，而说到自己所在的地方就用"这"指明。例[9]对自己身边的孩子用"这"指明，对不在身边而靠窗口站着的孩子就用"那"指明。

3. 疑问代词。疑问代词主要是用来表示疑问。现代汉语里的疑问代词主要有以下几个：

谁　什么　哪　　哪里　哪儿　多会儿

怎么　怎样　怎么样　几　多少　多

关于疑问代词，主要需说明这样一点，疑问代词有时在句中并不表示疑问。例如：

[10]他什么都不吃。

[11]那个人好面熟啊，好像在哪儿见过。

[12]今天不怎么冷。

例[10]至例[12]里的疑问代词都不表示疑问——例[10]里的"什么"表示任指，含周遍意义，泛指吃的东西；例[11]里的"哪儿"表示虚指，相当于"某个地方"的意思；例[12]里的"怎么"表示一定程度。疑问代词的这种用法一般称为"疑问代词的非疑问用法"。

十一、副词

副词是只能作状语的词。例如"已经"，它在句子里只能作状语（如"已经上课了""已经放假了"），不能作别的句法成分。前面讲过，部分形容词也能作状语，例如"认真"可以作状语，如"认真学习"，但是它还能作别的句法成分，如"态度认真"（作谓语）、"认真的态度"（作定语）、"写得很认真"（作补语）等。显然，副词和形容词是有区别的。**只能作状语的词才是副词。**

由于副词是只能作状语的虚词，所以对副词一般从所表示的语法意义上加以分类。常提到的有以下几类：

（1）表示程度，如"很、挺、太、最、更、非常"等，称为"程度副词"。

（2）表示范围，如"都、全、只、仅、仅仅"等，称为"范围副词"。

（3）表示时间，如"正在、刚、就、才、马上、常常、曾经、已经、忽然、终于"等，称为"时间副词"。

（4）表示否定，如"不、没（有）、别、甭"等，称为"否定副词"。

（5）表示重复、追加或频度，如"重新、又、还、再、再三、屡屡"等，称为"频度副词"。

（6）表示方式，如"悄悄、亲自、一起、互相、死死"等，称为"方式副词"。

（7）表示语气，如"却、偏、偏偏、难道、简直"等，称为"语气副词"。

注意，有的副词，意思单一，只属于某一小类，如"不"只属于否定副词的范围，"简直"只属于语气副词；可是有的副词能表示多种意思，所以可以兼属几个不同的小类，如"还"有时表示程度，可看作是程度副词，如"他比我还高"，"这个地方还干净"。

十二、介词

介词主要是指以下一些词：

把　被　从　对　对于　关于　跟　除

连　向　往　自　自从　在　　到　比

介词都不能单说，也不能单独作主语、谓语等句法成分，它后面总得跟上一个别的成分（大多是名词性成分），组成一个介词结构，例如"把书""被他""从北京""对你"等。介词结构本身也不能单说，也不能作谓语，例如，既不能说"＊把我的书"，也不能说"＊我把书"。

介词结构在句子中主要是作状语。例如：

[1]我把书还了。

[2]他从北京来。

[3]关于李白的诗陈教授很有研究。

有少数介词形成的介词结构带上"的"之后，可以修饰名词，作定语。例如：

[4]对考试的意见

[5]关于若干历史问题的决议

介词大多是从动词虚化来的，有的已经彻底虚化，如"被"已不再作动词用，"把"虽还有动词的用法（如"由张明负责把门"），但介词"把"与动词"把"在意义和用法上已相去甚远；有的则还没有彻底虚化，作为动词和介词在意义上很难区分，如"比、在、到"等。一般采取一个简单的区分办法："比""在"或"到"，如果带上宾语后处于状语或补语位置，一律将它们看作介词；如果带上宾语后不处于状语或补语位置，处于其他位置，一律将它们看作动词。这办法看起来有点儿不讲道理，但易于操作，很管用。

十三、连词

连词是只用来连接词、词组、分句或句子的一类词。例如：

和　或　或者　还是　以及　并　并且　而　而且

不仅　不但　尽管　虽然　即使　哪怕　只要　只有　不论　不管

然而　可是　否则　况且　何况　如果　因为　由于　因此　可见

注意，不要以为能用来连接词、词组或分句的词就是连词。语言事实告诉我们，能用来连接词、词组或句子的词不限于连词。请看：

[1]小黑狗**又**是蹦，**又**是跳，**又**是在主人的脸上乱舔。

[2]他完全秉承了他父亲的性格，**尤其是**那一股倔强劲儿。

[3]**倘若**他不同意，**那么**我们只好另想办法了。

[4]**假如**你哥哥能帮助我们，**那**再好没有了。

例[1]和例[2]的连接词语用的是副词"又"和"尤其"，例[3]和例[4]的连接词语用的是代词"那么"和"那"。

从连词所表示的逻辑关系看，连词可分为两小类：

1. 表示联合关系的连词

有的表示并列关系，如"和、跟、同、与、以及"等。

有的表示选择关系，如"或、或者、还是、与其、宁可"等。

有的表示递进关系，如"不但、不仅、并且、而且"等。

2. 表示主从关系的连词

有的表示因果关系，如"因为、由于、所以、因此"等。

有的表示假设关系，如"假如、如果、要是"等。

有的表示让步关系，如"虽然、固然、尽管"等。

有的表示让步假设关系，如"即使、哪怕、就是"等。

有的表示条件关系，如"只有、只要、无论、不论、不管"等。

有的表示转折关系，如"但是、可是、然而、不过"等。

有的表示推论关系，如"既然、可见"等。

关于连词的具体用法，我们将在本章"复句"这一节里加以介绍。

十四、助词

助词是附着在词或词组身上表示一定的结构关系或附加意义的一类词。助词可以分为动态助词、结构助词和数量助词（如"来、等、等等、左右、上下"等）三小类。其中动态助词和结构助词比较重要，下面特别介绍一下。

动态助词有"了、着、过"三个，它们主要附着在动词之后。"了"表示动作的完成或实现，"着"表示动作或状态的进行、持续，"过"表示有某种经历。例如：

    [1]吃了一个苹果

       买了一件衣服

    [2]外面下着大雨

       他在床上躺着

    [3]学过英语

       去过北京

结构助词有"的、地、得、所、似的"几个。

"的"和"地"，读音都是"de"(轻声)；它们附着在修饰语后面标示前后成分之间是修饰关系；但二者有明确的分工：定语之后用"的"，状语之后用"地"，前者如"聪明的孩子"(不能写成"＊聪明地孩子")，后者如"仔细地看"(不要写成"＊仔细的看")。"的"字还有一个用法，那就是附着在某些实词性词语之后，组成一个可以指代事物的"的"字结构。例如"木头的"指用木头做的物品，"便宜的"指价格便宜的东西，"骑车的"指骑车的人。"的"字结构是名词性的，在用法上大致相当于一个名词。

"得"附着在动词或形容词之后，引出表示可能、状态或程度的补语。例如：

    [4]吃得完　　　　爬得上去　　　　　[可能]

    [5]洗得很干净　　笑得直不起腰来　[状态]

    [6]好得很　　　　苦得不得了　　　　[程度]

"所"加在及物动词头上，形成一个名词性的"所"字结构，如"所见所闻""所答非所问"。"所"字结构是古汉语遗留下来的。在现代汉语里，"所"字结构单独作主语或宾语的情况已很少见，更常见的是，"所"与"的"配合使用。例如：

    [7]他没有去过那里，**所说的**只是从诗赋中、历史上得来的印象。(朱自清)

    [8]这半年来，我们**所见的**，却只有他的静默而已。(朱自清)

"所"字结构多用于书面语，口语里很少用。

十五、语气词

语气词主要用在句尾，表示某种语气。例如：

    [1]她多漂亮啊！

    [2]你去吗？

    [3]快走吧！

其中的"啊""吗""吧"就是语气词，它们在上面的句子里分别表示感叹语气、疑问语气和祈使语气。常用的语气词主要有"啊、吗、吧、啦、呢、了₂、罢了"等。

语气词"了₂"和助词"了₁"字形、读音相同，但用法和意义都不同。语气词"了₂"只用在句尾，表示变化和肯定；助词"了₁"只用在句中，表示行为动作的完成或实现。例如"他吃了饭了"，前一个"了"是助词"了₁"，后一个"了"是语气词"了₂"。

十六、叹词

叹词是表示强烈感情或专门用来呼唤应答的词，前者如"啊、唉、呸、哼、哎哟"等，后者如"喂、嗯、哦"等。叹词的最大特点是不跟别的词组合，总是独立成句（包括分句）。例如：

[1]唉！八年了。

[2]呸！真不要脸！

[3]哼！看你还有什么花招！

[4]哎哟，我崴脚了。

[5]喂，你是张金龙吗？

[6]嗯，就这样吧。

十七、象声词

象声词是摹拟声音的词，如"轰轰、噼噼啪啪、叮叮当当"等。象声词可以单独成句，例如：

[1]"丁零零零……"忽然，电话铃响了。

也可以作状语，例如：

[2]机器轰轰响

[3]马铃儿叮当响

加上"的"可以作定语，例如：

[4]噼噼啪啪的鞭炮声

[5]哗啦啦的流水

十八、词的兼类

语言里绝大多数的词都可以按照语法功能的异同分别归入不同的类，但有少数词既具有这类词的语法功能，又具有那类词的语法功能，而意义上又有联系，这样的词一般称为兼类词。这种现象叫词的兼类现象。例如：

[1]代表　a. 我们选了三位代表。　　　［名词］

　　　　b. 他代表我们发言。　　　　［动词］

[2]科学　a. 学习自然科学。　　　　［名词］

　　　　b. 这个方法很科学。　　　　［形容词］

[3]热　　a. 今天很热。　　　　　　［形容词］

　　　　b. 你热一下饭。　　　　　　［动词］

注意："开会"的"会"（名词）和"会唱歌"的"会"（动词）不是兼类词，而是同音词，因为这两个"会"在意义上毫无联系，只是字音、字形相同而已。临时活用也不能看作词的兼类。例如：

[4]那家伙比秦桧还**秦桧**。

[5]他这个人是很**堂吉诃德**的。

[6]你也太**近视眼**了！

例[4]至例[6]都是名词活用为形容词的例子。例[4]里的"秦桧"，例[5]里的"堂吉诃德"，例[6]里的"近视眼"都是名词，按说它们都不能受程度副词修饰，但这里分别受程度副词"还""很""太"的修饰，似乎变成了形容词，其实都只是临时活用为形容词，并不真的成了形容词，它们都不属于词的兼类。

十九、常见的词类误用

所谓词类误用，是指错把属于某类词的词当做其他类词的词来用。例如：

[1]＊中国这20年来的变化真是惊人，就拿电视机、洗衣机、电话、电脑来说吧，在20年前，平常百姓家对这些是想都不敢想的高档商品，如今在北京、上海等许多大城市，都已成为日常的必须日用品了。（报）

例[1]里的"必须"应改为"必需"。"必须"是副词，它只能作状语，现在把它误作为动词去修饰名词"日用品"了。这可能是因为"必须"和"必需"是同音，而且还部分同形，所以把它们搞混了。这就是词类误用的实例。

词类误用有多种情况。

(一)名词误用为形容词

[2]＊叶莹兰是个很智慧的孩子。（书）

[3]＊女子举重运动一直是我们很优势的项目。（报）

例[2]和例[3]里的"智慧""优势"都是形容词，它们不能受程度副词修饰。例[2]里的"智慧"宜换成"聪明"。例[3]或在"优势"前加个"有"，说成"……是我们很有优势的项目"；或干脆把"优势"前后的"很"和"的"删去，在"我们"后加上一个"的"字，说成"……是我们的优势项目"。

(二)名词误用为动词

[4]＊在他心目中，古陵县的变化可以认为是缩影着整个省。（报）

[5]＊当他知觉王守忠欺骗了自己，他怒火中烧……（报）

例[4]和例[5]里的"缩影""知觉"都是名词，它们都不能带宾语。例[4]可改为"……古陵县的变化可以看作整个省的缩影"。例[5]宜将"知觉"换成"觉察"。

(三)形容词误用为动词

[6]＊她并不害怕嘲讽，但她怯懦人言杀人。（报）

[7]＊有的黑白照片，其摄影效果优越彩色照片。（报）

例[6]和例[7]里的"怯懦""优越"都是形容词，它们不能带宾语。例[6]宜将"怯懦"改为"害怕"。例[7]可把"优越"改为"优于"。

(四)名词误用为副词

[8]＊他兴致地观赏着每一件展品。

[9] ＊这种治疗方法确实效力地遏制了流感的蔓延。（报）

例[8]和例[9]里的"兴致""效力"都是名词，不能作状语。例[8]可改为"他饶有兴致地观赏着……"，或改为"他兴致勃勃地观赏着……"。例[9]可将"效力"改为"有效"。

练习二

一、为什么要划分词类？划分词类的主要依据是什么？

二、能作状语的词就是副词吗？为什么？能起连接作用的词就是连词吗？为什么？

三、指出下列各词分别属于哪类词。（注意，其中有的是兼类词）

思想	热爱	动作	改造
热烈	行为	认为	具体
语言	论据	快乐	有
用	用意	用功	是
重视	重量	重要	重新
稍微	轻微	的确	确实
马上	马虎	因为	因素
弹性	任性	原因	保卫
勇敢	勇气	勇于	对于
刚才	刚刚	忽然	偶然
平常	怪	黄	只

四、在下面括号里填上适当的量词。（最好不重复）

一（　）牛　　　　一（　）猪　　　　一（　）马
一（　）灯　　　　一（　）刀　　　　一（　）山
一（　）门　　　　一（　）树　　　　一（　）车
一（　）墙　　　　一（　）棋　　　　一（　）水
一（　）轮船　　　一（　）箱子　　　一（　）货物
一（　）被　　　　一（　）井　　　　一（　）脾气
一（　）大炮　　　一（　）飞机　　　一（　）草鞋
一（　）拖拉机　　一（　）机关枪　　一（　）评论
一（　）诗　　　　一（　）彩霞　　　一（　）国旗
一（　）子弹　　　一（　）画　　　　一（　）花儿

五、辨别下列各句中带点的词属于什么类别。

(1)永不骄傲。

(2)必须记住。

(3)为人民服务。

(4)十尺为一丈。

(5)我给他一本书。

(6)我给他当翻译。

（7）把书给他。

（8）把着门不让进。

（9）买了一把锁。

（10）门锁了没有？

六、下面各例中带点的词是同音词，还是兼类词？

（1）a. 要对学生负责任。

b. 这样做很对。

c. 对一下答案。

（2）a. 应该具有全心全意为人民服务的精神。

b. 他显得很精神。

（3）a. 我等你。

b. 我到商店买了些纸、笔、圆规、橡皮等。

c. 他坐的二等舱。

（4）a. 顺这条路走。

b. 别顺着他。

c. 思路很顺。

（5）a. 住中关园的好处是交通方便。

b. 商店都应考虑怎样方便群众。

七、改正下列句子中词类错用的毛病，并说明理由。

（1）她逐渐对人生失去了希望，生活渐渐变得灰色了。

（2）十七世纪法国的古典文学可认为是结晶了当时贵族的语言风格。

（3）由于假日后开工前未作仔细检查，以致开工时机器突然故障，停产一天，造成了不小的损失。

第三节 最常见的词组类型

词组是语言中按照一定的句法规则组成的语言成分，例如"学生学习""吃香蕉"
"红苹果""努力学习""爸爸和妈妈"等。词和词按照不同的语法规则进行组合就造成
不同类型的词组。下面介绍现代汉语中最常见、最基本的五种词组类型。

一、偏正词组

这种词组由两部分组成，前一部分修饰、限制、说明后一部分；后一部分是整
个词组的核心，是受前一部分修饰、限制、说明的。前一部分称为修饰语，后一部
分称为中心语。例如"干净衣服"就是偏正词组，"干净"是修饰、限制、说明"衣服"
的，"衣服"是该词组的核心，其中的"干净"就是修饰语，"衣服"就是中心语。再如
"刚来"也是偏正词组，副词"刚"是修饰、限制、说明动词"来"的，"来"是该词组的
核心，其中"刚"是修饰语，"来"是中心语。

偏正词组，按它的语法性质，可分为两类：

1. 名词性偏正词组，在语法上大致相当于名词。例如：

[1] 白衬衣　　　　漂亮的衣服

　　木头桌子　　　不锈钢的勺儿

　　学校的房子　　我的书

　　红红的脸　　　绿油油的秧苗

　　三本书　　　　两位老师

　　北京气候　　　今天的报纸

下面句子里加黑的词组，也归入名词性的偏正词组：

[2] **首都北京**现在已经成为中国的政治、经济、文化中心。

　　他们**三个人**都是上海人。

　　王晓明他们已经回去了。

　　奥巴马总统是美国首位非白人总统。

例[2]跟上面举的例子有些不同，例[2]各实例的修饰语和中心语所指相同，只是说
法不同。这种偏正词组特称为"同位性偏正词组"，简称"同位词组"。

2. 动词、形容词或状态词性的偏正词组，在语法上大致相当于动词、形容词或
状态词。例如：

[3] 刻苦学习　　　仔细地听讲

　　慢慢走着　　　轻轻地敲了一下

　　已经走了　　　正在吃饭

[4] 非常努力　　　格外安静

　　更加认真　　　十分严肃

[5] 老干干净净的　一直老实巴交的

[6]忽然电话铃响了 渐渐地大雁远去了

为了区别起见，一般将名词性偏正词组里的修饰语称为"定语"，将这类偏正词组称为"定－中"偏正词组；而将动词、形容词或状态词性的偏正词组里的修饰语称为"状语"，将这类偏正词组称为"状－中"偏正词组。定语一般可以带"的"，"的"归定语部分。例如：

白衬衣→白的衬衣

木头桌子→木头的桌子

而状语一般可以带"地"，"地"归状语部分。例如：

刻苦学习→刻苦地学习

非常努力→非常地努力

二、述宾词组

"干净衣服"是上面讲过的偏正词组，"干净"是定语，"衣服"是中心语。把这个偏正词组的前一部分"干净"换成别的成分，就可能出现两种情况：

a. 干净衣服 → 脏衣服

b. 干净衣服 → 洗衣服

a组的"脏衣服"和"干净衣服"，虽然具体意思变了，但两部分的关系没有变，仍然是前一部分修饰限制后一部分，"脏衣服"仍是偏正词组；b组的"洗衣服"跟"干净衣服"可不一样了，不仅具体意思变了，前后两部分的关系也变了，前一部分叙述一种动作行为"洗"，后一部分指明受那动作行为影响、支配的对象（衣服），前后两部分是支配关系。"洗衣服"这样的词组，我们称为述宾词组，有人称为"动宾词组"。

述宾词组也是由两部分组成的，前一部分由动词性词语充任，表示某种行为动作，一般称为"述语"，这是整个词组的核心；后一部分常见的是由名词性词语充任，也可以由动词、形容词性词语充任，它是受前一部分影响、支配的对象，称为"宾语"。述语和宾语之间是一种支配关系。例如：

[1]吃米饭　　　　写了一篇文章　　　研究过哲学　　　增进友谊

[2]去北京　　　　逛公园　　　　　　来过一个人　　　洗凉水

[3]看打球　　　　学过游泳　　　　　打算回去　　　　值得考虑

[4]爱干净　　　　怕冷清　　　　　　觉得不舒服　　　以为很好

[5]听说他回来了　知道她已经走了　　希望他来　　　　以为他来了

例[1]至例[5]都是述宾词组。作述语的都是动词性词语；就宾语看，例[1]和例[2]作宾语的是名词性词语，例[3]是动词性词语，例[4]是形容词性词语，例[5]是主谓词组。

三、述补词组

"洗衣服"是上面讲的述宾词组，如果把"衣服"换成"干净"，"洗干净"就是述补词组了。

述补词组也由两部分组成，前一部分是述语，只能由动词或形容词充任，是整个词组的核心；后一部分是补语，通常由动词、形容词性词语或状态词性词语充任。彼此之间是补充关系。例如：

[1]洗干净　　　煮熟　　　　　看懂　　　　写完

[2]走进来　　　跑过去　　　　拿来　　　　掏出来

[3]洗得干净　　洗不干净　　　走得进来　　走不进来

[4]学得很认真　洗得干干净净　白得像雪　　干净得一点灰尘都没有

[5]好极了　　　乐坏了　　　　香死了　　　热得很　　冷得不得了

有的述补词组的述语带有"得"，如"洗得干净""走得进来""学得很认真""冷得不得了"等；有的不带"得"，但也可以插入"得"，例如：

洗干净 → 洗得干净

掏出来 → 掏得出来

插入"得"后还是述补词组，只是意思有所变化。"得"归述语部分。

四、主谓词组

主谓词组由主语和谓语两部分组成，主语是陈述的对象，一般也可看做话题；谓语是对主语所提出的对象加以陈述，或说明主语干什么，或说明主语怎么样，或说明主语是谁、是什么。一般主语在前，谓语在后，主语和谓语之间是陈述关系。例如：

[1]他去　　　　我喝　　　　　你出去

[2]那皮鞋好看　心情舒畅　　　环境优美

[3]他的脸通红　眼睛大大的　　房间干干净净的

[4]张三是学生　我是会计师　　这是茄子　　那是韭菜

以上举的都是主谓词组，只是作谓语的成分有所不同——例[1]是动词，例[2]是形容词，例[3]是状态词，例[4]是由动词"是"带上名词的述宾词组。

五、联合词组

联合词组有三个特点：第一，各组成成分之间在语法上没有主次之分，彼此地位平等；第二，各组成成分的词性一般相同；第三，组成成分可以不止两项。例如：

[1]爸爸和妈妈　长江、黄河、淮河　真的、善的、美的　[名词性联合词组]

[2]研究讨论　唱歌跳舞喝酒　　听说读写　　[动词性联合词组]

[3]又高又大　干净、整齐、明亮　真善美　[形容词性联合词组]

联合词组各成分之间，有时没有语音停顿，有时有语音停顿，书面上一般用顿号表示，如上面举的"长江、黄河、淮河"。联合词组各成分之间往往可以用一些关联词语，如"和"（爸爸和妈妈）、"并"（研究并决定）、"又"（又好又便宜）、"或"（今天或明天）、"还是"（喝咖啡还是喝茶）等。

从各成分之间的意义关系看，联合词组可以表示三种关系：

1. 表示并列关系，如"爸爸和妈妈""研究商量""真的、善的、美的"等。

2. 表示选择关系，如"今天或明天""棉的或者毛的""米饭还是面条"等。

3. 表示递进关系，如"妈妈甚至奶奶（都同意）""研究并决定""多而好"等。

从语法上看，联合词组可以是名词性联合词组，如例[1]；也可以是动词性或形容词性联合词组，如例[2]和例[3]。

六、两种特殊的词组

除了上面介绍的五种基本词组外，还有两种特殊的词组需要在这里给大家介绍一下，一种是连动词组，一种是递系词组（也称"兼语词组"）。

（一）连动词组

几个动词性词语连用而彼此不形成主谓、述宾、述补、偏正或联合关系的词组就叫做连动词组。连动词组中所表示的动作行为是由同一主体发出的，例如"我写信告诉他"里的谓语"写信告诉他"就是连动词组，其中的"写信"和"告诉他"这两种行为都是由主语"我"发出的。下面再举些连动词组的例子：

[1]（我们）下了课打篮球

[2]（他）低着头想问题

[3]（他们）去上课

[4]（我们）看电影去

[5]（他）有事儿没有去

下面的词组也可以看作连动词组：

[6]一看就明白

[7]不问不知道

[8]越学越有兴趣

例[6]至例[8]跟前面的例子略有些不同，那就是前后两部分由连接成分连接。例[6]是"一……就……"，例[7]是"不……不……"，例[8]是"越……越……"。因此也有人把这些词组叫"连锁词组"。

（二）递系词组

递系词组，也有人称为"兼语词组"，其特点是：第一，只包含两个部分，前一部分一定是一个述宾词组，后一部分常见的是一个动词性成分，有的也可以是一个形容词性成分；第二，前一部分述宾词组的宾语，在意念上一定是后一部分中的主要动词的施事或后一部分中的形容词所说明的主体。前者如：

[1]请他来一下　派他去法国　通知王老师来开会

后者如：

[2]称赞他勇敢　夸小红聪明、伶俐　骂我懒惰

例[1]里的"请他来一下"，由"请他"和"来一下"两个动词性成分组成，前一部分"请他"是述宾词组，其宾语"他"在意念上是后一部分中动词"来"的施事，其余例子类

似；例[2]里的"称赞他勇敢"，由"称赞他"和形容词"勇敢"组成，前一部分的"称赞他"是述宾词组，其宾语"他"在意念上是后一部分中形容词"勇敢"所说明的主体，其余例子类似。下面是类似的例子：

　　[3]请你提意见　派小李去　有人找你　让他先走　推选他当我们的代表
　　[4]称赞她聪明　嫌他脏　怪他太慢　夸她勤奋　羡慕她有一个好丈夫

七、简单词组和复杂词组

　　一个词组，如果它的直接组成成分只是一个单词，这种词组就称为"简单词组"。如"白马""吃苹果""看完""他来""黄河、长江"等，就都是简单词组。

　　一个词组，如果它的组成成分本身又是词组，或者说如果它内部又包含有词组，那么这种词组就称为"复杂词组"。例如"不吃甜的东西"，这是个述宾词组，而它的述语"不吃"是个"状－中"偏正词组，宾语"甜的东西"是个"定－中"偏正词组。"不吃甜的东西"就是一个复杂词组，因为它内部又包含有词组。在实际语言中，我们很少见到或听到只包含两个词的词组，更多的是复杂词组。

八、分析复杂词组的方法

　　一个词组如果只包含两个词，分析起来很容易，一分为二就行了。对于一个复杂词组，该怎么分析呢？我们学习语法时要学会分析复杂词组的方法。对于复杂词组，目前最合适的分析方法是层次分析法。下面略加介绍。

　　我们知道，语言构造是有层次性的。拿一个词组来说，如果它内部包含三个或三个以上的词，从表面看这些词是一个挨着一个地排列着的，但在内部构造上，它们不一定处于同一个平面上。例如"我不去"这个词组包含三个词——"我""不""去"，它们并不像人排队那样挨次发生关系，而是"不"先跟"去"发生关系，然后"不去"这个组合再跟"我"发生关系，从而形成不同的构造层面，如下图所示：

　　我　不　去
　　—　———

从对这个例子的分析中，我们可以体会到语言构造的层次性。

　　语言构造的这种层次性，决定我们分析一个复杂的词组时，必须按照它内部的层次构造逐层分析，不断找出每一层面的直接组成成分，并指出直接组成成分之间的句法关系，一直分析到词为止。这种分析方法就叫做"层次分析法"。因为这种分析法要求不断找出每一层面的直接组成成分，所以层次分析法也称作"直接组成成分分析法"；又由于每一层面基本都是二分，所以又俗称"二分法"。我们要掌握好这种分析复杂词组的方法。下面就用层次分析法分析一些复杂词组，其中包括递系词组和连动词组：

他　弟弟　正在　打　网球
　1　　　　2　　　　1—2 主谓词组
　3　　4　　5　　　6　　　3—4 "定—中"偏正词组
　　　　　　　　　　　　　5—6 "状—中"偏正词组
　　　　　　　　7　　8　　7—8 述宾词组

唱　得　嗓子　都　哑（了）
　1　　　　2　　　　1—2 述补词组
　3　　4　　5　　　6　　　3—4 助词结构，5—6 主谓词组
　　　　　　　　7　　8　　7—8 "状—中"偏正词组

请　张爷爷　去　看　京戏
　1　　　　2　　　　1—2 递系词组
　3　　4　　5　　　6　　　3—4 述宾词组，5—6 连动词组
　　　　　　　　7　　8　　7—8 述宾词组

九、词组的用处

词组在汉语里有两方面用处：

一是跟别的词或词组构成复杂的词组。例如"洗衣服"，这是个述宾词组，下面都是由这个词组构成的复杂词组：

[1]决定　洗　衣服　　洗　衣服　的　人　　　正在　洗　衣服
　1　　　2　　　　　1　（　）2　　　　1　　　2
　　　3　　4　　　　3　　4　　　　　　　　　　3　4
1—2 述宾词组　　　1—2 "定—中"偏正词组　　1—2 "状—中"偏正词组
3—4 述宾词组　　　3—4 述宾词组　　　　　3—4 述宾词组

二是在一定的语境（即上下文）中独立形成句子。"洗衣服""国产的洗衣机""很多"等词组在下面的对话中都可以独立形成句子：

[2]"你妈妈在干什么？"

　　"洗衣服。"［述宾词组独立形成句子］

[3]"你想买什么洗衣机？"

　　"国产的洗衣机。"［"定—中"偏正词组独立形成句子］

[4]"参观的人多吗？"

　　"很多。"［"状—中"偏正词组独立形成句子］

练习三

一、指出下列各个词组分别属于哪种类型。

心情激动　考试科目　有能力

坚持原则　热烈欢迎　我不懂

教育事业　教育干部　看不懂

学习语法　学习态度　看不看

调查重要　调查提纲　调查清楚

不怕牺牲　牺牲精神　牺牲生命

长势喜人　中国北京　首都北京

他哥哥　　他怎么样　北京上海

条件很好　觉得很好　演得很好

总结经验　实践经验　云南昆明

二、什么叫复杂词组？如何分析复杂词组的结构？

三、什么叫层次分析法？

四、词组有哪些方面的用处？

五、用层次分析法分析下列复杂词组。

(1)劳动人民创造历史

(2)大家努力学习科学知识

(3)全部、干净、彻底地消灭入侵的敌人

(4)广大人民的利益

(5)保护人民的利益

(6)镇压人民的刽子手

(7)恢复停刊的晚报

第四节　说说句子

一、汉语里的句子

句子是语言里最大的语法单位；但从表述的角度来看，句子又是最基本的表述单位，因为只有句子才能表达一个相对完整的意思。

句子可以理解为语言中伴有一定句调、表示相对完整意义的语言成分。一句话完了，有一个较大的停顿，书面上用句号、问号或感叹号来表示。例如：

[1]他们都去广州。

[2]你先走吧。

[3]你想吃点儿什么？

[4]狼来喽！

汉语语法的特点之一，是词组的构造规则和句子的构造规则基本是一致的。因此在汉语里，一个词组或一个词加上一定的句调就是句子。

在汉语里，具备主语、谓语的主谓词组可以加上句调形成句子，如例[1]至例[4]。再如：

[5]爸爸回来了。

[6]我吃。

[7]那孩子很可爱。

其他词组也可以加上句调形成句子。例如：

[8]当心玻璃！　　　[由述宾词组加句调形成]

[9]快走！　　　　　[由"状—中"偏正词组加句调形成]

[10]唱得好！　　　　[由述补词组加句调形成]

[11]"在干什么？"　　[由"状—中"偏正词组加句调形成]

　　"做作业。"　　　[由述宾词组加句调形成]

[12]"请谁？"　　　　[由述宾词组加句调形成]

　　"小王爸爸。"　　[由"定—中"偏正词组加句调形成]

有时甚至一个词也能加上句调形成句子，例如：

[13]"谁？""我。"

[14]"蛇！"

但在实际语言中，由主谓词组形成的句子还是居多，所以句子一般都包含主语和谓语两个部分。例如"你们都去"这个句子里，"你们"是主语，"都去"是谓语。再如：

[15]新来的老师　　教中国历史。

　　＿＿1＿＿　　＿＿2＿＿　　　　1—2 主谓关系

[16]李先生　　是上海人。

　　＿1＿　　＿2＿　　　　1—2 主谓关系

[17]他的个儿　挺高的。
　　　‾‾1‾‾　　‾‾2‾‾　　　　　　1－2 主谓关系

二、从构造上看句子

上面所举的例子，都属于单句。由两个或两个以上单句按某种逻辑联系组合在一起，这样形成的句子就称为"复句"。请先看两个例句：

[1]今天小张病了。

[2]他不能来上课了。

例[1]和例[2]都是主谓句，它们都是单句。如果把它们按因果关系组合在一起，成为：

[3]今天小张病了，他不能来上课了。

例[3]就是一个复句。复句本身是一个句子，带一个完整的句调。其中的"今天小张病了"和"他不能来上课了"不再被看做单句，因为在复句中它们都不具备句子应有的完整句调。"今天小张病了"和"他不能来上课了"作为复句的组成成分，称为"分句"。下面的句子都属于复句：

[4]如果你想去，我就陪你去。

[5]她不但聪明，而且很勤奋。

[6]你去，我也去。

[7]你是去广州呢，还是去厦门呢，还是去昆明？

[8]雨停了，风也小了，但乌云依然没有散去。

可见，从结构上看，句子首先可以分为单句和复句两大类。

关于复句，还可以进一步分类，详细情况，我们将在本章第八节介绍。现在先说说单句在构造上的分类。

单句，从构造上说，首先可以分为主谓句和非主谓句两类。具备主语和谓语两部分的句子叫"主谓句"。如上面举的例[1]和例[2]。但是句子不一定总是由主谓词组构成，不一定总是包含主语和谓语。例如：

[9]**出太阳了。**　　　　　　　[由述宾词组加句调形成]

[10]**别说话！**　　　　　　　　[由"状—中"偏正词组加句调形成]

[11]**疼得他都要掉眼泪了。**　[由述补词组加句调形成]

[12]"陈校长回来了吗？"

　　"**已经回来了？**"　　　　[由"状—中"偏正词组加句调形成]

[13]"这是谁的文章？"

　　"**是王老师的文章。**"　　[由述宾词组加句调形成]

从结构上看，例[9]至例[11]以及例[12]和例[13]里的答话，都没有主语和谓语，都不是主谓句。我们称这类句子为"非主谓句"。

不过上面这五个句子又可以分两种情况：例[9]至例[11]是一种情况，它们可以不依赖上下文而表达比较明确、完整的意思，一般称这种句子为"无主句"；例[12]和例

[13]里的答话则是另一种情况，它们得在一定上下文里才能表达一个比较明确、完整的意思，一般称这种句子为"不完全主谓句"，可看做是承前省略了主语的主谓句。

无主句和不完全主谓句的区别主要有两点：

第一，无主句不必依赖一定的上下文，它可以独立存在；不完全主谓句则必须依赖一定的上下文，离开了一定的上下文不能存在，也就是说不完全主谓句离开了一定的上下文，不能表示清晰的意思。

第二，从表面看，无主句似乎是一种省略了主语的句子，事实上这种句子是补不出或无须补出明确的主语的。而不完全主谓句里被省略的主语都可以补出来，上面举的例[12]和例[13]也可以说成：

[14]"陈校长回来了吗？"

　　　"陈校长**已经**回来了？"

[15]"这是谁的文章？"

　　　"这是**王老师**的文章。"

有的句子可以由一个单词加上句调形成，这种句子一般称为"独词句"。独词句也属于非主谓句。例如：

[16]"谁？"

　　　"我。"

　　　"进来！"

综上所述，句子的结构分类可图示如下：

$$
句子\begin{cases} 单句\begin{cases} 主谓句 \\ 非主谓句\begin{cases} 不完全主谓句 \\ 无主句（包括独词句） \end{cases} \end{cases} \\ 复句（还可以进一步分类，详见本章第八节） \end{cases}
$$

三、从用途上看句子

从用途上看，或者说从表达上看，句子可以根据句子所表达的内容和语气分为陈述句、疑问句、祈使句、感叹句四类。

1. 陈述句。陈述句的作用是报道一件事实。例如：

[1]他们在上课。

[2]我哥哥已经结婚了。

[3]他明天不去上海。

[4]今天是星期六。

[5]这孩子很可爱。

陈述句表示陈述语气，句调是一个降调。在书面上，陈述句末尾都用句号。

2. 祈使句。祈使句是用来对听话人表示某种请求、商量、命令、劝阻或警告等意思的句子。例如：

[6]你把那桌子搬到外面去。

[7]你明天走吧。

[8]站起来!

[9]你别喝了!

[10]不准随地吐痰!

祈使句表示祈使语气,句调有的是一个降调,有的是一个急促的高降调。在书面上,祈使句末尾或用句号或叹号。

3. 疑问句。疑问句的作用是提出问题。在书面上,疑问句末尾都用问号。疑问句内部又可细分为四小类:

(1)是非问句。形式上跟有的陈述句、祈使句没有什么区别,不同的是句调用升调。回答时可以只用"是"或"不是",或者用点头、摇头来回答。例如:

[11]他们在上课?

[12]他并不知道?

[13]今年是建校三十周年?

[14]你叫他把那桌子搬到外面去?

[15]不准抽烟?

(2)特指问句。句中一定有疑问代词,以表示疑问。回答时不能只用"是""不是"或点头、摇头来回答,而要作出具体回答。特指问句的句调可以用升调,也可以用降调。例如:

[16]刚才谁来了?

[17]你想喝点什么?

[18]他准备去哪儿旅行?

[19]这大衣多少钱?

[20]她最近身体怎么样?

(3)选择问句。问话人提出几种可供选择的情况,要听话人作出回答,其基本询问方式是"X还是Y"。选择问句的句调可以用升调,也可以用降调。例如:

[21]今天是星期三还是星期四?

[22]他想去北京还是上海,还是广州?

[23]你想喝可乐,喝咖啡,还是喝红茶?

[24]她个儿高,还是矮,还是不高不矮?

(4)反复问句。问话人只提出肯定与否定两项,要求听话人在肯定与否定之中作出回答。基本询问方式是"V不V"或"V没(有)V"。反复问句的句调可以用升调,也可以用降调。例如:

[25]你去不去?

[26]他明天来不来?

[27]那衣服贵不贵?

[28]那地方远不远?

[29]你看没看今天的电视新闻?

[30]你去没去他家?

口语中也可以只在句末用一个否定副词"不"或"没有"来表示反复问。例如：

　　[31]你去不？

　　[32]那地方远不？

　　[33]你看今天的电视新闻没有？

　　[34]你去他家没有？

　　疑问句末尾常常用疑问语气词"吗""吧"或"呢"，来增强疑问语气。句末疑问语气词在使用上有分工：在是非问句末尾，用"吗"或"吧"，不用"呢"；在特指问句、选择问句、反复问句末尾则用"呢"，不用"吗"或"吧"。例如：

　　[35]他们在上课吗/吧？

　　[36]这是谁告诉他的呢？

　　[37]他究竟去了福州，还是去了广州呢？

　　[38]他去没去学校呢？

例[35]句末用"吗/吧"，属于是非问句；例[36]至例[38]句末用"呢"，分别为特指问句、选择问句和反复问句。句末用疑问语气词"吗"和"呢"的疑问句，其句调可以用升调，也可以用降调；句末用疑问语气词"吧"的疑问句，其句调用降调。

　　注意，下面两个问句看上去很像是非问句（因为句中没有疑问成分），其实不属于是非问句：

　　[39]你的笔呢？

　　[40]你病了呢？

例[39]是由一个名词性词语加上疑问语气词"呢"形成的，例[40]是由一个动词性词语加上疑问语气词"呢"形成的。它们实际上是"非是非问句"的一种省略形式。拿例[39]来说，可以分别看做是特指问句、选择问句或反复问句的省略形式。请看：

　　[39] a. 你的笔在哪儿呢？【可以用在这样的语境中：（王老师问张华）"张华，你的笔在哪里？""在书包里呀。"（王老师转向问李军）"李军，*你的笔呢*（＝你的笔在哪里）？"】

　　　　b. 你的笔是圆珠笔还是钢笔呢？【可以用在这样的语境中：（王老师问张华）"张华，你的笔是圆珠笔还是钢笔？""我的笔是圆珠笔。"（王老师转向问李军）"李军，*你的笔呢*（＝你的笔是圆珠笔还是钢笔）？"】

　　　　c. 你的笔好使不好使呢？【可以用在这样的语境中：（王老师问张华）"张华，你的笔好使不好使？""好使呀。"（王老师转向问李军）"李军，*你的笔呢*（＝你的笔好使不好使）？"】

　　4. 感叹句。感叹句用来抒发某种强烈的感情（或喜悦，或愤怒，或惊讶，或悲哀等）。表示喜悦、愤怒、惊讶的感叹句一般用高而平的句调，表示悲哀的感叹句一般用低而趋降的句调。书面上感叹句末尾多用感叹号。例如：

　　[41]这风景多美啊！

　　[42]你给我滚！

　　[43]蛇！

　　[44]敬爱的周爷爷，您安息吧！

四、分析句子结构的基本方法

在第三节"词组"里，我们曾说，分析复杂词组，用层次分析法。对于句子，我们如要对它的结构进行分析，也是用层次分析法。例如：

我　弟弟　正在　做　英语　练习。

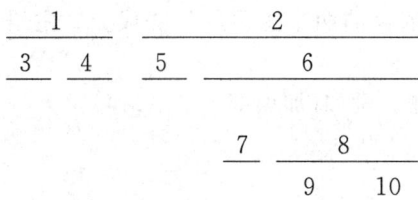

1		2				1－2 主谓关系
3	4	5	6			3－4 "定－中"偏正关系
						5－6 "状－中"偏正关系
		7	8			7－8 述宾关系
			9	10		9－10 "定－中"偏正关系

练习四

一、什么是句子？

二、什么叫主谓句？什么叫非主谓句？请分别举出实例。

三、什么叫无主句？什么叫不完全主谓句？二者有什么重要区别？请分别举出实例。

四、什么叫独词句？请举出实例。

五、下列各句哪些是主谓句？哪些是非主谓句？哪些是无主句？

    a. 今天国庆节。

    b. 别说话！

    c. 我疼得要命。

    d. 疼得我要命。

    e. 天上掉下个林妹妹。

    f. 他干吗去了？

    g. 给学生辅导去了。

    h. 太美了！

六、第五题里所列的八个句子，哪些是陈述句？哪些是祈使句？哪些是疑问句？哪些是感叹句？

七、上面例[40]"你病了呢？"我们说实际上可以分别看作特指问句、选择问句、反复问句的省略形式。请设想实际语境举例加以说明。

第五节　句子里的主语和谓语

一、关于主语和谓语

主语和谓语是句子里互相对立而又互相依存的两个主要的句法成分。主语是说话人所要陈述的对象，谓语是来陈述主语的。

在汉语里，主语一般可以理解为一个话题。例如（加黑部分是主语）：

[1]**弟弟**在看电影。

[2]**信**寄走了。

[3]**她**很聪明。

[4]**她的眼睛**大大的。

[5]**他家里**有一只猫。

[6]**今天**是星期三。

由于汉语里的主语一般可以理解为说话的话题，所以句子的主语从语义上来看，可以是谓语动词（即谓语部分的核心动词）的施事（即动作者），如例[1]；可以是谓语动词的受事（即受动者），如例[2]；也可以是谓语所陈述的主体，如例[3]和例[4]；也可以是事物存在的处所，如例[5]；也可以是判断的对象，如例[6]。

二、作主语的词语

主语通常是由名词性词语和名词性代词充任的，像上一小节所举的各个例句，其主语都是由名词性词语或人称代词充任的。

"的"字结构是名词性的，所以也经常作主语。例如（加黑部分是主语）：

[1]**木头的**便宜。

[2]**站在门口的**是李英。

在汉语里，表示时间、处所的名词也能作主语，因为我们也可以拿时间、处所作话题。例如：

[3]**今天**是五月初五端午节。

[4]**明天**不会下雨。

[5]**南京**有个夫子庙。

[6]**近处**是一层层梯田。

数量也能成为我们说话的话题，所以数词和数量词也能作主语的。例如：

[7]**九**等于六加三。

[8]**十尺**为一丈。

[9]**六本**太多了。

在汉语里，动词或形容词性词语也能作主语，因为我们也可以拿行为动作或事物的性质作说话的话题。例如：

[10]不去是对的。

[11]锻炼身体有好处。

例[10]和例[11]是动词性词语作主语。下面是形容词性词语作主语的例子：

[12]谦虚是一种美德。

[13]骄傲使人落后。

主谓词组都是表述某个事件或事实的，而事件或事实也能成为我们说话的话题，所以主谓词组也能作主语。例如：

[14]澳门回归值得庆祝。

[15]我们的生活水平提高了完全是事实。

例[14]里的"澳门回归"和例[15]里的"我们的生活水平提高了"都是主谓词组，在句子里都是作主语的。

三、作谓语的词语

谓语是陈述主语的，说明主语怎么样或是谁、是什么，因此谓语通常由动词、形容词或状态词性词语充任。例如（加黑部分是谓语）：

[1]他去。

[2]我写了一首诗。

[3]同学们都听懂了。

[4]他是医生。

[5]小华很聪明。

[6]这儿真美！

[7]她的脸通红。

[8]所有房间都干干净净的。

例[1]至例[4]由动词性词语充任谓语，例[5]和例[6]由形容词性词语充任谓语，例[7]和例[8]由状态词性词语充任。

名词性词语一般不作谓语，但有例外——表示日期、节令、天气、人的籍贯或描写人的外貌特征的名词性词语，有时也可以作谓语，特别在口语里。例如：

[9]今天星期二。

[10]六月一日儿童节。

[11]今天晴天。

[12]他四川人。

[13]那孩子红红的脸。

[14]那女孩儿黄头发。

另外，数量词以及由数量词作定语的"数·量·名"偏正词组，也常常作谓语。例如：

[15]一斤一百元。

[16]黄瓜两斤，西红柿三斤。

[17]一个人两个苹果。

[18]我们组**五个人**，他们组**六个人**。

例[15]和例[16]中，"一斤一百元"就是"每斤卖一百元"的意思，"黄瓜两斤"是"黄瓜有两斤"或"黄瓜买两斤"的意思。例[17]和例[18]中，"一个人两个苹果"就是"每个人（分）两个苹果"的意思，"我们组五个人"是"我们组有五个人"的意思。

主谓词组也能作谓语，这被认为是汉语语法特点之一。例如：

[19]她（呀），**心地特别善良**。

例[19]中，全句主语是"她"，谓语是"心地特别善良"，而谓语本身又是一个主谓词组——"心地"是主语，"特别善良"是谓语。如果用层次分析法分析的话，这个句子可分析为：

[20]她呀，心地　特别善良。

1 _____2_____　　　1—2　主谓关系

　　3_____4_____　　　3—4　主谓关系

这种句子，一般称为"主谓谓语句"。关于主谓谓语句，我们将在本节第五小节中详细介绍说明。

四、施事主语句和受事主语句

谓语如果是由动词性词语充任，那么从意义上看，主语一般说会有以下三种情况：

A. 主语是施事，即主语所指是谓语动词所表示的行为动作的发出者。例如：

[1]**他**写了一封信。

[2]**爸爸**在修理汽车。

B. 主语是受事，即主语所指是谓语动词所表示的行为动作的接受者。例如：

[3]**今天的报纸**看了。

[4]**作业**都交了。

C. 主语不是施事，也不是受事。这有三种情形：

第一种情形是作谓语的动词性词语不表示具体的行为动作。例如：

[5]**她**是会计。

其中的谓语动词"是"不表示具体的行为动作，作为主语的"她"很难说是施事还是受事。类似的动词如"有、像、属于、包括、当做、成为"等。

第二种情形是作谓语的动词性词语虽然表示具体的行为动作，但主语所指是行为动作的工具、处所什么的。例如：

[6]**这把刀**切熟肉。

[7]**这个房间**住人，**那个房间**堆粮食。

第三种情形是作谓语的动词性词语虽然表示具体的行为动作，但是主语所指跟谓语动词所表示的行为动作没有直接的语义联系，纯粹是一个话题。例如：

[8]**这件事**不怪他。

[9]**这起大火**幸亏消防队来得早。

[10]**这起火灾**得追究责任人的法律责任。

一般将主语是施事的主谓句，称为"施事主语句"；将主语是受事的主谓句，称为"受事主语句"；将主语是工具的主谓句，称为"工具主语句"。

这里特别要说一下受事主语句。这类句子在汉语里用得很普遍，也很有特点，所以需要单独提出来说说。受事主语句有以下特点：

第一，含有被动意义。汉语里的被动句，不一定有形式上的标志，受事主语句就是被动句。例如：

[11]杯子给弟弟打破了。

[12]自行车被偷走了。

[13]信寄走了。

[14]收音机修好了。

这四个句子都含有被动意义，例[11]和例[12]分别有表示被动的标志"给"和"被"；例[13]和例[14]没有任何表示被动的标志。在汉语里，这四个句子都是被动句。

第二，主语是有定的，即主语所指的事物，或者是说话双方已知的，或者含有周遍意义。例如：

[15]书买来了。

[16]那小说已经看完了。

[17]一个字也不认识。

[18]什么都吃一点儿。

例[15]和例[16]中的"书""那小说"都一定是说话双方已知的事物，例[17]和例[18]中的"一个字""什么"都带有周遍意义。

第三，谓语一般要求是复杂的，也就是说谓语不能是单个动词。例如一般不单独说"苹果买""衣服拿"，除非在表示对比的句子中，或用作答话。例如：

[19]这孩子嘴刁，**瘦肉吃，肥肉不吃**。

[20]"你不喝啤酒？"

　　　"**啤酒喝。**"

如果谓语是个动词性词组，或者动词后带上"了、着、过"，句子就没有上面所说的限制。例如：

[21]苹果不买了。

[22]衣服拿了两件。

[23]苹果买了。

[24]衣服拿了。

[25]苹果买过。

[26]衣服拿着！

总之，在汉语里，受事主语句就是被动句，而且有一定的特点。

五、汉语的句子可以有两个主语——主谓主语句和主谓谓语句

在汉语里，主谓词组可以作主语，也可以作谓语。这都已在前面第二小节和第三小节说过了。由主谓词组充任的主语叫"主谓主语"（如"**他去**不合适"），由此形成的句子叫"主谓主语句"；由主谓词组充任的谓语叫"主谓谓语"（如"这件事**我不知道**"），由此形成的句子叫"主谓谓语句"。对于主谓谓语句需要再作些说明。请再看个实例：

　　[1]那几个人的工作我已经安排好了。

在例[1]中，"那几个人的工作"是整个句子的主语，"我"则是作谓语的那个主谓词组"我已经安排好了"里的主语。一般将全句的主语称为"大主语"，将作全句谓语的那个主谓词组里的主语称为"小主语"。例[1]的意思似乎也可以用下面的说法来表达：

　　[2]我已经安排好了那几个人的工作。

但是二者有区别：第一，从结构上看，例[1]是主谓谓语句，例[2]是一般的主谓句。第二，从意思上看，例[1]是以"那几个人的工作"为话题，说明那几个人的工作"我"安排得怎么样了；而例[2]以"我"为话题，说明"我"做了一件事——"安排好了那几个人的工作"。下面再举些主谓谓语句的实例（加黑部分是小主语）：

　　[3]孩子**眼睛**大大的。

　　[4]这个经验**我们**不能忘记。

　　[5]苹果**一斤**两块钱。

　　[6]他**下棋**下得很好。

六、关于处所主语句

处所主语句是指表示处所的词语作主语的句子。这里主要介绍两种处所主语句。

1. 表示人或事物的存在、出现或消失的处所主语句。例如：

　　[1]客厅里有两位客人。

　　[2]书包里有一封信。

　　[3]门口站着两个孩子。

　　[4]门上贴着一副对联。

　　[5]前面来了位老太太。

　　[6]草丛里窜出一只小兔子。

　　[7]村里死了一头牛。

　　[8]监狱里跑了个犯人。

例[1]至例[4]表示存在，例[5]和例[6]表示出现，例[7]和例[8]表示消失。这类句子一般总称为"存现句"。表示存在的句子一般称为"存在句"。存在句的使用频率很高，其基本格式是：

　　　处所词语 ＋ 动词性词语 ＋ 名词性词语

句首的处所词语表示人或事物存在的处所；句末的名词性词语表示所存在的人或事

物，常常带有数量成分；中间的动词性词语，如果单纯表示存在就用"有"，如例[1]和例[2]；如果要同时说明"怎么存在"，即同时说明存在的方式，一般就用"动词＋着"，如例[3]和例[4]。

　　2．表示一种活动、动态的处所主语句。例如：

　　[9]台上演着京戏。

　　[10]教室里上着课。

　　[11]屋里开着会呢。

　　[12]操场上放映着电影。

　　[13]大厅里跳着迪斯科。

句首的处所词语表示活动的场所；整个"'动词＋着'＋ 名词性词语"表示具体的活动，其中的名词性词语不带数量成分。

　　从表面形式上看，上面所说的"同时说明怎么存在"的存在句，格式相同，都是"处所词语 ＋'动词＋着'＋ 名词性词语"，甚至有的句子本身就可以表示这两种意思，例如：

　　[14]山上架着炮。

例[14]既可以看作存在句，意思是"山上有炮"；也可以看作表示活动的处所主语句，意思是"山上正有人在架炮"。这就是说，例[14]实际可以分为：

　　[14a]山上架着炮。【表示存在，表静态】

　　[14b]山上架着炮。【表示活动，表动态】

注意，当例[14a]表示存在时，"炮"前可以带数量成分，"动词＋着"可以换为"有"，如：

　　[14a]山上架着炮。→ 山上架着两门炮。

　　　　　　　　　　　→山上有炮。

而例[14b]表示活动时，"炮"前绝不能带数量成分，"动词＋着"也不能换为"有"，如：

　　[14b]山上架着炮。×→山上架着两门炮。

　　　　　　　　　　×→山上有炮。

七、在主谓组合中要注意的问题

(一)注意主语和谓语的配合

　　主语和谓语是句子中两个最重要的、密切相关的句法成分，主语是陈述的对象，谓语是对主语加以陈述，这就要求我们在组织句子时，首先要注意主语和谓语的配合，使谓语对主语的陈述尽量做到准确、恰当。例如：

　　[1]旧社会的苦力愁眉苦脸去典当，新社会的工人眉开眼笑跑银行。

这是一张宣传储蓄的招贴画上的文字说明，两个分句的主语和谓语都配合得很好，收到了准确、鲜明、生动的表达效果。如果不注意主语和谓语的配合，就会犯主谓搭配不当的毛病。例如：

  [2]*《光明日报》改版后，版面热气腾腾，报纸以崭新的面貌展现在读者面前(报)。

  [3]*当年周恩来总理在这里所作的数小时的报告，仍在这里回响。(刊)

  [4]张学思同志离开我们八年多了，他那崇高的革命品质，经常浮现在我们的脑海中。(刊)

例[2]"热气腾腾"不能用来陈述"版面"，宜换成"生动活泼"一类的词语。例[3]主语是"当年周恩来总理所作的数小时的报告"，谓语是"仍在这里回响"，报告怎么能回响呢？例[4]主语"他那崇高的革命品质"跟谓语"经常浮现在我们的脑海中"不能搭配。如果要保留原主语，谓语可改成"永远值得我们学习"；如果要保留谓语，主语宜改为"他那高大的形象"。

(二)避免残缺

残缺主语，这在写作中也是比较常见的毛病。例如：

  [5]*从他们的成长和工作将证明这一点，那就是在新中国的摇篮里，也能够产生"人类智慧的挑战者"。

  [6]*通过四水村由穷变富的变化，清楚地表明了当前在农村中建立各种类型的生产责任制是刻不容缓的事情。

  [7]*王铁贵奸污幼女的丑事一揭发，就更加气愤了，一致要求司法部门严惩这个披着干部外衣的流氓。

  [8]*她的发言，不时地被关欣打断，并把她轰出门外。

例[5]至例[8]都缺主语。造成这种毛病的原因有两方面：一是滥用介词。如例[5]和例[6]本来是有主语的，例[5]的主语应该是"他们的成长和工作"，例[6]的主语应该是"四水村由穷变富的变化"，现在分别被加上了介词"从"和"通过"后，就失去了作主语的资格，从而造成句子残缺主语的毛病。例[5]和例[6]分别删去介词"从"和"通过"就行了。二是在复句组织中随便转换句式，加之滥用省略。如例[7]和例[8]就都属于这种情况。例[7]和例[8]都是复句，它们的第一个分句都是受事作主语的被动句，后面的分句却换用主动句式，主语又随便省略了，结果造成后面的分句残缺主语的毛病。例[7]应在第二个分句头上加上主语"大家"，例[8]后一分句可改为"最后她还是被轰出门外"。

  也有残缺谓语的现象，但较为少见，详见下文本章第十节。

练习五

一、解释下列名词术语。

  (1)主谓句

  (2)非主谓句

  (3)无主句

（4）独词句

（5）"的"字结构

二、什么叫主谓谓语句？

三、什么叫受事主语句？受事主语句有些什么特点？

四、用层次分析法分析下列各句的结构。

（1）我们请他作了一个报告。

（2）他有事没有来。

（3）他最喜欢的书买到了。

（4）什么他都懂一点儿。

（5）苹果一块钱买一斤。

（6）这个图书馆藏书很多。

（7）有的同学我还叫不上名字。

（8）去不去你自己决定。

五、指出并改正下列各句的语法错误。

（1）小王的学习态度一向很努力。

（2）国家急需的三十一种新产品的规格都试制成功了。

（3）组长老李的这种不为名不为利的精神，同志们一致称赞他是革命的老黄牛。

（4）新中国成立三十多年来，我国古生物研究获得的成果，为祖国社会主义建设作出了积极的贡献。

（5）著名数学家华罗庚教授的报告，极大地焕发了同学们为祖国而学习的积极性。

六、下面四个句子里有两个残缺主语的病句，试找出来加以改正，并说明理由。

（1）通过这一段时期的学习，使我们懂得了应该做一个有益于人民的人。

（2）通过这一段时期的教育，使学生进一步懂得了应该做一个什么样的人。

（3）已经整整一年了，对于他的工资问题，始终没有得到解决。

（4）谁也没有想到他会犯这样大的错误；当然，对于他的问题，不能草率处理。

第六节 句子里的述语、宾语、补语

一、汉语里的述语和宾语

　　述语和宾语是句子中两个重要的句法成分。前面第三节"词组"中介绍述宾词组时我们曾说过，述语表示行为动作，宾语是行为动作所支配、影响或涉及的对象。不过，这是一种概括的说法，其实汉语中述语和宾语在意义上的联系是多种多样的，常见的有以下几种：

　　1. 宾语是述语所表示的动作行为的受事。这种宾语一般称为"受事宾语"。例如：

　　[1]（我）看**书**　　　（姐姐）洗**衣服**　　　（他们）买**房子**

　　[2]（他）写**书**　　　（妈妈）做**衣服**　　　（工人）盖**房子**

例[1]和例[2]里的宾语都是受事，但有些不同：例[1]里的宾语所指的事物是在动作行为发生前就存在的；例[2]的宾语所指的事物在动作行为发生前并不存在，而是在动作行为发生之后所产生的结果。

　　2. 宾语是述语所表示的动作行为的施事。这种宾语一般称为"施事宾语"。例如：

　　[3]（这房子）住**人**　　　（我们家）来**客人**了　　　（门口）站着个**孩子**

　　3. 宾语表示处所。这种宾语一般称为"处所宾语"。例如：

　　[4]（我）去**天津**　　　（他）回**北京**了　　　（李老师）来**学校**了

　　4. 宾语表示动作行为所凭借的工具。这种宾语一般称为"工具宾语"。例如：

　　[5]（我）吃**大碗**　　　（你别）洗**凉水**　　　（他习惯）写**毛笔**

"吃大碗"就是"用大碗吃"的意思。余者类推。

　　5. 宾语表示数量。这种宾语一般称为"数量宾语"。例如：

　　[6] a.（他）看了**三本**　　　（我）写了**两篇**　　　（客人）来了**三位**

　　　　 b.（他）看了**三次**　　　（我）写了**两回**　　　（客人）来了**三趟**

　　　　 c.（他）看了**三天**　　　（我）写了**两分钟**　　　（客人）来了**三年**

例[6]a、b、c三种数量宾语情况并不一样，这将在本节第三小节加以说明。

　　6. 宾语表示领有或存在的事物。例如：

　　[7]（他）有**两个弟弟**　　　（桌上）有**一本书**　　　（门外）是**一条河**

宾语可以是施事、处所或工具，这也是汉语语法的特点之一。

　　7. 宾语表示行为所涉及的具体内容。例如：

　　[8]听说**老李回来了**　　　希望**去西欧旅游**

　　[9]同意**改种葡萄**　　　以为**弟弟不去了**

　　关于汉语里的宾语，还需要了解一点，那就是汉语里边有一种倾向，主语所指的人或物往往是有定的（即已知的、确定的、听话人可以了解的），而宾语所指的人或物往往是无定的（即未知的、不确定的）。试比较：

　　[10] a. **客人**来了。

b. 来客人了。

[11] a. 书买了。

b.（我）买书了。

例[10]a 里的"客人"是主语，那"客人"是有定的；例[10]b 里的"客人"是宾语，那"客人"是无定的。如果说话人和听话人事先都知道有客人要来，那么用例[10]a 来表述客人到来的信息；如果说话人和听话人事先并不知道要有客人来而来了客人，那就用例[10]b 来表达这一信息。例[11]a 里的"书"是主语，那"书"是有定的；例[11]b 里的"书"是宾语，那"书"是无定的。只有当说话人和听话人事先都知道要买什么书，说话人才能用例[11]a 的说法；而如果听话人并不知道说话人买的是什么书，那么说话人只能用例[11]b 的说法。再如：

[12]一个人要有自知之明。

例[12]的"一个人"是个数量名成分，表面看好像是无定的，实际上是有定的，是泛指任何人，这对听话人来说是很容易了解的。

二、能带宾语的词语

在汉语中，及物动词和以及物动词为核心的动词性词组一般都能带宾语，作述语。例如：

[1] 买衣服　　　　　讲故事　　　　　洗衣服　　　　写信

[2] 开汽车　　　　　了解情况　　　　学习语法　　　帮助同学

[3] 住人　　　　　　来客人　　　　　去北京　　　　坐椅子上

[4]（他）不戴眼镜　很喜欢孩子　　　就是这个人　　只听京戏

[5]拿出来一支笔　　看不完这本书　　看完两本书　　看懂这句话的意思

[6]分析研究这些问题　讨论并通过了他的建议　　　看不看电影

注意：例[3]中作述语的动词"住、来、去、坐"等，在有的语言里是不及物动词，但是在汉语里可以看作及物动词，因为它们能带宾语，虽然所带的宾语不是受事，而是施事或处所。

形容词是不能带宾语的，但某些形容词带上补语后所形成的述补词组也能带宾语。例如：

[7]热死了两个人　　乐坏了小弟弟　　干死了很多树苗

三、能作宾语的词语

名词和人称代词经常作宾语。例如：

[1]（妈妈）洗衣服　　（他）写文章　　（我）听音乐

[2]（我）相信他们　　（他）了解我　　（爸爸）叫你

但是更常见的是各类名词性词组作宾语。例如：

[3]（妹妹）穿着新衣服　　（他）写了一封信

[4]（我）有哥哥、弟弟　　（他）去过北京、上海、西安

[5]（我）买**木头的** 　　　　　（他）不吃**冷的**

例[3]是偏正词组作宾语，例[4]是联合词组作宾语，例[5]是"的"字结构作宾语。

数量词也能作宾语，这种宾语一般称为"数量宾语"。例如：

[6]（书）买了**五本** 　　（他）吃**两个** 　　（老师）来了**三位**

[7]（你）去**一趟** 　　（她）唱了**两回** 　　（我）看过**两次**

[8]（你）等**一会儿** 　　（他）住了**四年** 　　（我奶奶）死了**三年了**

例[6]宾语是由名量词形成的数量词充任的，例[7]宾语是由动量词形成的数量词充任的，例[8]宾语是由时量词形成的数量词充任的。从意义上来说，例[6]的数量宾语是说明述语动词实际支配的事物的数量的；例[7]的数量宾语是来说明述语动词所表示的行为动作的量的；例[8]的数量宾语或是用来说明述语动词所表示的行为动作所经历的时间，或是用来说明事情发生后到说话时为止所经历的时间。学界有人将例[7]和例[8]里的数量宾语分析为补语，称为"数量补语"。从意义上来看，它对前面的动词有补充说明的作用；但从形式上看，更接近于述宾结构。试比较：

a. 看三本　　看了/过三本　　一本也没有看　　＊看得三本

b. 看三次　　看了/过三次　　一次也没有看　　＊看得三次

c. 看三天　　看了/过三天　　一天也没有看　　＊看得三天

d. 看仔细　　＊看了仔细　　　　×　　　　　看得仔细

a 大家公认是述宾关系，d 大家公认是述补关系。从形式上看，b 和 c 显然跟 a 接近，而跟 d 相去甚远，所以我们将它们归入宾语。当然，这些表示动量和时量的数量宾语跟典型的宾语还是有区别的，因此有人称之为"准宾语"。

值得注意的是，在汉语里动词性词语、形容词性词语和主谓词组也能作宾语。例如：

[9]（他）喜欢**笑** 　　（我们）准备**马上出发**

[10]（她）爱**干净** 　　（我）觉得**很好** 　　（他）认为**好极了**

[11]（我）听说**她回来了** 　　（我们）希望**你去**

例[9]是动词性词语作宾语，例[10]是形容词性词语作宾语，例[11]是主谓词组作宾语。这些宾语从语义上看，都是指明述语动词的具体内容的。例如"她喜欢笑"，"笑"就是"她"喜欢的具体内容。所以也有人将这种宾语称为"内容宾语"。

这里想附带说明一下，汉语里的及物动词，根据它后面的宾语由什么性质的词语充任，可以将它分为三小类：

一类是只能带由名词性词语充任的宾语。例如：

吃　洗　剪　修理　参观

一类是只能带由动词或形容词性的词语（包括主谓词组）充任的宾语。例如：

打算　企图　觉得　值得　以为

一类是既能带由名词性词语充任的宾语，也能带由动词或形容词性的词语（包括主谓词组）充任的宾语。例如：

看（看小说 ｜ 看下棋）　同意（同意这个意见 ｜ 同意明天去）

想(想一个办法 ｜ 想怎么办成这个事儿)　　听说(听说一个事儿 ｜ 听说回来了)

在汉语里，能愿动词带上动词性词语或形容词性词语所形成的词组也看作述宾词组。例如"应该告诉他""可以便宜一些"和"不能他去"在结构上可以分析为：

应该　告诉他　　　可以　便宜一些　　　不能　他去
　1　　　2　　　　　1　　　2　　　　　1　　　2　　　1—2 述宾关系

四、汉语里的双宾结构

有的动词后面可以带两个宾语，通常一个指人，一个指事物，这种述宾结构一般称为"双宾结构"，这类宾语一般称为"双宾语"。例如：

[1](她)给弟弟一支笔。

[2](李老师)教我们英语。

[3](他)问你一个问题。

[4](我)告诉大家一个好消息。

指人的宾语(如"弟弟、我们、你、大家")靠近动词，一般称为"近宾语"，也称为"间接宾语"；指事物的宾语(如"一支笔、英语、一个问题、一个好消息")离动词远一点儿，在间接宾语的后面，所以一般称为"远宾语"，也称为"直接宾语"。常见的能带双宾语的动词有：

给　送　教　赔　还(huán)　问　退　告诉

以上是表示"给予"义的双宾结构，汉语里也有表示"取得"义的双宾结构。例如：

[5]我买了老农一只鸡。

[6]那小偷偷了王老师家一台笔记本电脑。

[7]这场足球赛，钢铁队赢了巨人队一个球。

[8]我一共收到她三封信。

能带"取得"义双宾语的动词常见的有：

买　偷　抢　赢　骗　赚　收到

现代汉语里有些动词，如"借、租"，既可以带"给予"义双宾语，也可以带"取得"义双宾语。例如：

[9]我已经借她三万块钱了，怎么她还要借呀？　　　　["借"表"给予"义]

[10]我是借过小王一支笔，但我昨天已经还给他了。　　["借"表"取得"义]

[11]这样吧，我先租你们两间房，你们先住下。　　　　["租"表"给予"义]

[12]当时我租了钱家一辆车，我就开车走了。　　　　　["租"表"取得"义]

从结构上来说，带双宾语的述宾词组其实可以看作述宾词组带宾语，如"给弟弟一支笔""买老农一只鸡"可以分析为：

给　弟弟　一支笔
买　老农　一只鸡
　1　　2　　　　1—2述宾关系
　3　　4　　　　3—4述宾关系

五、在述宾组合中要注意的问题

（一）注意述语和宾语的配合

述语和宾语也是密切相关的成分，一定要配合好。如"鱼水情深传佳话，军民团结谱新歌"这两句话中的"传佳话"和"谱新歌"，述宾搭配得很恰当；可是像"*传说着他的先进事迹"这样的说法，述宾搭配得就不当。

述宾搭配不当有两种情况。一种是意义上不能搭配。例如：

　[1]*有老船长掌舵，我们一定能冲过暗礁险滩，取得航行的胜利。（书）

　[2]*当务之急是要采取各种办法培养和提高中小学的师资水平。（报）

例[1]"暗礁险滩"，航船只能"绕过"去，"冲"是冲不过去的。应将"冲"改为"绕"。例[2]里的"培养和提高师资水平"在语义搭配上有毛病。"提高师资水平"是可以说的，"培养师资水平"就不能这样说。从整个句子看，宜将"培养和"三字删去，在"提高"前加"努力"。这个病句告诉我们，当述语或宾语是联合词组时，更要注意相关成分之间的搭配关系。另一种情况是语法上不能搭配。例如：

　[3]*今年大白菜大丰收，每亩收成了一万五千斤。（报）

　[4]*黄教授带着怎样防治棉铃虫，怎样提高棉花产量，深入棉区进行调查研究。

　[5]*这些问题难道还不值得领导的重视吗？

例[3]"收成了一万五千斤"里的"收成"是名词，它不能带宾语。"收成"应改用动词"收"。例[4]"带着"后面只能跟名词性宾语，而"怎样防治棉铃虫，怎样提高棉花产量"是个动词性词组，显然不合要求。在"……产量"后面加上"的问题"三个字，转化成名词性词组就行了。例[5]则相反，"值得"后面要求带动词性宾语（或由动词性词语作谓语的主谓词组充任的宾语），而"领导的重视"是名词性词组，不合要求。"领导的重视"里的"的"去掉，变为主谓词组，句子就通了。

（二）注意结构的完整

在述宾组合中，还要注意结构的完整，如果缺少了必不可少的成分，就会造成残缺的毛病。下面是残缺述语的例子：

　[1]*现在这些娃娃都是在蜜罐里长大的，成天衣来伸手，饭来张口，出门坐汽车，进门看电视的生活。（刊）

　[2]*他的表情冷漠，若无其事的样子。（书）

例[1]和例[2]都把述语动词落了。例[1]应在"成天"后、"衣来伸手……"前补上述语"过着"。例[2]"若无其事的样子"前面缺述语，应加上"显出"。

更常见的毛病是残缺宾语中心。例如：

　[3]*这些名贵的树种，多具有木质坚硬、致密，结构均匀、纹理交错，切面光滑油润，干燥后不翘不裂，有特殊香味，不为虫蛀，是造船、雕刻、弯曲构件和高档家具的上等用材。（书）

　[4]*用在医药上的高分子材料大致可以分为机体外使用与机体内使用。

例[3]和例[4]都犯了残缺宾语中心的毛病。例[3]动词"具有"后面要求带一个名词性宾语，现在它后面所跟的"木质坚硬、致密，结构均匀、纹理交错，切面光滑油润，干燥后不翘不裂，有特殊香味，不为虫蛀"是个动词性成分，不合"具有"的要求。应在"不为虫蛀"后加"等优点"。例[4]动词"分为"后面也要求带名词性宾语，现在它后面所跟的"机体外使用与机体内使用"是个动词性成分，也不合要求。在句末应加上"两种"。

六、汉语里的述语和补语

　　动词或形容词，后面带上补充性说明成分便构成述补词组。例如"洗干净"里的动词"洗"是述语，"干净"是补充性说明成分，是补语，"洗干净"就是一个述补词组。

　　述补词组是汉语所特有的一种词组。这实际是一种缩略型的词组，其中包含两重语义关系。最明显的是，当述补词组充任谓语时，由此造成的主谓词组实际上是由两重主谓词组整合而成的。例如：

　　[1]我走累了 ← 我走＋我累了

　　[2]衣服洗干净了 ← 衣服洗了＋衣服干净了

　　[3]我把黑板擦干净了 ← 我擦黑板＋黑板干净了

　　[4]他热得头上直冒汗 ← 他热＋他头上直冒汗

　　[5]我走出教室 ← 我走＋我出教室

七、能带补语的词语

　　只有动词、形容词能带补语。例如：

　　[1]洗干净　　跑得很快　　[动词带补语]

　　[2]看完了　　唱得好　　　[动词带补语]

　　[3]热极了　　贵得不得了　[形容词带补语]

偶尔述语也能由动词性联合词组充任。例如：

　　[4]使用再好的洗发露，都必须将头发冲洗干净。

　　[5]屋子给打扫整理得井井有条。

但是，这毕竟很少见。

　　注意：状态词不能充任述语，即状态词不能带补语(见上文本章第二节)。

八、能作补语的词语

　　补语是放在动词或形容词之后作补充性说明的成分。补语的情况比较复杂，有多种类别。而不同性质的补语要求由不同的词语来充任。下面分别说明。

(一)结果补语

结果补语是直接粘连在动词或形容词后面的补充性说明成分。作结果补语的只限于单个形容词或动词。例如：

[1]洗干净　说清楚　看明白　抓紧　放大　染红　[形容词作补语]

[2]做完　听懂　打死　拿走　学会　推倒　[动词作补语]

带结果补语的述语都不带"得"，补语和述语是直接连着的。

从意义上看，述语和补语之间是手段和结果的关系。用同一种手段"洗"，可以得到不同的结果。例如：

洗干净　洗脏了　洗白了　洗破了　洗丢了

而同一种结果"干净"，也可以通过不同的手段来达到。例如：

洗干净　刷干净　扫干净　擦干净　冲干净

(二)趋向补语

趋向补语是在动词之后用来补充说明行为动作的施事或受事运动、位移的趋向的。例如"(你)走进去"里的"进去"是说明施事"你"的运动趋向的，"拿出来(一本书)"里的"出来"是说明受事"书"的位移的趋向的。

趋向补语只能由趋向动词充任。现代汉语里的趋向动词总共有二十四个，可以分为三组，现列表如下：

	上	下	进	出	回	过	起	开
来	上来	下来	进来	出来	回来	过来	起来	·开来
去	上去	下去	进去	出去	回去	过去	—	—

趋向补语表示的意义有两种，一是表示事物实在的运动、位移的趋向，这时作述语的成分限于表示动作的动词。例如：

走开　坐下　跑回去　爬上来　飞出去

拿出　摘下　拉过来　推出去　捡起来

二是表示某种抽象的引申意义。例如：

[3]我喝**上**茅台酒了。

[4]你可以顺着这个思路想**下去**。

[5]今天热**起来**了。

例[3]"喝上"是"喝到"的意思，表示达到了喝茅台酒的目的。例[4]"想下去"是"继续往下想"的意思。例[5]"热起来"是"开始热"的意思。

注意：当趋向补语表示引申意义的时候，作述语的成分可以不限于动作动词，如例[4]里的"想"就不是动作动词，甚至可以是形容词，如例[5]里的"热"。

趋向补语也是跟述语直接连着的，即中间没有"得"。

(三)可能补语

一般来说，带结果补语的述补词组和带趋向补语的述补词组，中间加进"得"或"不"，就构成带可能补语的述补词组。加"得"的是肯定形式，加"不"的是否定形式。例如：

	肯定形式	否定形式
看完 →	看得完	看不完
洗干净 →	洗得干净	洗不干净
拿出 →	拿得出	拿不出
走进去 →	走得进去	走不进去

"看得完"是"能看完"的意思，"看不完"是"不能看完"的意思，余者类推。带可能补语的述补词组，其肯定形式与否定形式在结构上一般分析为：

洗得　干净　　　　洗　　不干净

_1_　_2_　　　　_1_　　_2_　　1—2　述补关系

一般来说，否定形式的使用频率比肯定形式高得多，特别是当述语由双音节动词充任时，一般不用肯定形式。试比较：

　　? 打扫得干净——打扫不干净　　　? 调查得清——调查不清

　　? 研究得出——研究不出　　　　　? 回答得出来——回答不出来

当要表示肯定形式的意思时，一般用另一种说法，例如：

　　? 打扫得干净——能打扫干净　　? 调查得清——能调查清

　　? 研究得出——能研究出　　　　? 回答得出来——能回答出来

在现代汉语里，还有两种凝固的带可能补语的述补词组的格式，一种是"V得了(liǎo)"和"V不了(liǎo)"，如"洗得了""洗不了"；一种是"V得"和"V不得"，如"洗得""洗不得"。它们跟一般的带可能补语的述补词组(如"洗得干净""洗不干净")在意思表达上有所区别。试比较：

　　洗得干净——能洗干净　　　洗不干净——不能/没法洗干净

　　洗得了——能洗　　　　　　洗不了——不能/没法洗

　　洗得——可以洗　　　　　　洗不得——不可以洗

(四)状态补语

状态补语可以很简单，只由一个形容词充任；也可以很复杂，由各种词组充任。例如：

　　[6](你)问得**好**！[单词作状态补语]

　　[7](他)写得**很快**。["状—中"偏正词组作状态补语]

　　[8](她)走得**慢极了**。[述补词组作状态补语]

　　[9](我)看得**忘了吃饭**。[述宾词组作状态补语]

　　[10](姐姐)笑得**肚子都疼了**。[主谓词组作状态补语]

状态补语往往带有夸张的意味，例如：

　　[11](那玻璃窗)擦得**一点儿灰尘也没有**。

　　[12](他)瘦得**只剩下一副骨头架子了**。

　　[13](大家)气得**肺都炸了**。

带状态补语的述语，主要由动词充任，如以上所举各个例子；也可以由形容词充任，例如：

［14］(那棉花)**白得像雪**。

［15］(那菜)**咸得发苦**。

下面试分析两个带状态补语的述补词组的结构：

a. 擦得　一点儿灰尘　也没有　　　　　b. 白得　像　雪

1－2述补词组　3－4主谓词组　　　　1－2述补词组　3－4述宾词组

带状态补语的述补结构中间一定有"得"。

注意，有的中间有"得"的述补结构，既可以理解为带可能补语的述补结构，又可以理解为带状态补语的述补结构。例如"洗得干净"，如果把"干净"看作可能补语，整个结构表示"能洗干净"的意思；如果把"干净"看作状态补语，整个结构大致表示"洗得很干净"的意思。

(五)程度补语

带程度补语的述语一般由形容词充任，例如"好极了""好得很"，"臭死了""臭得不得了"，"暖和极了""暖和得很"等，其中的"好、臭、暖和"都是形容词。少数表示心理活动的动词也能带程度补语，例如"喜欢极了""喜欢得不得了"，"讨厌死了""讨厌得很"等，其中的"喜欢、讨厌"都是表示心理活动的动词。带程度补语的述补词组可分为两小类：

1. 述语不带"得"。补语由"极了""死了"等充任。例如：

好**极了**　坏**极了**　脏**极了**　红**极了**　干净**极了**

臭**死了**　脏**死了**　热**死了**　冷**死了**　讨厌**死了**

用"极了"作补语时，述语不受限制；用"死了"作补语时，述语一般是表示不如意的形容词或动词。

2. 述语带"得"。补语主要由"很""不得了""了不得"等充任。例如：

好得**很**　　　坏得**很**　　　热得**很**　　　喜欢得**很**

好得**不得了**　坏得**不得了**　热得**不得了**　喜欢得**不得了**

好得**了不得**　坏得**了不得**　热得**了不得**　喜欢得**了不得**

程度补语不管是哪一类，都是强调程度之深。

注意，像"热死了"也会有歧解。如果把它看做是带结果补语的述补结构，那它说明某个有生命的事物因为太热而死亡了；如果把它看做是带程度补语的述补结构，那它表示"很热很热"的意思。

(六)时地补语

时地补语由介词结构充任，表示时间或处所，作述语的都是动词。例如：

现代汉语

[16]（他）生于1972年。

[17]（我）看到晚上十一点钟。

以上补语表示时间，再如：

[18]（他）住在天津。

[19]（这列火车）开往广州。

[20]（他们）来自西藏高原。

以上补语表示处所。

练习六

一、解释下列名词术语。

(1)双宾语

(2)施事宾语

(3)间接宾语

二、按下列要求举例。

(1)宾语为施事的述宾结构

(2)宾语为工具的述宾结构

(3)宾语为处所的述宾结构

(4)宾语为内容的述宾结构

三、汉语里的数量宾语有哪几种类型？"看了两回"里的"两回"属哪种类型的数量宾语？

四、指出下列述补词组中的补语属于哪种类型(结果、趋向、可能、状态、程度、时地)？

(1)打破了　　　　　(2)染红了　　　　　(3)气坏了

(4)累极了　　　　　(5)跑出去　　　　　(6)跑得出去

(7)跑不出去　　　　(8)飞往北京　　　　(9)写于1980年

(10)吓得话都说不出来　(11)洗得雪白　　　(12)热死了

(13)写清楚　　　　　(14)写得很清楚　　　(15)写得好

(16)写不清楚　　　　(17)走下来　　　　　(18)来自青海

五、下面都是带趋向补语的述补词组，请问各例 a、b 组的趋向补语表示的意义有什么不同？

(1) a.站起来　　　　b.冷起来

(2) a.跑下去　　　　b.演下去

(3) a.爬上(山坡)　　b.吃上(大米饭了)

(4) a.飞来　　　　　b.看来

六、用层次分析法分析下列各句的结构。

(1)他写出来的字有的大有的小。

（2）多问问没有坏处。

（3）他整整干了三个月。

（4）找他来也不解决问题。

（5）小李连忙跑回家告诉他父亲。

（6）我们坚信人民群众有无限的创造力。

（7）买个录音机有没有必要？

（8）两本杂志、一份报纸我已经都收起来了。

七、指出并改正下列各句的语法错误。

（1）大家密切配合，越战越勇，连续打败了敌人五次进攻。

（2）敌人用四个团的兵力从两面向我无名高地夹攻，企图强占和吃掉我无名高地上留守的兵力。

（3）舞剧《丝路花雨》用生动的艺术形象阐明了"历史悬明镜，强盛不闭关"。

（4）汉武帝不仅在政治上采取了一系列卓有成效的改革，而且在经济上采取了许多有利于发展生产的革新。

（5）同窗共读四载，情深如同手足，这种情谊是最值得珍贵的。

（6）我们把房子打扫得干干净净、整整齐齐。

第七节 句子里的修饰语——定语和状语

一、汉语中的定语和状语

请先看两组例子：

a. 纸飞机	b. 悄悄地说话
当代文学	经常去光顾
小莉的妈妈	相当喜欢
我们的老师	急急忙忙地跑出来
大房子	慢慢儿走
干净手绢儿	非常好
大大的双眼	格外漂亮
两封信	特别干净
三件衣服	(他)的确老实巴交的

a、b 两组的例子都称为偏正词组。这是就这些词组前后两部分的语法关系来说的，因为不管具体意义如何，这些词组的前一部分都是修饰、限制、说明后一部分的，所以称前一部分为修饰语，称后一部分为中心语。

但是，如果考虑到它们所表示的语法意义和它们在造句中的作用，或者说它们的语法功能，那么偏正词组还可分成两类：a 组是一类，表示事物，具有名词性；b 组是另一类，表示行为动作或性质状态，具有动词、形容词或状态词的性质。为区别起见，我们称 a 组偏正词组里的修饰语为"定语"，整个偏正词组称为"定－中"偏正词组；称 b 组偏正词组里的修饰语为状语，整个偏正词组称为"状－中"偏正词组。

一般来说，名词性词语前的修饰语是定语。上面 a 组偏正词组的中心语都是名词，它们前面的修饰语都是定语。但是，如果名词性词语前面的修饰语由副词充任，那么该修饰语就是状语。例如：

[1] 我住了足足一个礼拜了。

[2] 这才五毛钱。

[3] 今天才星期三。

[4] 你已经大学生了，还那么不懂事。

例[1]至例[4]里的名词性词语"一个礼拜""五毛钱""星期三""大学生"前面的修饰语"足足""才""已经"都是副词，这些修饰语都是状语，不是定语。

中心语如果是动词或形容词，那么它前面的修饰语一般是状语。上面 b 组偏正词组的中心语都是动词或形容词，它们前面的修饰语都是状语。但是，如果动词或形容词性词语前面的修饰语由名词或数量词充任，那么该修饰语就是定语，不是状语。例如：

[5]晚上有文艺演出。

[6]我们都要有这个心理准备。

[7]他焦急地等待着黎明的到来。

[8]科学技术方面的创新与突破对国民经济的发展影响深远。

[9]这真是年青一代的幸福。

[10]科技的发达推动了经济的发展。

[11]狐狸的狡猾是有名的。

例[5]至例[8]里的动词性词语"演出""准备""到来""创新与突破""发展"和例[9]至例[11]里的形容词性词语"幸福""发达""狡猾"前面的修饰语都由名词性词语充任,这些修饰语都是定语,不是状语。

但是,真要严格区分汉语中的定语和状语,必须考察整个偏正词组的性质。如果偏正词组是名词性的,那么其中的修饰语是定语;如果偏正词组是动词或形容词性的,那么其中的修饰语是状语。上面我们之所以把"副词＋名词"这种偏正词组里的副词定为状语,就是因为"副词＋名词"这种偏正词组只能作谓语,带有动词性;我们之所以把"名词＋动词/形容词"这种偏正词组里的名词定为定语,就是因为这种"名词＋动词""名词＋形容词"的偏正词组总是处于主语或宾语的位置上,而不再能作谓语或补语,带有明显的名词性。因此,对于汉语里的定语和状语,大致可以这样来定义:

定语——名词性偏正词组里的修饰语是定语。

状语——动词或形容词性偏正词组里的修饰语是状语。

二、能带定语的词语

1. 名词都能带定语。例如:

[1]脏(的)衣服　　　　两件衣服　　　　他的衣服

[2]猪(的)尾巴　　　　老虎(的)皮　　　　狂怒的狮子

[3]干净的水　　　　甜甜的牛奶　　　　好的饮料

[4]牛奶(的)质量　　　古代(的)文化　　　传统(的)友谊

2. 在汉语里,动词、形容词也能带定语,不过所带的定语一般要带"的"。例如:

[5]甜蜜的回忆　　春天的到来　　红花的凋谢　　远方的祝福

[6]少年的苦闷　　表面的冷漠　　穷人的辛酸　　学校生活的快乐

例[1]是动词带定语的实例,例[2]是形容词带定语的实例。

3. "的"字结构也能带定语,所带的定语主要有两种:

(1)数量词充任的定语。例如:

[7]我还要圣诞树呢,至少要一棵小的。

[8]想起两个小的,我的干劲就来了!

[9]先给你唱一段日本**的**。

(2)指示代词"这""那"或"指示代词＋量词"的词组（一般也称为"指量词"）充任的定语。例如：

[10]**这红的**是她的。

[11]我要**那蓝的**。

[12]**那个男的**好像是广东人。

4.量词都能带定语，所带定语主要有两种词：

(1)数词。由"数词＋量词"形成的偏正词组一般称为"数量词"。例如：

[13]一个　　　五块　　　一件　　　三把　　　两条

[14]第一个　　第二名　　第五次　　第三回　　第六天

(2)指示代词"这""那"。由"这/那＋量词"形成的偏正词组一般称为"指量词"。例如：

[15]这个　　这条　　这次　　那回　　那天　　那年

5."五四"以后，由于受西方语言的影响，人称代词也开始带定语，不过所带的定语也都得带上"的"。例如：

[16]火车最终还是走了，泪眼模糊中，我向站在月台上**的她**挥着手。

[17]**比他年轻了将近十岁的她**，看起来却分明像他的姐姐。

[18]**身为主办国的我们**，应全力以赴，办好这次亚运会。

[19]**童心未泯的我们**也跟孩子们一起唱起儿歌，做起老鹰捉小鸡的游戏。

[20]他气冲冲地走了，留下**气冲冲的我**。

人称代词带定语，这是一种欧化的说法，只见于书面语，一般很少用。

三、能作定语的词语

形容词能作定语，这无须多说。例如：

[1]**新**(的)衣服　　　　**白**(的)马　　　　**干净**(的)手绢儿

[2]**正确**(的)意见　　　**错误**(的)观点　　　**好**(的)思想

状态词也能作定语，但是通常要带上"的"。例如：

[3]**绿油油的**庄稼　　**雪白的**棉花　　**通红的**太阳　　　　**脏里巴唧的**衣服

[4]**高高的**楼房　　**大大的**眼睛　　**干干净净的**衣服　　**老老实实的**人

在汉语里，名词也能作定语，而且是作定语能力最强的。例如：

[5]**木头**(的)房子　　　　　　**铁**(的)门

[6]**故事**(的)情节　　　　　　**群众**(的)力量

[7]**小王的**笔　　　　　　　　**李老师的**表

[8]**书的**内容　　　　　　　　**鞋的**质量

注意：名词修饰名词时加"的"不加"的"有时意思不同。例如"木头人"是说人呆板，像木头一样；"木头的人"是指用木头做的人。

代词也能作定语。一般来说，人称代词作定语。例如：

[9]我(的)哥哥　　我们(的)老师　　他(的)朋友

[10]谁的笔　　谁的衣服　　　什么书　　　　这房子

数量词都能作定语。例如：

[11]三本书　　五个学生　　三辆汽车　　两个苹果

在汉语里动词也能作定语，但一般要加"的"，例如"写的信、买的票、吃的东西、查找的资料、签订的合同"等，如果把这些偏正词组里的"的"去掉，就变成述宾词组了。需要注意的是，有一部分双音节动词兼有名词的性质，这些动词如果修饰双音节名词，而且该名词在意念上不是动词的受事，那么"的"可加也可不加，例如：

[12]学习(的)资料　　学习(的)态度

[13]调查(的)提纲　　调查(的)对象

[14]建设(的)项目　　建设(的)资金

在汉语里，基本上各种词组都能作定语，但都要加"的"。例如：

[15]衣服和皮鞋的价钱　　分析、研究的能力　　[联合词组作定语]

[16]学生宿舍的电灯　　　刚来的老师　　　　　[偏正词组作定语]

[17]卖花儿的姑娘　　　　爱干净的人　　　　　[述宾词组作定语]

[18]写好的信　　　　　　走进来的人　　　　　[述补词组作定语]

[19]妈妈买的衣服　　　　力气大的同学　　　　[主谓词组作定语]

[20]对考试的态度　　　　关于住房问题的意见　[介词结构作定语]

四、能带状语的词语

在汉语里，能带状语的词语很多，简略说明如下：

1. 动词性词语都能带状语。例如：

[1]我们要冷静思考。

[2]修饰语后面的"的"和"地"，他时常混用。

[3]他们一起去。

[4]他刚来。

以上是单个动词带状语。下面是述宾词组带状语的实例：

[5]多留点吃的东西。

[6]一共有一千一百五十元呢！

[7]刘婶同情地看看母亲。

[8]我们尽量帮助他们。

下面是述补词组带状语的实例：

[9]雪花轻轻地飘落下来。

[10]他呀，方向都**辨别不出**。

[11]夜已经变得非常**沉寂**。

[12]我也**累坏**了。

[13]姐姐懒洋洋地**躺在床上**。

2. 形容词性词语也能带状语，所带的状语最常见的是表示程度的副词。例如：

[14]写作这条路很**漫长**。

[15]这样挺**舒服**的。

[16]房子设计十分**精巧**。

[17]明天会更**冷**吗？

[18]他们的关系更加**密切**。

[19]他这个人最**热心**。

3. 主谓词组也能带状语，例如"忽然电话铃响了"，副词"忽然"就是作主谓词组"电话铃响了"的状语，在结构上该分析为：

忽然　电话铃　响了

　1　　　2　　　　　　1—2　"状—中"偏正关系

　　　　　3　　4　　　 3—4　主谓关系

再如：

[20]**恰巧**爸爸回来了。

[21]**渐渐地**她消失在人群中了。

例[20]副词"恰巧"修饰主谓词组"爸爸回来了"，例[21]副词"渐渐地"修饰主谓词组"她消失在人群中了"。

4. 状态词很少带状语，不过口语中有，虽然也比较少见，例如：

[22]她的脸也**红红的**。

[23]四周都**静悄悄的**。

5. 汉语里，名词也能带状语，这也可以说是汉语语法的一个特点，但多见于口语。例如：

[24]我潮州人，他也**潮州人**。

[25]哇！几年不见，都**大姑娘**了！

[26]他已经**大学生**了。

[27]你才**傻瓜**！

[28]我那碗面，尽**虾**。

名词所带的状语都由副词充任。

6. 数量词也能带状语。例如：

[29]你那时才**三岁**。

[30]等了足足**五个多小时**。

[31]我已经**十七岁**了。

[32]"你数一数,有多少钱。""一共**二十三块**。"

数量词所带的状语一般也由副词充任。

五、能作状语的词语

副词都能作状语,这也无须多说,如"**刚来**""**再玩儿一会儿**""**马上去**""**很漂亮**""**终于回来了**"等。需要指出的是,在汉语里,作状语的不限于副词。

一部分形容词性词语也能作状语。例如:

[1]**快**说   **慢**走   **难**办   [单音节形容词作状语]

[2]**认真(地)**研究   **刻苦(地)**学习   [双音节形容词状语]

[3]**很耐心地**听着   **非常热情地**接待他   [形容词性词语作状语]

有些状态词也能作状语,不过一定得带"地"。例如:

[4]**轻轻地**放下   **整整齐齐地**排着

介词结构都能作状语,例如:

[5]**对老师很**尊敬   **向他**学习   **为顾客**服务   **在杭州**游览

　　把练习做完了   **比他**高   **替我**值班   **按政策**办事

在汉语里,表示动量和时量的数量词也能作状语,不过其中的数词大多为"一"。例如:

[6]**一口**吞下   **一次**做完   **一把**拉住   **一天**运完   **两年**盖好

某些表示时间、处所的名词也能作状语。例如:

[7]**明天**见!   **屋里**坐!

少数由动词"有"组成的述宾词组也能作状语,不过也一定得带"地"。例如:

[8]**有节奏地**敲着   **可以有重点地**说一下   **有步骤地**实现我们的计划

近二十年来,开始出现某些普通名词作状语的现象,特别在口语中。例如:

[9]咱们**电话**联系。

[10]可以**电脑**购物。

[11]那衣服**凉水**洗。

[12]你不能**剪子**剪?

[13]那牛肉要**沙锅**炖。

[14]现在还可以**电视**学英语。

这些名词充任的状语都表示行为动作凭借的工具,我们都可以在这些名词前面加上"用"或"通过"等介词。如例[9]也可以说成"咱们用电话联系",例[14]也可以说成"现在还可以通过电视学英语",余者类推。

六、复杂的偏正词组

所谓复杂的偏正词组，是指其修饰语或中心语本身又是偏正词组的偏正词组。下面分三种情况举例说明。

1. 修饰语本身又是偏正词组。例如：

[1]我妈妈的头发　　　女朋友的相片　　　　　一双鞋子
[2]尽早赶回来　　　　不自觉地犯了错误　　　很快算出来了

例[1]中的定语本身又是偏正词组，例[2]中的状语本身又是偏正词组。这两组实例中的"我妈妈的头发"和"尽早赶回来"在结构上都应分析为：

<pre>
我   妈妈   的   头发   尽   早   赶回来
     1   （ ）2   1   2
  3   4   3   4
</pre>

1—2"定—中"偏正关系　　　1—2"状—中"偏正关系
3—4"定—中"偏正关系　　　3—4"状—中"偏正关系

2. 中心语本身又是偏正词组。这种复杂的偏正词组使用得比较多，例如：

[3]他们的工作情况　　　自己的老房子　　　　　新的语文课本
　　今年的比赛规模　　　越南的胡椒产量　　　　美国的财政政策
[4]都十分精巧　　　　　已经渐渐地亮了　　　　已经很了解别人了
　　正在努力学习　　　　在食堂草草地用过了午餐　随便向他问了几句

例[3]属于"定中"偏正词组，例[4]属于"状中"偏正词组。其中的"他们的工作情况"和"都十分精巧"在结构上应分析为：

<pre>
他们的   工作   情况   都   十分   精巧
  1   2   1   2
       3   4   3   4
</pre>

1—2"定—中"偏正关系　　　1—2"状—中"偏正关系
3—4"定—中"偏正关系　　　3—4"状—中"偏正关系

3. 修饰语和中心语分别又都是偏正词组。这种复杂的偏正词组，"定—中"偏正词组多见，"状—中"偏正词组不多见。例如：

[5]中国乒乓球队整体素质
[6]很快向经理作了汇报

例[5]是复杂的"定—中"偏正词组，例[6]是复杂的"状—中"偏正词组。这两个偏正词组在结构上应分别分析为：

<pre>
中国   乒乓球队   整体   素质   很   快   向经理   作了汇报
  1   2   3   4   1   2   3   4
  3   4   5   6   3   4   5   6
</pre>

1—2"定—中"偏正关系	1—2"状—中"偏正关系
3—4"定—中"偏正关系	3—4"状—中"偏正关系
5—6"定—中"偏正关系	5—6"状—中"偏正关系

七、在修饰语和中心语组合中要注意的问题

(一)注意修饰语和中心语的配合

定语和状语都是修饰中心语的,修饰语和中心语配合得好,就会收到很好的表达效果。请看下面一段话:

[1]周总理以他崇高的革命精神,卓越的外交才能,丰富的斗争经验,渊博的学识和非凡的精力,赢得了世界革命人民的爱戴和敬佩。(《人民日报》,1976-01-11)

这是周恩来总理逝世当天中共中央、国务院、中央军委所发布的讣告中的一段话,在这段话中,修饰语和中心语配合得非常恰当——用"崇高"来修饰"革命精神",用"卓越"来修饰"外交才能",用"丰富"来修饰"斗争经验",用"渊博"来修饰"学识",用"非凡"来修饰"精力"。五个修饰语和五个中心语都各得其所,配搭得十分精当,全面准确地概括了周恩来总理伟大的精神和杰出的才华,让读者深深感到周恩来总理赢得世界各国人民的爱戴和敬佩是理所当然的。

在组织句子时,不注意修饰语和中心语的配合,会使文句语义不通。例如:

[2]＊让我们在通向现代化、信息化的航道上阔步前进!(报)

[3]＊金色的秋风送来了粮食增产的喜讯。(报)

例[2]中"在通向现代化的航道上"是个介词结构,作状语,修饰"阔步前进"。"航道"是指水上或空中的通道,在"航道"上是没法"阔步前进"的。如要保留"阔步前进",应将"航道"改为"道路";如要保留"航道",则将"阔步前进"改为"奋勇前进"或"乘风破浪,勇往直前"。例[3]中秋天是稻米等收获的季节,所以人们常常用"金色"来形容秋天。但是秋风是不会呈现颜色的,所以不能用"金色"来形容,"金色的秋风"显然不通。改法有二:如要保留"金色",可改为"金色的秋天传来了粮食增产的喜讯";如要保留"秋风",可改为"十月的秋风送来粮食增产的喜讯"。

(二)注意修饰语的位置

一个修饰语该放在什么位置,这对语言表达很有影响。有的时候,位置不同,意思就很不一样,例如"不完全对"和"完全不对",这两个偏正词组所用的词都相同,但意思却相差很远,这就是因为修饰语"不"和"完全"的位置不同造成的。有些病句是修饰语的位置摆错了。例如:

[4]＊在职工们倡议下,勤丰购物中心建立起来的劳资双方每半年举行一次协商会议的制度一直坚持到现在。(报)

[5]＊考古专家和史学工作者对两千多年前在长沙马王堆一号墓新出土的文物进行了多方面的研究。(刊)

例[4]是某报新闻报导中的一句话。按现在这个句子构造，似乎"劳资双方每半年举行一次协商会议的制度一直坚持到现在"，是在职工们倡议下才实现的。这与整篇报导的内容不符。从整篇报导内容看，作者是要告诉读者，勤丰购物中心"劳资双方每半年举行一次协商会议的制度"是在职工们的倡议下建立起来的，这个制度一直坚持到现在。显然，现在这个句子没有组织好，不该把介词结构"在职工们倡议下"放在句子开头，而应该将它放在主语"勤丰购物中心"之后，"建立起来……"之前。例[5]中，文物是属于两千多年前的，但不是在两千多年前出土的。"两千多年前"这个修饰语应是"文物"的定语，不应放在动词前面作状语。

(三)注意书面上"的"和"地"的正确使用

在本章第二节里我们说过，结构助词"的"和"地"读音相同，都是[teº]，但用法不同：定语后面用"的"，状语后面用"地"。但是，现在常常有人把状语后面的"地"写作"的"。例如：

> [6] * 在北京，历史上的许多重要建筑物，除长城外，像紫禁城故宫、天坛、颐和园、雍和宫、碧云寺、白云观、地坛等，都作为国家级文物保护单位被完整的保存下来了。(刊)

> [7] * 宏志班的同学都能刻苦的学习，在老师们热情、耐心的指导帮助下，学习成绩都很不错。(报)

像上面这两个例子，都错将状语后边的"地"写成了"的"。不过，这还不至于影响读者对句子意思的正确理解。有时会因为这一字之误，而造成读者误解句义。例如：

> [8] * 大家在海滩上又唱又吼又跳，疯狂的跳了一夜。

例[8]中，按小说内容，"疯狂"应该是状语，大家都在海滩上疯狂地跳了一夜，所以应将"疯狂"后的"的"改为"地"。由于作者误将"地"写成了"的"，会让人误解为"其中疯狂的人跳了一夜"。书面上修饰语后面的"的"和"地"的区分是人为的(因为实际读音是一样的)，但这种区分有利于正确理解，已为大家所接受，并已成为大家的共识。我们一定要分辨清楚"的"和"地"的不同用法。

(四)不要堆砌修饰语

在写作中根据表达的需要恰当地使用修饰语，就会使意思表达得准确、生动。但是，如果不管有没有必要，不管恰当不恰当，一味堆砌修饰语，那就不好了，就会得到相反的结果。下面的例子都犯了堆砌修饰语的毛病：

> [9] * 收音机里传来了振奋人心的令人兴高采烈、欣喜若狂的特大喜讯。

> [10] * 我终于来到了盼望已久的、宽广、辽阔、庄严、雄伟、壮观的天安门广场。

例[9]有了"振奋人心"这个定语就够了，"兴高采烈"是多余的，"欣喜若狂"根本就用得不是地方。例[10]"天安门广场"前堆了那些修饰语，有的语意重复，有的也不恰当，读起来很别扭。全句宜改为："我终于来到了盼望已久的天安门广场，它是那样的宽广、雄伟。"

练习七

一、什么叫定语？什么叫状语？

二、用层次分析法分析下列各句的结构。

    (1)他喊得嗓子都哑了。

    (2)这本书我不知道他看得懂看不懂。

    (3)为人民服务光荣。

    (4)我们乡现在已经有一百多个有大学文化水平的青年。

    (5)这是对全国人民的巨大鼓舞。

    (6)新发明的专治感冒的药丸的疗效很不错。

    (7)我记不起来他英语说得流利不流利。

    (8)我喜欢他姐姐那一台有四个喇叭的收录机。

    (9)这是恢复广播的戏曲节目。

    (10)争取对人类做出较大的贡献。

三、指出并改正下列各句的语法错误。

    (1)张大娘说出了积压在妇女心里的几千年的话。

    (2)他以奔放的喉咙歌唱了我们伟大的祖国。

    (3)实现农业现代化，会遇到许多不熟悉的新情况、新问题、新经验。

    (4)几年来，中学班的师生，对全大队的土壤酸碱度做了测量和氮、磷、钾试验，为科学种田提供了科学根据。

    (5)人们都以亲切的目光倾听着他的发言。

    (6)他叙述了一个未成年的工人的女儿误入歧途的故事。

第八节　关于复句

一、汉语里的复句

在前面第四节里我们已经说过，根据表达的需要，把两个或两个以上的单句按照某种逻辑联系组合在一起，成为一个较复杂的句子，这种句子叫复句。复句带有完整的句调。复句内部的各个单句不带有完整的句调，实际已失去了独立性，因此只能称为分句。例如：

[1]她病了，今天不能来上课了。

上面这个句子就是一个复句，它包含两个分句，这两个分句是按照因果关系组合在一起的。注意：两个单句要是在意思上没有一定的逻辑联系，就不能组成复句。例如：

[2]*他有克服困难的精神，她今天没有来上课。

例[2]中"他有克服困难的精神"和"她今天没有来上课"，没有什么逻辑联系，它们不能组合成一个复句。

复句中的各个分句之间一定有较小的停顿，在书面上用逗号或分号表示；整个复句之后有较大的停顿，书面上一般用句号表示。例如：

[3]如果你想去，我就陪你去。

[4]他们的房子，都是用木头造的；他们的窗户，都是用纸糊的。

[5]如果你浪费时间，时间就荒废你的青春；如果你重视时间，时间就珍惜你的
　　生命。

例[3]这个复句，只有一个层次，分句之间用逗号。例[4]这个复句，也只有一个层次，但是因为各分句内部的主语和谓语之间已经用了逗号，所以分句之间用了分号。例[5]包含四个分句，不止一个层次，在第二个层次的分句间用了逗号，所以在第一个层次的分句间用了分号。例[5]可具体分析如下：

[5]①如果你浪费时间，②时间就……　③如果你重视时间，④时间就……

```
         ─────────────1─────────────      ─────────────2─────────────
    ──────3────── ──────4──────  ──────5────── ──────6──────
```

二、复句可以分哪些类

根据分句间的逻辑联系，或者说意义上的联系，复句可以分成联合复句和主从复句两大类。联合复句的各个分句地位平等，主从复句的分句有主要和次要的分别。试比较：

[1]泰国的首都是曼谷，缅甸的首都是仰光。

[2]她去北京，我就去天津。

例[1]的两个分句地位平等，不分主次，是联合复句。例[2]前一个分句说明假设条件，分句意思相当于"如果她去北京"；后一个分句是根据前一分句的假设条件所作

出的决断，是全句正意所在。前一个分句是从句，后一个分句是主句，整个复句是主从复句。

联合复句也好，主从复句也好，都还可以分为若干小类。联合复句可分为"并列复句""连贯复句""对立复句""选择复句""递进复句""注释复句"和"分合复句"七小类，主从复句也可分为"转折复句""假设复句""条件复句""因果复句""推论分句""目的复句""时间复句"和"倚变复句"八小类。下面分别加以说明。

三、关于联合复句

联合复句的总的特点是，各分句地位平等，没有明显的主次之分。但是联合复句内部各个分句之间意义上的联系还是多种多样的，所以联合复句还可以分为不同的小类。下面分别进行介绍、说明。

(一)并列复句

并列复句表示并列关系。有的并列复句，各分句分别说明或描写不同的事物或不同的情况。例如：

[1]你讲你的，我们讲我们的。

[2]我每时每刻在找她，她日日夜夜在寻我。

[3]紫的是葡萄酒，红的是樱桃酒，黄的是柠檬酒。

有的并列复句，各分句说明或描写同一事物或同一事件的几个方面。例如：

[4]生活里的惊涛骇浪击不碎它，砍不断它。

[5]这个女人太阴险，太毒辣了！

[6]她的个子娇小玲珑，皮肤白皙，声音甜甜的，嘴角常蕴着笑意。

[7]这是个可爱的小岛，这是个幸福的小岛。

上面所举的并列复句，都没有用关联词语。并列复句中也经常用关联词语，有的只在后一个分句里用，有的前后分句都用。例如（关联词语用加黑字体标示，下同）：

[8]我们自己要生活得快乐，**也**要让别人生活得快乐。

[9]她**既**要服侍公婆，**也**要服侍丈夫。

[10]小黑狗**又**是蹦，**又**是跳，**又**是在主人的脸上乱舔。

[11]她**既**有风韵，**又**有头脑。

[12]爷爷**一面**吃，**一面**看报纸。

[13]大家**一边**喝着新沏的茶，**一边**吃着松脆的花生，**一边**天南地北地聊。

[14]我和孩子们**边**赏月，**边**吃月饼。

[15]她**时而**蜕变成柔媚万状的小青蛇，**时而**蜕变成灵活敏捷的孙悟空，**时而**蜕变成冰天雪地的独行侠。

[16]他**一会儿**敲冰块，**一会儿**捧咖啡，**一会儿又**与刚坐下的顾客寒暄。

[17]走这条铁路线**一来**可以省钱，**二来**可以省时间。

并列复句各分句之间的停顿，在书面上通常用逗号表示。但如果分句内部又有小的停顿，已用了逗号，那么分句间的停顿就用分号表示。例如：

[18]风，在城市上空盘旋；树，脱帽为它送行；街，成了叶的舞台。

例[18]这个并列复句由三个分句组成，各个分句都是主谓句，而主语和谓语之间都用了逗号，所以在各分句之间便都用了分号。

(二)连贯复句

连贯复句表示事件或行为动作的先后连贯关系，所以这种复句总是按时间顺序叙述接连发生的几件事或接连进行的几个行为动作。例如：

[19]小红笑着把盒饭推给洪经理，顺手递过一双筷子。

[20]林美枝她突然冲过马路，截住一辆"的士"，钻入车厢里。

[21]他上了活动中心，找到了一个靠窗的位子，坐下，翻开夹着书签的那页，
    开始聚精会神地读起来。

有时，后一个分句开头用"然后"来显示这种连贯关系。例如：

[22]她将客厅的落地玻璃窗门轻轻推上，**然后**回到卧室休息。

[23]张天佑在快餐店买了个汉堡包，**然后**骑上车去公司了。

有时也用其他关联词语来表示连贯关系。例如：

[24]论文一通过，就马上赶回去和她结婚。

[25]一想到这个问题，我就有一种无以名状的感觉。

[26]他一倒下去，便呼呼入睡了。

"一……就/便……"用来强调前后的两件事或两个行为动作是紧接着发生的。

连贯复句内各分句间的停顿都用逗号表示。

(三)对立复句

对立复句表示对立关系，前后分句语义相反，或者正反对举。后一分句有时不用连接成分。例如：

[27]母亲要他去东边，他偏偏去西边。

[28]有些人老空想，不干实事。

常见的是在句中用"而""不是……，而是……"或者"是……，不是……"等关联词语，以显示这种对立关系。例如：

[29]北方干燥，**而**南方潮湿。

[30]这**绝不是**一小撮，**而是**一大群人啊！

[31]她**是**你妈，**不是**你老妈子！

对立复句的各分句间的停顿也都用逗号表示。

(四)选择复句

选择复句表示选择关系，各个分句分别说出不同的情况，要求从中选择一种。其中，有的表示"或此或彼"的意思。常用的关联词语是"或""或者""或是""要么……，要么……"以及"还是"等。例如：

[32] 看来他们彼此互不认识，**或**彼此不知道对方的存在。

[33] 这个时期，他**或者**到同学家里玩乐，**或者**跟同学三五成群地去逛街。

[34] 她下班后常常到公园去坐坐，**或是**拉着朋友去看一场电影，**或是**去逛百货商场。

[35] **要么**就快快乐乐地相聚，**要么**就爽爽快快地分离。

[36] 你准备报考文科，**还是**报考理工科？

有的则表示"非此即彼"的意思。前后所用的关联词语常常是"不是……，就是……"或"不是……，便是……"。例如：

[37] 他**不是**静静听老师讲课，**就是**自己默默地自修。

[38] 她每看到我时，**不是**叫我用功念书，**便是**说要送我到外地去读书。

还有的表示"衡量得失而后选择其一"的意思。这类选择复句常用关联词语"与其……，不如……""与其……，毋宁……"等。例如：

[39] **与其**让别人道听途说胡乱报道，**不如**由你根据事实写一篇比较有意义的报导。

[40] **与其**将来后悔，**倒不如**现在慎重地考虑。

[41] **与其**说我依然钟爱巴金的《家》，**毋宁**说我仍怀念着最初看白话小说的那一段日子。

有时也用"宁可"或"宁愿"等连词，后面常有"决不""也不"与之呼应。例如：

[42] **宁可**站着死，**决不**跪着生。

[43] 许多上了年纪的人**宁愿**住自己的老平房，**也不**愿意搬进高楼大厦去住。

选择复句的各分句之间的停顿也都用逗号表示。

(五)递进复句

递进复句表示递进关系，即表示后一个分句比前一个分句在意思上进一层。根据关联词语的使用情况，又可分为两小类：

第一类是前一分句不用关联词语，只在后一个分句里用"而且""更""尤其""甚至"或"何况""进而"等关联词语，以显示递进关系。例如：

[44] 我不认识他，**而且**我父亲也不认识他。

[45] 他不懂得爱惜自己，**更**不懂得照顾别人。

[46] 他完全秉承了他父亲的性格，**尤其**是那一股倔强劲儿。

[47] 我看不起他，**甚至**恨他。

[48] 他觉得一个星期打两三小时的工不算多，**何况**所做的是自己感兴趣的活儿。

[49] 人对客观事物的了解，总是先观察到事物的种种表面现象，**进而**认识事物的内部规律和本质。

第二类是前一分句用"不但""不仅""不只"等关联词语，后一个分句用"而且""同时""还""更""也"等关联词语。例如：

[50] 现在的手表**不但**款式繁多，**而且**设计也十分精巧。

[51]这山是座矿山，我们**不仅**能从它那儿开采出优质的铁矿石来，**同时**能在它
　　上面种果树，种庄稼。

[52]研究工作**不但**需要人才，**还**需要资金。

[53]孔子**不仅**是伟大的教育家，**也**是杰出的思想家。

[54]我们**不只**要注重知识，**更**要注重实践。

有时，递进复句也用"尚且……，何况……"来连接两个分句，这种递进复句含
有逼进一层的意思，后一分句通常是一个反问句式。例如：

[55]蝼蚁**尚且**偷生，**何况**是人呢？

递进复句的各分句间的停顿一般也都用逗号表示。

(六)注解复句

注解复句表示注解关系，即后一分句是对前一分句作注解。例如：

[56]大海和人一样，都是生命的精灵。

[57]村子里的神庙有好几座——关帝庙、天公坛和包公府等都是。

[58]它说明了一个真理：爱美是人类的天性。

例[56]后一分句"都是生命的精灵"对前一分句"大海和人一样"作注解性的说明，余
者类推。下面例[59]也属于注解复句：

[59]魏斌开始恨自己，恨自己当初没把英语学好。

例[59]的后一个分句是对前一分句里的"恨自己"作注解性的说明。

注解复句各分句间的停顿有时用逗号，如例[56]；有时用破折号，如例[57]；
有时用冒号，如例[58]。

(七)分合复句

分合复句表示分述和总说的关系。表示总说的部分一般只一个分句，表示分述
的部分至少有两个分句。这还可以分两种情况：

1. 先总说，后分述。这是比较常见的一种。例如：

[60]社会上各种各样的人都有，有的人道德修养高，有的人道德修养低，有的
　　人甚至没有道德。

[61]众姐妹七手八脚地忙起来了：有的去打电话通知她的丈夫施迪文，有的扶
　　她去医院。

[62]寒假我打算做两件事：第一，回家探望我八十高龄的老母亲；第二，写一
　　部关于我父亲的书。

[63]香港最畅销的书有两种，一是消闲性的，二是实用性的。

2. 先分述，后总说。例如：

[64]做，要靠想来指导；想，要靠做来证明：想和做是紧密地结合在一起的。

[65]外面的雷轰轰地响，风呼呼地吹，雨哗哗地下，仿佛要把人世的脏乱一扫
　　而光。

分合复句中表示分述的分句和表示总说的分句之间的停顿多用冒号来表示，如

例[61]、例[62]和例[64]；有时也用逗号表示，如例[60]、例[63]和例[65]。

四、汉语里的主从复句

主从复句也有人称为"偏正复句"。主从复句都由两部分组成。最简单的主从复句只包含两个分句，表示次要意思的分句称为"从句"，表示主要意思的分句称为"主句"。主从复句，一般都是从句在前，主句在后。有时，从句也可以在主句后出现，这通常是为了突出主句的意思，而让从句只处于补充说明的地位。例如：

[1]我必须去闯荡一番，虽然未来依旧茫然不可测。

[2]她今天下午不能来上班了，因为她要去小学参加家长会议。

[3]他特别爱吃素菜，不管是大白菜、油菜、菠菜还是圆白菜。

例[1]是让步转折复句，表示让步的从句出现在主句后；例[2]是因果复句，表示原因的从句出现在主句后；例[3]是无条件复句，表示无条件的从句出现在主句之后。这些倒置的从句，在表达上都含有补充意味。这些从句都可以复原回主句之前，只是复原时需加上适当的关联词语。请看：

[4]虽然未来依旧茫然不可测，但我必须去闯荡一番。

[5]她下午要参加小学的家长会议，所以不能来上班了。

[6]不管是大白菜、油菜、菠菜还是圆白菜，这些素菜他都特别爱吃。

主从复句内部也还可以分为不同的小类。下面分别进行介绍、说明。

(一)转折复句

转折复句都表示转折关系，即主句不是顺着从句的意思说下去，而是口气一转，说出与从句相矛盾甚至相对立的意思来。例如：

[7]他薪水比人家低，工作却做得比人家多。

例[7]就是转折复句。按说薪水比人家低，工作应该比人家做得少，而例[7]说的情况不是这样。所以从意思上看，它后一分句显然不是顺着前一分句说下来的，而是与前一分句的意思相矛盾的。

转折复句中，有的从句不用关联词语，主句也不用关联词语，例如：

[8]叫他在家好好休息，他偏不听。

但更常见的是主句里用"但(是)""可(是)""只是""就是""却""然而""不过"等关联词语来显示转折意思。例如：

[9]我并不反对处罚孩子，但不主张打孩子。

[10]任务很重，但是我相信他们能按时完成。

[11]在飞机上，我的头疼得像针扎似的，可我不敢告诉我的同伴。

[12]她人很瘦小，可是手劲相当有力。

[13]他看上去还挺精神，只是步子有点蹒跚了。

[14]我什么都肯学，就是不知道学得成学不成。

[15]关于媚媚他谈得很多很多，却忘了告诉我她长得如何。

[16]我的思路就是这样随着飘飞的黄叶飞驰着，**然而**她的话一直牢牢记在我的脑海里。

[17]人生常有不如意事，**不过**只要肯拼搏就一定会赢。

以上这种转折复句，转折的意味相对说来略为轻些，所以一般把这一小类转折复句称为"表示轻转的转折复句"。

有的转折复句，从句里先用"虽（然）""尽管""固然"等关联词语来表示让步的意思，主句里再用"却""但（是）""可（是）""就是"等关联词语表示转折，这种转折复句一般称为"让步转折复句"，也叫做"表示重转的转折复句"，因为这种转折复句的转折意味比较重。例如：

[18]花园中野草**虽**经常请人拔除，**可是**过不了几天就又长得老高老高了。

[19]他们对人性**虽然**有不同的看法，**但**都相信教育能使人向上向善。

[20]方法**虽然**不同，目标和理想**却**是一致的。

[21]**虽然**有些字儿看不太懂，图片**倒**是很清楚的。

[22]**尽管**有人喜爱淑女的弄姿、绅士的作状，我**却**更喜爱毫无掩饰的胸怀。

[23]勤学**固然**重要，**但**更重要的还是先要立志。

[24]腊肠狗好玩是好玩，**却**也给妈妈制造了许多的麻烦。

[25]这学生好是好，**就是**太内向了。

还有的转折复句，从句里用"即使"或"就是""哪怕""就算""再"等关联词语表示假设让步，主句里用"也""还是"表示转折，这种转折复句一般称为"假设让步转折复句"。例如：

[26]**即使**吃午饭、晚饭，**也**常被他们的芝麻小事所干扰。

[27]**即使**遇到天大的困难，我**还是**要把这个电视剧拍下去。

[28]**哪怕**你做牛做马为他服务一辈子，他**也**未必会感激你。

[29]外国**再**好，**也**不如家里好。

(二)假设复句

假设复句表示假设与结论的关系，从句提出一种假设，主句说出根据前面的假设所推出的结论。假设复句，也可以在从句和主句中都不用关联词语。例如：

[30]你有本事，你去报考好了。

[31]酒喝多了，会伤身体。

也可以只在主句中用"就""便"等来表示这种假设与结论的关系。例如：

[32]他能找到工作，我**就**定心了。

[33]搬到新居，**便**不能种那么多仙人掌了。

但常见的是，从句里用关联词语"如果""要是""假使""假如""倘若"等，主句里用"就""便""那""那么"与之呼应，来表示假设与结论的关系。例如：

[34]**如果**想尽快学好汉语，**就**要多听、多说、多读、多写。

[35]**要是**你早一天来，**便**能见到他了。

［36］**假使**你哥哥能帮助我们，**那就**好了。

［37］**假如**你愿意，**就**跟我们一起走。

［38］**倘若**他不同意，**那么**我们只好另想办法了。

(三)条件复句

条件复句表示条件和结果的关系，从句在前，提出条件，主句在后，说明结果。具体来说，条件复句还可以细分为以下三小类：

1. 表示要讲条件的条件复句。从句里主要用"只要""只有"等关联词语，主句中分别用"就""才"与之呼应。例如：

［39］**只要**你坚持多听、多说、多读、多写，**就**一定能学好汉语。

［40］**只有**大力发展交通事业，经济**才**能搞活。

这两个例子虽然都讲要有条件，但一句用"只要"，一句用"只有"，二者有区别。从意义上看，用"只要"表示条件宽，有句中所说的条件就行；用"只有"表示条件严，非得具备句中所说的条件不可。从用法上看，用"只要"，后面只能用"就"或"便"与之呼应；用"只有"，后面只能用"才"与之呼应。下面的实例能说明上述差别：

［41］**只要**考 70 分，你**就**能被录用。

［42］**只有**考 70 分，你**才**能被录用。

例［41］用"只要"，表示在说话人心目中，考 70 分这个条件不算高；例［42］用"只有"，表示在说话人心目中，考 70 分这个条件是比较高的。

2. 强调"无条件可讲"的条件复句，简称"无条件条件复句"。从句里主要用"无论""不论""不管"等关联词语，主句常常用"都""也""还是""仍然"等关联词语。例如：

［43］**无论**在什么时候，我们**都**要谦虚谨慎。

［44］**不论**是干部或是普通老百姓，**都**要遵纪守法。

［45］**不管**困难有多大，我们**也**要想办法克服。

所谓"无条件"，实际是说在任何条件下都是如此。一般来说，书面语中"无论""不论"用得多，口语里"不管"用得多。

3. 表示排除条件的条件复句。从句里用连词"除非"，有时不用；主句里用连词"否则"或"才"。例如：

［46］**除非**你亲自去请，**否则**他是不会来的。

［47］**除非**你亲自去请，他**才**会来。

［48］你**得**亲自去请，**否则**他是不会来的。

例［46］和例［47］里的"除非"如改用"只有"，句子意思基本一样，请看：

［49］**只有**你亲自去请，**否则**他是不会来的。

［50］**只有**你亲自去请，他**才**会来。

但角度不同：例［46］和例［47］是从排除条件的角度说的，而例［49］和例［50］则是从强调唯一条件的角度说的。

（四）因果复句

因果复句，顾名思义，是表示原因和结果的关系的。从句在前，说原因；主句在后，说结果。在口语中，因果复句里可以不用关联词语，例如：

[51]她孩子病了，一早就抱着孩子去医院了。

[52]我今天酒喝多了，脑袋有点儿疼。

但是在书面语里，因果复句的从句中常常用"因""因为""由于"等连词，主句中常用"所以""因此""因而"等连词。例如：

[53]**因为**他肯下工夫学，**所以**他的汉语成绩一直很好。

[54]**由于**他烟酒过度，**因此**患了严重的心脏病。

[55]**由于**他平时不努力，**因而**考试成绩很差。

[56]**由于**傍晚下了场雨，**所以**今天晚上凉快多了。

[57]**因为**人多，二十亩稻子一会儿就收割完了。

[58]**由于**他敢于开口用汉语跟中国人说话，汉语水平提高得非常快。

[59]今年雨水比较多，**所以**今年夏天不是很热。

注意，"因为"只能跟"所以"搭配，不能跟"因此""因而"搭配。例[53]不能说成：

[60] ＊ 因为他肯下工夫学，因此他的汉语成绩很好。

[61] ＊ 因为他肯下工夫学，因而他的汉语成绩很好。

"由于"既可以跟"所以"搭配，如例[56]；也可以跟"因此""因而"搭配，如例[54]和例[55]。

一般，表示原因的从句在前，表示结果的主句在后。除非是为了突出主句的意思，才把从句放在主句后，让它处于补充说明的地位。例如：

[62]原文没有读到，因为这本杂志不公开发售。

现代汉语中也已形成一些主句在前、从句在后的表示因果关系的凝固格式，"之所以……，是因为……"就是最常见的一种。例如：

[63]这儿之所以能够吸引游客，完全是因为这里的出土文物声名显赫。

有时也可以主句里不用"之所以"，只在从句里用"是因为"，这种从句也一定得放在主句后。例如：

[64]你们读书没有长进，是因为不会动脑子思考问题。

（五）推论复句

推论复句表示推论关系，从句说出某个既成的事实，主句说出说话人根据那既成的事实所推出的结论。推论复句，从句用"既然""既"这样的连词，主句常用"那么""那""就"与之呼应。例如：

[65]他**既然**已经承认了错误，**那么**别处罚他了。

[66]**既然**你不想去跳舞，**那**我们去看电影吧。

[67]她**既然**说考上了，我们也只好信了。

[68]你**既**不爱她，**就**不应该再跟她约会。

[69]我们**既**已得到了，**就**应该感到满足。

[70]**既然**你根本就不喜欢跳舞，又何苦去学呢？

有的推论复句，从句里不用关联词语，只在主句里用连词"可见"。这种复句的推论意味更强。例如：

[71]在印度，老鼠的数目比人口还多；在香港，老鼠连人都咬；**可见**这种动物狂傲到了人们不能忍受的程度了。

[72]虽有见利忘义之辈，但不计名利者更多，**可见**金钱并非万能。

有时主句用关联词语"由此可见"，例如：

[73]在政治官员的眼里，南洋大学的精神是华族文化的代号；**由此可见**，政府所说的南大精神，更多的是指华文课程与活动如何在教育系统中发挥文化作用。

(六)目的复句

从句说明目的，主句指出为达到该目的所采取的行动。目的复句可以从句在前，主句在后，其格式是"为了……，……"。例如：

[74]**为了**帮助黄昆松重返社会，曾家成积极活动四出奔走。

[75]**为了**找回自己，我最近细心地读着这一本本在八十年代推出的诗集。

[76]**为了**教育下一代，我们曾请了三位还健在的老红军战士，来给孩子们作报告。

可是，更多的是主句在前，从句在后。分句中可以不用任何关联词语，例如：

[77]工会应监督顾主，使他们跟得上时代的步伐。

[78]我必须在清晨六点钟前起身，帮忙父亲准备早餐。

但也经常在从句里使用"是为了""为的是""目的是""以""以便""以免""免得"等关联词语。例如：

[79]许多人不远千里而来，**是为了**要听林肯的演说。

[80]他们长年累月地工作，省吃俭用，**为的是**维持唐山的父母和亲人的生活。

[81]艺术家燃烧了自己的生命，**为的就是**要把美丽、真理和幸福带给人们。

[82]他想再学日语，**目的是**能查阅有关人工智能的日文资料。

[83]新一代的歌星应学习乐理、乐器并接受声乐训练，**以**提高自己的音乐素质。

[84]春节前夕，家庭主妇们都要把家里大扫除一番，**以便**除旧迎新。

[85]现在许多年轻夫妇不愿意太早生儿育女，**以免**个人的自由受到束缚。

[86]没有事就不要老把电视机开开关关的，**免得**弄坏了。

(七)时间复句

时间复句，顾名思义，从句是用来说明主句所说的情况或事件发生、进行的时间的。不过这种时间不是用时间词来表示的，而是由从句所说的另一个情况或事件来衬托的。例如：

[87]吃过晚饭，行李终于平安到达。

[88]赶到学校，我已迟到约十五分钟了。

例[87]实际是说"行李平安到达"的时间是在"吃过晚饭"之后。例[88]实际是说当我"赶到学校"时，"已迟到约十五分钟了"。下面也都是时间复句：

[89]过了几分钟，那孩子又悄悄地走进房间来。

[90]众人唱完，淑珍自己独唱了一遍。

[91]大家说到这里，发觉一向活跃的林安安缄默无言了。

(八)倚变复句

倚变复句是这样一种复句，主句的意思依着从句意思的变更而变更。倚变复句的各分句一定有相同的词语，起着前后呼应的作用。例如：

[92]你开**多少**价，我就给**多少**。

例[92]前后分句用"多少"相呼应。全句等于说，你开 60 元的价，我就给 60 元；你开 70 元的价，我就给 70 元；你开 80 元的价，我就给 80 元……反正给的钱数随开价的变更而变更。像例[92]这样的倚变复句，前后用疑问代词呼应。再如：

[93]你想**什么时候**来，就**什么时候**来。

[94]你爱呆**多久**，就呆**多久**。

[95]**哪里**有土壤，**哪里**就有这种草。

还有一种倚变复句前后用"越"呼应。例如：

[96]阳光**越**强，这些草就长得**越**茂盛。

[97]打针时你**越**怕疼，就**越**觉得疼。

[98]人**越**有钱，**越**是空虚得可怕。

[99]目的地**越**是靠近，心情**越**是激荡紧张。

例[99]前后分句用"越"呼应。全句的意思是，随着目的地的逐渐靠近而心情逐渐紧张。余者类推。

五、多重复句

上面我们介绍各类联合复句也好，主从复句也好，所举的例子一般都只包含两个分句。一个复句如果包含三个或三个以上的分句，而且这些分句不在同一个构造层面上，这样的复句就称为多重复句。试比较：

[1]①他胸怀宽大，②他心地坦白，③他无私无畏。

[2]①江水很深，②水流又急，③只身游过去是很危险的。

例[1]和例[2]都包含三个分句，但是，例[1]的三个分句处于同一个构造层面，它的内部构造是：

①他胸怀宽大，②他心地坦白，③他无私无畏。
　　　1　　　　　　2　　　　　　3　　　　1—2—3 并列关系

所以例[1]不是多重复句。而例[2]的三个分句则不在同一个构造层面上，它的内部构造是：

①江水很深，②水流又急，③只身游过去是很危险的。

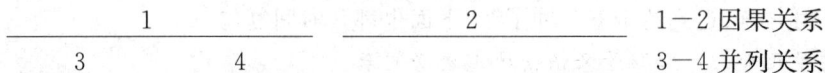

| 1 | 2 | 1－2 因果关系 |
| 3 | 4 | 3－4 并列关系 |

例[2]就属于多重复句。在语言里，特别在书面上，大多数复句都是多重复句。事实上，无论在口语中或是书面语中，常常是一个复句包含许多个分句，以表达一个较为复杂的意思。例如：

[3]①国家富强，②人民就安乐；③国家衰弱，④人民就痛苦。

例[3]是论说文里的一段，它包含四个分句，那四个分句不在一个层面上。例[3]应分析为：

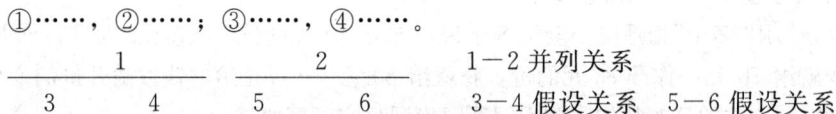

①……，②……；③……，④……。

| 1 | 2 | 1－2 并列关系 |
| 3 4 | 5 6 | 3－4 假设关系　5－6 假设关系 |

总之，所谓多重复句是指包含三个或三个以上的分句而各分句不处于同一层面的复句。

分析多重复句的基本方法也还是层次分析法。下面列举的都是多重复句：

[4]①有些适婚女子找不到老公，②原因之一是过于保守，③因此缺少社交机会。

[5]①你比我先走，②是你的福；③要是我先死啊，④你才惨呢！

[6]①孟子相信人性是善的，②所以要人发展善性，③以达到至善；④荀子相信人性是恶的，⑤所以要人节制恶性，⑥以由恶变善。

对于例[4]至例[6]，我们可以用层次分析法将各复句的组合情况分别分析如下：

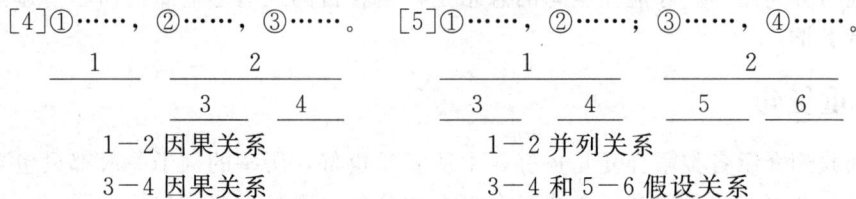

[4]①……，②……，③……。　　　[5]①……，②……；③……，④……。

1	2		1	2	
3 4			3 4	5 6	
1－2 因果关系			1－2 并列关系		
3－4 因果关系			3－4 和 5－6 假设关系		

[6]①……，②……，③……；④……，⑤……，⑥……。

1	2
3 4	5 6
7 8	9 10

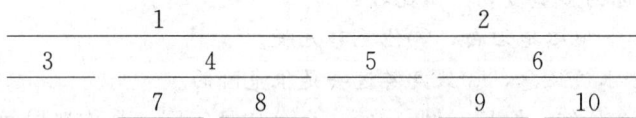

1－2 并列关系　3－4 和 5－6 因果关系　7－8 和 9－10 目的关系

学会分析多重复句对正确理解文章内容很有帮助。分析多重复句时，需要注意以下三点：

第一，复句里的各个分句总是按一定的逻辑联系组织起来的，因此在分析复句时，一定要充分注意并把握好分句之间的逻辑关系。

第二，复句里各分句在组合上是有层次的，所以我们在分析一个复句时一定要有层次观念，以便看清复句的脉络。

第三，复句里往往含有像"因为""所以"，"虽然""但是"，"不但""而且"，"即使""也"等一类关联词语，它们是分句间逻辑关系的一种标志，我们在分析复句时就要充分利用句中所包含的关联词语。例如：

[7]①由于石油大幅度涨价，②因此各国为了解决经济衰退、工业生产萎缩和失业率高等难题，③只好采取各种措施，④限制外国货物入口，⑤以扶助本国的工商业，⑥于是贸易保护主义也就应运而生了。（报）

例[7]这个多重复句一共包含六个分句，这六个分句的组合层次比较复杂。好在前后分句中使用了六个关联词语——"由于""因此""为了""只好""以""于是"，这对我们分析这个复句有帮助，但还是要注意这个复句内各分句之间的逻辑联系。第①分句用了表示原因的连词"由于"，这说明后面有表示结果的分句。可是，后面第②句和第⑥句都使用了表示因果关系中的结果的连词——第②分句用了"因此"，第⑥分句用了"于是"。那么直接与"由于"呼应的到底是哪一个呢？由于在第②分句前没有另外的表示原因的分句，所以与"由于"呼应的只能是"因此"。下面需要考虑的是"因此"一直管到哪里。值得注意的是，在用"因此"的第②分句里又用了表示目的的连词"为了"，后面第③分句紧接着有关联词语"只好"与"为了"呼应。就"只好"这个关联词语来说，只管到第③分句，但第④、第⑤这两个分句跟第②分句有联系，它们又层层说明目的——第④分句说明了第③分句"采取各种措施"的目的，而第⑤分句又说明了"采取各种措施，限制外国货物入口"的目的。这就是说，由"因此"带起的结果是通过一个表示目的关系的复句形式来表示的。由"于是"引出的第⑥分句说明了最终的结果，它是以它前面五个分句的内容作为它的原因。以上所说可图示如下：

[7]①……，②……，③……，④……，⑤……，⑥……。

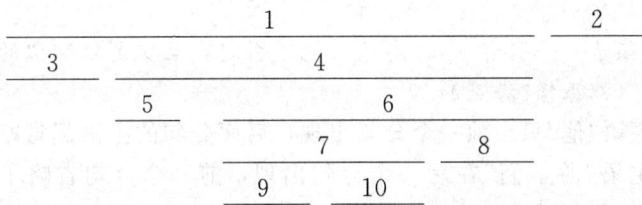

1－2 因果关系　3－4 因果关系　5－6、7－8 和 9－10 目的关系

六、复句组织中要注意的问题

（一）分句之间要有逻辑联系，脉络要清楚

复句是各个分句按照一定的逻辑关系组织起来的，所以分句之间一定要有逻辑联系。否则，便不能组成复句，即使硬凑在一起，也是病句。例如：

[1] *他壮得简直像头牛，所以常常是事事抢在别人前头。

[2] *陈美玲在人们心目中完全是一个天真烂漫的纯情少女，但她怀着一颗炽热的中国心。

例[1]"他壮得简直像头牛"和"他常常是事事抢在别人前头"这二者之间毫无因果联

系，根本就不能组合在一起。例[2]"一个天真烂漫的纯情少女"难道不该或不可能"怀着一颗炽热的中国心"吗？两个分句之间没有转折关系，表示转折关系的连词"但"要删去。组织复句时如不注意分句的逻辑联系，不注意句子的脉络，会严重影响意思的表达。请再看一例：

> [3]＊曹风岐身为副经理，经常在总经理面前说经理搞行贿，是为了能向上爬，
> 　　　这完全是一派胡言。

这个复句只包含四个分句，但分句之间的关系弄得很不清楚。第一，"是为了能向上爬"这一分句，是"曹风岐"对"经理"的诬陷之词呢，还是作者用以指出"曹风岐""说经理搞行贿"的目的呢？第二，"这完全是一派胡言"里的"这"是复指什么？作者的本意是想用来复指"说经理搞行贿"，可是按现在的句子组织，"这"应复指前面两个分句的内容，这样句子的意思就不对了。这个复句应重新组织，可改为：

> [4]曹风岐身为副经理，经常在总经理面前说经理搞行贿，这完全是一派胡言，
> 　　其目的是为了自己能向上爬。

　　一个复句脉络是否清楚，分句之间是否有严密的逻辑联系，这跟说话人自己对所要谈的问题、所要说的意思是否想得很清楚有关。因此，自觉地注意分句之间的逻辑联系，注意使复句脉络清楚，从某种意义上说，也是在促使自己把问题想得清楚些、透彻些。

（二）防止偷换主语

　　在复句中，如果几个分句主语相同，主语可以只在一个分句中出现，这是正常的现象。例如：

> [5]他诊过脉，在脸上端详一回，又翻开衣服看了胸部，便从从容容地告辞。
> 　　（鲁迅《兄弟》）。
> [6]见了它们（指小燕子——引者注），游子们能不引起，至少是轻烟似的，一缕
> 　　两缕的乡愁吗？（郑振铎《海燕》）

例[5]包含四个分句，主语"他"只在前一个分句出现，后面分句的主语都省略了，这叫"承前省略"。例[6]主语"游子们"在后一个分句出现，前一个分句省略了，这叫"蒙后省略"。

　　如果几个分句主语不同，一般来说，不宜随便省略，否则，会犯偷换主语的错误。例如：

> [7]＊刘凤英干活速度快质量好，集装箱凡经她焊接的，从未出过废品，一再被
> 　　评为先进生产者。（报）
> [8]＊为了打通婆婆的思想，秀英和婆婆讲了许多计划生育的好处，还讲了一个
> 　　由于孩子多而影响工作影响家庭经济生活的具体事例，最后终于想通了，第
> 　　二天就去做了绝育手术。

例[7]第一个分句的主语是"刘凤英"，第二个分句的主语则是"集装箱"，第三个分句的主语省略了，而所省略的主语并不跟第二个分句的主语相同，却跟第一个分句的主语"刘凤英"相同，这样隔句省略就会在表达上造成混乱。这种毛病就是偷换主语。第三

个分句宜改为"所以她一再被评为先进工作者"。例[8]由于滥省主语,句子又组织得不好,叫人搞不清作者的意思。按现在这样的句子,似乎是婆婆去做了绝育手术,这当然不是作者的原意。最后两个分句宜改为"最后,终于把婆婆的思想打通了,第二天秀英就去做了绝育手术";也可以改为"最后婆婆的思想终于打通了,秀英第二天就去做了绝育手术"。

(三)正确恰当地使用关联词语

关联词语在复句中起着重要作用,它可以使分句之间的逻辑联系清楚地显示出来,因此,在组织复句时一定要注意关联词语的运用。关联词语运用得正确恰当,能增强语言的表现力。在本章第一节的第三小节"为什么要学点儿语法"中我们所举的鲁迅先生《祝福》里的那一段话,关联词语就运用得绝妙、传神。下面比较两个复句:

[9]这两座山虽然很高,却是不会再增高了,挖一点就会少一点,为什么挖不平呢?(毛泽东《愚公移山》)

[10]眼看火车就要撞上战马和钢炮了,欧阳海叔叔马上跑过去,用全身力气使劲推开战马。车上的人们得救了,国家财产保住了,可是,欧阳海叔叔英勇地牺牲了。(北京市小学语文课本第二册《欧阳海》)

例[9]和例[10]的最后那个复句都是表示转折的复句,可是,例[9]里用了"虽然",例[10]里却不用,而且不能用。这是为什么呢?我们知道,连词"虽然"(包括"尽管"),表示让步,它对所在的从句意思起冲淡、减弱的作用。例[9]用"虽然"正是表示了愚公对高山的蔑视和移山的信心,因此,例[9]里的"虽然"不能去掉。例[10]则不同,作者急切需要告诉读者的是"车上的人们得救了,国家财产保住了",同时,以崇敬、沉痛的心情告诉读者,我们的英雄欧阳海正是为了人民、为了国家财产牺牲了自己的生命。如果用了"虽然",这将冲淡从句的意思,削弱使车上的人们得救、使国家财产免受损失的意义,有损英雄的高大形象。所以,例[10]不能用"虽然"。

在运用关联词语时,要注意下面三个问题:

第一,该用关联词语时一定要用,没有必要用时不要用。该用时如果不用,就会使复句的脉络不清楚。例如:

[11]*作者以优美流畅的文笔刻画了"小天鹅"朱梅丽的可爱形象:她不仅有着美丽的外貌,有着崇高的心灵,对爱情坚贞不移。(书)

[12]*由于选本(指《古文观止》——引者注)具有特色,自问世以来三百年中,广为流布,经久不衰,至今仍不失为一部有参考价值的书。(刊)

例[11]"不仅"管到哪里?是只管到第一个分句"有着美丽的外貌",还是一直管到第二个分句"有着崇高的心灵"?不容易一下子让人看清楚。从小说的上下文看,应该管到第二个分句,宜在"对爱情……"这一分句头上加连词"而且"。例[12]也是,"由于"管到哪里?是只管到第一个分句"……具有特色",还是管到第二个分句"广为流布",还是管到第三个分句"经久不衰"?从上下文看,应该只管到第一个分句。宜在

"自问世以来……"之前加连词"所以"或"因此"。

在汉语里，特别是在口语里，复句常常不用关联词语，单凭分句本身的内容就可以把分句间的关系显示出来。如果不管有没有必要，动不动就来个"因为""所以""虽然""但是"，反而显得啰嗦。例如：

[13] *因为昨天下大雪，所以班车不能按时到，因此厂里许多人都迟到了。(刊)

[14] *虽然大半个学期过去了，但是食堂吃饭拥挤的问题仍然没有解决，因此学生意见很大，于是校长责令学校后勤部门召开专门会议，为的是讨论解决这个问题。(作文)

上面两个例句里的关联词语最好都删去。

第二，要选择恰当的关联词语。什么样的逻辑联系由什么样的关联词语来表示，一般都是确定的，不能乱用。下面是错用的例子：

[15] *薇敏下岗后筹集了一些资金，卖起水产海鲜来了。她是个有志气的女人，心想，如果当了个个体户，就要干出个样子来。(报)

[16] *1946年发大水，我家的住房和几亩地都被淹了，为了无法维持生活，我们一家只好离开家乡，来到北京附近。(刊)

例[15]第一分句的"如果"应改为"既然"，因为两个分句之间不是假设关系，而是推论关系，即以既成事实为原因推出结论。例[16]"无法维持生活"，和后面分句的关系不是目的关系，而是因果关系。应该将"为了"改为"因为"；如果要保留"为了"，得将"无法"删去。全句改为：

[17] 1946年发大水，我家的住房和几亩地都被淹了，为了维持生活，我们一家只好离开家乡，来到北京附近。

复句中的关联词语往往是搭配起来使用的，什么词语跟什么词语配合也比较固定，例如"不但……而且……""只有……才……""只要……就……"等。下面的句子关联词语搭配不当：

[18] *这篇文章无论在突出主题方面，而且在运用和选择材料方面都是做得比较好。(刊)

[19] *只要刻苦钻研，狠下工夫，才能掌握好这种复杂的技术。

例[18]"而且"不能和"无论"搭配，要么把"无论"改成"不仅"，要么把"而且"改成"还是"。例[19]"只要"和"才"不能搭配，或者把"只要"改为"只有"，或者把"才"改为"就"。

第三，要注意关联词语的位置。所谓关联词语的位置问题，是指复句中关联词语同主语的先后次序问题，也就是关联词语放在主语前还是主语后的问题。有的关联词语在前还是在后比较自由，对整个句子的意思影响不大。例如：

[20] 你只要能坚持学习，一定能学会的。　　　　[前后分句主语相同]

[21] 只要你能坚持学习，一定能学会的。　　　　[前后分句主语相同]

[22] 他只要肯学习，我一定好好教他。　　　　　[前后分句主语不同]

[23] 只要他肯学习，我一定好好教他。　　　　　[前后分句主语不同]

例[20]和例[21]意思一样，例[22]和例[23]意思一样。可是，有些表示联合关系的关联词语，在前还是在后要受到整个句子意思的制约。例如：

　　[24]＊你与其去挤公共汽车，不如我去挤公共汽车。

例[24]前一个分句中连词"与其"放在主语"你"的后面，下一个分句就该说"你"怎么样。例如："你与其去挤公共汽车，不如走着去。"还可以将前一分句的"与其"放在主语"你"的前面。下列复句关联词语都放错了位置：

　　[25]＊今年纺织业全面扭亏为盈，一车间不但完成了全年的棉布生产任务，而且二车间也超额完成了全年的纺纱生产任务。（报）

　　[26]＊这样的课堂练习，既使学生能全面复习已学的内容，也能训练分析问题、解决问题的能力。学生普遍感到满意。（校刊）

例[25]中的"不但"要放在"一车间"的前面。例[26]中的"既"放错了位置，句子意思就说不通了，"既"应放在"使学生"之后。

练习八

一、同单句比较，复句有哪些特点？

二、指出下列各复句分别属于哪一小类。

　　(1)巴黎公社尽管失败了，可是它的历史功勋是不可磨灭的。

　　(2)即使我们的国家很富了，也要永远保持艰苦奋斗的光荣传统。

　　(3)要么你去开会我留下值班，要么我去开会你留下值班。

　　(4)从来没有什么救世主，也不靠神仙、皇帝。

　　(5)他都不行，何况你？

　　(6)因为父母死得早，他忘了生日是在哪一天。

　　(7)立了秋再吃这些冰凉的东西，要闹肚子的。

　　(8)院子里大概起风了，梨树的枝桠不停地摇晃着。

　　(9)只要有小虎子参加，晚会就热闹了。

　　(10)与其挤着乘车去，还不如走着去呢。

三、分析下列复句。

　　(1)提高是应该强调的，但是片面地孤立地强调提高，强调到不适当的程度，那是错误的。

　　(2)掌柜是一副凶脸孔，主顾也没有好声气，教人活泼不得；只有孔乙己到店，才可以笑几声，所以至今还记得。

　　(3)我赞美白杨树，就因为它不但象征了北方农民，尤其象征了今天我们民族解放斗争中所不可缺少的质朴、坚强、力求上进的精神，所以我总想用我的笔颂扬那高高的白杨树。

四、修改下列病句，并扼要说明理由。

　　(1)阳平村地处高山，不管今年入春以来滴雨未下，还是按期完成了春播计划。

　　(2)他不喜欢数学，因为他喜欢文学。

（3）这位老教师，曾送过二十届高中毕业生，教过近三十年的书。

（4）我国古代的这类神话反映了人和自然的斗争，但是也反映了古人朴素的自然观。

（5）这时驻守在桥东头的两个团的敌人，早已成了惊弓之鸟，他们抽去桥上的木板，还准备抽调两个旅的兵力堵截我红军过桥。

（6）他不是照顾老大娘，而是老大娘照顾他。

（7）他的文学著作不仅脍炙人口，广为流传，同时，书画也很擅长，造诣很深。

（8）张勇没有被这些困难吓倒，而且更加努力钻研了。

第九节　值得注意的一些虚词

一、虚词在句子里起很重要的作用

　　虚词在数量上比实词少得多，但作用却很大，在语言中起着"经络"的作用。用不用虚词，用哪个虚词，往往会对整个句子的结构和意思有很大的影响。请看下面三个句子：

　　　　[1]他喝酒。

　　　　[2]他喝的酒。

　　　　[3]他不喝酒。

　　　　[4]他喝酒不？

例[1]不包含虚词，意思是说"他"有喝酒的习性。例[2]"喝"和"酒"之间用了个虚词"的"，句子的意思和内部构造就都变了——或可以理解为"他所喝的酒"（区别于别人所喝的酒），是个偏正结构；或可以理解为"他喝的是酒"（不是喝了饮料或别的什么），是个主谓结构。例[3]用了虚词"不"，放在"喝酒"前，句子表示"他没有喝酒的习性"的意思。例[4]也用了虚词"不"，但放在句末，全句成了一个疑问句。可以看出，句中用不用虚词，用什么虚词，虚词放在什么位置上，都有可能影响句子的意思和结构。

　　虚词的个性很强，即使同属一类的词，或意义接近的词，用法上也有差别。例如副词"万万"和"千万"都能用来作状语表示提醒、叮嘱的语气：

　　　　[5]万万不可粗心大意。

　　　　[6]千万不可粗心大意。

但是，它们在用法上有区别。"万万"只能用来修饰否定形式，"千万"则不受此限制。例[5]和例[6]是否定形式，所以"万万"和"千万"都能用。下面的例子是肯定形式，就只能用"千万"，不能用"万万"：

　　　　[7]你千万要小心！

　　　　[8]＊你万万要小心！

即使用于否定形式，二者在用法上也还有细微的差别——我们可以说"你千万别去"，但不能说"＊你万万别去"。再如副词"挺"和"蛮"都表示程度高，而且都是口语词，但用法上还有细微的差别。如可以说"他身体挺好"，也可以说"他身体蛮好"，但"这地方挺脏"就不能说成"这地方蛮脏"。这是因为"蛮"不用于表示不好的意思，而"挺"没有这个限制。因此，对于虚词我们必须一个一个地学，一个一个地掌握。关于各类虚词的一般特点，在第二节里已作了介绍，这一节主要介绍汉语里一些常用且重要的虚词。

二、把

"把"是介词，在现代汉语中用得很多。例如：

[1]小宝帮着把灯芯草剪成细末子，又把采来的野花揉碎。（茅盾《春蚕》）

[2]战士们已经把打捞出来的战利品，全装在他们的小船上，准备转移。（孙犁《荷花淀》）

[3]把剩下的六根火柴一根根递到指导员手里。（王愿坚《七根火柴》）

"把"的基本格式是：

A 把 B 怎么样

一般称这类句子为"把"字句。"把"的宾语 B 通常是后面动词的受事，如"我把香蕉吃了"。"把"字句在意义上主要表示处置。试比较：

[4]我洗了两件衣服。

[5]我把那两件衣服洗了。

例[4]和例[5]陈述的对象都是"我"，但要传递的主要信息有差异：例[4]是要告诉听话者"我"洗了什么，所以采用一般的"主—动—宾"形式；例[5]是要告诉听话者"我"对"那两件衣服"怎么处置了，所以采用"把"字句。因此，从意义上说，不表示处置意义时，不用"把"字句。例如不能说"我把钱有了"，就因为它不表示处置意义。

用"把"的格式要受到一些限制，主要是：

第一，受"把 B"这一介词结构修饰的中心语不能是单个儿动词，它前后总得跟着一些别的成分。例如可以说"把门一关""把门关上""把门关紧""把门关了"，可是不能说"＊把门关"（除非在诗歌或唱词里）。

第二，句中如果需要出现助动词（如"能够、可以、应该"等）或否定副词，一定要放在"把"字前面，不能放在"把"字后面。例如"你应该把书拿来"，"他没有把话说清楚"，这些话不能说成"＊你把书应该拿来"，"＊他把话没有说清楚"。

第三，如果动词后面带有趋向补语，那么"把"的宾语（即 B）不能是表示处所的成分。试比较：

[6]把屋里收拾得干干净净。

[7]把书拿过来。

[8]＊把门槛跨过去。

例[6]"把"后的宾语虽然是表示处所的成分，但后面动词所带的补语不是趋向补语，所以能说；例[7]中的动词虽然带上了趋向补语，但"把"的宾语不是表示处所的成分，所以也能说；例[8]情况不同，动词带上了趋向补语，但"门槛"表示动词"跨"的处所，所以不能说。

现在，许多人不了解"把"字句的这一表意特点，将"把"字句用得很不恰当，或者该用"把"字句的地方倒没有用。例如：

[9]＊当年，在马洪匪帮的蹂躏、掠夺下，西山乡农村呈现一片荒凉的景象：把村舍烧了大半，空气里充满了难闻的焦味儿；把成材的、未成材的树木几乎

都砍光了；把耕牛抢走了，或者宰来吃了；把土地都荒芜了；在每个村子看不到中青年男子或妇女，见到的只是骨瘦如柴的老人和孩子。（刊）

[10] *周总理的关怀给了方凌轩以极大的鼓舞，他决定把有生之年全部贡献给中西医结合的事业。但是"四人帮"在卫生部的那个亲信对他进行百般刁难和打击：支持方凌轩的院党委书记李光被撤职下放了，方凌轩的助手，青年西医郑松年被调离了冠心病组，并强迫方凌轩把医案的写作纳入"批判大儒"的轨道。（报）

例[9]冒号以后的部分，是要具体描绘在马洪匪帮蹂躏、掠夺下西山乡农村的荒凉景象的，按说应顺着上文的意思，用"被"字句或受事主语句，不宜用"把"字句，可是作者却用了好几个"把"字句，从马洪匪帮如何蹂躏、掠夺的角度来写，造成前后文的不连贯、不协调。宜改为：

[11]当年在马洪匪帮的蹂躏、掠夺下，西山乡农村呈现一片荒凉的景象：村舍被烧了大半，空气里充满了难闻的焦味儿；成材的、未成材的树木几乎都给砍光了；耕牛不是被抢走了，就是被宰来吃了；土地都荒芜了；在每个村子看不到或者很少看到中青年男子或妇女，见到的只是骨瘦如柴的老人和孩子。

例[10]的问题是该用"把"字句而没有用。冒号前的那一句说"四人帮"对方凌轩进行百般刁难和打击，下文就该顺着上文的意思，用"把"字句具体写出他们如何刁难、打击方凌轩，而不应该忽然转用"被"字句。"但是"以下宜改为："但是'四人帮'在卫生部的那个亲信对他进行百般刁难和打击：把支持方凌轩的院党委书记李光撤职下放了，把方凌轩的助手，青年西医郑松年调离冠心病组，并强迫方凌轩把医案写作纳入'批判大儒'的轨道。"再如，在1999年12月12日某报的一篇报道中就一连出现了两个跟"把"有关的病句：

[12] *各区县图书馆在村里设立分馆，这就使图书馆事业推向一个新的高度。（报）

[13] *分馆制无疑是把图书馆走到农村的一个好措施。（报）

例[12]的"使"该换成"把"；而例[13]不该用"把"，可将"把"改为"使"。

三、被

"被"也是介词。下面是由介词"被"构成的"被"字句：

[1]杯子被弟弟打破了。

[2]羊被狼吃了。

"被"字句是跟"把"字句相对立的，例[1]和例[2]的意思似乎也可以用"把"字句表达："弟弟把杯子打破了""狼把羊吃了"。但二者有明显区别：

第一，"把"字前的主语在意念上是后面动词的施事，"把"字的宾语在意念上是后面动词的受事；而"被"字前面的主语是后面动词的受事，"被"字的宾语在意念上是后面动词的施事。"把"字句是以谓语动词的施事为话题的，"被"字句是以谓语动词的受事为话题的。

第二，在表达上，"把"字句强调主动性，说明主语把这个受事怎么处置；而"被"字句强调被动性，说明作主语的受事成分遭受到了在说话人看来不如意的情况。

不过，有一点它们是共同的，那就是如果句中使用助动词或否定副词，都不能紧挨着谓语动词，要放在介词"把"或"被"之前。

使用介词"被"有两点要注意：第一，当无须特别指明动词的施事时，"被"字后面的宾语可以省略，"被"直接放在动词前面，例如"杯子被打破了"，"羊被吃了"。

第二，"被"字句表示被动，但在汉语里表示被动意义的句子不一定用"被"字，受事主语句就是被动句，这是汉语语法特点之一。例如：

[3]电影票买着了。　　　　衣服做好了。

　　房间打扫干净了。　　　　文章写完了。

这些句子都是被动句，但都不能用"被"，用了"被"句子反而别扭，这是因为汉语里的"被"字句多用来表示不如意的事情。有的句子似乎可以用"被"字，也可以不用"被"字，但是用不用"被"字，句子的感情色彩不一样。试比较：

[4]a.麦子他们运走了。

　　b.麦子被他们运走了。

a句没有用"被"，只是客观地说明一个事实；b句用"被"，含有不如说话人之意的感情色彩。

现在，"被"字句使用不当的毛病也很普遍。请看：

[5]＊这个能容纳两万人的大厅，已经被装饰得富丽堂皇。(报)。

[6]＊在这些被安装好的彩车中，有一辆是由我们公司负责制作的。(报)

[7]＊这种舞厅，还容易被一小撮坏人乘机搞犯法活动。(报)

[8]＊胜利在望的时候，他不幸被敌人的子弹牺牲了。(刊)

[9]＊想要被大风不卷走，一定得加粗缆绳。(书)

例[5]和例[6]的"被"字都应该删去。虽然现在"被"字句也开始用在对主语成分来说是如意的事情上，例如："姚二婶被大家选为人民代表。"但这种用法还不普遍。例[7]"乘机搞犯法活动"不能支配主语成分，即主语成分不是"乘机……"的受事，应在"被一小撮坏人"后加上动词"利用"。例[8]"牺牲"虽是及物动词，但主语"他"不是受事，而是施事，应改为："他不幸被敌人的子弹打中，牺牲了。"例[9]否定词"不"应放在"被"字之前。

四、对、对于

"对"和"对于"是介词，它们的作用是引进关联的对象。例如：

[1]对这一带情况，他一点也不了解。

[2]对于这个问题，我们还要深入研究。

例[1]的"这一带情况"，例[2]的"这个问题"，都分别是"了解""研究"的对象。

"对"和"对于"在很多场合可以通用，如例[1]的"对"可以换成"对于"，例[2]的

"对于"也可以换成"对"，意思不变。但是，它们的用法还不完全相同。一般来说，能用"对于"的地方，也能用"对"，但能用"对"的地方不一定都能用"对于"。例如：

[3]有什么想法，可以对我说。

[4]他只是对我笑了笑，没有说话。

[5]我们都对打麻将不感兴趣。

[6]你应该对这个问题发表意见。

这四个句子中的"对"都不能换成"对于"。例[3]和例[4]中的"对"表示"向"的意思，"对于"没有这个意思。例[5]和例[6]的"对"表示"对待"的意思，"对于"虽然也有这个意思，但它不能用在副词或助动词之后，"对"没有这个限制。这两句里的"对"分别在副词"都"、助动词"应该"之后，所以不能换成"对于"。

"对"和"对于"形成的介词结构经常作状语（见前例）。作状语时，它们可以在主语后，也可以在主语前，例如：

[7]我们对（于）赖以生存的地球还研究得不够。

[8]对（于）赖以生存的地球，我们还研究得不够。

所谓可以在主语前，实际上就是说它可以修饰一个主谓词组。如例[8]可分析为：

对（于）赖以生存的地球　　我们还研究得不够。
<u>　　　　　1　　　　　</u>　　　<u>　　2　　</u>　　1—2　"状—中"偏正关系
　　　　　　　　　　　　　　　<u>3　</u>　<u>　4　</u>　　　3—4　主谓关系

由"对"和"对于"形成的介词结构还能作定语，不过一定得带上"的"。例如：

[9]她任劳任怨地工作，凭的是对祖国的热爱。

[10]对于宪法草案的意见，我就是这些。

例[9]"对祖国的热爱"和例[10]"对于宪法草案的意见"，都是介词结构作定语的偏正词组，分析如下：

对　祖国　的　　热爱　　　　对于　宪法草案　的　　意见
　　<u>　1　</u>（　）<u>　2　</u>　　　　　　　<u>　1　</u>（　）<u>　2　</u>
<u>3　</u><u>　4　</u>　　　　　　　　　　　<u>3　</u>　<u>　4　</u>
1—2　"定—中"偏正关系　　3—4　介词结构

有时，类似的格式有歧义。例如，"对他的意见"既可以看作介词结构，分析为：

对　他　的　　意见
<u>1　</u><u>　　2　　</u>　　　　1—2　介词结构
　　<u>3　</u>（　）<u>　4　</u>　　3—4　"定—中"偏正关系

也可以看作由介词结构作定语的偏正词组，分析为：

对　他　的　　意见
　<u>　1　</u>（　）<u>　2　</u>　　1—2　"定—中"偏正关系
<u>3　</u><u>　4　</u>　　　　　　3—4　介词结构

按介词结构分析，"意见"是他提的；按偏正词组分析，"意见"是冲着他的。这一点一定要引起足够的注意。

"对"和"对于"是写作中经常使用的两个介词。在使用中常见的毛病有两个：

第一，谁对谁的关系弄错了。例如：

[11] *这段历史对我们很感兴趣。

[12] *墨西哥是我们的友好国家，墨西哥电影对我国观众并不陌生。

例[11]"我们"才是动作的主体，应改为"我们对这段历史很感兴趣"，也可以说成"这段历史对我们来说很感兴趣"。同样，例[12]的后一分句应改为"我国观众对墨西哥电影并不陌生"，或者改为"墨西哥电影对我国观众来说并不陌生"。

这里要注意分清"甲对乙怎么样"和"甲对乙来说怎么样"这两种格式在表意上的区别。这两种格式表示的意思正好相反。试比较：

[13]   a.   b.

　　　他对吃馒头不习惯。   *他对吃馒头来说不习惯。

　　　*吃馒头对他不习惯。   吃馒头对他来说不习惯。

第二，漏用或滥用。

用"对"和"对于"，目的是要突出动作的关联对象，指明对这个对象已经或将要采取什么行动或态度。试比较下面三句：

[14]我们一定要反对这种不良风气。

[15]这种不良风气我们一定要反对。

[16]对这种不良风气我们一定要反对。

这三句话的基本意思相同，但还有区别：例[14]是一般地叙述；例[15]突出了动作的关联对象；例[16]不仅突出了动作的关联对象，还突出表明说话人要采取什么态度、措施。因此，当我们要表示对某人某事采取什么态度时，特别是要表示对多种人多种事采取什么态度行动时，便往往用"对"或"对于"来列举，这样比较醒目，例如：

[17]我们应该如实反映情况。对（于）成绩不夸大，对（于）问题不缩小，对（于）
　　矛盾不掩盖，好的、差的全面看，做到实事求是。

例[17]的"对于"就用得很恰当。

在写作中，常常出现该用"对（于）"时不用，不该用"对（于）"时乱用的毛病。前者叫漏用，后者叫滥用或错用。先看漏用的例子：

[18] *江北地区的新石器时代文化，在会上展开了热烈的讨论。（刊）

[19] *在教学中，他很注意因材施教，不同程度的同学采取不同的方法。（报）

例[18]展开热烈讨论的是参加会议的考古工作者，而不是"江北地区的新石器时代文化"，应在句首加介词"对"或"对于"。例[19]采取不同方法的是"他"，应在"不同程度的同学"前加"对"或"对于"。

滥用或错用的情况更为普遍，例如：

[20] *如果不用或用错了标点符号，对句子的意思就会产生歧义。

[21] *对于凡是在科学研究上做出成果的科学家、技术人员都应该受到国家和

人民的尊重。

[22]＊事故发生后，工厂领导决定对安全问题进行一次教育。

例[20]"对"后面的宾语"句子的意思"并不是"产生"的关联对象，这里的"对"应该删去。例[21]的"对于"也用得不恰当。运用介词"对（于）"，往往意味着要对某人某事采取什么态度或措施，因此句子总是采用主动句式。而例[21]是个被动句式（"受到……"），句首不能用"对于"。或将"对于"删去；或保留"对于"，后面改为"国家和人民应该尊重他们"。例[22]"安全问题"不能成为教育的对象，这里可能误将"对"作"针对"讲，将"对"改为"就"或"针对"都可以。

五、和、或(或者)、还是

在比较"和""或（或者）""还是"之前，先说说连词"和"跟介词"和"的区分。

现代汉语中的"和"，既是连词，又是介词。试比较：

[1]师傅和徒弟都爱下棋。

[2]你和他好好说说。

例[1]的"和"是连词，例[2]的"和"是介词。由于两个句子里的"和"的词性不同，句子结构也不同：

师傅　和　徒弟　都爱下棋。
　1　　　　2　　　　　　1—2　主谓关系
　3　　4　　　　　　　　　3—4　联合关系

你　和　他　好好说说。
1　　　　2　　　　　　　1—2　主谓关系
　　3　　　　4　　　　　　3—4　"状—中"偏正关系
　5　6　　　　　　　　　　5—6　介词结构

要辨别句子里的"和"是连词还是介词，大致可以从以下三方面去考察：

(1)连词"和"前后的成分可以颠倒，如例[1]也可以说成"徒弟和师傅都爱下棋"，颠倒后意思基本不变。介词"和"前后的成分不能随意颠倒，颠倒后意思跟原来不一样。"你和他好好说说"跟"他和你好好说说"表示的是两回事。

(2)连词"和"前不能插入任何修饰语，例[1]不能说成"＊师傅先（今天/马上）和徒弟都爱下棋"；介词"和"前面可以插入各种修饰语，例[2]可以说成"你先（不妨/马上）和他好好说说"。

(3)连词"和"有时可以用顿号替换，且意思不变，如例[1]也可以说成"师傅、徒弟都爱下棋"；介词"和"则不能用顿号替换，如例[2]就决不能说成"＊你、他好好说说"。

汉语中还有"跟、同、与"，它们跟"和"意思、用法一样，也是既可用作连词，又可用作介词。例[1]和例[2]中的"和"都可换成"跟""同"或"与"。现在，在口语中，无论作连词用还是作介词用，多用"跟"，也用"和"；在书面上，多拿"和"作连词用，"同""与"作介词用。

"和、跟、同、与"可以连接名词性成分，也可以连接动词或形容词性成分。可是用"和"等连接的动词或形容词性成分往往不作谓语。例如：

[3] ＊他勤奋和踏实。（刊）

[4] ＊他们做了大量的调查工作和分析了各种情况。（报）

[5] ＊他德语学得不好，至今他不能看书和不能会话。（校刊）

例[3]习惯的说法是"他又勤奋又踏实"，或者干脆说成"他勤奋、踏实"。例[4]"和"宜换成"并"。例[5]"和"宜换为"也"。

下面比较连词"和""或（或者）""还是"的用法。

"和"表示并列几项都包括在内，项与项之间是加合关系；"或"表示在并列的几项中选择一项，项与项之间是选择关系。试比较：

[6]他好像买了个书包和一个本儿。

[7]他好像买了个书包或一个本儿。

例[6]是说"他"买了两样东西（一个书包和一个本儿），例[7]是说"他"只买了一样东西（在书包和本儿中任选一样）。有时，句子用"和"还是用"或"意思似乎差不多。例如：

[8]年老体弱的同志和小孩儿可以乘轿车。

[9]年老体弱的同志或小孩儿可以乘轿车。

但说话的着眼点不同：例[8]用"和"，着眼于总的方面，强调可以乘轿车的是年老体弱的同志和小孩儿这样两种人；例[9]用"或"，着眼于个别的方面，强调可以乘轿车的是那两种人中的任何一种人。

现在"和""或"不分而错用的病例，时有所见。下面的句子，该用"或"的地方用了"和"，而该用"和"的地方却用了"或"：

[10] ＊这里有个挺不小的庄子，名叫郭家庄，庄里大约有九百户和一千户人家。（书）

[11] ＊进入本游泳池一律凭本校师生员工的工作证和学生证。（某游泳池通知）

[12] ＊各地区的人对食品味道的要求也是各不相同的，在我国，……最爱吃辣的则要算四川或湖南这两个省的人了。（报）

例[10]是说郭家庄可能有九百户人家，也可能有一千户人家。对同一事物所作的不同估计之间总是一种选择关系，应将"和"改为"或"。例[11]学生凭学生证，教职员工凭工作证，不是同时要两种证件，应将"和"改为"或"。例[12]既然已说明最爱吃辣的要算这两个省的人了，那么"四川""湖南"之间当然只能是加合关系，不可能是选择关系，应将"或"改为"和"。

"还是"和"或（或者）"一样，表示选择关系，例如"你或他""你还是他"都表示在"你"和"他"这两项中选择一项。但"还是"带疑问语气，一般用于疑问句；"或""或者"则不能用于疑问句，只能用于陈述句。例如：

[13]今天晚上我们或者看电影，或者看戏。

[14]今天晚上我们看电影还是看戏？

这两句的"或者""还是"不能互换。有些句子，就全句看是个陈述句，但句子里所包含的表示选择关系的联合词组却是含有疑问语气的，这时也得用"还是"，不能用"或者"。例如：

[15]他去还是你去，我心里已经有数了，你就不用管了。

[16]我记不清那天是阴天还是晴天。

下面句子里的"或者""还是"都用错了：

[17]＊他很少和别人来往，虽然在这里已经住了三年，还不知道他的邻居是工人或者教员，是南方人或者北方人。（刊）

[18]＊我记得她是1986年还是1987年入学的。（刊）

例[17]"或者"应改为"还是"。例[18]是个肯定的陈述句式，不能用"还是"，宜改为"或者"，也可以改为"也可能是"。另外，"或者"有时可用来表示前后两项所指相同，只是说法不同，这时"或者"相当于"即"。例如："名词性词语，或者名词性成分都不能作补语。"这里的"或者"也绝对不能换用"还是"。

六、和、及、及其

"及"从意思上说跟"和"一样，也表示并列几项都包括在内，项与项之间是加合关系，但在用法上有些不同。"及"一般不大用于连接两项，"和"却没有这个限制。例如：

[1]这次我要去上海、杭州和苏州。

[2]这次我要去北京和上海。

例[1]里的"和"可以换成"及"，说成"上海、杭州及苏州"；可是例[2]里的"和"就不能换说成"及"，我们不说＊北京及上海。"及"有时也连接两项，那它的后面一定得用"其"或"其他"，例如：

[3]巴金及其作品

[4]李小明及其他同学

在例[3]里，只能用"及"，不能用"和"，不能说"＊巴金和其作品"；在例[4]里则可以用"和"，说成"李小明和其他同学"。要注意，"巴金及其作品"中的"及其"，它不是一个词。这里"其"是一个代词，作"作品"的定语，"巴金及其作品"等于说"巴金及他的作品"。用"及其"的说法，在于表明前后两项有从属关系，即后者是从属于前者的，如前例"作品"是从属于巴金的。常有人错把"及其"当"及"用。例如：

[5]＊参加这次大会的有各厂矿、部队、学校及其商业部门的代表。

[6]＊教孩子识字，一定要给孩子讲清楚字音、字形及其字义。

例[5]"商业部门"显然不是从属于厂矿、部队、学校的，应删去"其"。例[6]"字义"跟"字音、字形"也无从属关系，宜换用"和"，或删去"其"。

七、因为、由于

"因为"和"由于"都是在表示因果关系的复句中用以引出原因的连词，后面常有

"所以、因而、因此"等跟它们相配。例如：

　　[1]因为这几天实在事情太多，所以你来了以后我没能及时来看你。

　　[2]由于问题复杂，对问题的看法又各不相同，因而一时很难取得一致的意见。

　　[3]由于他一贯软弱，委曲求全，因此他仅有的一次发怒一直留在我的记忆里。

　　"因为"和"由于"虽然都表示原因，但在用法上仍有所不同。

　　第一，"因为"在口语中常用，"由于"很少用于口语。

　　第二，"由于"既可以同"所以"配合，又可以同"因而""因此"配合；"因为"只同"所以"配合，不能同"因而""因此"配合。如前面例[1]的"所以"不能换成"因而"或"因此"，例[2]的"因而"、例[3]的"因此"倒都能换成"所以"。

　　第三，用"因为"的原因从句可以放在主句的后面，用"由于"的原因从句一般不能放在主句后面。例如：

　　[4]他没有来上课，因为他病了。

　　[5]＊他没有来上课，由于他病了。

例[4]可以说，例[5]就是病句。

　　"因为"和"由于"在使用上，除了要注意上述第二、第三这两点以外，还需注意以下两点：

　　第一，不要与"为了"用混。"因为""由于"表示原因，"为了"则表示目的。我们常常看到该用"因为""由于"的地方用了"为了"，例如：

　　[6]＊现在试行股份制以后，为了企业的发展与职工的利益直接联系着，所以职
　　　　工的积极性和创造性不断高涨。

　　[7]＊国安队这次为什么失利？我看不是为了别的，而是因为太轻敌了。

　　[8]＊他为了怕让人笑话自己胆小，便硬着头皮第一个钻进了这伸手不见五指的
　　　　山洞。

例[6]"为了"宜改为"由于"；例[7]"为了"应改为"因为"，以便跟下文"而是因为……"相一致；例[8]"为了"可改为"由于"，也可以保留"为了"，但要将"怕"改为"不"。

　　第二，不要将"由于"与"由"用混。按说，"由"和"由于"的区别是明显的，但由于这两个词都有一个"由"字，因此在写作中常有人在该用"由"的地方用了"由于"，例如：

　　[9]＊学习上的退步，往往是由于自满开始的。

　　[10]＊到目前为止，人还不能完全控制自然灾害，农业收成的好坏，在很大程
　　　　度上还是由于自然条件的好坏决定的。（书）

例[9]的从句主要动词用的是"开始"，作者要说的是事情的起点，就应该用相当于"从"的意思的"由"，而不应该用表原因的"由于"。当然，如果从句的主要动词选用"造成"，那么作者主要是要说明"学习上的退步"是由什么原因造成的，这时就得用"由于"。例[10]说的是农业收成的好坏是靠什么决定的，显然不能用"由于"，应改用"由"。

八、以至、以致

"以至"和"以致"都是连词,而且读音相同,字形相近,因此常常有人用混。其实这两个词的意义和用法是很不相同的。

"以至"的意思相当于"直到""甚至",表示由小到大、由少到多、由低到高、由浅到深的递进关系(也可用于相反的方向)。连接的成分如果不止两项,"以至"一般用在最后一项之前。例如:

[1]……,狭小阴湿的店面和破旧的招牌都依旧;但从掌柜以至堂倌却已没有一个熟人,我在这一石居中也完全成了生客。(鲁迅《在酒楼上》)

[2]搞城市建设不能只看眼前,要考虑到明年、后年以至十年、二十年。

[3]如果我们能采用这项先进技术,我们的生产效率将会提高几倍以至十几倍。

[4]实践、认识、再实践、再认识,这种形式,循环往复以至无穷,而实践和认识之每一循环的内容,都比较地进到了高一级的程度。(毛泽东《实践论》)

"以至"还可以说成"以至于"。例如:

[5]许多美的人和美的事,错综起来像一天云锦,而且万颗奔星似的飞动着,同时又展开去,以至于无穷。(鲁迅《好的故事》)

[6]对群众的批评采取抵触以至于压制的态度,那是十分错误的。

"以致"则表示"致使""弄得"的意思,用在因果复句的主句开头,表示下文所说的是上述原因所造成的结果。这种结果大多是不好的,或是说话人所不希望的。例如:

[7]对于非本质和非主流方面的问题,不能忽视,而且要认真对待,很好解决,但是,也不能将这些方面的问题看成为本质和主流,以致迷惑了自己的方向。

[8]据可查考的资料记载,蒋家沟的泥石流曾经十多次隔断小江、堵塞河道,以致洪水四处泛滥,淹没了许多农田、房屋。

[9]由于他不听从劝告,以致上了别人的当。

"以至"和"以致"的区别是明显的。有时似乎在同一个句子里,既可以用"以至",也可以用"以致",其实意思是不同的。例如:

[10]在一片赞扬声中,他变得飘飘然起来,以至看不到自己工作中的缺点。

[11]在一片赞扬声中,他变得飘飘然起来,以致看不到自己工作中的缺点。

例[10]用"以至",例[11]"以致"。例[10]表示递进关系,强调程度的加深,意思是"在一片赞扬声中,他变得不仅飘飘然起来,而且发展到了看不到自己工作中缺点的程度"。这里的"以至"可换成"甚至"。例[11]表示因果关系,强调由于上述原因而造成的结果,意思是"他在一片赞扬声中由于变得飘飘然起来,因此连自己工作中的缺点也看不到了"。这里的"以致"可换成"因此"。

常见的毛病是误把"以至"当"以致"用。例如:

[12]*他腹部连中三弹,以至生命危在旦夕。(报)

[13]＊科学技术日新月异的发展，以至神话、童话里的幻想故事都逐渐成为事实了。（刊）

[14]＊由于他看问题的方法不对，又不听从别人的劝告，以至犯了错误。（刊）

[15]＊她儿子做了坏事，甚至拿了人家的东西，她不但不加管教，还替他隐瞒，以至使她儿子逐渐走上犯罪的道路。（刊）

这些句子里的"以至"都用错了，因为从意思上看，前后分句之间只能是因果关系，不可能是递进关系。例[12]干脆将"以至"删去，这样句子还简洁些；例[13]至例[15]中的"以至"要改用"以致"。

九、从而、进而

"从而"和"进而"是两个意思不同的连词。"从而"的作用在于引出表示结果的主句，这种结果可以是在已有的结果的基础上产生的，也可以是在某种条件下产生的。例如：

[1]小说在渲染气氛、刻画人物、运用细节等方面，充分发挥和运用了文学创作的功能和技巧，从而使作品熔历史和小说于一炉，既有历史价值，又有文学价值。

[2]以前，沈阳、锦州两铁路局调度在交接车上常有摩擦。今年年初两局主管运输工作的领导同志得知这一情况后，都加强了对本局调度人员的教育，强调要识大局、顾整体，严于律己，严格按计划办事，从而改善了马三家站分界口的交接车工作，大大提高了两局的运输效率。

[3]工程师刘守忠在京广铁路韶广段复线定测中，认真负责，精心修改了韶关、马坝车站初测设计方案，从而为国家节省工程投资553万元。

"进而"则强调在前一行动的基础上，采取进一步的行动。例如：

[4]铁道部决定，先评选出各局、厂的先进集体和先进个人，进而评选出部的先进集体和先进个人。

[5]要完成今年经济建设的任务，并进而实现90年代的奋斗目标，关键在于深化改革、扩大开放。

[6]由于人与人之间存在个性的差别，会产生出矛盾，出现相互交往的障碍，因此了解这些差别，有助于理解许多冲突产生的根源，进而克服交往中的困难。

有时，一个句子似乎既可以用"从而"，也可以用"进而"，但二者在意思上还是有差别的。试比较：

[7]为了迫使她屈服，他们停发了她的工资，从而切断了她的一切经济来源。

[8]为了迫使她屈服，他们停发了她的工资，进而切断了她的一切经济来源。

例[7]用"从而"，是说由于他们停发了她的工资，这样就切断了她的一切经济来源。这意味着前后是一种因果关系。例[8]用"进而"，是说他们在停发了工资后，还进一步切断她除工资以外的其他经济来源。这意味着迫害的加深，前后是递进关系。

由于"从而""进而"都包含"而"字，在用法上有时又似乎相通，因此常有人用混。常见的毛病是，该用"从而"的地方用了"进而"。例如：

[9] *从去年开始，徐州市进一步走出国门，先后派出 40 多个代表团参加国内外一系列大型经贸洽谈活动，特别是到众多发达国家和地区与大财团、大商社、跨国公司进行经济技术合作洽谈，进而使利用外资的路子逐步拓宽。（报）

[10] *来自个体经济的压力和挑战，促使国营和集体商业部门改善经营方式，改善经营手段，改善服务态度，进而无形中形成了经济生活中的竞争局面。（报）

例[9]"进而"后面所说的内容，不是徐州市走出国门的进一步行动，而是进一步走出国门后所收到的良好效果。同样，例[10]"形成了经济生活中的竞争局面"并不是"国营和集体商业部门改善经营方式，改善经营手段，改善服务态度"的进一步措施或行动，而是"来自个体经济的压力和挑战，促使国营和集体商业部门改善经营方式，改善经营手段，改善服务态度"所出现的一种结果。这两个例子里的"进而"都应该换成"从而"。

十、而且、况且、何况

这三个都是表示递进关系的连词，但意义和用法并不相同。试比较：

[1]她不仅会说英语，而且会说很好的法语。

[2]这收音机可以买，它音质好，体积小携带方便，况且价格也便宜。

[3]北京都下雪了，何况哈尔滨呢？

例[1]表示一般性递进，只能用"而且"，不能用"况且"或"何况"。例[2]用"况且"表示进一步补充、申述理由，相当于口语中的"再说"。这里似乎也可以用"而且"替换，但有细微的区别：用"况且"，所引出的理由是补充性的、次要的；用"而且"，意味着所引出的理由跟前面说的理由同等重要。因此表示进一步补充、申述理由时不宜用"而且"。例[2]也可以用"何况"，因为"何况"也能用来表示进一步补充、申述理由。但是，例[3]里的"何况"既不能用"而且"替换，也不能用"何况"替换，因为"何况"可用在反问句表示"逼进一层"的意思（相当于口语中的"甭说"），这个用法是"而且""况且"所不具备的。

总之，"而且"多用来表示一般的递进，"况且"只能用来表示进一步补充、申述理由，而"何况"主要用来表示"逼进一层"的意思，也可以用来表示进一步补充、申述理由。不少人不了解它们的区别而常常用错。请看：

[4] *搞科学研究，一定要有丰富的材料，况且要有正确的观点。（作）

[5] *上千吨的轮船碰上这样大的风浪也得上下颠簸，而且这么一条小木船。（报）

例[4]前后分句表示一般的递进关系，不能用"况且"，这里最好将"况且"改为"还"。例[5]表示"逼进一层"的意思，"而且"要改成"何况"。

十一、不管、尽管

"不管"表示无条件，意思跟"不论""无论"相同，即表示某人某事物在任何条件下都是如此。例如：

  [1]不管困难有多大，我们都要克服。

  [2]不管什么人，都要遵守国家的法令。

  [3]不管怎么样，你必须在上课前赶到。

  [4]不论是刮风还是下雨，他都坚持锻炼。

  [5]无论是大汉族主义或者地方民族主义，都不利于各族人民的团结。

这些句子里的"不管""不论"和"无论"都可以互换，意思不变。这类句子，"不管""不论"和"无论"等后面的词语，或者是一个包含疑问代词的疑问格式，如例[1]和例[2]；或者干脆就是一个疑问代词，如例[3]；或者是一个表示选择性的联合词组，如例[4]和例[5]。

  "尽管"则表示让步转折，意思跟"虽然"相同，即先让步，承认某件事是如此，然后，再转过来指出相反的一面。例如：

  [6]尽管困难很大，但一定要完成任务。

  [7]尽管风很大，雨很大，他们还是按时赶到了。

  [8]这部电影虽然有缺点，但从总体看，还是一部好电影。

  [9]虽然一连去了两封信，也还是没有消息。

这些句子里的"尽管"和"虽然"可以互换，意思不变。值得注意的是，"尽管""虽然"后面的词语，不能是个疑问格式，不能有选择性。例如，只能说"尽管这样"，不能说"尽管怎么样"；只能说"尽管刮风下雨"，不能说"尽管刮风还是下雨"。这跟"不管"恰好相反。

  按说"不管"和"尽管"的区别是明显的，但由于二者形似，第二个语素都是"管"，所以也常常有人将它们用混。下面就是"不管"和"尽管"互相误用的病例：

  [10]＊到了冬天，不管天气很冷，气温很低，他还是坚持冬泳。

  [11]＊尽管你的计划订得多好，不切合实际有什么用？

例[10]的"不管"要改成"尽管"；如要保留"不管"，就得把"天气很冷，气温很低"改为"天气多么冷，气温多么低"。例[11]的"尽管"要改成"不管"；如要保留"尽管"，就得把"你的计划订得多好"改为"你的计划订得很好"。

十二、只有、只要

  "只有"和"只要"这两个连词都表示要讲条件，但二者是有区别的。从意义上看，用"只要"表示条件宽，有句中所说的条件就行；用"只有"表示条件严，非得具备句中所说的条件不可。从用法上看，用"只要"，后面只能用"就"或"便"与之呼应；用"只有"，后面只能用"才"与之呼应。下面的实例很说明上面所说的差别：

  [1]只要考70分，你就能被录用。

  [2]只有考70分，你才能被录用。

例[1]用"只要"，表示在说话人心目中，考70分这个条件不算高；例[2]用"只有"，表示在说话人心目中，考70分这个条件是比较高的。

有时，所指条件相同，所指事情相同，但由于一个用"只有……才……"，一个用"只要……就……"，意思就不一样了。例如：

　　[3]只有他去，才能解决问题。

　　[4]只要他去，就能解决问题。

例[3]和例[4]所指事实相同："他去"是"解决问题"的条件。但例[3]用"只有……才……"，表示在说话人看来，这个条件严，非得他去才能解决问题，排斥其他人去可以解决问题的可能性；例[4]用"只要……就……"，表示在说话人看来这个条件是宽的，他去了就能解决问题，而不排斥别人去可以解决问题的可能性。这说明"只有……才……"和"只要……就……"这两个格式在使用上具有很强的主观性。

　　因为这两个连词里都是由"只"开头的，所以把这两个连词用混的情况也不少。请看：

　　[5]＊只要及时抓住了发展的时机，立足于改革，所以使各项经济指标保持连续
　　　　增长的好势头。（报）

　　[6]＊我们只有努力学习，就能攀登科学高峰。（作）

例[5]应把"只要"改为"因为"。例[6]"只有"和"就"不能相配，或将"就"改为"才"，或将"只有"改为"只要"。

十三、否则

　　我们常常看到不该用"否则"的地方用了"否则"，以致造成语病。例如：

　　[1]＊要不是老师及时提醒了我，否则我准会犯错误。（刊）

例[1]的"否则"完全没有必要，应该删去。出现这样的毛病，多半是因为对"否则"缺乏准确的了解。

　　连词"否则"的作用在于对上文的意思直接作假设性的否定，接着引出根据这假设性否定所推出的结果，由此来反衬、强调上文的意思。"否则"引出的分句可以用陈述句式，也可以用反问句式。例如：

　　[2]对错误不能迁就，更不能隐瞒，否则，以后会犯大错误的。

　　[3]他是从不失约的，看来一定是出现了什么新的情况，否则，他怎么会不按时
　　　　来呢？

　　看来，"否则"相当于"如果不是这样"的意思。但是，二者在用法上并不完全相同。突出的一点是，用"如果不是这样"，它后面还可以出现一个与之平行的、意思上跟它一致的假设分句，例如：

　　[4]领导班子内部必须搞好团结，如果不是这样，如果领导班子内部闹不团结，
　　　　工作肯定搞不好。

"否则"则没有这种用法，因此例[4]里的"如果不是这样"绝不能用"否则"去替换。许多人不了解这一点，把"否则"跟"如果不是这样"完全等同起来，这就使句子出了毛病。例如：

　　[5]＊凡事要三思而行，否则贸然行事，往往会好心办坏事。（作）

[6]＊厂领导一定要深入生产第一线，否则只是坐在办公室里听汇报、发号令，肯定指挥不好生产。（报）

以上下文来看，例[5]中的"否则"就是指不三思而行，贸然行事，它后面不能再说"贸然行事"，这四个字应删去；如果要保留这四个字，得将"否则"改为"如果"。例[6]宜将"否则"改为"如果"。

这里需要记住的一点是，"否则"前和"否则"后的分句（不包括"否则"在内）之间在意思上不能构成一个推论关系。例如："你一定得去，否则他会生气的。"在"你一定得去"和"他会生气的"之间不存在推论关系。上面的例[1]之所以不该使用"否则"，就是因为"否则"前和"否则"后的两个分句"要不是老师及时提醒了我"和"我准会犯错误"之间能构成了一个推论关系：

[7]要不是老师及时提醒了我，我准会犯错误。

下面使用"否则"的句子都不符合这个要求：

[8]＊关键是要转变经营机制，旧的经营机制不转变，旧的管理体制不改革，否则国营企业就不能适应整个国家经济发展的需要。（报）

[9]＊国家为我们准备了那么好的学习条件，我们再不学好，否则就对不起国家和人民。（报）

[10]＊小陈埋怨地说："应该昨天就把水泥、沙子这些料备齐，否则今天一上班就可以拌料施工了。"（刊）

例[8]"否则"前后的分句存在着明显的推论关系（如果旧的经营机制不转变，旧的管理体制不改革，那么国营企业就不能适应整个国家经济发展的需要），所以这个"否则"应删去，如果要保留这个"否则"，就得将"否则"前面的两个分句改为肯定句"一定要转变旧的经营机制，改革旧的管理体制"。例[9]也是或删去"否则"，或将"我们再不学好"改为"我们一定得学好"。例[10]"否则"前后分句之间也是假设推论关系，应将"否则"改为"这样"。

十四、等、等等

"等"和"等等"是两个后附助词。它们常常附在两个或两个以上并列的词语后面，表示列举未尽。例如：

[1]参加这次高校运动会的有清华大学、北京大学、北京师范大学、北京医学院等院校。

[2]自然界存在着许多的运动形式，机械运动、发声、发光、发热、电流、化分、化合等等都是。

"等"还可以表示列举已尽，前后可以有所列各项总计的具体数字，这时"等"含有"一共"的意思。例如：

[3]这学期我们上了语文、算术、政治、英语、常识、体育等六门功课。

[4]我们班同学主要来自北方的五个省：黑龙江、吉林、河北、山东、山西等。

"等等"没有这个用法。下面这个句子里的"等等"要改为"等"：

[5] ＊这次参观分批进行。第一批五个班，有一班、四班、六班、九班、十班等等。（报）

虽然二者都能表示列举未尽，但它们还有区别。

1.“等等”一般不用于指人的名词和专有名词之后，“等”不受这个限制。例如：

[6]出席这次大会的，有工人、农民、学生、战士等。

[7]唐代著名诗人有杜甫、李白、白居易等。

[8]四川省主要的河流有嘉陵江、沱江、岷江、大渡河等。

这三个例子里的“等”，都不能换成“等等”。

2.“等等”后面一般不能再有其他词语，“等”不受这个限制。例如：

[9]这次运动会有田径、体操、射击等比赛项目。

[10]这次运动会的比赛项目很多，有田径、体操、射击等。

例[9]“等”后面紧跟着另外的词语“比赛项目”，这里的“等”就不能换成“等等”。例[10]“等”后面没有其他词语，这里的“等”就可以换成“等等”。

3.“等等”跟前面的词语之间可以有停顿，“等”则不允许有停顿。例如：

[11]记得小时候看过一些以体坛生活为内容的影片，如《女篮五号》《球场风波》《冰上姐妹》《水上春秋》《女跳水队员》，等等，那生动的故事情节、血肉丰满的银幕形象至今记忆犹新。

例[11]这句话的“等等”如果要换成“等”，“……《女跳水队员》”后面的逗号就要去掉，要说成：

[12]记得小时候看过一些以体坛生活为内容的影片，如《女篮五号》《球场风波》《冰上姐妹》《水上春秋》《女跳水队员》等，那生动的故事情节、血肉丰满的银幕形象至今记忆犹新。

4.“等等”可以重复，“等”不能。例如：

[13]这批货物品种很多，包括布匹、手表、收音机、电视机、录音机等等，等等。

例[13]里的“等等”不能换成“等”。

此外，“等等”和“等”这两个助词前面一般不能只列举一项，起码要两项，下面这个句子有毛病：

[14] ＊参加会议的单位很多，有京棉一厂等。（报）

例[14]应在“京棉一厂”后面加上一个或几个参加会议的其他单位。但如果前面是人称代词或指人的名词，可以只列一项，但这时只能用“等”，不能用“等等”。例如“你等务必尽快离京”“陈刚等已于前日动身”，不能说成“＊你等等务必尽快离京”“＊陈刚等等已于前日动身”。

十五、“的”“地”和“得”

“的”“地”“得”这三个都是结构助词，而且读音一样，都是读轻声（de）。但是，它们所表示的语法意义和用法并不相同。

在书面上，"的"被看做"定—中"偏正词组的标志，"地"被看做"状—中"偏正词组的标志，"得"被看做述补词组的标志。在早期白话小说中，这种分工不是很严格。譬如说，在鲁迅的作品中，状语后边多数用"的"，有时也用"地"，甚至在同一篇文章里。请看：

[1]小栓慢慢**的**从小屋子走出，两手按了胸口，**不住的**咳嗽……（鲁迅《药》）

[2]他忽而似乎有了主意了，**慢慢的**跨开步，**有意无意的**走到静修庵。（鲁迅《阿Q正传》）

[3]世界日日改变，我们的作家取下假面，**真诚地，深入地，大胆地**看取人生并且写出他的血和肉来的时候早到了……（鲁迅《论睁了眼看》）

[4]饭食也不坏。但一位先生却以为这客店也包办囚人的饭食，我住在那里不相宜，三番五次，**三番五次地**说。（鲁迅《藤野先生》）

[5]自然，这样一移，**比较的**好看些。（鲁迅《藤野先生》）

现在，书面上"的""地""得"的分工比较严格——状语后边用"地"，述补结构的述语后、补语前用"得"，定语后边以及其他场合用"的"。例如：

[6]高高地举着　［"地"处于状语末尾］

站得高高的　［"得"处于述语之后、补语之前；"的"处于补语末尾］

高高的个儿　［"的"处于定语末尾］

个儿高高的　［"的"处于谓语末尾］

现在，把状语后边的"地"写成"的"，把述补词组中的"得"写成"的"，常有所见。关于把"地"写成"的"的毛病，我们在本章第七节第七小节里已经谈到，这里不妨再举一例：

[7]＊他把我们五个人叫到一起，满怀信心**的**说："这一回那老狐狸跑不了了。"（刊）

例[7]"满怀信心 de"作状语，应将"的"该为"地"。下面举些把"得"误写成"的"的病例：

[8]＊他每天都起**的**很早，去公园打太极拳。（刊）

[9]＊这家酒店不论是内部的管理或外部的联系都搞**的**很好。（报）

[10]＊一看见酒，许多人就围了过去，大口大口地喝起来，不喝**的**东倒西歪地躺倒在地，不会罢休。

上面三例中的"的"都应改为"得"。这里特别要注意例[10]，按现在的写法（将"得"写成了"的"），会让人误认为"不喝的"是个"的"字结构，作"东倒西歪地躺倒在地"的主语。

有的句子似乎可以用"的"，也可以用"得"，例如：

[11]他说的大家都信了。

[12]他说得大家都信了。

其实例[11]和例[12]在意思上是有差别的。例[11]是说"他所说的话大家都信了"；例[12]则是说他很会说话，某情况原先大家不怎么信，经他一说大家都信了。

这里需要大家注意的是助词"的"的使用。常见的毛病是该用"的"的地方不用，不该用"的"的地方却用了，有时甚至造成表达上的混乱。下面是不该用"的"而用了"的"的病例：

[13] *小生后起之秀**的**常建忠在新编历史剧《凤求凰》中扮演司马相如。(报)

[14] *十一二岁的孩子，学习负担竟如此之重，这难道还不值得教育部门**的**重视吗？(报)

[15] *"四人帮"疯狂破坏**的**党的干部政策、知识分子政策和民族政策，在各方面造成了严重的恶果。(报)

例[13]，从文章内容看，"后起之秀"就是"常建忠"，"常建忠"就是"后起之秀"，彼此是同位关系。而在同位结构中是不能用"的"的，例如，我们不能把"中国总理周恩来"(这是同位结构)说成"*中国总理的周恩来"。应将"后起之秀"后的"的"删去。例[14]动词"值得"要求后面所带的宾语得是动词性的，而不能是名词性的。"教育部门重视"是主谓词组，本是动词性的，可以作"值得"的宾语。现在由于作者在"教育部门"后多加了一个"的"字，变成名词性偏正词组"教育部门的重视"，使句子不合语法了。应将这个"的"删去。例[15]作者的原意是要说"四人帮"疯狂破坏党的各项政策，造成了严重的恶果。可是由于下笔时不慎，在"破坏"之后多用了一个"的"字，意思就完全拧了，变成了那恶果是由被"四人帮"破坏的政策所造成的了。"破坏"后的"的"必须删去。下面是该用"的"的地方却漏了"的"字的病例：

[16] *赵芝圃老人身居国外，心向祖国，当他今天在异邦亲眼看到祖国自己制造( )精密机床，激动得热泪盈眶。(报)

[17] *县委领导对护林员揭发( )林业局局长带头偷运木料的问题，普遍感到气愤。(报)

例[16]赵芝圃老人在异邦只能看到祖国制造的精密机床，不可能看到"制造精密机床"这具体事情。"制造"和"精密机床"之间的"的"不能少，应补上。例[17]根据报导的内容，县委领导是对林业局长带头偷运木料的行为感到气愤，而不是对护林员揭发林业局长问题的行为感到气愤。现在少了个"的"，意思也全拧了。应在"揭发"后补上"的"。

练习九

下面的句子虚词使用不当，请指出并改正过来。

(1)他就是不吃你这一套，你又把他能怎么样？

(2)他在环境保护方面做了大量的宣传教育工作，常常把生活中的生动事例来教育大家。

(3)由于篇幅的限制，只好把这些宝贵的题材割爱了。

(4)他感到自己被人不了解，十分苦恼。

(5)1980年以来有十八名学习成绩很差，又不肯用功的学生被退学。

(6)这座县城对他是陌生的，没有别的熟人，没有别的可落脚的地方。

（7）这不仅是对于我们的信任和鼓舞，也是对于我们提出了更高的要求。

（8）孙中山先生的事迹或形象，给参观者留下了深刻的印象。

（9）熟悉陈厂长的工人、技术员或干部，都摸到了一条规律：上午十点以后找他，不要到厂长办公室，而要到车间和图书资料室。

（10）我想，放暑假后，我和弟弟去乡下姥姥家住一段时间，还是和同学去登泰山。

（11）在巴黎时，他们团的一位成员，不知是上飞机前吃了什么不干净的东西，或是飞机上吃了什么变了质的午餐而未觉察，下了飞机后肚子就闹腾起来了。

（12）皮肤干燥，身上发痒，应当洗澡，可是有的人却为了怕痒不愿意洗。

（13）他没能参加这次考试，由于他病了。

（14）今年秋天都这么冷，况且到了冬天？

（15）放心吧，大家都能谅解你，而且他还是你的好朋友。

（16）到了冬天，尽管天气多么寒冷，他还是坚持每天去夜校学习。

（17）他只要答应了你，不管有很多困难，他一定会办到的。

（18）这孩子很倔强，他要想不通，谁也无法叫他干什么。只有他想通了，事情就好办了。

（19）我们应该刻苦学习，否则不学习，就很难把自己培养成建设祖国的有用人才。

（20）她有点后悔：那天为什么把他不挡一挡？

（21）他写啊写啊，写的手都发酸了。

第十节　常见的语法错误

我们在写作中出现的语法错误是各种各样的。有些语病，如"词类误用""复句组织中的毛病""虚词使用不当"等，我们已经在有关章节（分别在第二节、第八节、第九节）里谈得比较集中，比较充分，在这一节里就不再谈了。有些语病，如"搭配不当""残缺""词语位置不当"等，虽也已分别在前面几节里谈到过，但考虑到一般在写作中犯这些方面的毛病比较多，前面又是分散着谈的，这里有集中谈一下的必要，所以这里将不避重复，再作进一步的说明。此外，在这一节里我们还想谈谈在指代和数量表达方面的问题，因为这方面的毛病也比较常见。

一、句法成分搭配不当

所谓句法成分搭配不当，是指句子中密切相关的句法成分，如主语和谓语、述语和宾语、定语和中心语、状语和中心语等，在组织句子时，由于没有注意照顾它们之间的配合，造成了搭配不当的毛病。

（一）主语和谓语搭配不当

主谓搭配不当是常见的毛病。请看下面的例子：

［1］＊修建高速公路是很必要的，但是应该看到，我们国家的经济基础还比较低，还不能一下子省与省之间都通高速公路。（报）

［2］＊生活告诉人们：急躁的人，事情一旦办不成，往往容易转化为灰心丧气。（刊）

例［1］"经济基础"不能与"低"搭配。如果要保留"经济基础"，可以将"低"改为"薄弱"；如果要保留"低"，可以将"经济基础"改为"经济发展水平"。例［2］"人……转化为……灰心丧气"显然不通。"转化为"三个字完全是多余的，应删去。

有些主语与谓语搭配不当的毛病比较隐蔽，需要作些分析才能发现。例如：

［3］＊你刚 18 岁，正值青春茂盛之时。（刊）

［4］＊这篇通讯的作者有很好的理论修养，所以立意很深。（书）

例［3］"你……正值……之时"没有错，但"之时"前一加上"青春茂盛"这个定语就使主语"你"与谓语"正值青春茂盛之时"不搭配了。人怎么能像植物那样"茂盛"呢？把"茂盛"删去，句子当然通了，但念着还是别扭。比较好的改法是，将"青春茂盛之时"改为"青春年华"。例［4］是个因果复句，单就每个分句看，似没有语法错误；但读者读到后一个分句"立意很深"，总觉着别扭。"立意很深"是陈述哪个成分的呀？从句子结构上看，"立意很深"该是说明"作者"的，因为后一个分句是承前省略了主语，那省略的主语就应该是"通讯的作者"；但从意思上说，"立意很深"应该是用来陈述"这篇通讯"的，因为"立意很深"只能用来形容作品内容，不能用来说明人。所以这个句子的毛病也属于主谓搭配不当的语法错误。

下面的例子是主谓搭配不当的另一种情况：

[5] * 理论正确是衡量文章好坏的重要标准。

[6] * 汽车本身质量的好坏，也是保证行车安全的一个很重要的条件。

例[5]主语"内容正确"是从一个方面说的，而谓语"是衡量文章好坏的重要标准"则是从两方面说的，不搭配。宜将主语改成"内容是否正确"或"内容正确与否"。例[6]刚好相反，主语是从两个方面说的，而谓语是从一个方面说的，也不搭配。宜将谓语改成"也是能否保证行车安全的一个很重要的条件"。

当主语或谓语是联合词组时，更要注意主谓的配合。下面的句子都有问题：

[7] * 一年不见，她的身体，她的业务水平和思想水平都比先前提高了许多。（刊）

[8] * 由于该县领导严重忽视安全生产，以致劳动者生命和财产遭受巨大损失的事故屡屡发生。（报）

例[7]"业务水平"和"思想水平"可以说"提高"，"身体"是不能说"提高"的。可将"身体"改为"健康水平"，便都照顾到了。当然也可以这样改：

[9] 一年不见，她的身体比先前好多了，她的业务水平和思想水平也比先前提高了许多。

例[8]毛病出在作定语的主谓词组"劳动者生命和财产遭受巨大损失"上。"财产"可以"遭受巨大损失"，"生命"不可能说"遭受巨大损失"。宜分开来说，改为"劳动者人身伤亡，财产遭受巨大损失"。

（二）述语和宾语搭配不当

述语和宾语搭配不当，有两种情况，一种是语义上不搭配，例如：

[10] * 合伙人如严重违反合伙协议约定的义务，由此而造成的经济损失将由违反协议者负责赔偿。（刊）

[11] * 凡拒不执行火场指挥员指挥的，必须给以严厉的行政处分，严重的要负刑事责任。（报）

[12] * 为了防止这类交通事故不再发生，他们加强了安全教育与管理。

例[10]"违反"和"义务"在语义上不能搭配。宜改为"合伙人如严重违反协议，不履行合伙协议约定的义务……"。例[11]"执行"跟"指挥"在语义上也不搭配。如要保留"执行"，可将"指挥"改为"命令"或"指示"；如要保留"指挥"，可将"执行"改为"服从"。例[12]我们只能说"防止……再发生……"，不能说"防止……不再发生……"。"为了……防止再发生……"就是"为了不再发生……"的意思。如要保留"防止"，得把"不"删去；如要保留"不再发生"，可以将"防止"改为"使"。另一种是语法上不搭配。例如：

[13] * 经过这一阶段的整顿，见到了成效，初步改变了这一条街长期来一直比较混乱。（报）

[14] * 在焦作市发现的一组元代杂剧陶俑中，有奏乐、有吹口技、有跳舞等，个个姿态优美，生动逼真。（刊）

[15] * 你看完这个电影，会强烈地感到一个没有出场的人，那就是电影故事的作者。（报）

例[13]动词"改变"要求后面所带的宾语是名词性的，而"这一条街长期来一直比较混乱"是个主谓词组，不属于名词性词语。应在"……比较混乱"之后加上"的状况"三个字。例[14]动词"有"也要求带名词性宾语，而现在"有"后面的词语"奏乐""吹口技""跳舞"都是动词性词语，显然不合要求。可有两种改法，一是改为"有的奏乐，有的吹口哨，有的跳舞"；一是改为"有奏乐的，有吹口哨的，有跳舞的"。例[15]是另一种情况，动词"感到"要求带动词或形容词性词语，而现在"一个没有出场的人"是个名词性词组，与要求不合。可将"一个没有出场的人"改为"有一个人没有出场"。

当述语或宾语为联合词组时，更要注意述语和宾语之间的配合。下面的例句在述宾配合上都犯有顾此失彼的毛病：

    [16] *现在，我又看到了那从小住惯了的用山区特有的石板和茅草盖成的小屋子，那阔别多年的乡亲，那熟悉可爱的乡音，那胶东人特有的幽默而爽朗的笑声。（刊）

    [17] *这一年来，长沙市教育局采取各种办法，努力培养和提高中学中青年教师的业务水平，收到了很好的效果。

    [18] *先锋厂这几年来越来越认识到，没有先进的技术，不可能带来高效益，所以他们不断采用新技术，努力研制、开发新产品、新工艺。（报）

例[16]作述语的"看到了"不是联合词组，而作宾语的"……小屋子，……乡亲，……乡音，……笑声"是个联合词组。"看到了……小屋子，……乡亲"，是说得通的；"看到了……乡音，……笑声"，不合情理，声音只能听到，不能看到。这可能是写到后面就忘了前面了，以致犯了顾此失彼的错误。例[17]作述语的"培养和提高"是联合词组，作宾语的"业务水平"不是联合词组。宾语"业务水平"只能跟作述语的联合词组里的"提高"搭配，不能跟"培养"搭配——"提高业务水平"说得通，"培养业务水平"是说不通的。例[17]"努力……"这一小句可改为"培养中学中青年教师，努力提高他们的业务水平"。例[18]述语"研制、开发"和宾语"新产品、新工艺"都分别是联合词组。"研制、开发"跟"新产品"都能搭配，"研制、开发新产品"是说得通的，"研制、开发"跟"新工艺"在搭配上就有些问题，因为"新工艺"可以开发，但不能研制。

（三）修饰语和中心语搭配不当

修饰语，包括定语和状语，是修饰、"打扮"中心语的。我们在本章第七节七小点里曾经指出："修饰语和中心语配合得好，就会收到很好的表达效果。"如果二者搭配不当，不但起不到应有的作用，反而会弄巧成拙。例如：

    [19] *在天安门广场，在香港回归倒计时牌前，庆祝香港回归的鼓乐声、欢呼声汇成了一支动人的历史性歌声。（报）

例[19]"歌声"前用了三个修饰成分——"一支""动人的""历史性"，其中"一支"和"历史性"就都不能跟"歌声"搭配。再说，"歌声"是比较实的，"……鼓乐声、欢呼声汇成了……歌声"，这说法也不贴切。例[19]宜改为：

[20]在天安门广场，在香港回归倒计时牌前，庆祝香港回归的鼓乐声、欢呼声汇成了动人的历史性乐章。

下面是犯有同类毛病的实例：

[21]＊由于他试制成功了这项新的电子元件，从而弥补了我国电子工业上的一个空白。（报）

[22]＊食品、酒类、化妆品的广告，不得使用医疗用语或者易与药品混淆的用语。（法规）

[23]＊注意饮食、不忘运动、保证睡眠和规律地作息，可以说是健康长寿的秘诀。（刊）

[24]＊自从03谍报员被捕以后，孙长林的处境一天一天地险恶。（书）

[25]＊这篇作文在写法上非常简洁、生动。（刊）

例[21]和例[22]定语跟中心语都搭配不当。例[21]量词"项"用于抽象事物的计量单位，如"一项任务""一项工作""一项主张"等，不用作具体事物的计量单位，因此"这项"不能与"电子元件"搭配。这里可以将"这项"改为"这种"。例[22]"易与药品混淆的用语"这个偏正词组，其定语和中心语搭配不当。"用语"能与药品混淆吗？例[22]可改为：

[26]食品、酒类、化妆品的广告，不得使用医疗用语或者其他容易误导人们将食品、酒类、化妆品与药品相混淆的用语。

例[23]至例[25]是状语跟中心语搭配不当的实例。例[23]"规律"是名词，不能作动词"作息"的状语。可在"规律"前加个"有"，改成"有规律地作息"。关于例[24]，须知"一天一天（地）"作状语总是来说明某种变化的，所以中心语不能是单个儿形容词，都得带有"起来""下去"这样的趋向补语，或者带个"了"。如"一天一天（地）好起来""一天一天（地）烂下去""一天一天地好了"等。现在例[24]受"一天一天地"修饰的是一个单个儿形容词"险恶"，这就不合要求。根据全句意思，后半句改为"孙长林的处境越来越险恶"似更好一些。例[25]作为状语的介词结构"在写法上"跟中心语"非常简洁、生动"在意义上不搭配，"简洁、生动"只能用来说明文章的内容，不能用来说明文章的写法。这里无须用"在……上"这样的介词结构，整个句子宜改为：

[27]这篇作文写得非常简洁、生动。

在修饰语与中心语的搭配上，修饰语或中心语如果是个联合词组，也特别需要注意彼此的配合。如果不注意，也很容易出现顾此失彼的毛病。例如：

[28]＊西城公安局由于能随时注意研究并掌握流氓盗窃分子的活动情况和活动规律，所以不管犯罪分子如何变换花样，都能稳准狠地识别和打击这些社会渣滓。（报）

[29]＊人们都以崇敬的目光倾听着这位穿军装的找水英雄刘国柱的动人报告。（报）

[30]＊我们尤其要注意听取跟自己"合不来""看不惯"的同志的意见。（报）

[31]＊检查人员检查上市公司时，可以对有关情况和资料进行记录、录像和复制。（法律条文）

例[28]在"稳准狠地识别和打击这些社会渣滓"这个"状—中"偏正词组里，状语和中心语都是联合词组。"打击社会渣滓"可以做到"稳准狠"；"识别社会渣滓"却只能做到"稳准"，不能做到"狠"。可以有两种改法：或者把状语"稳准狠"改为"很好地"；或者分成两句话，说成"西城公安局……，都能很好地识别这些社会渣滓，并稳准狠地打击他们"。例[29]"以崇敬的目光注视着……"可以说，"以崇敬的目光倾听着……"就说不通。宜将介词结构"以崇敬的目光"里的"目光"改为"心情"。例[30]的毛病出在"跟自己'合不来''看不惯'"这个"状—中偏正词组"上。"跟自己合不来"说得通，"跟自己看不惯"说不通。全句可改为：

[32]我们尤其要注意听取自己"看不惯"或者跟自己"合不来"的同志的意见。

例[31]对情况，可以记录、录像，不能复制；而对资料，可以录像、复制，不能记录。此句可以分为两句话来说："……，可以对有关情况进行记录、录像，对有关资料进行录像、复制。"

上面所谈的几对句法成分之间搭配不当的毛病，需特别注意。除此之外，有时还需注意主语和宾语之间的配合问题。主语和宾语虽然在语法上并不发生直接的关系，但如果谓语动词为"是""成为"或"～成"等，主语跟宾语在意义上就会有密切的联系，就需要注意它们的配合。关于这一点，我们已经在本章第五节里的"在主谓组合中要注意的问题"一小节中谈到了，这里不妨再举一例：

[33]*在哈尔滨、沈阳两地举办的日本电影节以及下月即将在其他城市上映的五部日本影片，都是独具日本民族风格与特色的好作品。（报）

例[33]紧缩后句子的基本框架是："……电影节以及……影片都是……好作品。""影片是好作品"，说得通；"电影节是好作品"，显然不通，这里就没注意主语和宾语在语义上的配合。例[33]可以改为：

[34]在哈尔滨、沈阳两地举办的日本电影节所放映的电影，以及下月即将在其他城市上映的五部日本影片，都是独具日本民族风格与特色的好作品。

二、句法成分残缺

句法成分残缺是指句子里缺少了必不可少的句法成分。例如：

[1]*这几年来，大家越来越认识到，在激烈竞争的市场经济中，必须明确树立起依靠科学技术，加快开发新产品，这样才能使企业不断发展。（报）

这个例子中的"树立起"要求后面跟一个名词性宾语，而现在后面所跟的"依靠科学技术，加快开发新产品"是个动词性词语，显然不合要求，原因就在于犯了残缺的毛病，缺少了宾语中心。应在"……新产品"后面加上"的观念"三个字。

残缺有多种类型，下面分别介绍。

(一)残缺主语

这是写作中常见的语法错误。这多半是滥用介词和使动句式造成的。像下面这种说法在目前的报章杂志上随处可见：

[2] ＊在老师和同学们的热心帮助下，使他的学习成绩迅速提高。（刊）

例［2］逗号前是个介词结构"在老师和同学们的热心帮助下"，逗号后是个使动句式"使他的学习成绩迅速提高"，整个句子没有主语。从内容上看，那主语可以是"老师和同学们的热心帮助"，但由于滥用"在……下"这类介词结构，这使"老师和同学们的热心帮助"失去了作主语的资格；也可以让"他的学习成绩"作主语，但由于用了使动句式，"他的学习成绩"也失去了作主语的资格。可以有两种改法：一是将"在"和"下"删去，保留使动句式；一是保留"在……下"的说法，把"使"字去掉。下面再举些类似的病句：

[3] ＊在数学界老前辈的热情指导下，使杨乐在数学科学研究上迈出了可喜的一步。（刊）

[4] ＊从上述无可辩驳的事实中，充分证明案发时王永明并不在案发现场。（刊）

[5] ＊通过今年八月二十五日凌晨在哈尔滨铁路局绥佳线上发生的"130重大交通事故"，给了各列车段的各级领导以深刻的教训："层层不负责任，就没有交通安全保证！"（报）

例［3］的毛病跟例［2］一样，改法也是或删去"在"和"下"，或删去"使"。例［4］和例［5］都是由于在句子头上用了介词"从""通过"，句子就残缺了主语。例［4］宜将"从"和"中"删去；如要保留"从……中"的说法，也可在"充分证明……"前加上"我们可以"之类的词语，不过这种改法在表达上不如前一种改法好。例［5］也宜将介词"通过"去掉，这样句子就没有毛病了。下面是不注意使动句式的运用所造成的残缺主语的病句。例如：

[6] ＊听了刘大妈的诉说，使他激起了对往日的回忆。（书）

[7] ＊高老大看到了儿子的亲笔信，才使他放下心来。（书）

[8] ＊每当我看到江姐英勇就义的镜头时，免不了要使我流泪。（报）

例［6］"使他激起了对往日的回忆"的是"刘大妈的诉说"，而不是"听了刘大妈的诉说"这一行为。就全句意思看，宜将"听了"删去。例［7］和例［8］的毛病跟例［6］类似。例［7］宜将"使"删去，把"才"挪到"放下心来"的前面。例［8］宜将"使我"二字删去。

在复句组织中转换句式或转换话题之后，滥用省略，也会造成残缺主语的毛病。例如：

[9] ＊这几年来，北京大学加强了教学管理，严格了教学秩序，一旦发现谁考试时作弊，就会被通报批评或被记过处分，直到不发给学位证书。（校刊）

[10] ＊在1978年于美国召开的第三届国际固氮学术会议上，他的论文受到了与会科学家的高度重视，给予了很高的评价。（报）

[11] ＊我们曾将这些信转给陶斯亮同志，因来信很多，不能一一复信，因此写了这篇文章，对广大读者表示谢意。（报）

[12] ＊在周总理的亲切关怀下，北京的烤鸭技艺越来越精湛，一九七二年美国总统尼克松访华时，特地用烤鸭来宴请他的随行人员。（报）

例［9］和例［10］是随意转换句式并滥用省略而造成主语残缺的病例，例［11］和例［12］

是转换话题并滥用省略而造成主语残缺的病例。例[9]这个复句包含了五个分句，除第一个分句出现主语外，其余分句的主语都省略了。而在句式上，第一、第二、第三这三个分句都是主动句式，这三个分句的话题相同，都是"北京大学"；第四个分句是被动句式，而且改换了话题（从上下文看那话题该是作弊的学生）；最后一个分句又是主动句式，并又换用了跟第一、第二、第三分句相同的话题。所有改换的话题在分句中都被省略了，造成残缺主语、结构混乱的毛病。例[9]可以有两种改法：一种改法是都采用主动句式，全句改为：

> [13]这几年来，北京大学加强了教学管理，严格了教学秩序，一旦发现谁考试时作弊，就对他进行通报批评或者给以记过处分，直至不发给学位证书。

另一种改法是"一旦"后的分句都采用被动句式，全句改为：

> [14]这几年来，北京大学加强了教学管理，严格了教学秩序，如果谁被发现考试时作弊，谁就会被通报批评或受到记过处分，直至不被授予学位。

根据例[9]的内容，前一种改法要好一些。例[10]这个复句的前一分句用的是被动句式，后一分句用的是主动句式，而且话题也变了，但变了的话题却随便省略了，致使残缺主语。宜在"给予"前补出主语"大家"，另一种改法是将"受到"改为"得到"。例[11]从内容看，第三、第四、第五个分句的主语都该是"陶斯亮同志"，现在由于转换话题后随意省略，致使读者搞不清"不能一一复信……"的是"我们"呢，还是"陶斯亮同志"。宜在"不能一一复信"前补上主语"她"。例[12]谁"特地用烤鸭来宴请他的随行人员"呢？按原句的逻辑，是美国总统尼克松；而从报道看，是我国政府进行宴请。应在"特地"前补出主语"我国政府"或"周总理"。

有时，复句中各分句的主语虽然相同，但也不能随便省略。例如：

> [15] *清华有数以千计的人，或者直接聆听过周总理的教诲，或者同周总理亲切座谈过，或者向周总理汇报过工作，受到了周总理细致入微的关怀。

这个复句一共包含五个分句，其中"或者……，或者……，或者……"这三个分句是分述，最后那个"受到了……"的分句是总说。那个总说的分句主语不能随便省略，省略了就会使句子不通畅，意思也不清楚。按现在的写法，读者可能以为受到周总理细致入微关怀的只是"向周总理汇报过工作"的那部分同志。其实，作者的原意并不是这样。宜在"受到"前加上"他们都"三个字。除此之外，在句子组织上也还可以进一步推敲。

（二）残缺谓语

残缺谓语的毛病比起残缺主语的毛病来要少得多，而且多半是因为急于往下写，一时疏忽所所造成的。这有两种情况，一种是由于句子长，写到后面忘了前面，把整个谓语漏掉了。例如：

> [16] *唐总经理一听说×国厂商不顾信义，单方面撕毁合同，停止供应汽车零件，就怒火中烧。他由于按捺不住怒火而折断了手中的铅笔这个动作，如果唐总经理不发火、不激动，倒是不符合他的思想性格的，这丝毫谈不上

有什么鲁莽之处。（刊）

例[16]这段话是用来反驳别人意见的。显然在第二个句子的"他……这个动作"之后落了谓语。宜补上"是合乎情理的"一类谓语。另一种残缺谓语的情况是指残缺谓语中心动词。例如：

[17] *对于县委关于扩种省里推广的新的棉花品种的决定，反应不一，有的甚至抵触情绪。（报）

例[17]主语"有的"后的谓语不是整个儿都落了，而是在名词"抵触情绪"前漏了个动词"有"。这个"有"是不能省的，省了句子就不通了。再如：

[18] *你想想，经过自己的努力和奋斗，来成就一番事业，这不也是很自豪的吗？（报）

[19] *此时，远在大洋彼岸的我，临窗望着天穹上的一弯新月，千里共婵娟的你，我双手合十，虔诚地为你默默祝福。（报）

例[18]残缺了谓语中心动词"值得"。"自豪"只能用来说明人，不能用来说明事件，说明事件得用述宾结构"值得自豪"。应在"自豪"前补上动词"值得"。例[19]"远在大洋彼岸的我"是不可能"望着""千里共婵娟的你"的。在"千里共婵娟的你"前宜补上动词性词语"思念着"或"想着"。

（三）残缺宾语中心

汉语里的及物动词大部分要求带名词性宾语。可是，常常见到该带名词性宾语的动词后面却带上了非名词性宾语，这种毛病大多数表现为残缺宾语中心。例如：

[20] *他又组织技术人员改装了那条豆腐生产线，并把另一间空房改造成生产豆腐。（报）

[21] *这种创作思想，造成了我们的文艺作品千人一面，千部一腔。（刊）

[22] *由于上述种种原因，不少售货员不安心本职工作，更谈不上树立全心全意为人民服务了。（报）

[23] *张洪友站在被告席上，对犯罪事实供认不讳，并放弃往上申诉。（报）

例[20]宜在"生产豆腐"后补上"的车间"三个字；或者干脆把"生产豆腐"换成"豆腐房"。例[21]宜在句末加上"的局面"或"的现象"。例[22]可在"为人民服务"后添上"的思想"三个字；也可以删去"树立"，让"全心全意为人民服务"直接作"谈不上"的宾语（"谈不上"后面可以带动词性宾语）。例[23]应在"往上申诉"后补上"的权利"三个字。

（四）残缺必要的虚词

在句子里缺少了必不可少的虚词，是残缺的另一种常见的毛病。这里只谈下列两种情况。

一种情况是少了助词"的"。在汉语里，动词性成分和主谓词组一般不能直接作名词的定语，中间非要用"的"不可。少了"的"，实际表示出来的意思跟想要表示的意思会出入很大。例如，要是把"他要我吃的碗"中的"的"落了，说成"他要我吃碗"，就会闹笑话；而如果把"我偏支持他反对的那个人"里的"的"丢了，说成"我偏支持他反对那个人"，则正好跟原意相反了。句子如果比较短，一般不容易犯这样的错误；句子一长，前后照顾不周，就往往容易把"的"漏掉。例如：

[24]＊我会相信他散布谣言而跟我的女朋友分开吗？

[25]＊他身为商场总经理，不但对多数售货员坚决反对出售伪劣产品的不良做法丝毫不加制止，反而指责那些坚持原则的售货员是"拆商场的台"，是"不顾大局"。（报）

例[24]应在"他散布"和"谣言"之间加上"的"，变主谓词组（"他散布谣言"）为偏正词组（"他散布的谣言"），因为"我"不相信的不是"他散布谣言"这件事，而是"他"所散布的"谣言"。例[25]作者的原意是批评那位商场总经理对"出售伪劣产品的不良做法"不加制止，但由于在"多数售货员坚决反对"之后缺少了一个"的"，意思就全变了，变成批评那位商场总经理不去制止"多数售货员坚决反对出售伪劣产品"的那种行为。那个"的"一定得补上。

另一种情况是，缺少必要的关联词语。在汉语的复句里，有时可以不用关联词语，特别在口语里，常常是能不用就不用。下面是老舍作品《全家福》剧本里的一段对话：

[26]唐大嫂由乡下来看她爱人，把住址条子丢了，她只粗粗地记得唐大哥在南河沿肥料厂，找了半天也找不着，急得直哭，交通警把她交给了我，我帮着又找了一阵子，也没有用，我就把她领到这里来了。（老舍《全家福》）

这段话一共包含九个分句，中间几乎没有一个关联词语（最后一个分句里的"就"可以算一个），也不必给补上什么关联词语。但是，有时如果在前面的分句里根据表达的需要用了关联词语，那么往往要求在后面的分句里用上与之呼应的关联词语。如果不慎漏用了，就会使句子脉络不清，甚至使句子站不住脚。例如：

[27]＊近年来，随着电子技术的发明，国外已出现了"电子手"，但因为没有感觉，灵敏度差，不能作精细动作，远不能满足病人的要求。

由连词"因为"带起的原因从句到哪儿为止？是到"没有感觉"这一分句为止，还是到"灵敏度差"这一分句为止，还是到"不能作精细动作"这一分句为止？光就这个句子本身判断不了，因为"灵敏度差"和"不能作精细动作"这两个分句，既可以分别看作前面分句的结果，也可以理解为后面分句的原因。从原文内容看，得在"远不能……"之前补上连词"所以"。下面的句子毛病相同：

[28]＊美国的公共交通并不发达。我们到过的几个城市，几乎都没有无轨或有轨电车，公共汽车的线路和车辆也较少，等十多分钟不见车来是常事。地下铁道全国只有很少几个城市有。在这种情况下，除非你上班地点就在住宅附近，那就只好自备汽车了。（报）

[29]＊吉林省磐石县曾经是多年无森林火灾的先进县，该县县委主要负责人无视国家法令和合理的规章制度，纵容一些人进入林区乱砍滥伐，毁林开荒、搞副业，使一个好端端的林业先进县城变成山林火灾最多的一个县。（刊）

例[28]最后一个分句"那就只好自备汽车了"前面要有连词"否则"来和"除非"相呼应。

现在缺少了这个关联词，不仅语气脱节，而且意思也变得含混，叫人费解。例[29]第一个分句的意思和后面分句的意思显然是正好矛盾的，应该在第二个分句"该县县委主要负责人……"前面加上表示转折关系的关联词语"但是"或"可是"，这样就使句子语气连贯，意思清楚了。

三、词语的位置摆得不是地方

句子里词语的位置放得不当，造成结构混乱，会影响句子意思的表达。例如：

[1] *为推进国营企业的改革，有人提出可考虑推行股份制。为慎重起见，许多领导同志就该不该实行股份制的问题，深入各方面听取了广泛的意见。(报)

例[1]作者本意是要说许多领导就该不该实行股份制问题广泛、深入地听取了各方面意见。但由于作者把"深入""广泛""各方面"这些修饰成分放得不是地方，造成了句子结构的混乱，使句子意思含混不清，甚至会让人把"深入"误解为动词，"各方面"是作"深入"的宾语。

(一) 修饰语位置不当

修饰语位置不当也是比较常见的毛病，如例[1]，又例如：

[2] *据美国报纸最近报道，多个病例表明，大量食用含有丰富维生素 C 的胡萝卜、西红柿、青菜等，不失为一种好的治疗癌症的方法。(报)

[3] *10 岁的小学三年级的一个学生，每天晚上都还得由他母亲半夜起来为他接尿。(报)

[4] *这个成人教育教材编写会议是由教育部全国自学考试委员会和全国职工教育管理委员会联合于今年五月在苏州举办的。(刊)

[5] *老李吃力地托着被淹的孩子的身体，老林也奋力游去抓住孩子的手腕，他俩合力将已处于昏迷状态的孩子终于托出了水面。(报)

[6] *你做了这么一件大的事情，怎么不跟你丈夫商量商量呢？

例[2]和例[3]是名词前几个定语的顺序有问题。例[2]"好的"和"治疗癌症的"这两个定语应互相换个位置。一般来说，如果名词前有一个由形容词带"的"的定语和一个由动词性词语带"的"的定语，那么通常是动词性词语带"的"的定语放在前面。例[3]主语中心名词"学生"前的几个定语的顺序很不合适，整个作句子主语的偏正词组宜改为"一个十岁的小学三年级的学生"。例[4]和例[5]是同时出现的几个状语的排列有问题。例[4]状语"联合"应贴近动词"举办"，句子改为"……于今年五月在苏州联合举办的"。例[5]在动词性词语"托出了水面"前有三个状语——"合力""终于""将……孩子"，但全被作者放乱了。应将最后一个分句改为"他俩终于将已处于昏迷状态的孩子合力托出了水面"。例[6]是把该作状语的成分错放到了定语的位置上，应把"这么"放在"大"之前作状语。

(二) 前后互相对应的词语对不上号

前后互相对应的词语次序不一致，彼此对不上号，这也是比较常见的一种词语位置不当的毛病。例如：

[7] ＊饰演这男女主人公的是人们熟悉的陈冲和高飞。（刊）

[8] ＊郑敏之是同林慧卿作了长时间的"对磨"后才以 2：3 败北的，第五局的比分是 23：21。（报）

[9] ＊这篇文章系统地总结了劳动教养工作的经验，从理论上、政策上对劳动教养工作中的各个基本问题作了详细的规定和深刻的阐明。（报）

例[7]不熟悉陈冲和高飞这两位演员的人，看了这句话会以为陈冲是男的，高飞是女的，其实正相反。应把他们俩的名字互换位置，说成"高飞和陈冲"。例[8]包含两个分句，前一分句是从郑敏之的角度说的，说郑敏之跟林慧卿打了五局才以 2：3 败北，那么后一分句在说明她们的关键性的第五局的比分时，应将郑敏之的得分数排在前面，林慧卿的得分数排在后面。可是，作者摆错了他们两个人得分数的位置，说成了"第五局比分是 23：21"，似乎第五局是郑敏之赢了。这就造成了前后语义矛盾。应将"23：21"改成"21：23"。例[9]应该把"深刻的阐明"放到"详细的规定"前面，使"从理论上"这个状语跟"深刻的阐明"相对应，"从政策上"这个状语跟"详细的规定"相对应。

（三）某些词语的位置跟介词的要求不合

有些介词在使用上对某些词语的位置有特殊要求，譬如在前面我们讲过，使用介词"把"，要求否定词放在"把"之前。我们只能说"他没把信交给我"，不能说"＊他把信没交给我"。不注意这一点，也容易犯词语位置不当的语法错误。例如：

[10] ＊我们年轻人应该有远大的理想，把自己的一切应该无私地献给祖国，献给人民。（报）

例[10]助动词"应该"要放在"把"字之前。上面说的是使用介词"把"时出现的位置问题。

使用介词"对"或"对于"时，必须注意主、客的位置问题，否则也会出错。例如：

[11] ＊古人云"逆水行舟，不进则退"，这个道理对我有了更深刻的认识。

[12] ＊龙须沟的巨大变化，对于我们这些"老北京"都是非常了解的。

[13] ＊赵丹是中国最著名的电影演员之一，他的名字无论对中国人民和世界人民都是非常熟悉的。

使用介词"对"和"对于"时，行为动作的主体要放在主语的位置上，客体要放在"对"或"对于"的后边。以上三例都犯了主客倒置的毛病。一种改法，干脆将"对"或"对于"删去；另一种改法，保留"对"或"对于"，调整主、客位置——例[11]宜改为"对这个道理我现在有了更深刻的认识"；例[12]宜改为"我们这些'老北京'，对于龙须沟的巨大变化都是非常了解的"；例[13]宜改为"无论中国人民和世界人民，对于赵丹这个名字都是非常熟悉的"。

使用其他介词时，也需注意位置问题。例如：

[14] ＊听说他的棋艺很不错，跟他你不妨比试比试。（习作）

[15] *他是有名的"往里扒"，跟这种人你别打交道。(书)

[16] *昨天，世界各大报纸关于这起震惊世界的空难事件都在显著位置作了详细的报道。(报)

由介词"跟(和、同、与)"组成的介词结构不能放在主语前面。例[14]"跟他"要放在"你不妨"之后；例[15]"跟这种人"要放在"你别"之后。由介词"关于"组成的介词结构，不能放在主语后面。例[16]"关于这起震惊世界的空难事件"这一介词结构不能放在主语的后面。如果要保留介词"关于"，那就得把"关于这起震惊世界的空难事件"移至主语"世界各大报纸"的前面。也可以有另一种改法，那就是把"关于"换成"对于"。

(四) 词语位置不当破坏句式的对称

有的词语位置不当的情况，从句法上来看很难说有什么问题；但是汉语的表达常常要求句式整齐对称，词语位置不当有时会破坏句式的对称，让人读着感到很别扭，因此也需要注意避免。请先看实例：

[17] *他们尝到了公路建设的甜头，大家觉得，一旦实现了村村通公路，**就会**使山区经济进一步搞活，使山区的土特产**就能**畅通地往大城市运，**就会**使山区老百姓的生活水平有更大幅度的提高。(报)

[18] *在浦东十天的考察中，浦东今天崭新的发展面貌，上海人观念上的深刻变化，**既**使我们惊叹，使我们**又**感动，**也**使我们领悟到了赶超世界先进水平的真正含义。(报)

[19] *当时班上王敏玟、张莹玉和我是大家公认的尖子，我们三个，谁都想赶在最前面，可是不知怎么的，我这个男子汉怎么赶，总不能跑在她俩前头，几何考分**不是**比王敏玟差一两分，**就是**物理考分比张莹玉差两三分。(刊)

[20] *论学习，小燕比她哥要强多了，**不仅**比她哥学得扎实，**而且**学得比她哥活。(书)

例[17]至例[20]孤立地一个分句一个分句看，语法上都没有错，但整个句子一看，会发现毛病都出在句中某些成分放得不是位置这上面。例[17]第一个"就会"放在"使……"的前面，第二个"就能"却放到"使……"的后边去了，第三个"就会"又放在"使……"的前面，这就破坏了表达上句法格式的对称性，让人读着不顺。应该把第二个"就能"放在"使山区土特产"的前面，使"就会""就能""就会"这三个成分所处的位置一致。例[18]的毛病与例[17]类似。改法有二，或者把"既""又""也"都分别放在"使我们"前边，或者把"既""又""也"都分别放在"使我们"后边。如果采用后一种改法，干脆把中间那个"使我们"删去，改成"使我们既惊叹，又感动，而且使我们也领悟到了赶超世界先进水平的真正含义"。例[19]"不是……，就是……"要求处于对称的位置上，宜改为"不是几何考分比王敏玟差一两分，就是物理考分比张莹玉差两三分"。例[20]宜将最后一个分句里的"比他哥"挪到"学得"的前面。

四、句法成分杂糅

句法成分杂糅也是一种常见的语病。这主要有以下三种情况：

（一）两种格式各取一半掺杂糅合

要表示一个意思，往往可以采用不同的说法，使用不同的句法格式。下笔的时候，想用某种说法，写着写着却换用了另一种说法，结果把两种说法、两种句法格式掺杂糅合在一起，造成结构混乱。例如：

　　[1] * 这种款式的女大衣一上市，就受到广大女青年所欢迎。（报）

这个句子就是把"受到……的欢迎"和"为……所欢迎"这两种说法混杂在一起了。可以将"所"改为"的"，也可以将"受到"改为"为"。下面的例句犯的是同样的毛病：

　　[2] * 难道这不都是说的我又是说谁呢？（书）

　　[3] * 工作再重再忙，越要坚持学习，不断更新知识。（刊）

　　[4] * 他为了说明加强生态保护工作的重要性时，特意举了国内外许多由于破坏
　　　　生态平衡而造成灾难的实例。（报）

例[2]可以在"难道这不都是说的我吗"和"这不都是说的我又是说的谁呢"这两种说法中任选一种。例[3]或者将"再"改为"越"，采用"越……越……"的说法；或者把"越"改为"也"，采用"再……也……"的说法。例[4]把"为了……"和"在……时"这两种句法格式混在一起了。改法有二，或将"为了"改为"在"，采用"在……时"的说法；或将"时"删去，采用"为了……"的说法。

为帮助大家防止出现这类杂糅的毛病，这里列举一些我们所搜集的比较常见的杂糅格式：

　　(1)关键在于……/……起决定作用
　　　　→ * 关键在于……起决定作用

　　(2)目的是……/以……为目的的
　　　　→ * 目的是……为目的的

　　(3)是为了……/是以……为目的的
　　　　→ * 是为了……为目的的

　　(4)他的死是为了……/他是为了……而死的
　　　　→ * 他的死是为了……而死的

　　(5)以……为宜/……即可
　　　　→ * 以……即可

　　(6)是由……决定的/是出于……
　　　　→ * 是出于……决定的

　　(7)是由……造成的/是因为……
　　　　→ * 是因为……造成的

　　(8)与去年同期相比，增加(减少)了……/比去年同期增加(减少)了……
　　　　→ * 比去年同期相比，增加(减少)了……

　　(9)本着……原则/以……为原则
　　　　→ * 本着……为原则

（10）……的特点是……／……有……独到之处

　　→ ＊……的特点是……独到之处

（11）深受……的欢迎／深为……所欢迎

　　→ ＊深受……所欢迎

（12）听到……噩耗／……噩耗传来

　　→ ＊听到……噩耗传来

（13）奔向……／向……奔去

　　→ ＊奔向……奔去

（14）以……为幌子／打着……的幌子

　　→ ＊打着……为幌子

（15）以……为名／借口……

　　→ ＊借口……为名

（16）经过……／在……下

　　→ ＊经过……下

（17）对于（关于）……问题，……／在……问题上，……

　　→ ＊对于（关于）……问题上，……

（18）由于……的领导（帮助）／在……的领导（帮助）下

　　→ ＊由于……的领导（帮助）下

（19）举了一个……例子来说明……／以……为例说明……

　　→ ＊举了一个……为例来说明……

（20）为……所欢迎／受到……的欢迎

　　→ ＊受到……所欢迎

（二）本应分开说的两句话人为地糅在一起

这是糅杂的另一种情况。例如：

［5］＊作为一个翻译工作者，一方面要学好外语，一方面要学好本民族语言也是
　　非常重要的。（报）

［6］＊当上级决定把 12 月 19 日夜里在天安门"澳门回归倒计时牌"前舞龙的任务
　　交给我们时，我们立刻产生那种非常光荣的感觉真是难以形容。（报）

这两个例子是把本来应该分开说的两句话"焊接"在一起，硬凑成一句。例［5］宜在
"要学好本民族语言"之后点断，并在后半句话"也是非常重要的"前加一个代词"这"，
使另立为一个分句。即全句改为：

［7］作为一个翻译工作者，一方面要学好外语，一方面要学好本民族语言，这也
　　是非常重要的。

例［6］也应分成两句话："当……时，我们立刻产生一种非常光荣的感觉。这种感觉
真是难以形容。"

　　写作中不留神，把标点符号丢了，也会造成类似的糅杂毛病。例如：

[8]＊他的名字叫张慧芳在牡丹电视机厂工作。（报）

[9]＊堂屋的左边是书房大约有十平方米。（书）

例[8]应在"张慧芳"后面加上一个逗号；例[9]应在"书房"后面加上一个逗号。

（三）前后该用同一种句式而杂用不同句式

前后两个分句该用同一种句式而杂用了两种不同的句式，我们也把它归到杂糅的语法错误里。例如：

[10]＊现在我们研究所有 PC 电脑 18 台、打印机 2 台、复印机 2 台，以及两台扫描机、一台刻盘机等。

例[10]是在一个联合词组中把不同的格式杂糅在一起了。在列举事物时，既可以采用"有＋名词＋数量词"的说法，也可以采用"有＋数量词＋名词"的说法，但不能在同一个联合词组中混着用。修改时，如采用前一种说法，宜将顿号改为逗号，并将句末的"等"删去，全句改为：

[11]现在我们研究所有 PC 电脑 18 台，打印机 2 台，复印机 2 台，以及扫描机两台，刻盘机一台。

如采用后一种说法，全句可改为：

[12]现在我们研究所有 18 台 PC 电脑、2 台打印机、2 台复印机，以及两台扫描机、一台刻盘机等。

下面是犯同样毛病的例句：

[13]＊我去采访的时候，学校正进行大扫除，同学们有的扫地，有的刷墙，有的擦玻璃窗，也有在操场上拔草的。（报）

[14]＊在汉语里，作主语的成分可以是名词，动词、形容词也能充任。（书）

例[13]"有的……，有的……"是对一个群体里的个体逐一分述的一种句式，"有……的，有……的"是另一种分述的句式。现在这句话把这两种分述句式混用在一个复句里了，造成杂糅的毛病。宜将最后的那个分句改为"还有的在操场上拔草"。例[14]前后两个分句孤立地看都没毛病，前后联系起来看就不妥了。既然前一句说"作主语的成分可以是名词"，那么后一句应顺着上文，说"也可以是动词、形容词"，可是作者忽然改换说法，致使句子语气脱节，让读者感到别扭。此句可改为：

[15]在汉语里，作主语的成分可以是名词，也可以是动词、形容词。

或改为：

[16]在汉语里，名词可以充任主语，动词、形容词也能充任主语。

上面第四小节曾讲到"词语位置不当破坏句式的对称"的问题，其中所举的病例，如"不仅比她哥学得扎实，而且学得比她哥活"，从某个角度说，也可以看作这里所讲的"前后该用同一种句式而杂用不同句式"的杂糅毛病。这里不妨再举一例：

[17]＊他是一个典型的"说话的巨人，行动的矮子"。干起事来，他比谁都说得动听，可是做得比谁都差。

例[17]前面用"比谁都说得动听"，后面用"做得比谁都差"，前后不相称。如保留前面的说法，后一分句应改为"可是比谁都做得差"；如保留后面的说法，前一分句应改为"说得比谁都动听"。

五、代词指代不明

在说话或写作中，运用代词可以避免重复啰嗦，同时能保证语言的连贯性。但是使用代词一定要做到指代明确无误。不少人在写作中常常犯指代不明的毛病。在分析这种语法错误前，有必要先交代一个概念，那就是"前词语"。

"前词语"是指"代词所替代的词语"。当句子里要用到除第一、第二人称代词（如"我、我们"和"你、你们"等）以外的代词时，一般必须先出现"前词语"。例如：

[1] 女人就又坐在席子上。她望着丈夫的脸，她看出他的脸有些红涨，说话也有些气喘。（孙犁《荷花淀》）

[2] 不求甚解这句话最早是陶渊明说的。他在《五柳先生传》这篇短文中写道："好读书，不求甚解；每有会意便欣然忘食。"（马南邨《杂文四则》）

例[1]"女人"是代词"她"的前词语，"丈夫"是代词"他"的前词语。例[2]"陶渊明"是代词"他"的前词语。

在指代不明的语法错误中最常见的一种情况是，在同一个句子或同一段话里，用几个相同的代词来指代不同的前词语，即指代不同的对象。下面是这方面的两个典型病例：

[3] *陈刚心里明白，如果徐鹏飞真正知道了他们地下工作者的名单，就不会跟他₁这么费事了，正因为他₂不知道，所以他₃说"知道了"。（刊）

[4] *徐书记推门进实验室，李教授也正好要推门出实验室，他₁立刻把买实验仪器的事告诉了他₂。（刊）

例[3]根据句子的内容我们大概可以知道"他₁"是指代陈刚，"他₂""他₃"都是指代徐鹏飞的。这个句子都用"他"来指代，会让读者一时搞不清"他₁""他₂""他₃"分别指代谁。宜将"他₁"改为"自己"。例[4]根据句子的内容也没法搞清楚"他₁"和"他₂"是分别指代谁的。从小说内容看，是徐书记把买实验仪器的事告诉李教授，因此应将"他₁"改为"徐书记"。下面例子里先后用了七个"他"，每个"他"指代谁，更让人弄不清了：

[5] *梅厂长不知道怎样答复好，他₁不敢让韩云程发言，万一他₂说出原棉的秘密，那不是全被揭穿了吗？徐总经理看出他₃难于应付，他₄知道他₅被于静将了军。这时候除了冒险没有第二个办法了。因为如果不让韩工程师发言，本身就暴露了其中必有问题，只有鼓励他₆说话，才有可能挽回这难堪的局面。他₇给韩工程师做好了答案……

例[5]一共用了七个"他"，分别交叉指代梅厂长、韩云程和徐总经理。读者读着感到费劲，要来回细细琢磨，才能搞清每个"他"之所指。"他₂"可删去，"他₃"宜改为"梅厂长"，"他₄"也宜删去，最后一个"他₇"宜改为"徐总经理"。全句改为：

[6] 梅厂长不知道怎样答复好，他₁不敢让韩云程发言，万一说出原棉的秘密，那不是全被揭穿了吗？徐总经理看出梅厂长难于应付，知道他₂被于静将了

军。这时候除了冒险没有第二个办法了。因为如果不让韩工程师发言，反倒会暴露其中的问题，只有鼓励他₃说话，才有可能挽回这难堪的局面。徐总经理给韩工程师做好了答案……

还有种情况，代词虽只有一个，但可以被看做前词语的名词不止一个，这样也会造成指代不明。这种毛病也较为普遍。例如：

[7]＊天刚拂晓，联军部队急行军赶到了卡萨布莱桥，守在桥东头的两个团的敌人惊恐万状，他们立即抢修工事，组织好队伍，准备强夺卡萨布莱桥。（书）

[8]＊林虹那天独自一人去美术馆看展览，正好遇到初中同学顾晓莹跟她学画的胡絜青老师。（刊）

例[7]"他们"是指代"联军部队"呢，还是指代"敌人"？要读到最后一个分句，才知道是指代"联军部队"。这里的"他们"宜改为"联军指战员"。例[8]里的"她"是指代"林虹"，还是指代"顾晓莹"，还是指代胡絜青老师？林虹到底遇见了两个人，还是一个人？都不清楚。要搞清楚，还将涉及"她"前面的"跟"该理解为连词还是介词的问题。如果要让读者理解"她"指代"林虹"，"林虹"遇见的是"顾晓莹"和"胡絜青老师"两个人，那么宜将"跟"理解为连词（这种情况，"跟"最好改为"和"），将"她"改为"自己"，而且最好在"学画"后加个"时"字，这样意思就清楚了。即全句改为：

[9]林虹那天独自一人去美术馆看展览，正好遇到初中同学顾晓莹和自己学画时的胡絜青老师。

如果要让读者理解"她"指代"胡絜青老师"，"林虹"遇见的只是"胡絜青老师"一个人，"跟"得理解为介词，那么干脆将介词"跟"和"她"都删去，而且最好将"胡絜青老师"改为"老师胡絜青老人家"，这样意思就清楚了。即全句改为：

[10]林虹那天独自一人去美术馆看展览，正好遇到初中同学顾晓莹学画的老师胡絜青老人家。

如果要让读者理解"她"指代"顾晓莹"，"林虹"遇见的是"顾晓莹"和"顾晓莹学画的胡絜青老师"两个人，"跟"得理解为连词，那么宜将连词"跟"改为连词"和"，将"她"改为"顾晓莹"，这样意思就清楚了。即全句改为：

[11]林虹那天独自一人去美术馆看展览，正好遇到初中同学顾晓莹和顾晓莹学画的老师胡絜青老人家。

有时，前词语和代词的位置摆得不当，也会造成指代不明的毛病。例如：

[12]＊一天，她在火车站里被沙皇暗探发觉了，母亲在被捕之前，迅速打开皮箱，把所有传单散发给了大家。（刊）

例[12]会让读者误认为"她"和"母亲"是两个人，其实是指一个人。应该前面用"母亲"，后面用"她"来复指"母亲"。

也有这样的情况，文中用了代词"他"或"他们"，而前词语在文中根本就没有出现，这也是指代不明的一种毛病。例如：

[13]"妈，他哪儿去了？"志刚一进门就问。"你说谁啊？"妈反问了一句。（书）

[14]＊编辑同志：你们转来的信我都看了，意见提得很中肯，在此我感谢他们

指出了我的疏忽之处，纠正了我的错误。

例[13]"妈"为什么会反问呢？就因为志刚在问话里用了第三人称代词"他"，前后却没出现前词语，叫志刚妈摸不着头脑。例[14]读者当然会按常理推断出信中所说的"他们"是指写信提意见的人。但那是读者按常理推断出来的，不是信中说清楚的。

六、数量表达混乱

数量表达混乱，也是常见的一种语法错误。

在讲到数量减少时用了倍数的说法，这是数量表达中最常见的毛病。例如：

[1]＊由于加强并改善了交通管理，广泛开展了"防事故，保安全"的宣传教育活动，今年本市交通事故只发生了五十七起，比去年同期减少了将近一倍。（报）

"本市"去年发生了多少起交通事故？光凭例[1]这个句子所提供的数据是推算不出来的。好在"防事故，保安全"的宣传材料中曾有过透露，说去年"本市"发生了一百一十八起交通事故。可见，例[1]的表达很不恰当。应将"减少了将近一倍"改为"减少了将近一半"。这里需要注意的是，说数量增加多少也好，说数量减少多少也好，指的都是差额，而差额都要以原来的数量作为基准，因此，讲到数量增加时，可以用分数，也可以用倍数，而讲到数量减少时，只能用分数，绝不能用倍数。有的人所以会犯错误，就在于讲差额时以减少后的数量作为标准了。下面的例句犯了同样的毛病。

[2]＊沈阳粮食公司的职工研究出先进的保管方法，囤粮用的席子比过去节省了将近一倍。（报）

[3]＊这就是说，质量如太阳大小的恒星，它的半径如果从目前的七十万公里缩小到三公里，即缩小二十多万倍，就要演变为黑洞。（刊）

例[2]"节省"也是减少的意思，应将"节省将近一倍"改为"节省了将近一半"（或"节省了将近二分之一"）。例[3]"缩小"也是减少的意思，"即缩小二十多万倍"宜改为"即只为原来的二十多万分之一"。

说明数量上的增减可有两种说法：一是说增减了多少；一是说增减到多少。这两种说法所指内容是不同的。前者是指明增减的那部分数量，后者是指明增减以后的实有数量。混淆这两种不同的说法，也是数量表达中常见的毛病。例如：

[4]＊今年蚌埠站到6月份已超计划完成了2.4万吨集装箱运输任务，与去年同期相比，提高到50％。（报）

[5]＊中学民办教师原来全省只有二千二百多人，现在则有七万一千七百多人，增加了三十二点六倍。（报）

[6]＊这个区的菜地面积不断减少，也是蔬菜供应紧张的一个原因。据金刚、张北、花台三个大队报告，他们原有菜地二百四十多亩，由于市城建局频频征用土地，两年来减少到八十来亩，现在菜地面积只为原来的三分之二。（报）

例[4]既然是"超计划完成了"任务，显然不会是"提高到50％"。应将"到"删去，也可以将"到"改为"了"。例[5]七万一千七百多人当是二千二百多人的 32.6 倍。"增加了三十二点六倍"的说法显然是错误的。应将"增加了三十二点六倍"改为"增加了三十一点六倍",或将最后一个分句改为"是原来的三十二点六倍"。例[6]按"减少到八十来亩"的说法计算,现有菜地面积只有原来的三分之一;按"现有菜地面积只为原来的三分之二"的说法计算,是"减少到……"的说法出了毛病。应将"到"改为"了"。

"甲比乙大/多/高三倍"和"甲为乙的四倍",说法不同,意思一样。常常有人把这两种说法混起来,说成"甲比乙大四倍"而出错。这也是数量表达上的一种毛病。例如:

[7] * 木星绕太阳公转一次,约需十二年,比地球上的一岁大十二倍。(书)

[8] * 现在去境外旅游的人越来越多。就北京来说,去年去境外旅游的旅客只 3000 多人,而今年增至 30000 多人,比以往多十倍。(报)

[9] * 鱼虾的价格涨得更惊人,八十年代初,太湖螃蟹每斤只卖三元多,现在涨到六十多元一斤,价格比过去高二十倍。(报)

例[7]应改为"大十一倍"。例[8]或改为"比以往多九倍",或改为"是以往的十倍"。例[9]或改为"价格比过去高十九倍",或改为"价格为过去的二十倍"。

"超过计划的百分之多少"这类说法是有歧义的。因为由"超过"带上数量宾语所形成的述宾词组本身就是一个有歧义的格式。例如,"超过六个",那"六个"可以理解为超出的数量,例如:"我们每人每天定量二十个,小李今天超过六个。"这实际是说小李今天完成了二十六个。那"六个"也可以理解为是被超过的数量。例如:"定额并不高,只要求每人每天编十个筐。可是小李哪一天都完不成任务,能超过六个,就算不错了。"这就是说小李每天至多只能编七、八个。

"超过计划的百分之多少"实际就是上述的述宾词组。假定年计划为 60 吨,那么"年计划的百分之四十",就是 24 吨。"超过 24 吨"的说法是有歧义的。不少人不了解这一点,滥用"超过计划的百分之多少"这一说法,造成数量表达模糊的毛病。例如:

[10] * 一车间去年的产量超过年度计划的百分之九十,是全厂完成生产任务最好的一个车间。(报)

一车间的年度生产计划到底完成了没有?就这个句子本身无法判断。如果全厂完成任务的情况都很好,那么一车间当然是大大超产了;如果全厂完成计划的情况不怎么好,那么一车间在全厂虽名列前茅,也还是个没有完成生产计划的车间。例如:

[11] * 今年元旦,永安矿务局夺得开门红,生产原煤二千五百六十多吨,超过日产量的两倍。(报)

永安矿务局肯定是超产了。但是,原定日产量多少?元旦那天的产量比原定的日产量高多少?不清楚。因此,这类格式使用时要谨慎。只有在不致产生歧义的情况下,才可以使用这种格式。例如:

[12] 煤炭工业传来捷报,今年一月份产量超过了去年十二月的百分之十。

因为前面已经说明是捷报,所以"超过去年十二月的百分之十"不会引起误解。不过最好还是采用"超额（产）百分之多少"的说法。上例也可以用"比去年十二月超产百分之十"的说法。

七、检查语法错误的两种方法

在写作中出现语法错误，大凡有两个原因，一是语文修养太差，一是疏忽大意。我们写一篇文章，写一篇新闻报导，写一个年度总结，或写一个调查报告等，不可能写一句就来考虑一下自己写的句子有没有语法毛病，一般总是先把自己想好的内容写下来，然后作多次修改润色，甚至征求他人意见，最后修改定稿。因此人们常说："文章不是写出来的，是改出来的。"在开始把自己想的写下来时，为了求快，在初稿中就难免出现这样那样的语病；在修改润色的过程中，我们最好养成一种分析的习惯，使自己的思路更有条有理，力求避免出现一切可能在初稿中出现的语病。有些明显的语法错误，很容易发现和改正。有些语法错误则不容易一下子发现，需要作一番分析后才能发现和把握。这大致有两种情况，一是句子较长，或是句子内部包含长而复杂的附加成分，或是包含好些分句；一是错误比较隐晦，似是而非。为了帮助大家对付上述两种情况，我们在这里向大家介绍两种检查语法错误的方法——紧缩法和类比法。

（一）紧缩法

一个句子，如果比较短，有语法毛病，我们很容易发现。一个句子如果比较长，句子有语法毛病，我们会感到念着不顺，但不太容易发现问题在哪里。人们常常喜欢把句子比作一棵树。一棵树有主干，有枝叶，枝叶纷繁茂盛，就不容易看清主干。句子也有"主干"和"枝叶"，"主干"就是句子的基本成分，如主语里的核心名词、谓语里的核心动词以及宾语里的核心名词等；"枝叶"就是种种修饰、补充性的成分，包括定语、状语、补语等。修饰、补充性的成分多了，句子的基本结构就不容易一下子看清楚，有了语法错误也就不容易发现。这时我们可以用紧缩法来加以检查。例如前面在讲解述语和宾语搭配不当的毛病时，曾举了这样一个例子：

[1] *现在，我又看到了那从小住惯了的用山区特有的石板和茅草盖成的小屋子，那阔别多年的乡亲，那熟悉可爱的乡音，那胶东人特有的幽默而爽朗的笑声。（刊）

这个句子的毛病就不容易一下子发现，因为修饰成分太多。我们在分析这个病句时，就用了紧缩法。把"枝叶"去掉些，句子一紧缩，毛病立刻显露出来了。请看：

[2] *我又看到了……小屋子，……乡亲，……乡音，……笑声。

"乡音"和"笑声"怎么能看到呢？再分析两个实例：

[3] *福缘小区的广大居民，在居委会的领导组织下，在园林工人的协助下，经过三年奋战，一共新增了两万多棵槐树，变得更加郁郁葱葱。（报）

[4] *全体方正科技人员和工作人员，在北大校领导的关心下，在王选教授亲自主持和带领下，在北大各相关系科的协助下，在有关单位的密切配合下，经

过多年的紧张劳动，我国终于研制出了世界第一个汉字彩色照排系统。（报）

例[3]要是去掉一些修饰成分，如定语"福缘小区的""广大"，状语"在……下""经过……""一共""更加"等，句子就紧缩为：

　　[5]＊居民……新增了两万多棵槐树，变得郁郁葱葱。

一紧缩，立刻会发现这个句子犯了主语与谓语不搭配的毛病。应将"新增"改为"新栽"，并在最后一个分句前面加上"使小区"三个字，全句改为：

　　[6]福缘小区的广大居民，在居委会的领导组织下，在园林工人的协助下，经过
　　　　三年奋战，一共新栽了两万多棵槐树，使小区变得更加郁郁葱葱。

例[4]如将"枝叶"，特别是状语成分都去掉，紧缩为：

　　[7]＊全体科技人员和工作人员……我国研制出了汉字彩色照排系统。

一眼就能看出，句子显然不通。原句由于修饰成分太多，作者写到后边忘了前面已经有个主语"全体方正科技人员和工作人员"，在修饰成分写完后又引出了一个新的主语"我国"，使原先的主语没着落了。可以在"我国"前加一个介词"为"，还让"全体方正科技人员和工作人员"作全句主语，而又不失原意。

　　有时，毛病不是出在"主干"上，而是出在"枝叶"上。这也可以通过紧缩法来加以检查。例如：

　　[8]＊我一点儿也不怀疑他们有为完成这项高科技研究任务的决心。

这个句子，我们读着总觉得别扭。不妨通过紧缩来检查一下。例(8)可以紧缩为：

　　[9]我不怀疑他们有……决心。

这没有语法错误。那么问题可能出现在"决心"的定语上。那定语是"为完成这项高科技研究任务的"，不妨再将它紧缩一下：

　　[10]＊为完成任务的

这个定语显然有问题。这里的"为"是介词，"完成任务"是作介词"为"的宾语。由"为"组成的介词结构不能带"的"作定语。可以有多种改法：一是将介词"为"删去，全句改为：

　　[11]我一点儿也不怀疑他们有完成这项高科技研究任务的决心。

二是在"完成任务"后加"而奋斗"三个字，全句改为：

　　[12]我一点儿也不怀疑他们有为完成这项高科技研究任务而奋斗的决心。

三是在介词"为"后添加"祖国"或"国家"等名词，让它作介词"为"的宾语，而介词结构"为祖国/国家"作"完成任务"的状语，全句改为：

　　[13]我一点儿也不怀疑他们有为祖国/国家完成这项高科技研究任务的决心。

　　运用紧缩法要注意两点：第一，紧缩时，要注意保持原句的基本结构。换句话说，不能破坏原句的基本结构。第二，紧缩时，对于那些会严重影响原句意思的修饰成分要适当保留。某些修饰成分去掉后，会影响句子的原意，明显的如否定词语删去后，意思必然会跟原句相反。

（二）类比法

　　明显的语法错误，一看就会发现。有些病句一下子看不准，似是而非。碰到这种

情况可以用类比法来检查。具体来说，当怀疑一个句子有语法毛病时，可以按所怀疑的句子格式仿造一些句子，看那些仿造的句子能否站得住脚。例如：

    [14] ＊他默默凝视着墙上悬挂着世界著名画家梵高的画像。

这个句子读着有点儿别扭，但由于这个句子从内容到用词都不是口语里所说的话，所以这个句子到底能说不能说，一时不好判断。那我们就不妨按这个书面语句子仿造一些稍微口语化的句子：

    [15] ＊他一直瞧着我胸前佩戴着北京大学的校徽。

        ＊我仔细地读着墙上张贴着布告。

        ＊那小女孩儿专心地数着树上结着苹果。

        ＊我好奇地看着报上刊登着广告。

        ＊我专心听着老师讲着故事。

这些都是比较口语化的句子，一读就会感觉到它们都不对。把"着"改为"的"，这些句子就都能说了，请看：

    [16] 他一直瞧着我胸前佩戴的北京大学的校徽。

        我仔细地读着墙上张贴的布告。

        那小女孩儿专心地数着树上结的苹果。

        我好奇地看着报上刊登的广告。

        我专心听着老师讲的故事。

这样，我们就可以断定例[14]确实是个病句，也应把其中的"悬挂着"改为"悬挂的"。

    再看个实例：

    [17] ＊书桌上放着整整齐齐摆着的线装书。

这个句子书面语味道也比较浓，能不能说，一时也难以断定。也可以按这个句子格式仿造一些稍微口语化的句子：

    [18] ＊床上放着整整齐齐叠着的被子。

        ＊广场上排着整整齐齐站着的队伍。

        ＊怀里抱着严严实实裹着的孩子。

        ＊他背上背着结结实实捆着的行李卷儿。

        ＊仓库里码着严严实实封着的铁桶。

        ＊墙上贴着歪歪扭扭写着的标语。

显然，这些句子都不对，正确的说法是：

    [19] 床上放着叠得整整齐齐的被子。

        广场上排着站得整整齐齐的队伍。

        怀里抱着裹得严严实实的孩子。

        他背上背着捆得结结实实的行李卷儿。

        仓库里码着封得严严实实的铁桶。

        墙上贴着写得歪歪扭扭的标语。

这样，我们也就可以断定例[17]是有毛病的，得改为：

〔20〕书桌上放着摆得整整齐齐的线装书。

运用类比法要注意这样两点：第一，仿造的句子应力求跟原句的句子格式一样；第二，仿造的句子尽可能是日常生活中常说的话。

上面我们介绍了检查语法错误的两种方法——紧缩法和类比法。有时，在检查语法错误时，需交叉使用这两种方法。请看下面这个病句：

〔21〕＊你把这几天各位专家就国企改革、实行股份制等问题所提出的种种观点应该好好归纳一下。（刊）

这个句子也让人读着感到似是而非，但因为比较长，书面语味道比较浓，所谈的内容一般人又不是很熟悉，所以毛病在哪儿，一时不易发现。检查时，可以先紧缩一下，紧缩成：

〔22〕＊你把种种观点应该归纳一下。

（注意，这是个"把"字句，所以句子里的"把……"这个介词结构虽然是状语，但不能随便删去，得保留）再用类比法，仿造一些口语里的"把"字句。如：

〔23〕＊你把他们的意见应该整理一下。

　　　＊你把这个材料应该看一下。

　　　＊你把这件事应该说一下。

　　　＊你把时间应该安排一下。

　　　＊你把书应该借来。

　　　＊你把话应该说清楚。

　　　＊你把奶奶应该接来。

　　　＊你把这个材料应该保管好。

以上这些"把"字句显然都读着别扭，原因是助动词"应该"的位置不对，"应该"要放在"把"字前，说成：

〔24〕你应该把他们的意见整理一下。

　　　你应该把这个材料看一下。

　　　你应该把这件事说一下。

　　　你应该把时间安排一下。

　　　你应该把书借来。

　　　你应该把话说清楚。

　　　你应该把奶奶接来。

　　　你应该把这个材料保管好。

至此我们就知道，例〔21〕里的"应该"放得不是地方，要把它挪到"把"字前边。

练习十

一、指出并改正下列各句的语法错误。

（1）时传祥是全国劳动模范，他的好思想、好品德，永远是我们学习的榜样。

（2）我市各单位首批赴北京参观的代表，均由先进生产者组成。

（3）学校办得好不好，取决于学校领导强烈的事业心。

（4）如果采用全自动控制和组合生产，产量和质量提高多少倍啊！

（5）我们要采取有力措施，扩大和加快各类学校发展的规模和速度。

（6）眼看着这动人的场面和丰收的喜讯，怎么不叫人高兴呢？

（7）这个经验值得文教工作者特别是中小学教师的重视。

（8）这幅画不正寓意文艺工作者在浓墨重彩地描绘我们生气勃勃的春天吗？

（9）人们都以亲切的目光倾听着他发言。

（10）这些人入党后，从未经过严峻的考验和审查。

（11）作家亲身经历了战火的洗礼，与人民大众有较多的接触和了解。

（12）蜜蜂酿造一斤蜜，大约要采五十万朵左右的花粉。

（13）看了华山抢险英雄事迹的报道，令人十分感动。

（14）从这个事实说明，我们的企业管理还存在不少问题。

（15）这以后，谢文华已受伤致残，但仍强迫他干重活。

（16）观众将拭目以待你的新角色。

（17）当民族危急的关头，只有人民才能担当拯救民族危亡的命运。

（18）他们游览了我国的佛教圣地灵隐寺和宋代民族英雄岳飞墓。

（19）由于采购员能合理使用资金，促使品种不断增加。

（20）贵州的回民，大多是清末从云南因杜文秀起义失败后移入的。

（21）他"朝为工，夜习画"，说明他对艺术的饥渴与勤奋。

（22）高粱和玉米在小苗苗时不大好分辨，起码对城里人来说是这样，待长大以
后，一个从旁边长出了绿棒儿，一个在头上长出了红穗儿。

（23）她们姐妹俩从小就爱生病，姐姐不是发烧了，就是妹妹咳嗽了。

（24）如果我把课不教好，怎么对得起广大同学呢？

（25）鲁迅的小说《阿Q正传》对大家是很熟悉的。

（26）他们本着保证价廉物美为原则，使用了新的工艺和新的操作技术。

（27）水的化学成分是一个原子的氧和两个原子的氢化合而成。

（28）你现在不好好学习，胡作非为，请想想将会出现怎样的后果是不言而喻
的了。

（29）一到地里，大家就忙开了，割麦的割麦，捆麦的捆麦，也有的装车。

（30）运水来自海边，在那独特的环境里，养成了他素朴的性格，鲁迅初次见到，
给他留下了很深的印象，后来在文章中时常说到，是很自然的了。

（31）他（卢嘉川）知道敌人如果真正得到了他们的名单，便不会同他这么费劲了，
正因为他不知道，所以他说"知道了"。

（32）用机器加工文献，每一千字只两角钱，比人工翻译便宜四倍。

二、什么叫紧缩法？什么叫类比法？紧缩法和类比法有什么用？

三、试用紧缩法检查下列句子有没有语法错误。如果有语法错误，试说明是什么性质的错误。

    (1)参加研制人造地球卫星的全体工作人员，在各科研院所和各高等院校的支持下，在中国人民解放军的密切配合下，经过多年的紧张劳动，于 1964 年 9 月 15 日，我国终于成功地发射了第一颗人造地球卫星。

    (2)经济侵略是无形的，然而比军事侵略更凶猛，受害也更深。

四、试用类比法检查下面这个句子有没有语法错误。如果有语法错误，试说明是什么性质的错误。

    他们用的是美声唱法演唱的。

第五章 修　辞

第一节　修辞概说

一、什么是修辞

修辞就是运用语言的艺术。俗语有"一样话，百样说"，这虽然是一种夸张的说法，却道出了语言运用的实际。但是，是不是"百样说"在任何情况下都可以随意使用呢？不是。应该能够根据表达的需要，选用一种最恰当的说法，借以提高语言的表达效果，这就是修辞。

修辞所依赖的物质基础是语言，但这并不是说，语言本身就是修辞。这正如建高楼大厦必须有各种各样的建筑材料，但建筑材料本身并不就是高楼大厦，需要经过有效的组合才能成为高楼大厦。修辞也是这样，它是对语言诸要素——语音、词汇、语法的有效运用。比如话语节奏感强，有韵律，能够朗朗上口，这是对语音的巧妙运用；用词准确精当，话语得体，这是对词汇的巧妙运用；句式选择恰当，能够较好地表达语义，传达思想感情，这是对语法的巧妙运用，等等。

修辞对语言的运用，主要采用两种方式：一是调整，二是选择。

调整侧重于对语言的加工：原来说得太简略或太繁琐了，太直白或太含蓄了，语言不准确或语意不完整，调整一下，使它更恰切、更完整，表意更准确、更完备。例如：

[1]一百年后的今天，黑人仍然萎缩在美国社会的角落里……（马丁·路德·金《我有一个梦想》）

"萎缩"一是指干枯，一是指经济等衰退，用在这里显然不准确。所以这篇译文在选入中学语文教材时，编者将其改成了"蜷缩"。

选择侧重于对同义形式的挑选，包括同义词语、同义句式等。例如：

[2]眼看朋辈成新鬼，敢向刀边觅小诗。（鲁迅《为了忘却的记念》原稿）

这个句子，作者定稿时改为"忍看朋辈成新鬼，怒向刀丛觅小诗"。"眼看"和"忍看"，"敢向"和"怒向"，"刀边"和"刀丛"，在这句话中表达的意思大致相同，但作者在定稿时都选择了后者，因为后者不仅表明了强烈的爱憎感情，而且再现了当时阴森恐怖的典型环境，表达效果要比前者好。

流传的王安石修改《泊船瓜洲》的故事，也是对词语的巧妙选用。该诗是："京口瓜洲一水间，钟山只隔数重山。春风又绿江南岸，明月何时照我还？"据宋朝洪迈记述，"又绿江南岸"最初是"又到江南岸"，后又先后改为"过""入""满"等，反复换了十几次，最后才改为"绿"。"到""过""入""满"等，意思都比较直白、实在；着一"绿"字，则把和煦的春风与嫩绿的江南岸巧妙地联系起来，两者互相映衬，再现了江南大地生机盎然、欣欣向荣的景象。这个"绿"字蕴含丰富，不仅能给读者留下丰富的想象空间，产生无尽的联想，而且给诗歌本身增添了浓郁的诗情画意，千百年来传为佳话。

二、修辞的基本要求

(一)准确

准确，就是用合乎规范的语言真实地反映客观事物，恰当地表达自己的思想感情。"子曰：辞达而已矣。"(《论语·卫灵公》)强调的就是用词的准确。

语言运用是否准确，与对事物的认识、概念的把握有密切的关系。比如"被告"与"被告人"，一般人会觉得这两个词意思差不多，所以新闻报道中经常误用。其实，它们分别指两种不同性质的案件的诉讼主体："被告"指民事诉讼案件中与"原告"相对应的当事人，与"原告"享有平等的诉讼权利；"被告人"则是指刑事诉讼案件中与"被害人""公诉人"相对应的当事人，已经涉嫌犯罪且情节较为严重，人身自由也受到了一定程度的限制。下边这句话表述就不正确：

[1]＊今天的民事诉讼中，被告人胜诉。

语言运用准确与否，还与对词语的理解和句间关系的把握有密切关系。例如：

[2]经过的年月一多，话更无从说起，所以虽然有时想写信，却又不能动笔。(鲁迅《藤野先生》原稿)

[3]中国留学生会馆的门房里有几本书卖，有时还值得去一转；倘在上午，里面的几间洋房里倒也还可以坐坐的。但到傍晚，地板不免要咚咚地响得震天，兼以满房烟尘斗乱，问问精通时事的人，答道，"那是在学跳舞。"(鲁迅《藤野先生》原稿)

例[2]作者没有写信，显然不是因为"不能"，而是不知道从哪里写起，说些什么。所以定稿时改为"难以下笔"，不仅表意准确，而且写出了作者那种复杂的心境。例[3]前边说"里面的几间洋房"，后边说"地板不免要"怎么样，读者会以为一定包括全部洋房，所以作者定稿时在"地板"前加上"有一间的"，表示只是其中的一间而不是全部，这就非常明确了。

(二)简明

简明，就是简洁、明白。简洁，表达同样的意思，用的语句要尽可能少，不用可有可无的字词，不重复啰嗦；明白，就是意思清楚明白，不致产生误解。用一句话来概括，简明就是用尽可能少的语句，传递尽可能多的信息，达到尽可能高的准确度和可理解度。

要使语言简明，就要围绕中心，结合具体的语境，省去不必要的重复。下边这段话就有些重复啰嗦：

[4]还有一种立体的会活动的书，也很吸引人。它的插图都是立体的。当你把书
　　打开的时候，书里的人和动物马上会站起来，跃然纸上，栩栩如生。（崔金
　　泰、宋广礼《从甲骨文到缩微图书》原稿）

这一段要说明两层意思——有一种立体的书，能够活动，但是用的语句不够简明。
"立体"的书和插图都是"立体的"，字面重复；"会活动"和"会站起来"，"吸引人"和
"跃然纸上，栩栩如生"，意思重复；"当你把书打开的时候"，这句话还可以简洁一
些。因此，在选入中学语文教材时，教材编者作了如下改动：

[5]还有一种书，插图是立体的。打开书，书里的人和动物会站起来，跃然纸
　　上，栩栩如生。

改后的文字，去掉了字面上、语意上重复的地方，比原文简洁多了。

　　其次，要注意适当使用修饰成分，不滥用。很多人常常有一个错觉，以为好的
词语用得越多，说出来的话或写出来的文章就越美，其实不然。例如：

[6]＊"四化"宏图已经展开，不久的将来，出现在我们面前的将是不可想象的光
　　辉灿烂的无限广阔的美好景象。

"不可想象"一般和不好的后果连接，这里用来说"美好景象"，不妥，可改为"难以想
象"。后边"光辉灿烂""无限广阔""美好"三个定语，意思大致相同，放在一起，给人
一种造作、堆砌的感觉。

　　很多作家都十分重视语言的简明。鲁迅主张"写完后至少看两遍，竭力将可有可
无的字、句、段删去，毫不可惜"，而且身体力行。例如：

[7]这时候，我才确信，我是到底相信人死无鬼，虽在久病和高热之中，也没有
　　动摇。（鲁迅《死》原稿）

这是原稿。定稿时，作者只在"鬼"后加个"的"字，后面文字全部删掉了。因为"确
信""到底相信"等词语，已经把作者的信念表现得确定无疑了。

（三）连贯

　　连贯是从语言的组合衔接上对语言运用提出的要求。要使文章语言连贯，需要
注意以下几个方面。

　　1. 话题前后统一

　　每个句子要围绕统一的话题，使句子的话题与段的话题一致；每个段要围绕统
一的话题，使段的话题与全文的话题一致。下面这个语段就不太连贯：

[8]＊到今年2月初，原定的研究工作已经完成，部分研究成果已发表在最新一
　　期的《北京大学学报》上。这虽然还是初步的研究成果，但它的巨大意义是不
　　难理解的。在长达1.6亿多年的中生代，……尤其对了解恐龙在6000多万
　　年前灭绝的原因，更为重要。而这些研究均极为困难，因为很有用的研究材
　　料太少了。

这段话主要是说明研究成果对研究恐龙蛋化石的重大意义，后边突然插入"而这些研
究均极为困难……"一句，致使话题转移，影响了语言的连贯。

2. 表述角度一致

说话也好，写作也好，说明一个意思，描述一个对象，总要有一个表述的角度，包括时间角度、空间角度、人称角度等。一句话或意思联系紧密的几句话，表述的角度应该前后一致。如果叙述角度不断变换，就会影响语言的连贯。例如：

[9]＊1936年12月9日，欲赴临潼向蒋介石请愿的西安学生，在几座城门均被国民党关闭的情况下，于中正门（今解放门）向军警发动了强大的宣传攻势，终于感动守城军官及门卫，打开铁锁，冲出城门，奏响了震惊世界的"西安事变"的序曲。

前边几个分句叙述的是"西安学生"，"打开铁锁"的叙述对象承前省略换成了"守城军官及门卫"，而后边"冲出城门"则又转回了"西安学生"，这样换来换去，影响了语言的连贯。最好在"打开铁锁"后断句，在"冲出城门"前加上"学生们"。

3. 注意语言形式上的衔接与呼应

语言形式上的衔接主要指恰当使用关联词语，巧妙使用意思有联系的词语或句子、适当使用过渡性语句或段落，等等。下面是几个语言衔接不紧密的例子：

[10]＊于是，这枚恐龙蛋化石千万年后扬名于今的机会再次到来了。这次机遇是否会再度失之交臂呢？

[11]＊1993年年初，李广岭发现他收集到的一枚蛋化石很有些奇特。这枚较小的蛋化石，显得有些扁，直径为9厘米，约重450克，蛋壳完整，没有裂纹，比跟它同样大小的要轻。

例[10]前后两句缺少关联，可在后一句的前边加上"但是"。例[11]第一句只说他发现"一枚蛋化石很有些奇特"，紧接着却说"这枚较小的蛋化石"，"较小"在前边没有交代，很突然，致使语意表达不连贯。

（四）得体

"所谓得体，就是在这样的场合，同这样有关系的一些人说一件事，怎样说最恰当，合乎这种场合的要求，合乎听话人和说话人相互关系的要求。"（张志公语）简单点儿说，得体就是适合语言环境，用语恰如其分。怎样做到恰如其分呢？可以从以下几个方面考虑。

1. 明确目的，有的放矢

说话也好，写作也好，都有一定的目的，或叙述事件，或说明事理，或描述现象，或抒发感情等。因此，在动口说话或动笔写作之前，先要明确目的。比如夏衍的《包身工》，主要是反映包身工被人压迫、牛马不如的悲惨生活，揭露帝国主义勾结中国资本家对工人进行的残酷剥削和压迫，因此，选用了许多能达到这一目的的词语和句式。例如：

[12]旧历四月中旬，清晨四点一刻，天还没亮，睡在拥挤的工房里的人们已经被人吆喝着起身了。一个穿着和时节不相称的拷绸衫裤的男子大声地呼喊："拆铺啦！起来！"接着，又下命令似地高叫："'芦柴棒'，去烧火！妈的，

还躺着，猪猡！"

　　这一段一方面写包身工，他们"睡在拥挤的工房里"，"天还没亮"就"被"人像牛马一样"吆喝"着起床，被动句式及"吆喝"的选用，恰到好处地反映了包身工的悲惨遭遇；另一方面写带工老板，他们则是"大声地呼喊"，"下命令似地高叫"，而且喊叫的都是一些命令式的短句，这些词语和句式的使用同样恰到好处地反映了带工老板的凶残、狠毒。

　　2. 看准对象，讲究分寸

　　语言交际总是双向的，既有说或写的一方，也有听或读的一方。因此，说写者就不能一厢情愿想说什么就说什么，而要从对象的年龄、职业、思想、性格等不同特点出发，说恰当的话，即所谓"对什么人说什么话"。冰心先生曾经举过这样一个例子：有个小朋友读过她不少文章，很敬重她。有一次见到她，这个小朋友问："冰心奶奶，您今年几岁了？""几岁"是问小孩子的话，用问小孩子的话来询问一个七八十岁、德高望重的老奶奶，不得体。如果说成"您高寿"或"您多大年纪了"就比较得体了。鲁迅写文章时很注意这个方面，他在《记念刘和珍君》中，转述别人的话时，就直接称"刘和珍"，自己叙述时则称"刘和珍君"，表现了对她的敬重。又如：

　　[13]可是在这种工房里面，生病躺着休养的例子是不能开的。（夏衍《包身工》原稿）"休养"是休息调养的意思，包身工生病躺着只不过是为了得到暂时的休息，根本提不上调养。因此，定稿时作者改成"休息"，适应叙述的对象，很得体。

　　3. 适应场合，因境设辞

　　场合，既指一定的时间、地点构成的总体氛围，也指交际当时的自然情境和社会情境。所谓"因境设辞"，指的就是要适应不同的场合，说话用语巧妙自然。

　　场合有种种不同，或悲痛，或欢乐；或正式，或随意；或紧张繁忙，或轻松愉快等。不同的场合，对语言运用有不同的要求。一般来说，在悲痛的场合，应该严肃、认真，不宜说些无关痛痒的笑话；在欢乐的场合，应该高兴、愉快，不宜唠叨自己的苦恼、不满，这是交际的总体氛围对说话内容的制约。

　　同时，还要利用特定的场合，学会"因境设辞"。据说周恩来总理曾经参观广东从化某小学，见到墙上"人人要讲普通话"的标语，点头称好，但建议改为"人人学讲普通话"。这样一改，少了强制、命令的语气，多了一分亲切，更容易让人接受。又比如电影《林则徐》中林则徐召见外商，申明中国政府关于严禁贩卖鸦片的命令，如有违令者，"船货交公，人即正法"。有个外商问什么叫"正法"，一中国官员答："正法就是杀头。"林则徐说的是法令，所以用了庄严典雅的"正法"，官员是口头对话，所以用了通俗易懂的"杀头"，适合各自的场合，说得都很得体。

　　（五）富有表现力

　　富有表现力，就是语言要特定、生动、形象，要能在特定情境中表达丰富的意思，能够感染别人。也就是陈望道先生所说的，不仅要使人"理会"，而且要让人"感

受"。(《修辞学发凡》)

1. 选用准确、形象、富有表现力的词语

要使语言富于表现力，就要尽可能少地使用那些概念化、概括性强的词语。比如去游公园，回来后只说公园很漂亮、很美、很好玩等，而不具体说明美在哪里，好玩在什么地方，就无法让别人去体会。因此，运用语言时，应该尽可能结合语境，选用那些具体、可感、形象、生动的词语。例如：

[14]他从汤河上的家乡起身的时候，根本没预备住客店的钱。他想：走到哪里黑了，什么地方不能随便滚一夜呢？（柳青《梁生宝买稻种》）

[15]刘姥姥便伸箸子要夹，那里夹的起来，满碗里闹了一阵好的，好不容易撮起一个来……（曹雪芹《红楼梦》）

例[14]"滚"在这里是睡的意思，但又不仅仅是睡，还形象地表明是和衣而睡，凑合着睡，比用"睡"意思要丰富得多。例[15]"闹"不是一般的"夹"，它写出了鸡蛋的难夹，写出了刘姥姥的急切，也写得鸡蛋好像有意和刘姥姥过不去似的，生动地再现了当时那种令人发笑的特定的场景和情趣。

2. 善于将寻常词语艺术化

所谓寻常词语艺术化，包括赋予词语新的意义，变换词语使用的场合，改变词语的感情色彩，改变词语的性质等。例如：

[16]我两岁，奶奶推我去海边散步，游客众多，有人摸摸我的脑瓜顺口问："这是谁家的孩子?"我立即应声："诗人舒婷的儿子。"那人却是知道我妈的，又是夸奖我又是给我拍照。奶奶回家喜滋滋地发布新闻，爸爸妈妈一听面面相觑……（舒婷《我儿子一家》）

"发布新闻"一般指重大事件，这里却用来指"我"在海边发生的一件小事，看起来是用词不当，其实这是一种妙用。这种妙用，不仅显示了"我"的天真可爱，而且表现出一种轻松活泼的生活情趣。

3. 恰当使用修辞格

修辞格的使用一般都能使语言形象、生动，富有表现力。例如：

[17]文学嫁给电视，就改了姓，唤做"LTV"（L——Literature：文学）。（1994年8月6日《中国青年报》）

[18]但他却在她脸上的每条皱纹里，看得出都埋伏得有风暴。（丁玲《夜》）

例[17]说文学能"嫁"，能被"改姓"，就好像它是一个羞答答的大姑娘一样，非常形象。例[18]不直接说她一肚子委屈，不高兴，随时打算爆发出来，却说每条皱纹里"都埋伏得有风暴"，不仅语言形象，而且极富夸张色彩。

文章题目、新闻标题受字数限制，更要求语言简明、富有表现力。例如：

[19]哭泣的原始森林（《文摘报》）

修饰语"哭泣的"将森林拟人化，能给读者带来强烈的震撼。

练习一

一、什么是修辞？

二、修辞的基本要求有哪些？

三、下面各句是否符合修辞的要求？为什么？

(1)杨先生是上海人，杨太太是天津人，杨二太太是苏州人。一位先生，两位太太，南腔北调的生了不知有多少孩子。（老舍《骆驼祥子》）

(2)我到现在终于没有见——大约孔乙己的确死了。（鲁迅《孔乙己》）

(3)3月14日下午两点三刻，当代最伟大的思想家停止思想了。（恩格斯《在马克思墓前的讲话》）

(4)这些蝴蝶大多数属于一种，它们的翅膀的背面是嫩绿色的，当它们停在地面时，就像是一片绿草，它们的翅膀的正面却是金黄色的，上面带着一些花纹，当它们飞动时就像是朵朵金花。（冯牧《澜沧江边蝴蝶会》）

(5)夏天，天气很热，两个人骑着自行车过来，看见一个冷饮店，其中一个说："嘿，咱们俩去冰镇一下怎么样？"

第二节　词语修辞

词语是语言的建筑材料，是构成句子的基础。没有词语，句子就无从谈起，思想内容也无从表达。刘勰《文心雕龙》云："夫人之立言，因字而生句，积句而成章，积章而成篇。篇之彪炳，章无疵也；章之明靡，句无玷也；句之清英，字不妄也。"这其实说的就是字、句、章、篇的关系，其中的"字"即是现在的词，"章"即指段。由此可以看出词在语言运用中的基石作用。

在各种修辞手段中，词语修辞的使用频率最高，可以说是一种最重要的修辞手段。词语修辞主要是指同义词语的选择。汉语中存在着大量的同义词语，但很多词表示的意思只是大致相同，有时可能在轻重、大小、适应对象等意义方面有细微差别，有时可能在感情或语体等色彩方面稍有不同，有时可能在读音、音节多少等方面有异。因此，在实际语言运用中，要从表达需要和特定语境出发，从意义、色彩、声音等方面入手，选择那些最准确、最富有表现力的同义词语，以提高话语的表达效果。

很多作家都十分重视词语的使用，杜甫的"语不惊人死不休"，贾岛的"两句三年得，一吟双泪流"，曹雪芹的"字字看来皆是血，十年辛苦不寻常"等，都是巧妙运用词语的佳话。

一、意义的锤炼

意义的锤炼是指选用词语时着眼于它的意义是否恰当。每个词语都有一定的意义，有的只有一个意义，有的可能有几个意义，因此，运用语言时，就要准确把握意义，精心做出选择。特别是遇到同一个意思可以用几个不同的词语来表达时，更要注意所选用的词语意义是否明确，范围大小是否适当，语义轻重是否分明，与所写对象是否适应等，从而准确地表达自己的意思。

选择意义恰当的词语，应该从确切理解词语的意义、准确选择动词和形容词、恰当使用同义词和反义词等几个方面加以注意。

(一)确切理解词语的意义

语言中的任何一个词语都有固定的意义，也就是词典中所注释的意义，我们叫它概念意义或者静态的意义。把这些词语组织起来，组成短语或句子，它们就有了具体意义，这就是语境所赋予的词语的动态意义。所谓理解词语的意义，不仅仅是指理解它的概念意义，更重要的是理解它在一定语境中的具体意义。

确切理解词语的意义，是恰当选择词语的前提。如果对词语所表示的意义不很了解甚至误解，是不可能做出恰当选择的。古今中外的名家，他们的语言之所以准确，富有表现力，就是因为他们对所用词语的意义有确切的了解，并且认真斟酌选择。例如：

[1]从此就看见许多新的先生，听到许多新的讲义。（鲁迅《藤野先生》原稿）

"新的先生"可以是"新来的先生"，也可以是"生疏的先生"；"新的讲义"可能指"新写的讲义"，也可能指"新印发的讲义"，意义表达不明确。因此定稿时作者将它们分别改为"陌生的先生""新鲜的讲义"，"陌生"指素昧平生，"新鲜"指闻所未闻、初次接触，意思非常明确。

理解词语的意义，要注意同义词语之间的细微差别。比如同样是"看"，可以是一般地"看"：瞧、望、睹、观、瞅；可以是仔仔细细地"看"：盯、察、注视、凝视、端详、审视、目不转睛；可以是粗粗一"看"：瞟、瞥、瞄、扫视、扫了一眼；可以是偷偷地"看"：窥、窥视、窥见、窥探、偷看、偷视；还可以是四面"看"：四顾、环顾、环视、东张西望、左顾右盼等。要注意这些不同的"看"之间的差别，能够恰当选用。

理解词语的意义，要注意对多义词语的把握和理解。汉语中存在着大量的多义词，这些词在字典中不止一个意义，但是用在一定的语言环境中则只显示一个意义，这就需要结合上下文认真加以辨别。例如"包袱"有多个义项，在下边各句中使用的是不同的意义：

[2]妈妈背着一个大包袱，走起路来很吃力。

[3]一次没考好不说明什么，不要有太重的思想包袱。

[4]这段相声里包袱很多，不时引来观众的笑声。

理解词语的意义，还要理解语境所赋予的新的临时的意义。临时意义往往是从这些词语的固定意义引申出来的。例如：

[5]长虹飞架之处，昔日的交通梗塞长蛇阵不见了，红绿灯偃旗息鼓了，人流、汽车流、自行车流自成体系，互不干扰……（刘宗明《北京立交桥》）

"偃旗息鼓"，词典中有两种解释：①放倒军旗，停打军鼓，指秘密行军，不暴露目标，也指停止战斗；②比喻停止批评、攻击等。但是，这两种解释用在这句话中都不合适，因为它的主语是"红绿灯"。结合上下文，这里用的大致是"没有""停止"的意思：因为有了立交桥，南来北往的人和车各走各的路，不再需要红绿灯来指挥交通了，所以说"红绿灯偃旗息鼓了"。这里用的是词语临时的比喻义。

理解词语的意义，还要注意结合语境理解语言的言外之意。所谓言外之意就是话语字面意义以外的意思，像双关、反语等，表达的其实都是一种言外之意。例如：

[6]五年前，李斌从副团职岗位上离开军营，创办了自己的公司。那时，他曾以半真半假的口吻对父亲说，希望父亲动用一下他的关系，为他的事业发挥一点"余热"。如果愿意，父亲绝对可以对他的生意施加影响，在父亲众多的部属里，至少有五个正军职和三个大区职的实力派角色，转业到地方的省、厅级干部也有不少，在他创办公司的构想中，这些都是他的财富。时至今日，他还记着父亲当时的回答：我赤着一双脚走进红军的时候，我的父亲已经死了。（李镜《老照片》）

李斌希望父亲动用自己的关系给他创办的公司帮忙，父亲却说："我赤着一双脚走进红军的时候，我的父亲已经死了。"父亲这样回答，显然不是为了告诉儿子这样一个事实。那么父亲的言外之意是什么呢？这就要结合一定的语境去理解：父亲实际是在拒绝帮儿子走后门，希望儿子自己去干出一番事业。

（二）准确选择动词、形容词

动词是表示人或事物动作行为、发展变化的词，形容词是表示人或事物的性质、状态的词。要把人或事物表现得具体形象、生动逼真，就必须在动词、形容词的锤炼上下工夫。历代名家对此都十分重视，取得了很好的修辞效果。

1. 准确使用富有表现力的动词或形容词

在描绘景物、刻画人物的时候，若能恰当巧妙地使用新鲜传神、富有情趣、具有形象性的动词或形容词，描写出动作的全过程，或细腻、传神地绘出事物或人物的神韵、灵性，就能使文章语言生动，活泼有趣。鲁迅《从百草园到三味书屋》中对园中景物的描写和对雪地捕鸟过程的叙述，就是准确选用形容词和动词的典范。例如：

> ［7］黑的人便抢过灯笼，一把扯下纸罩，裹了馒头，塞与老栓；一手抓过洋钱，捏一捏，转身去了。（鲁迅《药》）
>
> ［8］赴南极访问圆满完成　吴弘、杨海蓝笑眯眯回来了（《人民日报·海外版》新闻标题）

例［7］通过"抢""扯""裹""塞""抓""捏"几个具体的动作，把"黑的人"的蛮横、凶狠、霸道，具体、生动地表现了出来。例［8］是两位少先队员随同南极科考队去南极参加"中国纪念标"落成揭幕仪式归来时的新闻报道，当时其他报纸用了类似"我国两名少先队员已从南极返回北京""两名中国少年南极归来"等。比较而言，"笑眯眯"三字，有神态，有动感，突出了中国少年儿童为参加这样的重大活动而自豪兴奋的情感。

2. 寓繁于简

寓繁于简就是用一个简单的动词或形容词来表达非常丰富的含义。要产生这种效果，就要善于对所描述的对象作概括性的或联想性的艺术处理，用简练的词语表达出丰富的内涵。例如：

> ［9］他们便接着说道，"你怎的连半个秀才也捞不到呢？"（鲁迅《孔乙己》）
>
> ［10］（引题）在无边无际的蓝天碧海之间，有一艘蜚声海内外的远洋调查船——中国"试验3号"
>
> （主题）在怒涛中测天量海（《人民日报》新闻标题）

例［9］"捞"原意是"用不正当的手段取得"，这里指"花尽力气取得"，突出了人们对孔乙己的挖苦和取笑，蕴含非常丰富。例［10］的主题"测天量海"形象地展示了中国"试验3号"考察船全体船员献身于科学事业的伟大精神。

3. 寓静于动

寓静于动就是用动作性强或能表明动作的动词或形容词来表达一个静的事物，赋予静的事物以动的特征。不仅动态的事物可以选择准确、传神、贴切的动词来表现，静态的事物也可以通过联想、想象，用传神的动态的词语来描述或渲染。例如：

[11]让措施从墙上"走"下来（《人民日报》新闻标题）

[12]方鸿渐看唐小姐不笑的时候，脸上还依恋着笑意，像音乐停止后袅袅空中的余音。（钱钟书《围城》）

例[11]用"走"形象地说明政府的各种措施不应该是让人看的，而应成为实实在在的举措。例[12]用"依恋"写脸上挂着的笑意，就好像笑也有感情似的。

4. 恰当活用词类

从语法上说，汉语的每类词都有一定的语法功能，不能随便滥用。比如动词主要用在谓语或谓语中心语的位置上，形容词主要用作定语或谓语，作谓语时不能带宾语等。但是，有的时候，为了修辞的需要，也可以临时活用词性，以产生某种特殊的修辞效果。例如：

[13]大约那弹性的胖绅士早在我的空处胖开了他的右半身了。（鲁迅《社戏》）

[14]两岸的豆麦和河底的水草所散发出来的清香，夹杂在水气中，扑面的吹来；月色便朦胧在这水气里。（鲁迅《社戏》）

[15]他要将这包里的新生命，移植到他家里，收获许多幸福。（鲁迅《药》）

例[13]"胖"是形容词活用为动词，带上了宾语，让读者好像看见了胖绅士的神态，形象、可感，令人回味。例[14]"朦胧"也是形容词活用为动词，后边带上补语，简练、形象地表明了水中月色朦朦胧胧的景象。例[15]"幸福"本是形容词，这里却作"收获"的宾语，同时又受"许多"修饰，用作了名词，就好像幸福是一件可以触摸、可以看到的具体的东西一样，给人一种形象、生动的感觉。

文学作品中，名词的活用很常见。例如：

[16]衣服旧了，破了，也"敝帚自珍"，舍不得丢弃。总是脏了洗洗，破了补补，穿了一水又穿一水，穿了一年又穿一年。（吴伯箫《记一辆纺车》）

[17]谁知道阿Q采用怒目主义以后，未庄的闲人们愈喜欢玩笑他。（鲁迅《阿Q正传》）

[18]男人：我不是说这个。我是说这钱来得太轻松，让人不踏实。

女人：我都花了还有什么不踏实的？

男人：钱要一分一分地挣。

女人：你是不是太农民了。（潘军《关系》）

例[16]是把名词"水"借用为量词，就好像读者身临其境，看见他们在水中一次一次反反复复不停地洗着一样。例[17]"玩笑"用作动词，它带上宾语，表达的是跟阿Q开玩笑的意思，显得轻松幽默。例[18]"农民"活用为形容词，是说他太农民气、太农民化了。

（三）恰当选用同义词和反义词

1. 同义词的选用

选用同义词，要注意它们在语意轻重、范围大小、适应对象等方面的细微差别，根据表达的需要，从特定语境出发，精心选择。例如：

[19]在这些被叫做"猪猡"的生物中间，已经很迟钝了。（夏衍《包身工》原稿）

[20]听到这里，周总理笑着说："我们的地质部长很乐观。我很拥护你。"（徐迟《地质之光》原稿）

例[19]"生物"的范围太宽泛，且带有轻蔑的意思；定稿时改为"人们"，还包身工以人的尊严，表现了作者的同情。例[20]"拥护"一般是下对上，这里是周总理对李四光，显然不合适；定稿时改为"支持"，很得体。

同义词意义相同或相近，但又有细微差别，如果巧妙配合使用，往往能够互相补充、互相映衬，使语意鲜明突出，同时还可以避免重复、呆板，使得用词多变，文句活泼。例如：

[21]什么？鲁大海？他！我的儿子？（曹禺《雷雨》）

[22]元旦刚过，敬爱的周总理与世长辞。……七月盛夏，朱委员长不幸逝世。……九月，毛主席又永远无可挽回地离开了人民。（徐迟《曙光升起的时候》）

例[21]"鲁大海""他""我的儿子"是看似毫不相干的三个词语，但在这个特定的语境中却指代同一个人，表达同一个意思，把周朴园那种震惊、惶恐的心理神情表露无遗。例[22]同样表达"死"的意思，但使用的是"与世长辞""逝世""离开了人民"三种不同的说法，避免了用词的单调、呆板，使文句显得活泼自然。

2. 反义词的配合

反义词的巧妙配合、照应，可以用简洁的语言表达丰富的意思，产生强烈的对比，具有鲜明的表达效果。例如：

[23]这种花洞的房子，外浅内深，前高后矮，冬暖夏凉。（冰心《"花洞"的生活方式》）

[24]舱前的顶下，一律悬着彩灯；灯的多少，明暗，彩苏的精粗，艳晦，是不一的，但好歹总还是一个灯彩。（朱自清《桨声灯影里的秦淮河》）

例[23]通过"外"和"内"、"浅"和"深"、"前"和"后"、"高"和"矮"的对比，简洁地交代了"花洞的房子"的外形，又通过"冬"和"夏"、"暖"和"凉"的对比配合，准确地说明了这种房子的特点。例[24]通过"多少""明暗""精粗""艳晦"的反义词对举，分别从灯的数量、亮度，彩苏的质量、色彩等几个方面进行叙述，语言简练、明确，语意丰富，概括性强。

也可以利用反义词的相互照应、配合，将表面上相互矛盾的两个判断或概念巧妙地连在一起，揭示出同一事物相互对立又相互统一的两个方面，有助于深刻表现事物的特点。例如：

[25]我到现在终于没有见——大约孔乙己的确死了。（鲁迅《孔乙己》）

[26]她还在为花木浇灌着，佝偻的身影在阳光里几近透明，不足1米50的个子显得赢弱而又坚强。（高考作文《仰望母亲》）

例[25]"大约"是一种推测，因为孔乙己那样一个人，除了能成为人们茶余饭后的谈资、被人当做笑料外，并没有谁真正关心他的死活；而从他不劳动，无法养活自己，又被人打折了腿来推断，他是死是活也无从考察。"大约"与"的确"两个看似矛盾的判断，却充分显示出那个社会中人与人之间关系的冷漠和缺乏关爱与同情。例[26]说母亲"羸弱而又坚强"，"羸弱"是指母亲的身体，"坚强"是指母亲的精神，突出强调了母亲伟大坚强的精神风貌。

值得注意的是，下边这些妙用也可以使语言表达富有情趣或蕴含深意。例如：

[27]石景山区添石景(《人民日报·海外版》新闻标题)

[28]台上他讲　台下讲他(《四川日报》新闻标题)

[29]当初决定下嫁给荷西时，我明白地告诉他，我们不但国籍不相同，个性也不相同，将来结婚后可能会吵架甚至于打架。(三毛《沙漠中的饭店》)

例[27]巧妙利用地名造成词面反复，新颖、别致地表达了石景山区新增石雕、美化环境的主题。例[28]利用"台上、台下"和"他讲、讲他"，形成意思相反的两组短语，幽默而略带嘲讽地批评了某些领导的不良作风。例[29]"吵架""打架"，通过使用相同语素构成的近义词语，表达了摩擦冲突可能不断升级的意思，语言幽默而诙谐。

二、色彩的选择

色彩的选择是指选用词语时着眼于它的色彩是否鲜明、协调。不同的词语往往带有不同的色彩，如褒贬不同的感情色彩，适应不同语体的语体色彩等。因此，选用词语时，不仅要考虑它的意义是否恰当，还要注意它的感情色彩是否鲜明，语体色彩是否协调。

(一)感情色彩鲜明

有些词语不仅有一定的意义，而且还常常带有不同的感情色彩。词语的感情色彩反映了人们对事物的爱憎感情和褒贬评价。一般来说，表示对人或事物的褒扬、喜爱、尊敬等感情，要用褒义词；表示贬斥、憎恶、鄙视等感情，要用贬义词。所谓感情色彩鲜明，就是指所选用的词语要能够表现出作者的爱憎、喜怒、褒贬等不同的感情，使语言富有感染力。那么，怎样才能使词语感情色彩鲜明呢？

首先要根据需要，恰当选用感情色彩强烈的褒义或贬义词语，把自己的思想感情准确、鲜明地表达出来。例如：

[1]它没有婆娑的姿态，没有屈曲盘旋的虬枝……但是它伟岸，正直，朴质，严肃，也不缺乏温和，更不用提它的坚强不屈与挺拔，它是树中的伟丈夫。(茅盾《白杨礼赞》)

[2]终于这流言消灭了。(鲁迅《藤野先生》)

[3]"比去年都不如，只有五块钱！"伴着一副懊丧到无可奈何的神色。(叶圣陶《多收了三五斗》)

例[1]连用"伟岸""正直""朴质""严肃""坚强不屈""挺拔""伟丈夫"七个褒义词语，充分表达了作者对白杨树的无限赞美之情。例[2]"流言"原稿是"事情"，但由于"事情"

是中性词，不带任何感情色彩，因此，定稿时，作者改成带有贬义的"流言"，表达了对这件事的不满情绪。例[3]"神色"原稿是"嘴脸"，但"嘴脸"是贬义词，不适合用于贫穷无奈的农民，所以定稿时改成了中性的"神色"。

其次，巧妙使用中性词语，赋予它以特定的感情色彩。汉语语汇中，不带褒贬色彩的中性词语是大量的，因此，要提高语言的感情色彩，还必须巧妙使用中性词语，尽量用出感情来。例如：

> [4]在农村，看到一个老农捧起一把泥土，仔细端详，想鉴定它究竟适宜于种植什么谷物和蔬菜的时候……（秦牧《土地》）

> [5]手抓黄土我不放，紧紧儿贴在心窝上。（贺敬之《回延安》）

> [6]叶芳压不住火气，突然用拳头发疯似的捶打着刘思佳的肩膀头，然后又把脸趴在他的肩上哭了起来。
>
> 刘思佳身子挺直，眼睛盯住前面，把住方向盘的手纹丝不动："你别抽疯好不好，你也应该学学人家副队长，搞政治的人都是恒温，不管遇到什么事，不动感情，不动声色。哪像你这么忽冷忽热。"（蒋子龙《赤橙黄绿青蓝紫》）

例[4]"捧"是中性词，在这里表现了老农对土地的深情；如果改为同义的"抓""捏""拿"等，就都没有这种感情了。相反，例[5]"抓"表现了"我"重回延安的激动心情，如果换成"捧"，就表现不出这种心情了。例[6]中的副队长指的是原党办秘书、宣传科副科长解净，这是解净刚到运输队时刘思佳说的一段牢骚话。"恒温"在这里有感情不外露、深沉、看不透等意思，字面上看很平和，实际上带有嘲讽挖苦的意味。

最后，特定语境的褒贬反用。一般来说，有褒贬义的词语不能反用，但在一定的语言环境中，有意让褒义词语带贬义，或让贬义词语带褒义，更能增强语言的感情色彩。这就是我们通常说的反语。例如：

> [7]这种"文明"的惩罚，有时候会叫你继续到两小时以上。（夏衍《包身工》）

"东洋婆"认为拿摩温殴打包身工是不文明的，所以她发明了一种顶皮带盘心子的"文明"的惩罚办法。这真的是"文明"的惩罚吗？作者给其加上引号，表达了强烈的讽刺和激愤。

（二）语体色彩协调

语体有口语和书面语之分，书面语又有文艺语体、科技语体、政论语体和公文事物语体之别。所谓语体色彩协调，就是说所选用的词语要能够与所使用的语体相适应、相协调。例如：

> [8]白嘉轩被推举为学董，鹿子霖被推为学监。两人商定一块去白鹿书院找朱先生，让他给推荐一位知识和品德都好的先生。朱先生见了妻弟白嘉轩和鹿子霖，竟然打拱作揖跪倒在地："二位贤弟请受愚兄一拜。"两人吃了一惊，面面相觑忙拉朱先生站起，几乎同声问："先生这是怎么了？"朱先生突然热泪盈眶："两位贤弟做下了功德无量的事啊！"竟然感慨万端慷慨激昂起来："你

们翻修祠堂是善事，可那仅仅是个小小的善事；你们兴办学校才是大善事，功德无量的大善事。祖宗该敬该祭，不敬不祭是为不孝；敬了祭了也仅只尽了一份孝心，兴办学堂才是万代子孙的大事……"（陈忠实《白鹿原》）

这是从小说中节选的一段话，其中叙述语言凝练、典雅，特别是"被推举为""商定""妻弟""打拱作揖跪倒在地""面面相觑"等词或短语的使用，带有较多的书面语体色彩；而其中的对话语言，白、鹿二人语言通俗、简洁，口语色彩很浓，先生的话则带有书面色彩，与他的身份极为相应。又如：

[9]立春过后，大地渐渐从沉睡中苏醒过来。冰雪融化，草木萌发，各种花次第开放，再过两个月，燕子翩然归来。不久，布谷鸟也来了。于是转入炎热的夏季，这是植物孕育果实的时期。到了秋天，果实成熟，植物的叶子渐渐变黄，在秋风中簌簌地落下来。北雁南飞，活跃在田间草际的昆虫也都销声匿迹。到处呈现一片蓑草连天的景象，准备迎接风雪载途的寒冬。在地球上温带和亚热带区域，年年如是，周而复始。（《大自然的语言》）

这段话带有非常浓重的书面语体色彩，显得庄重而典雅。

又比如"盐""食盐""氯化钠"三个词语同指一个事物，但适用于不同的语体。"盐"是典型的口语词，"食盐"适用于一般的书面语体，"氯化钠"则必须用在科技语体中。如果把口语中的"你去买点盐"说成"你去买点氯化钠"，那就要闹笑话了。

我们说话或写文章时，也要注意词语的语体色彩；如果不注意，语体色彩不协调，就会影响语言的表达效果。例如：

[10] *爷爷老了，下肢也不得力，轻易不上山砍柴了。

[11] *星期日是阿公70岁诞辰，我随阿爸去给阿公祝寿。

"下肢"是专业用语，"诞辰"是文言词语，用在口语色彩相当浓的上下文中，语体色彩很不协调。

三、语音的和谐

我们知道，词语是声音和意义的结合体：声音是词语的形式，意义则是词语的内容。好的语言，从内容上说，要准确、贴切、生动；从声音上说，则要念着上口，听着悦耳，给人以美的享受。

古今中外的语言大师，都很重视语音的配合，讲究语言的声音美。王力先生说过："语言的形式之所以是美的，因为它有整齐的美、抑扬的美、回环的美。这些都是音乐所具备的，所以语言的形式美也可以说是语言的音乐美。"又说："音乐和语言都是靠声音来表现的，声音和谐了就美，不和谐就不美。整齐、抑扬、回环，都是为了达到和谐的美。"怎样才能使语言具有这种和谐的美呢？

（一）音节的配合

汉语的词有单音节的，有双音节的，也有多音节的；短语大部分是多音节的。不同的音节又常常有同义的词或短语。这样，使用语言时，就可以根据表达的需要，恰当选用不同音节的词或短语，以使音节匀称整齐，提高语言的表达效果。例如：

　　[1]随着山势，溪流时而宽，时而窄，时而缓，时而急，溪声也随时变换调子。

　　　　（叶圣陶《记金华的两个岩洞》）

　　[2]为了达到这个目的，他们讲究亭台轩榭的布局，讲究假山池沼的配合，讲究

　　　　花草树木的映衬，讲究近景远景的层次。（叶圣陶《苏州园林》）

例[1]的"宽、窄、缓、急"是利用单音节词使音节匀称；例[2]四个小句的"讲究"之
后都是由四个音节的修饰语和两个音节的中心语组成的偏正短语，整齐而和谐。

　　有时，为了使音节匀称整齐，增强语言的声音美，还可以选用叠音词。例如：

　　[3]雨水混合着汗水，正从那发梢上急急地流下来。他深深地吸了一口气，趁势

　　　　悄悄地把筐绳又往后挪了半尺。（王愿坚《普通劳动者》）

例[3]"急急地""深深地""悄悄地"三个叠音词的使用，不仅准确地描绘出小战士憨
厚、可爱的形象，而且产生了和谐的音韵美。

　　有时，由于表达的需要，并列成分的音节可能有多有少，这时就要注意它们之
间的排列顺序。例如：

　　[4]谁不记得井冈山上的青青翠竹呢？大家用它搭过帐篷，用它做过梭镖，用它

　　　　当罐盛过水、当碗蒸过饭，用它做过扁担和吹火筒。（袁鹰《井冈翠竹》）

几个小句中，"用它"之后音节少的排在前边，音节多的排在后边，读起来也很和谐。

(二)声调的抑扬

　　汉语是有声调的语言，声调本身高低曲直，长短缓急，节奏分明。外国人听我
们说汉语，总觉得我们好像是在唱歌一样，这就是汉语的声调在起作用。

　　汉语的四个声调中，习惯上把阴平、阳平称为平声，上声、去声称为仄声。平
声平直高昂，声调高低变化不大；仄声短促低沉，声调高低变化较大。恰当地利用
这平仄不同的声调，形成有规则的变化，可以使语言具有抑扬顿挫的音乐美。

　　汉语中很多成语、俗语都具有平仄变化的音乐美，如"风平浪静（平平仄仄）、浪
迹天涯（仄仄平平）、丰富多彩（平仄平仄）、彩霞满天（仄平仄平）"等。

　　我国古代诗词很讲究平仄的协调。例如：

　　[5]白日依山尽，黄河入海流。

　　　　欲穷千里目，更上一层楼。（王之涣《登鹳雀楼》）

这首诗，同一句中平仄交替，上下两句平仄相对，抑扬顿挫，富于变化。

　　现代诗歌不像古代诗歌那样要求严格，但也非常注意平仄相间。例如：

　　[6]把名字刻入石头的，名字比尸首烂得更早；

　　　　只要春风吹到的地方，到处是青青的野草。（臧克家《有的人》）

上下句虽然平仄不相间，但一句之中平仄相对，读起来也很上口悦耳。

(三)押韵自然

　　押韵就是在上下语句或隔句的句尾，有规律地使用韵母相同或相近的字，给人
以音韵回环、和谐悦耳的音乐美。所谓相同或相近的字，是指韵母当中主要元音和

韵尾相同或相近。

　　古代诗词特别讲究押韵，像近体诗中的绝句，一、三、五句就要押韵。例如：

　　[7]春眠不觉晓，处处闻啼鸟。

　　　　夜来风雨声，花落知多少。（孟浩然《春晓》）

　　在诗词当中，如果每句诗或每行诗的末尾总是再现同样的元音，使字音同声相应、回环往复，往往能给人一种回环悦耳的音乐美。当然，不同的韵表达的感情也各不相同，比如 ong、ang、eng、an 等，声音高亢、洪亮，一般能够表现强烈、激昂、雄壮的感情；i、u、ou 等，声音低沉、短促，多用来表现悲伤、痛苦、哀怨等感情。我们看下边这首歌词：

　　[8]我们的家乡在希望的田野上，

　　　　炊烟在新建的住房上飘荡，

　　　　小河在美丽的村庄旁流淌。

　　　　一片冬麦，一片高粱，

　　　　十里荷塘，十里果香。

　　　　我们世世代代在这田野上生活，

　　　　为她富裕，为她兴旺。（晓光《在希望的田野上》）

这首歌词，"上""荡""淌""粱""香""旺"等字的同声相应，跌宕回环，将整首歌词连成一个整体，抒发了强烈的歌颂祖国、赞美新生活的豪情。

　　匈牙利诗人裴多菲那首有名的诗歌曾经有两种翻译，一种是：

　　　　自由，爱情，

　　　　我要的就是这两样。

　　　　为了爱情，

　　　　我牺牲我的生命，

　　　　为了自由，

　　　　我又将爱情牺牲。

另一种是：

　　　　生命诚可贵，

　　　　爱情价更高。

　　　　若为自由故，

　　　　二者皆可抛。

这两种翻译，从表意上说完全相同，但后面的翻译不仅采用了我国人民喜闻乐见的五言诗的形式，而且隔句押韵，易读，易记，被更多的人所喜爱，从而在我国广泛流传。

练习二

一、试举例说明词语修辞可以从哪几方面入手。

二、下列各句中加点的词语，用得为什么好？简单分析一下。

（1）她约摸 30 岁，高身段，戴着墨镜，耳朵上摇着两只金色大耳环，怪好看的。

（2）战士们背起背包，挎上了枪，走向夹道欢迎的人群。"万岁"声响起来了，火红的枫叶举起来了，孩子们奋力地撒着纸屑的花雨……这时候，战士们简直是在朝鲜人民送行的泪雨中进行。

（3）此后一连几日，飘飘洒洒落着一天凉雨。

（4）云南"喊渴"　上下齐心抗旱（新闻标题）

三、更换下列各句中加点的词语，使它感情更鲜明，语体更协调。

（1）刘胡兰站在刑场中间，像个钢铁的巨人。

（2）上课以前，班主任就把王老师生病的新闻告诉了同学们。

（3）敌人调集了一万五千人进攻我们指挥部所在地。

（4）大家对他素昧平生，所以没有提出什么意见。

（5）当校长离开时，她也在几个老师的陪同下，站起身朝家里走去。

四、反复朗读下列各句，说明它们是怎样利用语音进行修辞的。

（1）不是有无数人在讴歌那光芒四射的朝阳、四季常青的松柏、庄严屹立的山峰、澎湃翻腾的海洋吗？不是有好些人在赞美挺拔的白杨、明亮的灯光、奔驰的列车、崭新的日历吗？

（2）直到 13 世纪或者更晚的时候，这里还是一个有森林、有草原、有鹿群出没的地方。

（3）大漠沙如雪，燕山月似钩。何当金络脑，快走踏清秋。

（4）井冈山的毛竹……你永远那么清脆，永远那么挺拔，风吹雨打，从不改色，刀砍火烧，永不低头。

五、结合鲁迅的小说《故乡》，揣摩下边这段话，说说加点词语的意义和表达效果。

　　我这时很兴奋，但不知道怎样说才好，只是说：

　　"阿！闰土哥，——你来了？……"

　　我接着便有许多话，想要连珠一般涌出：角鸡，跳鱼儿，贝壳，猹……但又总觉得被什么挡着似的，单在脑子里面回旋，吐不出口外去。

　　他站住了，脸上现出欢喜和凄凉的神情；动着嘴唇，却没有作声。他的态度终于恭敬起来了，分明的叫道：

　　"老爷！……"

第三节　句子修辞

句子是使用语言进行交际的最基本的单位。传递信息，交流思想，表达感情，离不开对句子的使用。要恰当使用句子，就必须注意句子修辞。

句子修辞主要体现在同义句式的选择上。所谓同义句式，指表达的意思基本相同而使用的结构和表达效果却不完全相同的几种不同的句式。

一个句子，可以说得或写得短些，意思表达得简短有力些，也可以说得或写得长些，意思表达得完备些；可以使用大致整齐的结构，形成一种整齐美，也可以采用松散有致的结构，形成一种错综美；可以使用肯定的说法，把意思准确明白地表述出来，也可以采用否定的或双重否定的说法，把意思委婉或强烈地表达出来；可以使用主动句式，突出施事者的动作，也可以采用被动句式，强化受事者所遭受的动作；可以按照正常的语序组织，符合人们的心理，也可以将正常的语序加以变通，造成一种特殊的效果。这些都属于句式的选择问题。

当然，句式的选择不是随意的，而要从特定的语境出发，以准确、经济、富有表现力为前提，以提高语言的表达效果为目的。这也是和修辞的整个宗旨相一致的。

一、短句和长句

（一）短句

短句，是指使用的词语少、结构和内容比较简单的句子。短句大多短在省略成分多，修饰成分少或短。例如：

[1]东山城上有块风动石。一块很大的浑圆的石头，上负一块很大的石头蛋。有大风，上头的石头能动。有个小伙子奔上去，仰卧，双脚蹬石头蛋，果然能动。这两块石头摞在一起，不知有多少年了。这是大自然的游戏。（汪曾祺《初访福建》）

这段话用一连串的短句，展示了东山城上风动石的风采，再加上小伙子的动作，读来饶有情趣。

短句句子形式短小，可以产生简洁、明快、易于理解的效果。例如：

[2]我出去找事了。不找妈妈，不依赖任何人，我要自己挣饭吃。走了整整两天，抱着希望出去，带着尘土与眼泪回来。没有事情给我做，我这才算明白了妈妈，真原谅了妈妈。妈妈还洗过臭袜子，我连这个都做不上。妈妈所走的路是唯一的。学校里教给我的本事与道德都是笑话，都是吃饱了没事时的玩艺。同学们不准我有那样的妈妈，他们笑话暗门子；是的，他们得这样看，他们有饭吃。我差不多要决定了：只要有人给我饭吃，什么我也肯干；妈妈是可佩服的。我才不去死，虽然想到过；不，我要活着。我年轻，我好看，我要活着。羞耻不是我造出来的。（老舍《月牙儿》）

这一段使用的全部是短句，简洁地叙述了"我"的所思和所想，就好像日常聊天一样，非常明快易懂。

短句语音停顿较多，容易造成一种急促的气势，便于表达激动的情绪、强烈的感情。例如：

> [3]今天，这里有没有特务？你站出来！是好汉的站出来！你出来讲！凭什么要杀死李先生？杀死了人又不敢承认，还要诬蔑人，说什么"桃色事件"，说什么共产党杀共产党，无耻啊！无耻啊！这是某集团的无耻，恰是李先生的光荣！李先生在昆明被暗杀，是李先生留给昆明人的光荣！（闻一多《最后一次讲演》）

> [4]话说第一道是粉丝煮鸡汤，他喝了一口问我："咦，什么东西？中国细面吗？""你岳母万里迢迢替你寄细面来？不是的。""是什么吗？再给一点儿，很好吃。"我用筷子挑起一根粉丝："这个啊，叫做'雨'。""雨？"他一呆。（三毛《沙漠中的饭店》）

例[3]简短的句子，加上疑问、感叹的语气，表达得简洁、有力，怒斥敌人，毫不留情。例[4]多为对话，均是短句，而且有的句子主谓之间还加个语气词断开，表现出神秘、戏谑的韵味，体现了夫妻之间恩爱、逗笑的亲密感情，语言轻松而欢快。

（二）长句

长句，是指使用的词语多、结构和内容比较复杂的句子。长句主要长在句子当中某一成分长或多。比如，一个长单句，它的成分不是由一个词或一个结构简单的短语充当，而是由结构复杂的短语甚至复句形式来充当；一个长复句，可能包括三个或三个以上的分句，其中的分句还有可能是一个长单句。因此，长句的主要特点是信息容量大。例如：

> [5]一位不会讲中文的美国妇女，那么情真意切地对我说起她领养了一个中国女孩。（陈祖芬《儒学飞人》）

> [6]大姑娘想起娘家的果园，想起满树红彤彤的果子，想起了在果园里燃着的蒿草堆，想起了往年在果树园里下果子，把果子堆成小山，又装入篓子驮去卖的情形，这都是多么有趣的事啊！（丁玲《太阳照在桑干河上》）

> [7]我们做工作，不可能不犯错误，只是有的人犯的错误多点，有的人犯的错误少一点；有的人犯了错误，发现错误，改正错误，努力避免再犯错误；有的人犯了错误，自己不知道是错误，或者别人指出了他的错误，他企图掩饰错误，甚至保护错误，寄托在侥幸上，不想改正错误，一错再错，就铸成大错了。（周而复《上海的早晨》）

例[5]可以简单地说"一位美国妇女说起她领养了一个中国女孩"，其中"不会讲中文的""那么情真意切地对我"等修饰语的使用，增加了句子的容量，是个长单句。例[6]的谓语是四个并列的短语，详尽地叙述姑娘所想起的一切，是个长单句。例[7]是由三个并列的部分组成的一个长复句，每个部分又都包含一个较长的单句形式或复句形式。

　　长句因其修饰成分多，往往用来表达较为复杂的意思，能够产生精确、周密、细致的修辞效果。例如：

　　　　[8]快了！一个政权到了对外屈服、对内束手，只知道杀人、放火、焚书、掳钱的时候，离末日也就不远了。（唐弢《琐忆》）

　　　　[9]我想，人们从这里可以了解到中国革命所经过的艰苦道路，先烈们的光辉业绩，中国人民为了取得自由、解放而付出的巨大代价。（周定舫《人民英雄永垂不朽》）

例[8]的长定语把当时政权的无耻、野蛮描述得非常细致；例[9]的长宾语把人们从"这里"可以了解到的情况表达得非常周全。

　　长句多用于政论文体，因为这种文体要求说理精确、严密，具有说服人的力量。例如：

　　　　[10]屈原是一本大书，可以让我们代代翻阅而不能尽其意；或者如胡适所说，是一个大"箭垛"，让我们人人都可以在他那里射中心中所想；或者，如我曾经比喻的，是一个大大的"滚雪球"，当他在时光的坡道上滚过一代又一代时，一代又一代的人都可以在上面附着上自己的东西；既是对屈原的新发现，也是价值的增值。（鲍鹏山《屈原：面向风雨的歌者》）

这是一个比较长的复句，连用几个分句并通过比喻，把屈原性格的复杂性、思想的深刻性细致地进行了表述。这样复杂的内容，不用这样的长句，是无法表达出来的。

　　为了描绘的需要，文学作品中有时也使用长句。例如：

　　　　[11]他们（指"我们的爸爸"，即这一代青年的父亲）还能理解我们的像春天般的雏燕，像折了翅膀的鹰，像被大风吹来吹去的蒲公英，像刚刚浇过烘稀的萝卜缨，像奔腾泻下的瀑布，像在乱石里转弯的流水，像凌晨四点钟顶着鲜红的肉冠子打鸣的雄鸡，像正在脱毛的光秃秃的小鸡，像在天空爆响的二踢脚，像又冒烟又滋拉滋拉地响的湿柴上的火苗子，像含苞欲放的鲜花，像被虫子咬得缺了瓣儿的花朵一样的青春吗？（王蒙《深的湖》）

这些比喻像一股意识流，汪洋恣肆，从各个不同的角度对"青春"进行了修饰和限制，使人回味不尽。

（三）长句化短

　　长句容量多，能够表达复杂、细致的思想和感情。但是，由于长句词语多，成分复杂，写作时往往容易顾此失彼，阅读时也不好理解。因此，在不影响表达意思的情况下，应该尽可能地使用短句。高尔基曾经说过："您的文章中定语太多，常使读者难于辨别，把读者弄疲劳了。'人坐在草地上。'我写起来很明白，容易懂，不必花费注意力，假如相反的，我写做'一个高高的、胸脯窄狭、身材适中、长着红胡子的人，在绿色的、被行人的脚踏平了的草地上、怯生生地向四边害怕地望着坐'，要看明白就不容易，放在脑中觉得沉重，不能立刻形成想象，而文艺是应该立刻形成想象的。"这段话涉及的实际上就是长句和短句的问题。

此外，汉语是非形态语言，句子的语法关系主要靠语序和虚词来表示，因此，如果一个句子中词语过多、结构复杂，语序往往不容易安排得妥帖，意义也不容易表达清楚。也就是说，汉语这种非形态语言更宜于使用短句。因此，我们在说话或写作时，应当从内容表达的需要出发，该长则长，该短则短；如果句子可长可短，就应该尽量使用短句，或把长句化为短句。

怎样才能较好地把一个长句化为短句来表达呢？

首先，可以把长句中的修饰成分抽出来，让它独立成句，或变为复句中的一个分句。例如：

　[12]这次血腥事件，使越南战争变成了美国的一场使数十万美国士兵横渡太平
　　　洋前来参战并使其中数万人丧失性命的战争。

　[13]在辽东半岛西南，渤海海峡北面的这个高不过二百尺，方圆不到一平方公
　　　里的孤岛上，生存着数以万计的毒蛇——蝮蛇。

例[12]中的宾语"战争"有三个定语，可以把它们拆为并列的短句，句子就明快多了：

　[14]这次血腥事件，使越南战争变成了美国的一场战争，一场使数十万美国士
　　　兵横渡太平洋前来参战的战争，一场使其中数万人丧失性命的战争。

例[13]介词结构中的名词性短语也有一个很长的定语，影响阅读理解，不如把它化为三个短句：

　[15]蛇岛在辽东半岛西南，渤海海峡北面。它高不过二百尺，方圆不到一平方
　　　公里。但是，就是在这样一个孤岛上，却生存着数以万计的毒蛇——蝮蛇。

其次，可以用复指的方法，把长句中较长和较复杂的成分提到句子开头，然后在句中用代词加以代替。例如：

　[16]许光达同志这种住不求豪华的房屋，行不求名牌舒适的汽车，食不求美味，
　　　衣不求阔绰的始终如一的艰苦朴素作风，表现了先天下之忧而忧，后天下
　　　之乐而乐的共产主义的高贵品质。

这个长句中，主语部分有一个非常复杂的长定语，不利于读者理解，可以化为短句：

　[17]许光达同志住不求豪华的房屋，行不求名牌舒适的汽车，食不求美味，衣
　　　不求阔绰，这种始终如一的艰苦朴素作风，表现了先天下之忧而忧，后天
　　　下之乐而乐的共产主义的高贵品质。

二、整句和散句

整句就是把结构相同或相似的一组句子整齐地排列在一起，散句就是把结构不一致的各种各样的句子交错地排列在一起。整句和散句是相对而言的。"散"不是松散的意思，而是不拘一格、参差错落的意思。例如：

　[1]在这千百万被压榨的包身工中间，没有光，没有热，没有温情，没有希望……
　　　没有人道。（夏衍《包身工》）

　[2]那水呢，不但不结冰，倒反在绿萍上冒着点热气，水藻真绿，把终年贮蓄的

绿色全拿出来了。(老舍《济南的冬天》)

    [3]我曾经游览过不少著名的湖泊。西湖的亭台楼榭,东湖的杨柳荷花,洞庭的渔舟白帆,洱海的苍山明月,都给我以深刻的印象;在我的心目中是现实的、具体的、可以捉摸的,即使升华一下,也不外是一幅幅彩墨淋漓的画,一支支烟波交错的歌。(高缨《如梦的赛里木湖》)

例[1]使用一连串的分句进行排比,结构整齐,是整句;例[2]句子有长有短,结构不一致,是散句;例[3]有整有散,是整句和散句的有机结合。

    整句形式整齐,音律和谐,气势贯通,能够把内容表达得鲜明集中,有利于突出作者的思想感情。例如:

    [4]春分刚刚过去,清明即将到来。"日出江花红胜火,春来江水绿如蓝。"这是革命的春天,这是人民的春天,这是科学的春天!(郭沫若《科学的春天》)

    [5]她笑了,眼角挂着两滴晶莹的泪珠:"我想起了一位哲人的话,纯洁的不一定是白的。"

    雨丝,淅淅沥沥;情意,密密绵绵……(杜卫东《桔红色的伞》)

例[4]这段话,连续使用三组整句,节奏鲜明,气势强烈。例[5]最后一句,两个整齐的句子,表现了主人公心中那种绵绵的情意。

    整句一般适合于表达强烈的感情、深刻的思想。诗歌中经常使用这种句子,新闻标题和一些应用性文字中也经常使用。例如:

    [6]一方有难　八方支援(《人民日报》新闻标题)

    [7]"祥云"拂椰岛　圣火驻我心(《人民日报》新闻标题)

    [8]他们自称自己的创业为:零专业、零演技、零职业、零票房。(《中国青年报·人生无极》)

    不论是说话还是写文章,散句都是最常见的语言形式。因为散句不拘一格,自由活泼,富于变化,具有明快、生动的表达效果。例如:

    [9]请闭上眼睛想:一个老城,有山有水,全在天底下晒着阳光,暖和安适地睡着,只等春风来把它们唤醒,这是不是个理想境界?(老舍《济南的冬天》)

这段话,句子字数不一,结构不同,用的几乎全是散句,把老城的可爱、小山的充满温情活画出来了,表达了作者的喜爱、赞美之情。

    整句和散句各有各的用处。一般来说,单纯用整句的时候比较少(古代诗歌除外),因为有形式的限制,不便于表达各种复杂的思想感情,而且用多了也会显得单调、呆板。单纯用散句的时候相对来说比较多些,因为它不束缚思想内容的表达,自由灵活。如果能恰到好处地把长句和散句配合使用,整中有散,散中见整,则能兼收整句和散句的修辞效果。例如:

    [10]柔曼如提琴者,是草丛中淌过的小溪,那清脆如弹拨者,是石缝间漏下的滴泉;那厚重如倍司轰响者,应为万道细流汇于空谷,那雄浑如铜管齐鸣者,定是激流直下陡壁,飞瀑落入深潭。(谢大光《鼎湖山听泉》)

例[10]本来可以组织成四个非常整齐的分句,但作者为了避免行文的单调,故意在

现代汉语

第三、第四个分句改变了句子的组织，使得整个句子整齐当中有变化，既有整齐美，又有变化美。

三、肯定句和否定句

肯定句是对事物做出肯定判断的句子，否定句是对事物做出否定判断的句子。有时，同一个意思，既可以用肯定句来表达，也可以用否定句来表达，只是语气轻重不同，取得的修辞效果也不相同。

一般来说，肯定句比较直率、明确，否定句比较委婉、平和。例如：

[1] 花鸟草虫，凡是上得画的，那原物往往也叫人喜爱。蜜蜂是画家的爱物，我却总不大喜欢。（杨朔《荔枝蜜》）

[2] 然而此时，整个唐山——这座河北省最大的重工业城市，都几乎已经看不见一根直立的烟囱。作为一个巨大的经济生命体，它已经没有了呼吸，没有了脉搏，没有了流动着的血液。（钱钢《唐山大地震》）

例[1]"不大喜欢"是否定形式，如果换成肯定的"有些讨厌"，表达的意思基本相同，但前者语意轻些，委婉一些，后者语意重些，直接一些。例[2]"已经看不见""已经没有了"，如果全部换成肯定的形式，语意就会较重，渲染的气氛就会过于消极、低沉。

否定句包括单重否定和双重否定两种形式。单重否定往往比肯定语意弱些，像上句；双重否定则比肯定句语意更强一些。例如：

[3] 故聘请教员，不得不聘请兼职之人，亦属不得已之举。（蔡元培《就任北京大学校长之演说》）

[4] 到拉萨的游人，没有不去八廓街的。来拉萨的信徒，也没有不去八廓街的。（陈华《拉萨的街市》）

[5] 还有水边殿外的松柏槐柳，无不显出苍尽的风骨。（梁衡《晋祠》）

例[3]的"不得不"，例[4]的"没有……不……"，例[5]的"无不"，都是双重否定形式，如果换成肯定形式的"必须聘请"，"全都去八廓街"，"全都显出苍尽的风骨"，那种强调的意味就没有了，语气也弱了。

双重否定句有很强的表现力，但如果不注意，就有可能把意思搞错，影响语意的表达。例如：

[6] *原著里的宝玉形象面如傅粉，顾盼多情，那番俊俏神态颇像女孩，但又实实在在是公子哥儿；所以演员不断提醒自己，表演切忌不能脂粉气。

例[6]"切忌"本身就是否定的意义，再加上"不能"，构成双重否定，表达的意思就正好相反了。

肯定句和否定句一"正"一"反"，各有特点。说话或写作时，可以把二者并用，相互衬托，使表意鲜明，对比强烈。例如：

[7] 威尼斯并非没有桥；三百七十八座，有的是。（朱自清《威尼斯》）

[8] 它们不是生动活泼的东西，而是死硬的东西了；不是前进的东西，而是后退的

东西了；不是革命的东西，而是阻碍革命的东西了。（毛泽东《反对党八股》）

例[7]先说"并非没有"，语气肯定，紧跟着点明桥的数量，用"有的是"极赞桥之多，给读者留下了深刻的印象。例[8]是一个复句，包括三组分句，每组分句都用否定肯定两种句式表达基本相同的意思，两相对比，揭露了八股文的本质，表达了作者鲜明的态度。

四、主动句和被动句

这两种句式都是指动词作谓语的情况。动词作谓语，如果主语是动作、行为的发出者，就是主动句；如果主语是动作、行为的支配对象，就是被动句。主动句强调动作的发出者，强调发出者的动作、行为怎么样；被动句强调动作的承受者，强调承受者受到动作后的结果。

一般说来，主动句符合我们日常的语言习惯，表意也比较明确，因此，在实际语言运用中，用得比较多，被动句相应来说用得少一些。从修辞角度说，下边几种情况宜于使用被动句。

第一，为了强调受动者，突出受动者所遭受的动作、行为及其产生的结果。例如：

[1]有一只鞋，她怎样也找不到，另一只又被一个男孩儿捡起来抢跑了。（安徒生《卖火柴的小女孩》）

[2]然而一个红衫的小丑被绑在台柱子上，给一个花白胡子的用马鞭打起来，大家才又振作精神的笑着看。（鲁迅《社戏》）

例[1]为了突出在严寒的夜晚卖火柴的小女孩没鞋子穿的困境，在第二分句使用了被动句。例[2]强调的是"红衫的小丑"被绑、被打，点明"小丑"所遭受的动作。

第二，不愿、不必或者无从说出主动者。例如：

[3]时间不长，她又被抬回来。（杨沫《坚强的战士》）

[4]正说着，门被推开了。一个须眉花白的瑶族老人站在门前，手里提着一杆明火枪……（彭荆风《驿路梨花》）

[5]那瀑布从上面冲下，仿佛已被扯成大小的几绺；不复是一幅整齐而平滑的布。（朱自清《绿》）

例[3]强调被动的"她"，不愿意说出主动者。例[4]的主动者无须说出，因为下文"一个花白胡子的瑶族老人"马上就作了交代。例[5]强调瀑布的状态，主动者根本无从说出。

第三，为了保持叙述角度一致，使前后语义连贯，语气畅通。这种情况一般是受上下文的影响，例如：

[6]李先生在昆明被暗杀是李先生留给昆明的光荣。（闻一多《最后一次演讲》）

[7]小二黑挣扎了一会儿，无奈没有他们人多，终于被他们七手八脚打了一顿捆起来了。（赵树理《小二黑结婚》）

例[6]"是"的前后有两个句子形式，前一句受后一句主语的影响采用了被动形式，使前后语气一贯；如果换为主动形式，说成"特务在昆明暗杀李先生"，语气就不顺畅了。例[7]以"小二黑"为叙述对象，第三个分句为了与前两个分句主语一致而使用了被动句，语气连贯通畅。

五、常式句和变式句

语序是汉语的一种重要的语法手段。一般来说，一个主谓句中，应该是主语在前，谓语在后；动词作谓语时，动词在前，宾语在后；修饰语（包括定语和状语）在前，被修饰语（包括主语、谓语和宾语的中心语）在后；如果是偏正复句，应该是偏句在前，正句在后。按照这种正常的语序组织成的句子，就是常式句。

有时，在某种语言环境中，为了突出某方面内容，达到某种效果，可以改变某些成分的位置，使它成为变式句。常式句在本书的语法部分讲得比较多，语言运用中又常常遇到，所以这里着重讲变式句。

（一）主语和谓语倒装

这种倒装，是把谓语提前，主语放在后边，主要是为了强调谓语表达的内容。例如：

[1]起来，饥寒交迫的奴隶！起来，全世界受苦的人！（欧仁·鲍狄埃《国际歌》）

[2]鼓动吧，风！咆哮吧，雷！闪耀吧，电！把一切沉睡在黑暗怀里的东西，毁灭，毁灭，毁灭呀！（郭沫若《屈原》）

例[1]强调"起来"这一动作，具有极强的号召、鼓舞力量；例[2]强调"鼓动吧""咆哮吧""闪耀吧"这三个谓语，有力地抒发了屈原当时那种不可遏制的悲愤。

一般的主谓句重在陈述，语气平缓；改为变式句，语气急迫，有很强的感情色彩。例如：

[3]四叔家里最重大的事件是祭祀，祥林嫂先前最忙的时候也是祭祀，这回她却清闲了。桌子放在堂中央，系上桌帏，她还记得照旧的去分配酒杯和筷子。

"祥林嫂，你放着罢！我来摆。"四婶慌忙的说。

她讪讪的缩了手，又去取烛台。

"祥林嫂，你放着罢！我来拿。"四婶又慌忙的说。

……

冬至的祭祖时节，她做得更出力，看四婶装好祭品，和阿牛将桌子抬到堂屋中央，她便坦然的去拿酒杯和筷子。

"你放着罢，祥林嫂！"四婶慌忙大声说。

她像是受了炮烙似的缩手，脸色同时变作灰黑，也不再去取烛台，只是失神的站着。

例[3]写祥林嫂第二次失去丈夫，又来到鲁四老爷家当佣工。当时，鲁四老爷虽然接受了她，但认为她"败坏风俗"，"祭祀时不准她沾手"。所以，当她还像往常一样去分配酒杯和筷子、去取烛台时，四婶慌忙地说："祥林嫂，你放着罢！"这是一个按一般语序组成的常式句，表示的语气还比较平和。但是，当祥林嫂到土地庙捐了门槛后，她满以为已经"赎了这一世的罪名了"，所以又赶上祭祖时，她便"坦然的"去拿酒杯和筷子。但是，在四婶眼里，祥林嫂仍然是一个伤风败俗的人，她又"慌忙"且"大声"道："你放着罢，祥林嫂！"这个变式句的使用，已经不是一般的制止，而带有一种呵斥的意味了，也显示了四婶的那种急切的心情。

(二)动词和宾语倒装

这种倒装，是把宾语提前，把支配宾语的动词放后，主要是为了强调宾语所要表达的内容。例如：

[4]"雷峰夕照"的真景我也见过，并不见佳，我以为。（鲁迅《论雷峰塔的倒掉》）

[5]那三十多块钱，他可不敢动。（老舍《骆驼祥子》）

例[4]把"以为"的宾语提前，使"我"的看法显得非常突出。例[5]则强调了他"不敢动"的心理。

有时，为了和上文衔接紧密，也可以采用变式句。例如：

[6]从门到窗子是七步，从窗子到门是七步。这个，我很熟悉。（伏契克《二六七号牢房》）

[7]这事阿Q后来才知道。（鲁迅《阿Q正传》）

例[6]"这个"紧承前一句而来，如果改为常式句，就没有现在这种紧凑感了。例[7]"这事"也是紧承刚刚所说的而来，采用变式句，使语意表达非常紧凑。

(三)修饰语和中心语倒装

这种倒装，是把修饰语置后或提前，而把中心语放到前边或改变原来的位置，主要是为了强调修饰语所表达的内容。

有的是定语和中心语倒装。例如：

[8]荷塘四面，长着许多树，蓊蓊郁郁的。（朱自清《荷塘月色》）

[9]她一手提着竹篮，内中一个破碗，空的；一手挂着一支比她更长的竹竿，下端开了裂：她分明已经纯乎是一个乞丐了。（鲁迅《祝福》）

例[8]定语"蓊蓊郁郁的"后置，不仅写出了"树"的茂盛，也突出了荷塘四周的景色，渲染了那种宁静的气氛。例[9]定语"空的"后置，强调了祥林嫂沦为乞丐的悲惨命运：虽然拿着一个碗，但它既破且空。

有的是状语和中心语倒装。例如：

[10]如果我能够，我要写下我的悔恨和悲哀，为子君，为自己。（鲁迅《伤逝》）

[11]王昭君丰容靓饰，光彩照人，顾影徘徊，竦动左右。她走上来，在庄肃沉静的一朝文武的目光下……（曹禺《王昭君》）

例[10]是把状语"为子君，为自己"后置，突出强调了作者写作的目的。例[11]是写王昭君第一次出现在文武百官的眼前，作者故意将"在庄肃沉静的一朝文武的目光下……"这个状语置后，突出了王昭君镇定自若、仪态万千的高贵气度。

有时，这种倒装句还可以表示某种追加的意味。例如：

[12]所以南方大学的人差不多都认识我，不论是学生还是教授。（王大进《纪念物》）

[13]是呀，我找着了他，在一家小茶馆里。（叶圣陶《夜》）

例[12]补充说明南方大学的人，包括学生和教授；例[13]补充说明"找着"的地方，是"在一家小茶馆里"，都有很强的追加意味。

（四）偏句和正句倒装

这种倒装，是把正句放在前面，把表示因果、假设、条件、转折等偏正关系的复句中的偏句置后，主要是为了强调偏句所要表达的内容。例如：

[14]我喜欢这绚丽灿烂的秋色，因为它表示着成熟和繁荣，也意味着愉快和欢乐。（峻青《秋色赋》）

[15]他的性格，在我的眼里和心里是伟大的，虽然他的姓名并不为许多人所知道。（鲁迅《藤野先生》）

[16]总之，倘是咬人之狗，我觉得都在可打之列，无论它在岸上或在水中。（鲁迅《论"费厄泼赖"应该缓行》）

[17]文学作品如果没有独到之处，只是人云亦云的重复，其生命力毕竟是有限的，如果还有生命的话。（何为《小树与大地》）

例[14]强调原因，例[15]强调知道的人不多，例[16]强调无条件，例[17]强调假设的情况，都是把偏句放在了后边。

有时，这种句子还具有较强的补充说明的意味。例如：

[18]他既不关心他的军队，也不喜欢去看戏，也不喜欢乘着马车去游公园——除非是为了去显耀一下他的新衣服。（安徒生《皇帝的新装》）

例[18]先说皇帝什么都不关心，什么都不喜欢，紧跟着补充说明"除非是为了去显耀一下他的新衣服"这个条件，突出强调了皇帝嗜新衣如生命的癖好。

练习三

一、就下面两句话，简单概括一下长句和短句的不同特点和修辞效果。

(1)当地平线上出现了第一个黑点，当更多的黑点成为线，成为队，而且当微风把铃铛的柔声，丁当，丁当，送到你的耳鼓，而最后，当那些昂然高步的骆驼，排成整齐的方阵，安详而坚定地愈行愈近，当骆驼队中领队驼所掌的那一杆长方形猩红大旗耀入你眼帘，而且大小丁当的谐和的合奏充满了你耳管，——这时间，也许你不出声，但是你的心里会涌上了这样的感想的：多么庄严，多么妩媚呀！

(2)听到敲门的声音，船工从酣睡中醒来："敲门干什么？"

"请摆我们渡河！"

"黄河渡口，自古以来，夜不行船。等天亮吧！"

"不能等！为了救人，今夜非过河不可！"

二、不改变原意，调换下列各句中加点的词语，使肯定句变为否定句或否定句变为肯定句，比较一下改变前后的表达效果有什么不同。

(1)可是从此以后，每逢看见蜜蜂，感情上疙疙瘩瘩的，总不怎么舒服。

(2)几个大雨点砸在祥子的背上，他哆嗦了两下。

(3)要在两年以内建成一座大桥，不是容易的事情。

(4)亏你是她的亲娘，也不学学样，连个马也牺牲不起——这马又不是不能治好的。

(5)但这些顾客，多是短衣帮，大抵没有这样阔绰。

三、不改变原意，把主动句变换为被动句或把被动句变换为主动句，并根据上下文说明选用哪种句式效果好些。

(1)这些烧不死的火人吓破了敌人的胆，他们摔下喷火器，跌跌爬爬往回逃了。

(2)在林区长大的孩子，怎能不爱森林？……森林啊，森林，它是孙长宁的乐园；他的嘴巴被野生的浆果染红了，口袋被各种野果塞满了，额发被汗水打湿了，心被森林里的音乐陶醉了。

(3)白腻的泡沫包围着齐着船舷的菜叶和垃圾，一漾一漾地，填没了这只船和那只船之间的空隙。

四、下列各句是哪种形式的变式句？说说它们的表达效果。

(1)他们应该有新的生活，为我们所未经生活过的。

(2)今晚却很好，虽然月光也还是淡淡的。

(3)水生笑了一下，女人看出他笑得不像平常，"怎么了，你？"

(4)"不过，爸爸，你的话我有点不明白。"

　　"我的话？我的哪些话你不明白？"

(5)奇怪啊，怎么楼前凭空涌起那么多黑黝黝的小山，一重一重的，起伏不断？

五、列举两个整句，说明整句的表达效果。

第四节　常见修辞格(一)

一、什么是修辞格

　　我国很早就有对修辞格的运用和论述，但是直到 1923 年唐钺的《修辞格》问世，辞格系统的理论研究才逐渐被人重视。1932 年陈望道的《修辞学发凡》，将修辞格分为四类 38 格，为汉语辞格的研究树立了一个新的里程碑。

　　修辞格又称修辞方式、修辞方法，简称辞格。它是在一定的语言环境中，通过语言的巧妙运用而形成的具有特定结构形式、能取得特殊表达效果的特殊的方法、手段。

　　修辞格不是按照常规进行的一般的组合，而是在一定的语言环境下使用的一种特殊的组合。所谓特殊的组合，有的人可能会理解为超出常规的变异的组合，这样就把修辞格的范围限制得太窄了。修辞格固然包括这样的变异组合，像比喻、比拟、夸张等，同时也包括通过匠心安排而形成的反复、对偶、排比等常规的但又不同于一般的组合。

　　由于修辞格是一种特殊组合，因此它一般都有特殊的结构形式。特殊的结构形式往往是和语言形式或意义上的主要特点相联系的。像反复、层递、顶真等，是利用汉语的结构规则巧妙组织而成的；像双关、借代、反语等，是巧妙利用汉语语义、语音上的特点，通过超乎常规的语言组合而形成的。

　　修辞格的特殊组合也使它具有特殊的表达效果。所有的修辞手段都是为了追求理想的表达效果，但在特定的语言环境中，当采用一般的组合手段不足以表明意思、传达感情时，就需要借助修辞格这种特殊的组合来达到特定的目的。比如为了把抽象的道理说得浅显易懂，把复杂的感情表达得具体形象，就需要采用比喻、比拟等修辞格；为了把话说得委婉含蓄一些，让意思含而不露，就需要借助双关、反语等修辞格；为了让语言有气势，使感情得到淋漓尽致的抒发，又可以采用反复、排比等修辞格。如此种种，都是为了产生一种特殊的表达效果。

二、比喻

(一)什么是比喻

　　比喻是使用最广的修辞格之一。比喻就是打比方。描写事物或说明道理时，用同它有相似点的别的事物或道理来打比方，叫比喻。一般来说，比喻必须有甲乙两个事物。甲是被比喻的事物，叫本体；乙是用来比喻的事物，叫喻体；本体和喻体之间往往用比喻词"像""如""是""好比"等连接。本体、喻体、比喻词是构成一个比喻的三个要素。例如：

　　[1]叶子出水很高，像亭亭的舞女的裙。(朱自清《荷塘月色》)

〔2〕山如眉黛，小屋恰似眉梢的痣一点。（李乐薇《我的空中楼阁》）

例〔1〕描写荷塘中的荷叶，其中"叶子"是本体，"舞女的裙"是喻体，中间用比喻词"像"连接，贴切、形象且富有动感。例〔2〕把山比作"眉黛"，把山上的小屋比作"眉梢的痣"，不仅写出了它们的可爱，而且把静止的事物写活了。

汉族人自古以来特别喜欢使用比喻，因此汉语中沉淀了大量用比喻手法创造的词和成语，如"雪白""笔直""如影随形""席卷天下""星罗棋布""鼠目寸光"等。有些词语还带有一定的比喻义，如"包袱""瓶颈""避风港""指南针"等。

（二）比喻的类型

根据本体和喻体之间的关系，可以把比喻分为三种基本类型：明喻、暗喻和借喻。

1. 明喻

本体、喻体都出现，用比喻词"像""好像""如""如同""似""仿佛""好比""像……一样""如同……一般"等连接的，是明喻。例如：

　　〔3〕雨住一会儿，又下一阵儿，比以前小了许多，祥子一口气跑回了家。抱着火，烤了一阵，他哆嗦得像雨中的树叶。（老舍《骆驼祥子》）

　　〔4〕远远的街灯明了，

　　　　好像是闪着无数的明星；

　　　　天上的明星现了，

　　　　好像是点着无数的街灯。（郭沫若《天上的街市》）

　　〔5〕唐小姐妩媚端正的圆脸，有两个浅酒涡，天生着一般女人要花钱费时、调脂和粉来仿造的好脸色，新鲜得使人见了忘掉口渴而又觉嘴馋，仿佛是好水果。（钱钟书《围城》）

　　〔6〕我想：希望本是无所谓有的，无所谓无的。这正如地上的路；其实地上本没有路，走的人多了，也便成了路。（鲁迅《故乡》）

例〔3〕用"雨中的树叶"描绘祥子哆嗦的状态。例〔4〕把"街灯"比作天上的明星，又把"天上的明星"比作无数的街灯，渲染出人间天上的美丽神奇。例〔5〕把唐小姐的"好脸色"比作"好水果"，显示出唐小姐脸色的鲜嫩、好看。例〔6〕用"路"的有无这个浅显的事例，说明希望在实践中产生、发展、实现这个深刻的道理。这些比喻都很具体形象。

2. 暗喻

本体、喻体都出现，用比喻词"是""就是""成为""变成""等于"等连接的，是暗喻，也叫隐喻。例如：

　　〔7〕老师又说，自然科学的皇后是数学。数学的皇冠是数论。哥德巴赫猜想，则是皇冠上的明珠。（徐迟《哥德巴赫猜想》）

　　〔8〕路旁的柳树忽然变成了天使似的，传达着上天的消息。（老舍《在烈日和暴雨下》）

　　〔9〕不管鸟的翅膀多么完美，如果不凭借空气，鸟就永远不能飞到高空。事实就

是科学家的空气。（巴甫洛夫《给青年们的一封信》）

例[7]用"皇后""皇冠""皇冠上的明珠"点明数学、数论和哥德巴赫猜想之间的关系，形象地说明了哥德巴赫猜想重要的研究价值。例[8]用"天使"比喻"柳树"，说明了凉风带给人的欣喜。例[9]用"空气"对"鸟"的重要，生动而深刻地表达了事实对科学家的重要性。

　　3. 借喻

本体和比喻词都不出现，而由喻体直接代替本体出现的，是借喻。例如：

　　[10]党委的同志必须学好"弹钢琴"。（毛泽东《党委会的工作方法》）

　　[11]我就知道，我们之间已经隔了一层可悲的厚障壁了。（鲁迅《故乡》）

　　[12]美国没有履行这项神圣的义务，只是给黑人开了一张空头支票，支票上盖
　　　　上"资金不足"的戳子后便退了回来。（马丁·路德·金《我有一个梦想》）

例[10]用"弹钢琴"说明党委的同志要讲究工作方法，很生动。例[11]用"厚障壁"借指人与人之间的隔阂，很形象。例[12]把美国政府不履行诺言比喻为开"空头支票"，通俗易懂，幽默风趣。

　　除了以上三种基本的类型外，比喻还有一些变式，如博喻、修饰喻、引喻、较喻、否定喻等。下面各举一例。

　　[13]鸿渐没法推避，回脸吻她。这吻的分量很轻，范围很小，只仿佛清朝官场
　　　　端茶送客时的把嘴唇抹一抹茶碗边，或者从前西洋法庭见证人宣誓时的把
　　　　嘴唇碰一碰《圣经》，至多像那些信女们吻西藏活佛或罗马教皇的大脚指，
　　　　一种敬而远之的亲近。（钱钟书《围城》）

　　[14]有了这个信念，我们将能把这个国家刺耳的争吵声，改变为一支洋溢手足
　　　　之情的优美交响曲。（马丁·路德·金《我有一个梦想》）

　　[15]燕子去了，有再来的时候；杨柳枯了，有再青的时候；桃花谢了，有再开
　　　　的时候。但是，聪明的，你告诉我，我们的日子为什么一去不复返呢？（朱
　　　　自清《匆匆》）

　　[16]白玉兰花略微有点儿残，娇黄的迎春却正当时，那一片春色啊，比起滇池
　　　　的水来还不知要深多少倍。（杨朔《茶花赋》）

　　[17]秋并不是名花，也并不是美酒，那一种半开半醉的状态，在领略秋的过程
　　　　上，是不合式的。（郁达夫《故都的秋》）

例[13]是博喻，从三个不同角度分别设喻，形象地绘出了"吻"的分量之轻，范围之小。例[14]是修饰喻，本体"洋溢手足之情"是修饰语，喻体"交响曲"是中心语，说明手足之间应该和谐共进。例[15]是引喻，先引来喻体"燕子""杨柳""桃花"，然后说出本体，从相反方面形象地说明了时间一去不复返、要珍惜时间的道理。例[16]是较喻，说春色比滇池的水还要深，突出强调了那浓浓的春意。例[17]是否定喻，是从与"秋"相反或相对的方面作比，实际上仍然是肯定"名花""美酒"与"秋"之间的相似关系，以反托正，既含蓄又给人以更广阔的联想空间。

(三)比喻的修辞效果

1. 描写事物,生动形象

运用比喻描写事物,可以使描写对象具体、形象,富于感染力,或者使人如见其形,如闻其声。例如:

[18]翠湖的茶花多,开得也好,红彤彤的一大片,简直就是那一段彩云落到湖岸上。(杨朔《茶花赋》)

[19]汽车大转弯上雪山了,像雄鹰在苍空盘旋,越飞越高。眼看被我们超越过的一辆辆载重汽车,远远地落在后边,就像甲虫似的爬行在崖谷底下。(碧野《雪路云程》)

例[18]说花多、花好,用"一段彩云"作比,就可以让读者感受到它的多姿多彩、充满活力。例[19]用"雄鹰"比喻汽车,形容汽车在高山迂回曲折的公路上飞驰的景象,用"甲虫"表现从高处俯视载重汽车行进的情状,逼真形象而又生动有趣。

2. 说明道理,浅显易懂

运用比喻来说明道理,可以把复杂的问题或深奥的道理说得简单浅显、通俗易懂、生动形象。例如:

[20]生存的小品文,必须是匕首,是投枪,能和读者一起杀出一条血路的东西。(鲁迅《小品文和危机》)

[21]过去,在说明我国古代文化发生发展的渊源问题上,考古学界长期持一个中心向外扩展、蔓延的观点,随着近些年考古新发掘的新材料出现,这种观点被质疑、动摇了……我国古文化的发生不是一堆篝火,而是星火点点。(《光明日报》)

例[20]把"小品文"比作"匕首"和"投枪",通俗而形象地说明了小品文强烈的战斗性。例[21]把扩展、蔓延的我国古文化比喻为"火",用"一堆篝火"喻一个"中心",用"星火点点"喻多个"渊源",立刻让人想到在遥远的蛮荒时期东方大地到处亮起灿烂的文明之光。

3. 刻画人物,鲜明突出

运用比喻刻画人物,可以使人物个性突出、形象鲜明。例如:

[22]五年前的花白的头发,即今已经全白,全不像四十上下的人;脸上瘦削不堪,黄中带黑,而且消尽了先前悲哀的神色,仿佛是木刻似的;只有那眼珠间或一轮,还可以表示她是一个活物。(鲁迅《祝福》)

[23]他跋涉在数学的崎岖山路,吃力地迈动步伐。在抽象思维的高原,他向陡峭的巉岩升登……餐霜饮露,走上去一步就是一步!他气喘不已;汗如雨下。时常感到他支持不下去了。但他还是攀登。用四肢;用指爪。真是艰苦卓绝!多少次上去了摔下来。就是铁鞋,也早该踏破了……他越过了雪线,到达了雪峰和现代冰川,更感缺氧的严重了。多少次坚冰封山,多少次雪崩掩埋!他就像那些征服珠穆朗玛峰的英雄登山运动员,爬呵,爬呵,

爬呵！（徐迟《哥德巴赫猜想》）

例［22］刻画祥林嫂，说她的脸"仿佛是木刻似的"，突出了她连悲哀都已消尽的面无表情，不仅显示出她的生活状态，而且能让读者深刻地感受到生活带给她的巨大隐痛。例［23］创造性地使用了大家所熟悉的比喻——攀登科学高峰，形象地展示了著名数学家陈景润攻克哥德巴赫猜想的艰难历程，令人肃然起敬。

（四）运用比喻的要求

1. 贴切

比喻的本体和喻体必须是不同类事物，但在某一点上极其相似，这是构成比喻的基础；而要极其相似，喻体就必须恰当、贴切。如果是同类事物或相似点太多，或者虽然不是同类事物但二者没有相似点，都不宜使用比喻。例如：

［24］山没有水，如同人没有眼睛，似乎少了灵性。（李健吾《雨中登泰山》）

把"山没有水"比作"人没有眼睛"，说明水的存在给山增加了灵气、情调，非常贴切。

下面的比喻不恰当：

［25］＊一颗颗炮弹像重型炸弹一样，在敌人的阵地上炸开了。

［26］＊她唱起歌来就像刮大风一样。

"炮弹"和"炸弹"是同类事物，"唱歌"和"刮大风"之间没有相似点，所以这两句比喻都不恰当。

2. 生动

比喻一般要用具体比抽象，用浅显比深奥，用熟悉比陌生，让人容易理解，使人容易接受。例如：

［27］骄傲像隔年的草根，冬天刚过去，就钻出一丝丝的嫩芽。（叶圣陶《古代英雄的石像》）

把抽象的"骄傲"比成"隔年的草根"，而且直接指明相似点，可以让读者领略到骄傲从萌芽到不断滋长的过程，形象而耐人寻味。

下面这个例子就不容易让人理解了：

［28］＊她跳水的时候，姿态那样美，好像敦煌壁画上的飞天一样。

把跳水时的姿态比作"飞天"，"飞天"一般人没见过，不好理解。

3. 新颖

比喻要新颖，不落俗套，不能人云亦云。新颖的比喻才具有吸引力，被人喜爱。例如：

［29］幸亏是这些青年妇女，白洋淀长大的，她们摇得小船飞快。小船活像离开了水皮的一条打跳的梭鱼。她们从小跟这小船打交道，驶起来就像织布穿梭、缝衣透针一般快。

这一段先后三次写小船的快，分别用了不同的比喻，特别是最后一个，不仅符合所描写对象的特点，而且新颖生动，富有生活气息。

三、比拟

(一)什么是比拟

把物当做人来写，把人当做物来写，或把甲物当做乙物来写，叫比拟。例如：

[1]杜甫川唱来柳林铺笑，红旗飘飘把手招。(贺敬之《回延安》)

[2]这种"钦差大臣"则是满天飞，几乎到处都有。(毛泽东《农村调查的序言和跋》)

例[1]说"杜甫川""唱"，"柳林铺""笑"，"红旗""把手招"；例[2]说钦差大臣"满天飞"，都是比拟。

(二)比拟的类型

1. 拟人

把物(有生命的、无生命的，或抽象的概念)当做人来写，赋予物以人的动作行为或思想感情，叫拟人。

事物本来是不具有人的动作行为、思想感情的，但是，人们可以通过使用表现人的特性的词语赋予事物以人的特性。例如：

[3]小松鼠，谢谢你这顽皮的播种家。(黄宗英《大雁情》)

[4]矮小而年高的垂柳，用苍绿的叶子抚摸着快熟的庄稼；密集的芦苇，细心地护卫着脚下偷偷开放的野花。(郭小川《团泊洼的秋天》)

[5]硬币正悄然退休。(《文摘报》新闻标题)

[6]冬天全没有离开大地的意思，好像要长久赖下去似的。(艾芜《屋里的春天》)

[7]速胜论者……只是空谈快意，并不准备真正去做。最后则是事实先生跳将出来，给这些空谈家一瓢冷水。(毛泽东《论持久战》)

例[3]把"小松鼠"说成是"播种家"，例[4]说"垂柳""抚摸"庄稼，说"芦苇""细心地护卫"野花，都是把有生命的事物人格化了。例[5]说"硬币"能够"退休"，是把无生命的事物人格化了。例[6]说"冬天""赖"下去，例[7]称"事实"为"先生"，则是把抽象的概念人格化了。

让人和事物说话，或者直接把事物变成人，跟人一样说话、行动，具有人的思想感情，也是常常采用的拟人手法。例如：

[8]Ade，我的蟋蟀们！Ade，我的覆盆子们和木莲们！(鲁迅《从百草园到三味书屋》)

[9]白天，吴吉昌顶着太阳观察棉花拔节、开花；夜里，他蹲在地里倾听棉花落铃落蕾的声音，有时还风趣地对棉苗说："你休息，我不休息！"(穆青等《为了周总理的嘱托》)

例[8]"我"和那些动物、植物告别，而且直接在这些动物和植物后边加"们"，赋予它们以人的特性。例[9]让吴吉昌和棉苗说话，也就把物"人格化"了。

2. 拟物

把人当做物来写，使人具有物的动作或情态，或者把甲物当做乙物来写，表达某种强烈的爱憎感情，叫拟物。例如：

[10]坦克后面，"老虎团"的士兵嗷叫着冲了过来。(谢雪畴《"老虎团"的结局》)

[11]荷叶下面，有一个人的脸，下半截身子长在水里。(孙犁《荷花淀》)

例[10]把敌人写成野兽能"嗷叫"，例[11]把人写得像植物一样"长"在水里，都使人具有了某种事物的动作或情态。

[12]晚饭后，鲍小姐和苏小姐异常亲热，勾着手寸步不离。他全无志气，跟上甲板，看她们有说有笑，不容许自己插口，把话压扁了都挤不进去。(钱钟书《围城》)

[13]还有一问，是："公理"几块钱一斤？(鲁迅《而已集·"公理"之所在》)

例[12]把无形的"话"当做有形的东西能"压扁"，例[13]把"公理"写成商品能值"钱"，都是把甲物当做乙物，或者把抽象的概念当做了物，用的都是拟物。

(三)比拟的修辞作用

1. 以物拟人，富有情趣

把事物当做人来写，赋予事物以人的特性，不仅可以把人的感情寄托于事物，使感情得到更为充分的抒发，而且可以把事物写得生动活泼，使读者感到亲切有趣。例如：

[14]风一吹，朵朵白云从我身边飘浮过去，眼前的景物渐渐都躲到夜色里去……山头上忽然漫起了好大的云雾，又浓又湿。悄悄地挤进门缝来……(杨朔《泰山极顶》)

[15]"无论如何，钱是来了。"明天早上，辛楣和李梅亭吃几颗疲乏的花生米，灌半壶冷淡的茶，同出门找本地教育机关去了。(钱钟书《围城》)

例[14]"景物"能"躲"，"云雾"能"挤"，拟人的使用增添了泰山的多变与神秘色彩。例[15]说花生米"疲乏"，说茶"冷淡"，都是用写人的词语描述事物，赋予事物以人的情态，透露出人物当时的心情。

报纸标题常常采用比拟手法，以吸引读者。例如：

[16]《睡美人》再度访华(《北京青年报》新闻标题)

[17]产品不打扮难与外商竞争(《文汇报》新闻标题)

2. 使情感表达丰富多样

使用比拟，可以丰富所描述对象的情感，突出它们的个性。例如：

[18]飘悠悠，飘悠悠，盘旋的秋叶在落下之前，似乎忧心忡忡。(刘增山《秋魂》)

[19]血雨腥风时，毛竹青了又黄，黄了又青，不向残暴低头，不向敌人弯腰。(袁鹰《井冈山散记》)

例[18]把本无情感的"秋叶"写得像人一样，在落下之前似乎"忧心忡忡"，充满了对大树的不舍和依恋。例[19]把毛竹人格化，赋予毛竹革命者的情怀，赞颂了革命者不屈不挠、坚定顽强的斗争精神。

使用拟物时，把人当做物来写，常用于讽刺，带有贬斥的感情；把甲物当做乙物来写，不仅可以使语言新颖、生动，而且能表达作者的爱憎情感。例如：

[20]他们把我们写的文章，全都记在鲁迅先生的名下，并且施展叭儿狗的伎俩，指桑骂槐，向鲁迅先生"呜呜不已"。（唐弢《琐忆》）

[21]张木匠生了气，撵到房子里跟她说："人说你是小飞蛾！怎么一见了我就把你那翅膀搭拉下来了？我是狼？"（赵树理《登记》）

例[20]的"呜呜不已"绘出了那些看文章专靠嗅觉的人的丑态。例[21]说"小飞蛾""翅膀搭拉下来"，表现了张木匠的不满情绪。

3. 使抽象道理生动形象

在讲述道理时，如果能恰当使用拟物，则可以使所讲道理通俗生动，明白易懂。例如：

[22]这里叫洋八股废止，有些同志实际上还在提倡。这里叫空洞抽象的调头少唱，有些同志却硬要多唱。这里叫教条主义休息，有些同志却叫它起床。（毛泽东《反对党八股》）

[23]当时，大雪覆盖了山山岭岭，亦覆盖了整个发射场。即将升空的火箭卫星，被厚厚的白雪紧紧包裹着，在冷风中"冻得瑟瑟发抖"。指挥部只好当机立断，土法上马，火速下令调来整整一百床军用被子，及时盖在了火箭身上，这才没让火箭"感冒发烧"。（李鸣生《澳星风险发射》）

例[22]中"空洞抽象的调头""教条主义"都是抽象的概念，毛泽东却使用了适用于人的词语，并通过两组意义相反的词语"少唱""多唱"和"休息""起床"，生动有趣地表达了正确的原则立场，批评了少数人反其道而行之的错误态度。例[23]"冻得瑟瑟发抖""身上""感冒发烧"都是用于人的，这里用来说明即将发射升空的火箭的状态，风趣幽默而又通俗易懂。

（四）比喻和比拟的区别

比喻重在"喻"，是把甲事物喻为乙事物，甲乙两事物一主一从，而且一般都出现；如果是借喻，则往往出现喻体，本体不出现。比拟重在"拟"，是把甲事物拟作乙事物，而乙事物一般不出现，只出现表现乙事物思想言行的词语。例如：

[24]最可恨那些毒蛇猛兽，吃尽了我们的血肉，一旦把它们消灭干净，鲜红的太阳照遍全球。（欧仁·鲍狄埃《国际歌》）

[25]杨二嫂发现了这件事，自己很以为成功，便拿了那狗气杀……飞也似的跑了，亏伊装着这么高低的小脚，竟跑得这样快。（鲁迅《故乡》）

例[24]的"毒蛇猛兽"可以"吃"，"鲜红的太阳"能够"照"，显然不是把物当做人来写。这是个借喻，是用"毒蛇猛兽"和"鲜红的太阳"比喻"剥削阶级"和"共产主义"。喻体出现了，本体没有出现。例[25]"飞也似的"是写杨二嫂的。杨二嫂是人不是飞禽，却用了描写飞禽动作的词语，显然是比拟。

现代汉语

四、夸张

(一)什么是夸张

从表达需要出发,有意对所描写的客观事物"言过其实",以此强调或突出事物某方面特征,表达某种强烈的思想感情。例如:

[1]穷人要是遇到不痛快的事就哭鼻子,那真要淹死在泪水里了。(周立波《暴风骤雨》)

[2]两天后,他们领到钱;旅馆与银行间这条路,他们的鞋子也走熟得不必有脚而能自身回来了。(钱钟书《围城》)

例[1]泪再多也不会淹死人,这是故意言过其实,用泪水之多说明穷人生活的极度困苦。例[2]路再熟,鞋子自己也不会走回来。这也是故意言过其实,以此来说明在这条路上来往之多,表达他们的不满情绪。

(二)夸张的类型

1. 扩大夸张

故意把事物往大、高、多、重、强等方面言过其实,是扩大夸张。例如:

[3]这老汉……平素少言寡语,说出话来能冲倒墙。(孙犁《荷花淀》)

[4]他委实是支撑不住了,他的一双眼皮像有几百斤重,只想合下来。(茅盾《春蚕》)

[5]在马上你用不着离鞍,只要一伸手就可以捧到满怀的你最心爱的大鲜花。(碧野《天山景物记》)

[6]他每天每一点钟都要换一套衣服。人们提到他的时候总是在说:"皇上在更衣室里。"(安徒生《皇帝的新装》)

例[3]"说出话来能冲倒墙"极言说话之倔强。例[4]"几百斤重"极言"困"的程度。例[5]"一伸手就可以捧到"极言"鲜花"之多。例[6]"每天每一点钟都要换一套衣服"极言"换衣服"之多。这几例都是扩大夸张。

2. 缩小夸张

故意把事物往低、小、短、少、轻、弱等方面言过其实,是缩小夸张。例如:

[7]我从乡下跑到京城里,一转眼已经六年了。(鲁迅《一件小事》)

[8]一个浑身黑色的人,站在老栓面前,眼光正像两把刀,刺得老栓缩小了一半。(鲁迅《药》)

[9]可是更妙的是三五月明之夜,天是那样的蓝,几乎透明似的,月亮离山顶,似乎不过几尺。(茅盾《风景谈》)

例[7]"一转眼"极言时间之短。例[8]"缩小了一半"极言老栓身体收缩之小。例[9]"不过几尺"极言月亮与山顶的距离之小。这几例都是缩小夸张。

3. 超前夸张

事物的出现有先后顺序,把后出现的事物说成是先出现的,或者是同时出现的,就是超前夸张。例如:

[10]船长冷冷地回答说："他是个法国老流氓……听说他在那边阔绰过一个时期，可是您看他今天已经落到什么田地！"我父亲脸色早已煞白，两眼呆直……（莫泊桑《我的叔叔于勒》）

[11]他酒没沾唇，心早就热了。（郑直《激战无名川》）

例[10]本来应该是听完后才能动声色，却说成"早已煞白"，表现了"我父亲"极度失望的心情。例[11]应该是先"酒沾唇"，然后心才能"热"，却说成"酒没沾唇，心早就热了"。

（三）夸张的修辞作用

夸张在我国古代文学作品特别是诗歌中非常多见，像李白的诗句"黄河之水天上来""白发三千丈""蜀道难，难于上青天"等，都是用的夸张。有些成语或俗语也包含夸张的意思，如"挥汗如雨""目不转睛""惊天动地""气吞山河""千钧一发""丈二和尚摸不着头脑""汗珠子掉地摔成八瓣"等。

1. 突出特征，强化印象

夸张通过故意言过其实，能够强调和突出事物某一方面的特征，表达说话者强烈的爱憎好恶的感情，给人以深刻的印象。例如：

[12]他说，高加索山上的冰川，也不能够冷却他心中的火焰。（郑文光《火刑》）

[13]前面隐隐有人影，玛金更加小心了。她站在暗处不动，满身是耳朵，满身是眼睛。（茅盾《子夜》）

例[12]冰川再冷，也无法冷却一个人的感情。作者通过这一夸张的描写，突出了"他"感情的强烈程度，给人留下鲜明的印象。例[13]通过强调耳朵、眼睛之多，突出说明玛金的小心、谨慎和警觉。

2. 揭示本质，感染力强

夸张通过言过其实，能够丰富读者的想象，便于揭示事物的本质，使表达更富于感染力。例如：

[14]地上是冰冻的，身子一贴着肚皮，那寒气嗖嗖地直往肚皮里钻，平日里厚重严实的棉衣，这工夫仿佛变成一层薄纸，不顶事了。（谢雪畴《老虎团的结局》）

[15]您打开地图就可以发现，智利是世界上最狭长的国家，南北长 4 200 公里，而东西宽度却非常狭窄，最窄处只有 90 公里。怪不得有人说：你把头枕在东部的安第斯山上，脚就会伸进太平洋里去。（《电视周报》）

例[14]是通过比喻进行夸张，使人想见到当时的寒冷。例[15]的夸张奇特而有趣，将一段本可能平淡的地理常识介绍得饶有情趣。

（四）使用夸张要注意的问题

第一，夸张固然要言过其实，但也必须以事实为基础，合乎情理；如果不顾事实，任意夸大或缩小，那就是说大话、说空话，而不是夸张了。也就是说，夸张虽然言过其实，但仍是以事实做基础的，只是把实际事物说得比实际更高或更低，更大或更小，更强或更弱而已。

第二，要掌握好分寸，使人明确地感到是夸张，不致引起误解。比如说"白发三千丈"，人们都知道是夸张，说"白发三尺长"，就不容易判别了。

五、借代

（一）什么是借代

不直接把人或事物的名称说出来，而用跟它有密切关系的能显示其特征的事物名称来代替，叫借代。例如：

> [1]"原来你家小栓碰到了这样的好运气了。这病自然一定全好；怪不得老栓整天的笑着呢。"花白胡子一面说，一面走到康大叔面前……（鲁迅《药》）

这里没有直接点明是谁在说话，而是用说话人的外貌特征"花白胡子"代替说话的人，用的是借代。

借代有本体和借体。被代替的事物是本体，用来代替的事物是借体，如果不是特别需要，本体可以不出现，而是直接使用借体。

（二）借代的类型

由于借代是用借体代替本体，因此，只要是和本体有密切关系而又能反映本体特征的事物，都可以作为借体。而本体所具有的特征，从不同角度来观察，又是多种多样的，因此，借代的方式也很多。

1. 用部分代全体

> [2]这时候，小朋友们便不再原谅我会读"秩秩斯干"，却全都嘲笑起来了。（鲁迅《社戏》）

> [3]凡是愿意留下的，再不许强拿人家一草一木。（姚雪垠《李自成》）

例[2]用"秩秩斯干"代《诗经》及老古书，例[3]用"一草一木"代任何东西，都是用部分代整体。

2. 用特称代通称

> [4]你们杀死一个李公朴，会有千百万个李公朴站起来！（闻一多《最后一次演讲》）

> [5]三个臭皮匠，顶个诸葛亮。（俗语）

例[4]用"千百万个李公朴"代无数的民主革命战士，例[5]用"诸葛亮"代足智多谋的人，都是用专用名称代本体事物。

3. 用特征代本体

> [6]郭全海慌忙从柱子上解下青骒马，翻身骑上，撵玉石眼去了。（周立波《分马》）

> [7]如果出到十几文，那就能买一样荤菜，但这些顾客，多是短衣帮，大抵没有这样阔绰。只有穿长衫的，才踱进店面隔壁的房子里，要酒要菜，慢慢的坐喝。（鲁迅《孔乙己》）

例[6]用马的眼睛的特征"玉石眼"代替马，例[7]用衣着特征"短衣帮""穿长衫的"代某一类人，都是用特征代本体。

4. 用事物的作者或产地代本体

[8]翻译莎士比亚是一个艰巨的工作，需要很多具体的条件，才可以担当。（曹禺《罗蜜欧与朱丽叶·译者后记》）

[9]好在原副司令员并没有理会儿子的话，不知他是没有听见，还是不屑理论，他依然慢慢地翻着那本颜真卿。（李镜《老照片》）

[10]茅台他够不上，专喝"啤酒"，有瓶的不喝零的，有"青岛"不喝"北京"。（张辛欣、桑晔《温垫烫汤》）

例[8]是用"莎士比亚"代替莎士比亚的作品，例[9]是用"颜真卿"代替颜真卿的书法书籍，都是用作者代本体。例[10]用"青岛""北京"代替青岛啤酒和北京啤酒，是用产地代本体。

5. 用具体代抽象

[11]模范不模范，从西往东看，西头吃烙饼，东头喝稀饭。（赵树理《老杨同志》）

[12]四十多个青年的血，洋溢在我的周围，使我艰于呼吸视听，那里还能有什么言语？（鲁迅《记念刘和珍君》）

例[11]用"烙饼""稀饭"代东西两头不同的生活水平，例[12]用"血"代死亡，都是用具体代抽象。

(三)借代的修辞作用

1. 突出事物的特征

借代是利用客观事物之间的种种关系巧妙地形成一种语言上的艺术换名。通过换名，能够突出本体事物的特征，造成鲜明生动的印象。例如：

[13]先生，给现洋钱，袁世凯，不行吗？（叶圣陶《多收了三五斗》）

[14]搞好菜园子，丰富菜篮子（《北京晚报》新闻标题）

例[13]用银元上的标志"袁世凯"来代替银元，突出了银元的特征，使人产生联想。例[14]用"菜园子""菜篮子"代替副食品生产基地和百姓能够买到的副食品，形象生动而又耐人寻味。

2. 使表达新鲜有趣

恰当使用借代，可以使语言生动活泼，新鲜有趣。例如：

[15]不料，窗外传来"哎哟"一声，金锁伸头一看，大叫：

"打到曹操的头了！"

"什么曹操的头？还诸葛亮的头呢！"小燕子没好气地喊。

紫薇也伸头一看：

"真的！真的！是'赛过诸葛亮'来了！是他们三个臭皮匠！"（琼瑶《还珠格格》）

[16]那年月时髦姑娘们流行的歌诀是：一棵豆太少，两棵豆嫌少，三棵豆正好，四棵豆太老。她很快就和一棵豆吹了，不久找了一位三棵豆。（古华《芙蓉镇》）

例[15]俗语有"说曹操，曹操到""三个臭皮匠，赛过诸葛亮"。这里紫薇她们正在议论尔康、尔泰、五阿哥他们三人，不料他们正好来了，所以金锁喊"打到曹操的头了"，紫薇看了也说"'赛过诸葛亮'来了"。这两个借代，使得语言活泼有趣，能给读者留下深刻的印象。例[16]孤立地看，读者可能不明白这是在说什么，但它的意思在上下文中是非常明确的：这里实际是用肩章上豆的多少代替军人军衔的高低，是用标志代本体。这一借代的使用，不但使语言活泼有趣，而且对那些只见"豆"不看人的时髦姑娘作了善意的讽刺。

3. 使语言言简意丰

很多借体由于它们本身就带有一定的文化内涵，所以被借用后自然也移植了那些文化的元素，赋予了本体更丰富的含意。例如：

[17]"闰土"用上程控电话(《人民日报 海外版》)

[18]有人向罗马教廷控告布鲁诺是"异端"，"罪状"一共有130条……红衣主教亲
自来拷问著名的"异端"……到这时候，"异端"还没有屈服。(郑文光《火刑》)

例[17]是一则摄影标题，表现的是浙江绍兴农民生活中的新鲜事。闰土是鲁迅小说《故乡》中的一个贫苦农民，因为是绍兴人，所以作者巧妙构思，用来代指。这一借代，使旧社会农民的辛酸与新社会农民的喜悦、幸福形成鲜明的对照，给读者以震撼。例[18]先说明有人指控布鲁诺是"异端"，然后接连用"异端"直接指代，突出了布鲁诺的反叛性和追求真理的坚定性。

(四)借代和借喻的区别

借代的基础是相关性，借喻的基础是相似性。也就是说，借代的本体和借体之间有密切关系，二者不可分割；借喻的本体和喻体是两个完全不同类的事物，但二者之间有一点极为相似。而且，借喻可以改为明喻，借代则不能。例如：

[19]红旗指处乌云散，解放区人民斗倒地主把身翻。(《智取威虎山》)

"红旗"是用标志代解放军，二者之间有密切关系，用的是借代；"乌云"是用它的黑暗来比喻国民党的统治，二者之间有相似的地方，而且可以说成"国民党的统治就像乌云一样黑暗"，用的是借喻。

六、双关

(一)什么是双关

在特定的语言环境中，利用同音或多义等条件，有意使一个语句同时兼有两种意思，表面上说的是甲意，实际上说的是乙意，叫双关。即所谓言在此而意在彼，意在言外。例如：

[1]东边日出西边雨，道是无晴却有晴。(刘禹锡《竹枝词》)

诗句利用"晴"和"情"同音，表面说天气的阴晴，但在送行这个特定的场合，实际上说的是人的感情。

(二)双关的类型

1. 谐音双关

利用词语的同音或近音条件构成的双关，叫谐音双关。同音的词语可以是相同

的字，也可以是不同的字。例如：

　　[2]姓陶不见桃结果，姓李不见李开花，姓罗不见锣鼓响，三个蠢材哪里来？
　　　　（歌剧《刘三姐》）

　　[3]外边树梢头的蝉儿却在那里唱高调："要死哟！要死哟！"（茅盾《雷雨前》）

例[2]利用"陶、李、罗"的同音条件，用三个秀才的姓谐三种事物，讽刺了他们的愚蠢无能。例[3]"要死哟！要死哟！"利用同音同字，表面摹拟蝉儿的叫声，实际是用雷雨前闷热得要死来诅咒反动黑暗的统治已到了末日。

　　汉语的许多歇后语常常利用谐音双关构成。例如：

　　旗杆上绑鸡毛——好大胆（掸）子

　　老虎拉车——谁敢（赶）

　　外甥打灯笼——照旧（舅）

　　窗户眼吹喇叭——名（鸣）声在外

　　孔夫子搬家——净是输（书）

　　2. 语义双关

利用词语或句子的多义性构成的双关，叫语义双关。例如：

　　[4]"碰壁？"我说，"你怎么会碰壁呢？是不是你走路不小心？"

　　　　"你想，四周黑洞洞的，还不容易碰壁么？"（周晔《我的伯父鲁迅先生》）

　　[5]夜正长，路也正长，我不如忘却，不说的好罢。（鲁迅《为了忘却的记念》）

例[4]先利用"黑洞洞"的多义性，表面说的是自然界的黑，实际指当时社会的黑暗；然后又利用"碰壁"的多义性，表面说碰墙壁，实际指受到挫折和打击，用的都是语义双关。例[5]的"夜""路"，表面讲的是自然界的夜和路，实际说的是反动派的黑暗统治和革命斗争的万里征途。由于受当时环境的影响不能直说，所以采用了这种含蓄的说法。

（三）双关的修辞作用

　　1. 委婉含蓄，耐人寻味

双关在形式上是现甲而隐乙，在意义上是借甲以说乙，因此往往使意思含蓄不露，幽默风趣。上文例[4]即是。又如：

　　[6]宝钗因笑道："你正经去吧。吃不吃，陪着林妹妹走一趟，他心里正不自在呢。何苦来？"宝玉道："理他呢，过一会子就好了。"……宝玉进来只见地下一个丫头吹熨斗，炕上两个丫头打粉线，黛玉弯着腰拿剪子裁什么呢。宝玉走进来，笑道："哦！这是做什么呢？才吃了饭就这么控着头，一会子又头痛了。"黛玉并不理，只管裁他的。有一个丫头说道："那块绸子角儿还不好呢，要熨熨吧。"黛玉便把剪子一撂，说道："理他呢，过一会子就好了。"（曹雪芹《红楼梦》）

这里，黛玉利用宝玉前边说过的话报复宝玉，表面上说的是绸子，实际上是借此奚落宝玉，语带双关，意思含而不露。

2. 寓意丰富，余味深长

因为双关是通过甲意说乙意，有时甲意本身就给人以丰富的联想，所以表达的意思往往含蓄而有余味。比如广播通讯《风雨入世路——中国与WTO》中，其小标题"东风乍起""驱云拨雾"用的都是双关。"东风乍起"表面上说突然吹来了东风，实际上是指中国复关谈判迈出了历史性的第一步；"驱云拨雾"表面上是说驱散云雾，实际上则指入世谈判在曲折中见到了曙光。两个比喻加双关的词语，给读者留下了丰富的想象空间。

3. 批评现象，鞭辟入里

有时，使用双关批评某种社会现象，往往能鞭辟入里，引人深思。报纸杂志的标题常常运用这一手法。例如：

[7]调"茶"团不要再来了（《人民日报》）

[8]成都正在变"尘"都　　大气污染高于五大城市（《人民日报·海外版》）

[9]新疆企业痛失"疆"场（中央电视台报道）

例[7]反映的是某地新茶刚刚上市，上级各种调查团就纷纷前来"调查"，临走总要以极低的价格"调"走一些名贵茶叶，甚至白拿，使茶农叫苦不迭。例[8]利用"尘"与"成"谐音，说明成都的环境污染已经到了非整治不可的地步。例[9]利用角逐之场的"疆场"暗指新疆的市场，说明新疆的企业由于不重视注册商标，结果本地盛产的产品反被省外产品抢占了市场。

七、反语

(一)什么是反语

反语就是说反话。不直说本意，而用与本意相反的词语或句子来表达本意，叫反语。例如：

[1]有几个"慈祥"的老板到菜场去收集一些菜叶，用盐一浸，这就是她们难得的佳肴。（夏衍《包身工》）

结合上下文知道，句中的"慈祥"实际上是"残忍"，"佳肴"实际是猪狗不吃的食物，是在说反话。

(二)反语的类型

1. 反话正说

用正面的话表达反面的意思，叫反话正说。反话正说一般用来批判和揭露，比反说更有力量，能取得讽刺幽默的效果。例如：

[2]好个"友邦人士"！（鲁迅《"友邦惊诧"论》）

[3]当三个女子从容地转辗于文明人所发明的枪弹的攒射中的时候，这是怎样的一个惊心动魄的伟大呀！中国军人的屠戮妇婴的伟绩，八国联军的惩办学生的武功，不幸全被这几缕血痕抹杀了。（鲁迅《记念刘和珍君》）

[4]只有烟灯和烟枪，虽然形式和印度，波斯，阿剌伯的烟具不同，确可以算是

一种国粹，倘使背着周游世界，一定会有人看，但我想，除了送一点进博物馆之外，其余的是大可以毁掉的了。（鲁迅《拿来主义》）

例[2]的"友邦人士"原是国民党反动派对帝国主义的媚称，这里实际上是说"混账的侵略者"，含有辛辣的讽刺。例[3]"文明人"正是"野蛮人"，"伟绩""武功"正是"罪恶"，揭露了反动政府对待手无寸铁的青年学生的野蛮行为。例[4]鲁迅好像是言之凿凿地说它们"确可以算是一种国粹"，但从下文的"毁掉"可以看出，实际上是说这些东西一钱不值。

2. 正话反说

用反面的话表达正面的意思，叫正话反说。正话反说一般用于亲朋好友之间，带有亲切、喜爱的思想感情。例如：

[5]我本来不想去，可是俺婆婆非叫我再去看看他——有什么看头啊！（孙犁《荷花淀》）

[6]"已经借来了，再送回去。倒叫她多心。"我看他那认真、为难的样子，又好笑，又觉得可爱。不知怎么的，我已从心底爱上了这个傻乎乎的小同乡。（茹志鹃《百合花》）

[7]成岗迟疑了一下，又提出新的要求："把收听广播的任务也交给我吧，我的工作的确不重！"

"你简直是'野心'勃勃！才给别人写信致敬，又要叫别人'失业'？我早就看穿了你的思想活动！"李敬原眼角透出一丝笑意，但很快就消失了。（罗广斌、杨益言《红岩》）

例[5]"不想去""有什么看头啊"实际上是"早想去""真想去看看"，只不过是羞于直言，故意说反话。例[6]说小同乡"傻乎乎的"，实际上是觉得他很可爱。例[7]的"野心"和"失业"，是李敬原故意说反话，表达了他对成岗这个年轻人勇挑重担而由衷高兴的心情。生活中常常把"小孩"称为"小鬼"，称喜爱的人为"坏家伙"，用的就是正话反说。

（三）反语的修辞作用

1. 爱憎鲜明，讽刺性强

反话正说，往往能表现出作者强烈的爱憎情感。特别是那些用于批判和揭露的反语，一般具有较强的讽刺性。例如：

[8]车文明（《朝日新闻》新闻标题）

[9]你们的"理论"确比毛泽东先生们高超得多，岂但得多，简直一是在天上，一是在地下。（鲁迅《答托洛斯基派的信》）

[10]国民党当局对作家格外"优待"，几乎每个作家都有个特务"保护"着。一来二去，作家就被"护送"到监狱或集中营去"享受"毒刑与杀戮。（老舍《十年百花荣》）

例[8]是一篇评论的标题，用所谓的汽车文明讽刺人与人之间的冷漠心理和野蛮行为，表达了作者对现代文明的批判和反思。例[9]的"高超"实际上是"低劣"的同义语，带有十分强烈的讽刺意味。例[10]先说对作家格外"优待"，怎样的"优待"呢？是特务"保护"，是"护送"到监狱或集中营，是去"享受"毒刑与杀戮。显然，这个"优待"用的是反语，再加上引号，反语的意思就更明显了。

2. 表达喜爱，幽默风趣

正话反说，往往用于亲人、朋友或十分熟悉的人，因此常常带有喜爱、亲昵的情感，或是善意的嘲讽，语言幽默风趣。例如：

[11]几个女人有点失望，也有点伤心，各人在心里骂着自己的狠心贼。（孙犁《荷花淀》）

[12]这屯子还是数老孙头能干，又会赶车，又会骑马，摔跤也摔得漂亮，"叭嗒"一响，掉下地来，又响亮又干脆。（周立波《暴风骤雨》）

例[11]把自己的爱人说成"狠心贼"，实际是对自己丈夫的真挚情意的自然流露。例[12]的"能干""漂亮"说的也是反话，但表达的并不是嘲弄和讽刺，更多的是善意的玩笑，洋溢着浓郁的生活气息。

（四）反语和双关的区别

反语跟双关都含有两层意思，但有所不同。反语的两层意思总是固定在相反这种特定关系上，双关则不受这种关系的限制。例如：

[13]丁四 （穿）怎样？

娘子 挺好，挺合身儿！

大妈 就怕呀，一下水就得抽一大块！

丁四 大妈！您专会说吉祥话儿！（老舍《龙须沟》）

"吉祥话儿"实际是说不吉祥，和原意正相反，所以是反语。

练习四

一、举例说明修辞格的主要特点。

二、下面各句，哪些是比喻？哪些是比拟？说说它们各自的表达效果。

（1）透过云层，可以看到积雪的山峰层层叠叠，好像波涛汹涌的大海。

（2）船头飞溅起来的浪花，唱着欢乐的歌。

（3）从化的荔枝多得像汪洋大海，开花时节，那蜜蜂满野嘤嘤嗡嗡，忙得忘记早晚。

（4）回头向来路望去，那些小山都成了"矮子"。

（5）教师不光要把"一桶水"指给学生看，而且要把学生引到长流不尽的泉边和浩渺无际的海边去。

（6）无实事求是之意，有哗众取宠之心。华而不实，脆而不坚。自以为是，老子天下第一，"钦差大臣"满天飞。这就是我们队伍上若干同志的作风。

三、下列各句用的是哪种夸张形式？说说它们的表达作用。

(1)在海南岛，有许多美丽而奇怪的山峰，如飞鱼岭，笔架山，抱虎山，和尚山，仙槎石……真是长一身舌头也说不完。

(2)沉默，监房突然像沉入无底的黑暗的深渊中，就是落下一根针也仿佛可以听见。

(3)一跑，就喘不过气来，而且嘴唇发焦，明明心里不渴，也见水就想喝。不跑呢，那毒花花的太阳把手和脊背都要晒裂。

(4)到了潇湘馆，一见黛玉灵柩，贾母已哭得泪干气绝。

(5)袁天成说："不行！满喜你也请回去歇歇吧！活我不做了！三颗粮食，收不收有什么关系？"

四、指出下列各句借代的形式，说明使用借代的好处。

(1)许多马克思列宁主义的学者也是言必称希腊，对于自己的祖宗，则对不住，忘记了。

(2)几年来的文治武力，在我早如幼小时候所读过的"子曰诗云"一般，背不上半句了。

(3)为了适应社会主义现代化建设的需要，我们需要文艺的繁荣，需要成千上万的鲁迅、郭沫若。

(4)老栓看着灯笼，已经熄了。按按衣袋，硬硬的还在。

(5)"你要晓得红眼睛阿义是去盘盘底细的……"红眼睛原知道他家里只有一个老娘，可是没有料到他竟会那么穷，榨不出一点油水，已经气破肚皮了。

五、指出下列各句分别用的是双关还是反语，并简要说明理由。

(1)可是匪徒们走上几十里的大山背，他们没想到包马蹄的麻袋片全烂掉在马路上，露出了他们的马脚。

(2)我们全党人民要把这个雄心壮志牢固地树立起来，扭着不放，"顽固"一点，毫不动摇。

(3)我失骄杨君失柳，杨柳轻飏直上重霄九。

(4)女看守为了维护监狱的规矩，强迫她回到行列里去，朝她脸上打了一拳来"安慰"她，她也不觉得。

(5)母亲和宏儿都睡着了。
　　我躺着，听船底潺潺的水声，知道我在走我的路。

第五节 常见修辞格(二)

八、仿词

(一)什么是仿词

仿照某个现成词语,更换其中的某个成分,仿造出一个临时性的新词语,叫仿词。例如:

[1]于是有人慨叹曰:中国人失掉自信力了。如果单据这一点现象而论,自信其实是早就失掉了的。先前信"地",信"物",后来信"国联",都没有相信过"自己"。假使这也算一种"信",那也只能说中国人曾经有过"他信力"。(鲁迅《中国人失掉自信力了吗》)

作者模仿现成的"自信力",临时仿造出新词语"他信力",批判了当时中国人缺少自信力的现状,语言诙谐,充满讽刺。

很多广告语常常使用仿词手法。例如台湾某洗衣机广告词"闲妻良母",就是对成语"贤妻良母"的仿造,字面上是"空闲妻子"的意思,实则表达的是使用这种洗衣机可以让主妇腾出更多空闲时间。类似广告词还有:某摩托车"骑(其)乐无穷";某报警器"一鸣警(惊)人";某钢笔"一写(见)钟情";丰田汽车"路遥知马力,日久见丰田"等。

(二)仿词的类型

1. 谐音仿词

使用音同或音近的词素仿造新词语,是谐音仿词。例如:

[2]妹妹你慢慢地往"钱"走(《光明日报》新闻标题)

[3]11月,我国还是秋高气爽,俄罗斯早已草木皆冰了。(中央电视台)

[4]悟空厉声高呼道:"你这个老儿全没眼色!唐人是我师父,我是他徒弟!我也不是糖人、蜜人,我是齐天大圣……"(吴承恩《西游记》)

例[2]是仿歌词"妹妹你大胆地往前走"新造的语句,其中"慢慢"是"大胆"的仿用,属反义仿词,"钱"是"前"的仿用,属谐音仿词。例[3]是利用"冰"和"兵"读音相同而仿造的新词"草木皆冰"。例[4]先把"唐"朝的"唐"谐音为蜜"糖"的"糖",顺势按近义临时仿造出"蜜人"。

2. 反义仿词

使用意义相反或相对的词素仿造新词语,是反义仿词。这种形式的仿词最多。例如:

[5]后来这终于从浅闺传到深闺里去了。(鲁迅《阿Q正传》)

[6]对嘛,文化革命就是改造人的大革命。那几年,我不就被改造成家庭妇男了吗?(陆文夫《人到中年》)

[7]凤姐笑道:"……你疼顾照看他们,谁敢说个'不'字儿?没的白便宜了外人。——我这话也说错了,我们看着是'外人',你却看着是'内人'一样呢!"说着,满屋里的人都笑了。(曹雪芹《红楼梦》)

例[5]比照"深闺"临时仿造出"浅闺",例[6]比照"家庭妇女"临时仿造出"家庭妇男",例[7]比照"外人"仿造出"内人"("内人"虽然不是新造出来的词语,但用在这个特定的语境中,与"外人"正好相反相对,也产生了仿词的修辞效果),都是反义仿词。

3. 类义仿词

使用意义相近或类似的词素仿造新词语,是类义仿词。例如:

[8]"这断子绝孙的阿Q!"远远的听得小尼姑的带哭的声音。

"哈哈哈!"阿Q十分得意的笑。

"哈哈哈!"酒店里的人也九分得意的笑。(鲁迅《阿Q正传》)

[9]这一套,不但汪精卫在演出,更严重的就是还有许多的张精卫、李精卫,他们暗藏在抗日战线内部……(毛泽东《反对投降活动》)

[10]所以当天从大伯父家吃晚饭回来,他醉眼迷离,翻了三五本历史教科书,凑满了一千多字的讲稿,插穿了两个笑话。这种预备,并不费心血,身血倒赔了些,因为蚊子多。(钱钟书《围城》)

例[8]比照"十分"临时仿造出"九分",充满了戏谑的语气。例[9]比照现成的"汪精卫",通过近义联想,临时仿造出"张精卫、李精卫",说明搞投降活动的人大有人在。例[10]比照"心血"临时仿造出"身血",说明蚊子之多。

(三)仿词的修辞作用

1. 新颖别致,幽默风趣

仿词是仿照现成的词语临时仿造一个相关联的新词,因此往往能给人耳目一新之感,又见出说话者的幽默风趣。例如:

[11]费先生一次对客挥毫,写孟浩然《过故人庄》,当写到"开轩面场圃,把酒话桑麻"一句时,不留神漏掉了一个"话"字,旁观者窃窃私语,皆有惋惜之情。费老这天喝了点儿酒,而酒后容易多说话,于是他拍拍脑袋连声说:"酒后失话!酒后失话!"并在词尾用小字补写了这四个字,以示阙如。(《演讲与口才》)

[12]正如"水感"特好的人有可能成为世界级游泳运动员一样,让有"球感"的人去打球踢球,有"生意感"的人去担任厂长经理,有"新闻感"的人去当记者,"群众感"特强的人当干部,这于本人于国家于事业都大有好处。(《文汇报》)

例[11]"酒后失话"是对"酒后失言"的仿拟之笔,然而其妙处在于:"酒后失话"这一仿词,既含酒后容易"失手"之意,又指酒后写字,漏失了一个"话"字。一语双关,机智幽默,含蓄巧妙,真可谓神来之笔。例[12]这一段文字中的"水感""球感""生意感""新闻感"和"群众感"等是仿"手感"一词创造出来的,读后颇能让人领略到一种"好戏连台"似的独特的幽默情趣。

2. 对比映衬，言简意丰

恰当使用仿拟，有助于揭示事物的矛盾对立或不同方面，用精要的语言表达丰富的内容，阐明作者的观点。例如：

[13]我不知道上了多少石级，一级又一级，是乐趣也是苦趣，好像从我有生命以来就在登山似的，迈前脚，拖后脚，才不过走完慢十八盘。（李健吾《雨中登泰山》）

[14]在旧金山唐人街，也曾巴巴地寻到一家卖炸酱面的中国餐馆，搓着手咂着舌要了一碗炸酱面。但端来以后，看不中看，吃不中吃，总觉得是赝面。（刘心武《炸酱面》）

例[13]依照"乐趣"临时仿造出"苦趣"，并将二者并用，巧妙地表达了作者苦中有乐、以苦为乐的情感。例[14]作者不说不够味儿、不地道，而是仿照"赝品"临时造出"赝面"，不仅表现出对中国文化的钟爱，而且用语新奇，富有趣味。

3. 尖锐辛辣，语含警策

运用仿词手法进行批评或批判，能使语言尖锐，意义深刻，鲜明地表达出作者的观点。例如：

[15]有些天天喊大众化的人，连三句老百姓的话都讲不出来，可见他就没有下过决心跟老百姓学，实在他的意思仍是小众化。（毛泽东《反对党八股》）

[16]满心"婆理"而满口"公理"的绅士们的名言暂且置之不论不议之列，即使真心人所大叫的公理，在现今的中国，也还不能救助好人，甚至于反而保护坏人。（鲁迅《论"费厄泼赖"应该缓行》）

例[15]仿照"大众化"临时造出"小众化"，善意地讽刺了那些只喊口号、不深入群众的领导干部的不良作风。例[16]是从熟语"公说公有理，婆说婆有理"中仿造出的"公理"和"婆理"，用来指观点对立的两方面。在这段话里，仿词"公理"又是"双关"用法，明指"公婆"之间"公公"的"公理"，暗指"社会公共道德规范"的"公理"，作者的观点不言自明。

九、设问

(一)什么是设问

在并无疑问的地方，故意提出问题，以引起读者的注意和思考，然后自己回答，是设问。例如：

[1]什么是路？就是从没路的地方践踏出来的，从只有荆棘的地方开辟出来的。（鲁迅《生命的路》）

[2]特务们，你们想想，你们还有几天？你们完了！快完了！你们以为打伤几个，杀死几个，就可以了事，就可以把人民吓倒了吗？其实广大的人民是打不尽的，杀不完的。（闻一多《最后一次演讲》）

[3]她像一只轻捷的小鸟一样飞走了。她刚一走，我就后悔了。晚上，校门

口——这不明明是约会吗？万一让人看见了还讲得清楚？她怎么敢？到底有什么事呢？对了，一定是想把那张照片要回去，可是照片还在吕宏手里哩！

（张抗抗《夏》）

例[1]先提出问题，然后做出回答；例[2]边设问边回答；例[3]连续提出问题，然后集中回答，用的都是设问。

(二)设问的修辞作用

设问是无疑而问，目的是引起读者的注意。有时，为了启发读者思索，文章的标题就是设问。如《"友谊"，还是侵略？》(毛泽东)，用一组反义词组成设问，鲜明地提出问题，启发人们思考。由于"友谊"用了引号，表面是设问，实际上答案已在其中。

有时，文章在不同段落的开头使用设问，不仅能吸引读者的注意，引发读者的思考，而且能使文章层次清楚，条理分明。例如：

[4]那么，死海海水的浮力为什么这样大呢？因为海水的咸度很高……

死海是怎样形成的呢？……便形成了今天世界上最咸的咸水湖——死海。

（《死海不死》）

有时，文章还用设问作为过渡，起到承上启下的作用。如毛泽东《在延安文艺座谈会上的讲话》一文，在分别论述了文艺批评的两个标准之后，用了一个设问：

[5]又是政治标准，又是艺术标准，这两者的关系怎么样呢？

这样，文章就很自然地从什么是"政治标准"和"艺术标准"过渡到对这两个标准关系的论述。

有时，为了增强语言的气势，突出主要观点，也可以采用列举设问或逐层设问的方式。例如：

[6]谁是我们的敌人？谁是我们的朋友？这个问题是革命的首要问题。（毛泽东《中国社会各阶级分析》）

[7]曾子的这段话包含着两个推论，所以我们可以把它译成问答句：士为什么要宏大坚定？因为他们任重道远。为什么说他们任重？因为他们是把仁当做自己的人生责任的。又为什么道远？因为他们除非死掉，不然就不能卸下这副担子。这就是自讨苦吃式的崇高。（鲍鹏山《孔子：黑暗王国里的残烛》）

例[6]通过列举设问，把文章要论述的主题明确地告诉了读者，给读者留下思考的空间。例[7]通过逐层设问，层次分明地展示了曾子的主要观点。

十、反问

(一)什么是反问

用疑问的形式表达某种确定的意思，只问不答，是反问，也叫反诘或激问。语法中讲到的反问句，运用的就是反问修辞格。例如：

[1]不劳动，连棵花也弄不活，这难道不是真理吗？（老舍《养花》）

[2]没有这种对现存社会的文化批判、道德批判与政治批判，马克思主义学说不

就黯然无光了么?(鲍鹏山《老子:颠倒的世界和扭曲的哲学》)

这两句话表面看是疑问,但与一般有疑而问、要求回答的句子不同;它只是出于修辞的需要,明知故问,答案已在其中了。

(二)反问的类型

1. 否定式反问

用否定的形式进行反问,表达的是肯定的意思。例如:

[3]池水涟漪,莺花乱飞,谁能说它不美呢?(郭沫若《习习谷风》)

[4]射箭要看靶子,弹琴要看听众,写文章做演说倒可以不看读者不看听众么?

(毛泽东《反对党八股》)

例[3]用否定的形式表达肯定的意思,说明这样的景色很美。例[4]先用两个喻体,然后通过否定的反问引出本体,表达了非常强烈的肯定的意思:写文章做演说一定要看读者看听众。

2. 肯定式反问

用肯定的形式进行反问,表达的是否定的意思。例如:

[5]有学问,有文采,有热心肠的学者,求之当世能有几人?于是我想起了从前的一段经历,笔而记之。(梁实秋《记梁任公先生的一次演讲》)

[6]惨象,已使我目不忍视了;流言,尤使我耳不忍闻。我还有什么话可说呢?

(鲁迅《记念刘和珍君》)

例[5]用肯定的形式表达了"这样的学者没有几人"这一否定的意思。例[6]用肯定的形式表达了"没有什么话可说"这一否定的意思。

有时,为了增强语言的表达效果,可以把肯定形式和否定形式连用。例如:

[7]当你在积雪初融的高原上走过,看见平坦的大地上傲然挺立这么一株或一排白杨树,难道你就只觉得它只是树?难道你就不想到它的朴质,严肃,坚强不屈,至少也象征了北方的农民?难道你竟一点也不联想到,在敌后的广大土地上,到处有坚强不屈,就像这白杨树一样傲然挺立的守卫他们家乡的哨兵?难道你又不更远一点想到,这样枝枝叶叶靠紧团结,力求上进的白杨树,宛然象征了今天在华北平原纵横决荡、用血写出新中国历史的那种精神和意志?(茅盾《白杨礼赞》)

这段文字用了四个反问,第一个是肯定形式的,其他三个是否定形式的,两者相结合,作者的赞美之情表现得非常充分。

(三)反问的修辞作用

1. 加强语气,发人深思

反问是用疑问的形式表达确定的意思,比直说语气更强烈,能够发人深思,激发感情,增强文章的气势和说服力。例如:

[8]"小陈"不是他的名字,只是他的姓。至于他的名字叫什么,我也不知道。这真是件遗憾的事情!可是,这没有关系,在我们的记忆中,这样的无名英雄

不是还很多吗？（峻青《黎明的河边》）

　　[9]敢于这样做的人，难道不是一个英雄吗？可以肯定地说是一个英雄，一个大
　　　　大的英雄。（翦伯赞《内蒙访古》）

例[8]的反问如果直接说成"这样的无名英雄还有很多"，语气就平淡多了。例[9]先
用否定的反问表达肯定的意思，然后又从正面进一步申说，语气强烈，引人深思。

　　2. 观点鲜明，印象深刻

　　作者通过反问鲜明地表达自己的观点，比直接表达更能给读者留下鲜明的印象。
例如：

　　[10]要学腌泡菜蒸馒头切土豆丝，需要去中科院问博士生导师吗？（鲍鹏山《孔
　　　　子：黑暗王国的残烛》）

　　[11]事实上，想想看，如果我有什么不良企图，怎么可能跟他们认老乡？再说，
　　　　既然我要认，又怎么可能听他们说了很多之后再认？还有，既然我一听到
　　　　就认，又怎么可能听到什么前因后果的？（麦家《暗算》）

例[10]的反问，实际上是强调不需要，观点鲜明，语带讥讽。例[11]连续使用三个
反问，反复强调自己的观点，能给读者留下深刻的印象。

（四）一般疑问句和设问、反问的区别

　　一般疑问句是有疑而问，是向别人提出问题，希望别人给予解答。设问和反问
都不是有疑而问，它们是为了增强语言的气势，提高语言的表达效果而采用的一种
无疑而问的表达方式。

　　设问和反问虽然都是无疑而问，但也有不同。设问是自问自答，先提问然后自
己回答；反问是只问不答，答案就在问句当中。例如：

　　[12]我用什么方法来报答母亲的深恩呢？我将继续尽忠于我们的民族和人民，尽
　　　　忠于我们的民族和人民的希望——中国共产党，使和母亲同样生活着的人能
　　　　够快乐的生活。这是我能做到的，一定能做到的。（朱德《回忆我的母亲》）

　　[13]然弭谤莫如自修，人讥我腐败，而我不腐败，问心无愧，于我何损？（蔡元
　　　　培《就任北京大学校长之演说》）

例[12]先提出问题，接着给出问题的答案，是设问。例[13]只提出问题，答案就暗
含在问题当中，用的是反问。

十一、对偶

（一）什么是对偶

　　把结构相同或相似、字数相等、意义相关联的两个短语或句子成对地排列起来，
叫对偶。例如：

　　[1]有一副对子是替这种人画像的。那对子说："墙上芦苇，头重脚轻根底浅。
　　　　山间竹笋，嘴尖皮厚腹中空。"（毛泽东《改造我们的学习》）

这副对子，"墙上"对"山间"，"芦苇"对"竹笋"，"头重脚轻"对"嘴尖皮厚"，"根底

浅"对"腹中空"，它们结构相同（都是主谓句），字数相等，意义上相互补充，是个非常工整的对偶。

(二)对偶的类型

1. 正对

构成对偶的两个短语或句子是从两个角度、两个侧面说明同一个事理，在内容上互相补充。例如：

[2]攻城不怕坚，读书莫畏难。（叶剑英《攻关》）

[3]春天繁花开遍峡谷，秋天果实压满山腰。（碧野《天山景物记》）

例[2]通过攻城的道理说明读书同样要有顽强的战斗精神，对得十分工整。例[3]从春秋两个季节说明天山的美好，内容互相补充，也很工整。

2. 反对

从正反对立的两个方面说明同一事理，在内容上相反或相对。例如：

[4]横眉冷对千夫指，俯首甘为孺子牛。（鲁迅《自嘲》）

[5]这排排串串的珍珠，使天上银河失色，叫满湖碧水生辉。（谢璞《珍珠赋》）

例[4]"横眉冷对"对"俯首甘为"，"千夫指"对"孺子牛"，通过意思上的相反相对，表现了鲁迅先生对待敌人和对待人民的两种截然不同的态度。例[5]一是"失色"，一是"生辉"，两相对比，突出了珍珠的美丽。

3. 串对

构成对偶的两句有承接、假设、因果、条件等关系的，是串对。例如：

[6]才饮长沙水，又食武昌鱼。（毛泽东《水调歌头·游泳》）

[7]春种一粒粟，秋收万颗子。（李绅《古风二首》）

[8]野火烧不尽，春风吹又生。（白居易《赋得古原草送别》）

[9]为有牺牲多壮志，敢教日月换新天。（毛泽东《七律·到韶山》）

(三)对偶的修辞作用

对偶修辞格，充分体现了汉语是音节文字、容易整齐划一、句法灵活等特点，因此，我国古代诗文里很早就出现了这种修辞格。不过，在旧诗文里，对偶要求相当严格，除结构相同、字数相等、意思密切相关外，还要求词性相对、平仄相对、字不重复。现代文章对对偶的要求就比较宽了。例如：

[10]我常想：杨柳婀娜多姿，可谓妩媚极了，桃李绚丽多彩，可谓鲜艳极了，但它们只是给人一种外表好看的印象，不能给人以力量。（陶铸《松树的风格》）

[11]惨象，已使我目不忍视了；流言，尤使我耳不忍闻。（鲁迅《记念刘和珍君》）

例[10]结构相同，字数相等，但有重复使用的字；例[11]不仅有重复的字，而且字数也不相同，但从表达的意思看，它们都属于对偶。

文章标题、新闻标题中常常使用对偶修辞格，以提高对读者的吸引力。例如：

[12]许海峰百步穿杨居魁首　曾国强力举千钧占鳌头（《中国青年报》）

[13]群山绕城终年翠　两江合抱水悠悠（《人民日报·海外版》）

从形式上说，恰当使用对偶，可以使语言形式整齐，结构匀称，形成整齐的美；从语音上说，对偶一般上下句押韵，同一句中平仄相间，因此能够使音律和谐，朗朗上口，形成音乐美；从表意上说，恰当使用对偶，可以使语言简洁、凝练、含蓄，产生言简意赅的表达效果。

十二、排比

(一)什么是排比

把结构相同或相似、内容相关、语气一致的三个或三个以上的短语或句子排列起来，叫排比。例如：

> [1]我们从古以来，就有埋头苦干的人，有拼命硬干的人，有为民请命的人，有舍身求法的人。(鲁迅《中国人失掉自信力了吗》)

这句话，围绕有自信力的人这一内容，用"有……的人"这一相同的结构，将四个短语组成排比，既强调了所要表达的内容，又增强了语言的气势。

(二)排比的类型

排比包括短语排比、单句形式的排比和复句形式的排比三种。

1. 短语排比

由句子当中的短语构成的排比。例如：

> [2]在这千万被压榨的包身工中间，没有光，没有热，没有温情，没有希望……没有人道。(夏衍《包身工》)
>
> [3]国家的统一，人民的团结，经济的发展，社会的进步，越来越要求语言、文字的规范化、标准化。(钟怀《开放搞活和语言障碍》)
>
> [4]那猴在山中，却会行走跳跃，食草木，饮涧泉，采山花，觅树果……(吴承恩《西游记》)

例[2]是用五个"没有……"形式的动宾短语构成的排比。例[3]和例[4]中虽没有词语的重复，但有相似的结构(分别是偏正短语和动宾短语)，也是排比。

2. 单句形式排比

由单句形式构成的排比。例如：

> [5]狂风吹不倒它，洪水淹不没它，严寒冻不死它，干旱旱不坏它。(陶铸《松树的风格》)
>
> [6]风雪一天比一天大，人们的干劲一天比一天猛，砍下的毛竹一天比一天堆得高，为竹滑道修的架在两座高山之间的竹桥，也一天比一天往上长。(袁鹰《井冈翠竹》)

3. 复句形式排比

由复句形式构成的排比。例如：

> [7]这里叫洋八股废止，有些同志却实际上还在提倡；这里叫空洞抽象的调头少

唱，有些同志却硬要多唱；这里叫教条主义休息，有些同志却叫它起床。（毛泽东《反对党八股》）

[8]前后就几分钟的时间，我看到的他，既像个孩子，又像个疯子；既可笑，又可怜；既蛮横，又脆弱。（麦家《暗算》）

以上两句都是用并列关系的复句形式构成的排比。

（三）排比的修辞作用

一般说来，排比的各项之间是并列关系，但有时也有先后、大小、轻重等区别，这时就要注意它们的排列顺序。例如：

[9]它们滑下溪水，转入大河，流进赣江，挤上火车，走上迢迢的征途。（袁鹰《井冈翠竹》）

[10]这种作风，拿了律己，则害了自己；拿了教人，则害了别人；拿了指导革命，则害了革命。（毛泽东《改造我们的学习》）

例[9]构成排比的五个短语在时间上有先后，顺序不能颠倒。例[10]从"律己"到"教人"到"指导革命"，从"自己"到"别人"到"革命"，范围逐渐扩大，危害也越来越大，前后顺序也不能颠倒。

排比往往给人一气呵成之感，语言畅达，节奏感强，有气势，能增强文章的说服力和感染力。用它说理，可以把道理论述得周密深刻，条理清楚，富有说服力；用它抒情，可以把感情抒发得淋漓尽致，强烈深沉，富有感染力。例如：

[11]想不到我的黄山三日之游，饱览世间罕有的美景，最后还看到西海门这样伟丽的景光，等于观剧，这是一幕声容并茂的压轴；等于聆乐，这是一阕高唱入云的终奏；等于读文章，这是一个笔力万钧的收煞。（黄秋耘《黄山秋行》）

[12]小燕子一眨也不眨地看着乾隆，老天！这是天底下最大的人物啊！是仅次于神的人物啊！是打个喷嚏就会惊天动地的人物啊！是老百姓从来没有福分接近的人物啊！是整个天下的主子啊——小燕子喘着气，不敢相信地，小声地问道：

　　　"你是皇上？你真的是皇上？当今的皇上？乾隆皇上？"（琼瑶《还珠格格》）

例[11]比喻兼用排比，生动地赞美了西海门的美景，给读者留下丰富的想象空间。例[12]的第一个排比是由四个感叹句一气呵成的，充分表达了小燕子第一次见到皇上时那种感叹、激动的心情；第二个排比句是由四个疑问句构成的排比，进一步表达了小燕子第一次见到皇上时那种不敢相信、无比激动的感情。

演讲词中常常使用排比，用来增强语言的感染力，给听者留下深刻的印象。比如马丁·路德·金的《我有一个梦想》，在讲到有人问热心民权运动的人什么时候才能满足时，连续使用四句"只要黑人……我们就绝不会满足"独立成段，强烈地表达了黑人渴求民主、自由、平等的愿望；而当说到自己的梦想时，连续六次用"我梦想有一天"开头，将情感的表达推向高潮，也给全场的听众以深深的震撼。

十三、反复

(一)什么是反复

为了强调某个意思,突出某种感情,有意重复使用某些词语或句子,叫反复。例如:

[1]沉默呵,沉默呵!不在沉默中爆发,就在沉默中灭亡。(鲁迅《记念刘和珍君》)

[2]当我们让自由之声响起来时……合唱一首古老的黑人灵歌:"终于自由啦!终于自由啦!感谢全能的上帝,我们终于自由啦!"(马丁·路德·金《我有一个梦想》)

例[1]重复使用"沉默呵",强烈地表达了作者要"在沉默中爆发"的愤慨心情。例[2]重复咏唱"终于自由啦",表达了全体黑人对自由强烈的渴望和呼唤。

(二)反复的种类

1. 连续反复

接连重复相同的词语或句子,中间没有间隔,就是连续反复。例如:

[3]盼望着,盼望着,东风来了,春天的脚步近了。(朱自清《春》)

[4]你看,你看,这不是又一批新砍的毛竹滑下山来了吗?(袁鹰《井冈翠竹》)

例[3]接连重复"盼望着",例[4]连续使用"你看",用的都是连续反复。

2. 间隔反复

反复使用的词语或句子中间,隔有其他的词语或句子,是间隔反复。例如:

[5]在布热金卡,本来不该有阳光照耀,不该有光亮,不该有碧绿的草地,不该有孩子们的嬉笑……(罗森塔尔《奥斯维辛没有什么新闻》)

[6]始终微笑的和蔼的刘和珍君确是死掉了,这是真的,有她自己的尸骸为证;沉勇而友爱的杨德群君也死掉了,有她自己的尸骸为证;只有一样沉勇而友爱的张静淑君还在医院里呻吟。(鲁迅《记念刘和珍君》)

例[5]反复说"不该有",例[6]反复说"有她自己的尸骸为证",用的都是间隔反复。

有时,在不同的段落里重复使用相同的词语或句子,也属于间隔反复。例如:

[7]我应该感谢母亲,她教给我与困难作斗争的经验……

我应该感谢母亲,她教给我生产的知识和革命的意志,鼓励我以后走上革命的道路。(朱德《回忆我的母亲》)

这两段话反复说"我应该感谢母亲",不仅充分表达了对母亲的感激之情,而且使文章条理清楚,节奏感强。

(三)反复的修辞作用

有时,连续反复和间隔反复可以交错使用,能取得更好的修辞效果。例如:

[8]少顷,看见大路上黄尘滚滚,一辆摩托车驰过;少顷,又是一辆;少顷,又是一辆;又是一辆;又是一辆……车中人看不分明,但见金边帽。(鲁迅《马中日记》)

先是间隔反复，接着又是连续反复，突出了所见车辆之多。

有时，间隔反复也可以和排比结合在一起使用。例如：

[9] 革命斗争的烈火映红了长江，映红了安源，映红了井冈，映红了草地雪山，
　　映红了陕北、华北、中原、江南。（毛岸青、邵华《我们爱韶山的红杜鹃》）

五个短语结构相同，又反复使用"映红了"，是排比和反复的合用。二者用在一起，
思想突出，气势磅礴。

恰当使用反复，不仅可以增强语言的节奏感，产生音乐美，而且可以突出表达
重点，抒发强烈感情，达到好的表达效果。

练习五

一、试举例说明什么是设问和反问，并归纳二者的主要区别。

二、指出下列各句中仿词的类别，说说它们的表达效果。

(1) 读者一定会觉得这是一条"新闻"吧，其实却是一条"旧闻"。

(2) 假使依有人所说，牡丹是中国的"国花"，那么，这就可以算是中国的"国
骂"了。

(3) 作诗的人，叫"诗人"；说作诗的话，叫"诗话"。李有才作出来的歌，不是
"诗"，明明叫做"快板"，因此不能算"诗人"，只能算"板人"。

(4) 五儿急的便说："那原是宝二爷屋里的芳官给我的"。林之孝家的便说："管
你'芳官''圆官'！现有赃证！我只呈报了，凭你主子前辩去！"

三、对偶、排比、反复是比较接近的三种修辞格，有时常常结合在一起使用，有时
不太容易区分。下列各句用了哪一种修辞格？说说它们的修辞效果。

(1) 风声、雨声、读书声，声声入耳。家事、国事、天下事，事事关心。

(2) 刚才还是白云朵朵，阳光灿烂，一霎间却又是乌云密布，大雨倾盆。

(3) 读史使人明智，读诗使人聪慧，演算使人精密，哲理使人深刻，伦理学使人
有修养，逻辑修辞使人长于思辨。

(4) 虚心使人进步，骄傲使人落后，我们应当永远记住这个真理。

(5) 这小燕子，便是我们故乡的那一对，两对么？便是我们今春在故乡所见的那
一对，两对么？

(6) 风在吼，马在叫，
黄河在咆哮，
黄河在咆哮！
河西山冈万丈高，
河东河北高粱熟了。
万山丛中，
抗日英雄真不少！
青纱帐里，
游击健儿逞英豪！

端起了土枪洋枪，

挥动着大刀长矛。

保卫家乡，

保卫黄河，

保卫华北，

保卫全中国！

四、下边各段综合运用了多种修辞格，试分别指出来，并作简要说明。

(1)曲曲折折的荷塘上面，弥望的是田田的叶子。叶子出水很高，像亭亭的舞女的裙。层层的叶子中间，零星地点缀着一些白花，有袅娜地开着的，有羞涩地打着朵儿的；正如一粒粒的明珠，又如碧天里的星星，又如刚出浴的美人。微风过处，送来缕缕清香，仿佛远处高楼上渺茫的歌声似的。

(2)皇阿玛，我哪有时间商量出"对策"呢？我前脚才进门，皇后娘娘后脚就进了门，我心里一慌，吓得钻到桌子底下，又被皇后娘娘发现了，一脚踩在手指上，我现在手指大概都断了，痛得直冒冷汗，还有什么策不策呢？我倒楣嘛！做不得一点点错事，自己梳了满头小辫子，还在那招摇，以为没有人抓得到我的小辫子！现在满头小辫子被人扯得乱七八糟，头也痛，手也痛，心也痛——什么都顾不得了！故事编不出来，谎话也说不出来，就算有"对策"，现在也变成"错策"了！

(3)秋天了，成熟的果实却低下了头，它不是在孤芳自赏，也不是在自我陶醉，更不是在哀泣自己将跌落枝头。它是在想：我是怎样成熟的呢？

不是风，我怕早已霉烂了；

不是雨，我怕早已干瘪了；

不是光，我怕早已苍白了；

不是热，我怕早已推停了。

世界上有不经过风吹雨打而成熟的果实吗？

世界上有不经过光射日晒而成熟的果实吗？

第六章 标 点

第一节 标点符号的性质、作用和种类

一、标点符号的性质

标点符号也叫标点，是辅助文字记录语言的符号，是现代书面语里不可缺少的部分。交通标志、产品代号、数理化符号、科技符号等都不是记录语言的，所以都不是标点。标点在现代书面语里不是可有可无的，而是一定要有的。因为只靠文字来记录语言常常是不够的，还需要标点来帮助。古书不用标点读起来很吃力；现代白话文如果不用标点，有时别人也很难完全看懂。朱自清说："白话文之所以为白话文，标点符号是主要的成分之一。""我们说话时得靠种种声调姿势帮助；写作时失去这种帮助，标点符号可以替代一部分。明白这个道理，便知道标点符号跟文字的关系是有机的——后'加'上去，就不是有机的了。"（《写作杂谈》）近些年，有人提倡"无标点文字"，主张写文章不用标点。这是要退回到文言文的时代，这种主张无法得到多数人的赞同。

二、标点符号的作用

（一）表示停顿

说话时句子完了之后要有停顿，句子里面也常常有大小不等的停顿。在书面语中，这些停顿要用标点来表示。例如：

[1]我没有亲见；听说，她，刘和珍君，那时是欣然前往的。（鲁迅《记念刘和珍君》）

有时，同一段文字用了不同的标点，表示的停顿不同，意思也就不同。例如：

[2]北京队打败了上海队，获得了冠军。

[3]北京队打败了，上海队获得了冠军。

例[2]是说北京队获胜了，例[3]是说上海队获胜了。

（二）表示语气

每个句子都有语气，说话时要用不同的语调来表示，在书面语中就要靠标点。例如，有人问："明天参观，你不去？"如果回答："是，我不去。"句子末尾用了句号，表示陈述语气，意思是明天我不去参观。如果回答："我不去？"句子末尾用了问号，表示反问语气，意思是谁说我不去参观，我要去参观。

（三）标明需要标明的词句

文章中有些词句和通常的用法不同，带有某种特殊性质。为了使表达精确，便

于读者理解，就要用标点来标明。例如：

　　[4]"啊！你管哪！我有要紧的事。""嗬！猴崽子！真横啊！有什么要紧的事？""我打
　　　山东来，我是上京赶考的，要是晚了，进不去考场，不就把我这前三名耽误
　　　了吗？"

　　　　"你就知道你能得中前三名？""啊！没这把握大老远的谁上这儿来呀！"
"现在考场也关了门啦，你进不去呀！""进不去我不会砸门吗？"（单口相声《连
　　升三级》）

这一段是张好古和魏忠贤的对话，一问一答，各用引号标明。如果不用引号，问话
和答话就很难分清。

三、标点符号的种类

　　常用的标点符号有16种，分为点号和标号两大类。

(一)点号

　　点号的作用是点断，表示说话时的停顿和语气。点号分为句末点号和句内点号。
句末点号用于句末，有句号、问号和叹号3种，表示句末的停顿，同时表示句子的语
气。句内点号用于句内，表示句子内部的停顿，有逗号、顿号、分号和冒号4种。

(二)标号

　　标号的作用是标明，标明需要标明的词、词组和句子，有的标号也可以表示某
种停顿和语气。标号有引号、括号、破折号、省略号、着重号、连接号、间隔号、
书名号、专名号9种。

练习一

一、结合你自己阅读和写作的经验，说明标点符号的重要性。
二、有人主张"无标点文字"，也就是写文章不用标点。谈谈你对这个问题的看法。
三、什么是点号？什么是标号？点号和标号各有哪几种符号？
四、给下面这段文章加上标点。

　　俗话说一勤天下无难事唐代文学家韩愈说业精于勤学业的精深造诣来源于勤勤就
是要珍惜时间勤于学习勤于思考勤于探索勤于实践古今凡有建树者无不成功于勤
勤出成果马克思写资本论辛勤劳动40年阅读了数量惊人的书籍其中作过笔记的就
有1500种以上司马迁著史记从20岁起就开始周游足迹遍及黄河长江流域汇集了
大量的社会素材和历史素材为史记的创作奠定了基础歌德花了58年时间搜集了大
量材料写出了对世界文学界和思想界产生很大影响的诗剧浮士德我国现代数学家
陈景润在攀登数学高峰的道路上翻阅了国内外的上千本有关资料通宵达旦地看书
学习取得了震惊世界的成就上海一个女青年坚持自学十年如一日终于考上了高能
物理研究生可见任何一项成就的取得都是与勤分不开的古今中外概莫能外

第二节　点号的用法

一、句号

　　句号的形式是小圆圈，这是从我国古代的句读符号继承下来的。它的辅助形式是小圆点，这是从西方语文里借来的，一般用在科技文献中。

　　句号表示陈述句末尾的停顿。例如：

　　[1]我们伟大的祖国已经走过了五千年的历程。

　　[2]第二天下午四时。

　　[3]奋斗就会有艰辛，艰辛孕育新的发展。

　　[4]人们都在灯下匆忙，但窗外很寂静。

例[1]和例[2]是单句，例[3]和例[4]是复句，它们的末尾都用了句号。

　　语气舒缓的祈使句的末尾用句号，例如：

　　[5]"小栓——你坐着，不要到这里来。"

　　[6]"煎好了，凉在这儿好半天啦。（递药给繁漪）您喝吧。"

二、问号

　　问号表示疑问句末尾的停顿。例如：

　　[1]张先生，明天你去香港吗？

　　[2]刚才，四老爷和谁生气呢？

　　[3]去好呢，还是不去好呢？

　　[4]这样看问题对不对？

例[1]是是非问句，例[2]是特指问句，例[3]是选择问句，例[4]是反复问句。这四个句子都是疑问句，末尾都用了问号。不是提出问题要求回答的句子，虽然用了表示疑问的词语，也不是疑问句，末尾也不用问号。例如："我知道你在想什么。"这是个陈述句，末尾用了句号。

　　反问句的末尾一般用问号。例如：

　　[5]海市不出来，难道我们不能到海市经常出现的地方去寻寻看么？

　　[6]晚上看客少，铁头老生也懈了，谁肯显本领给白地看？

三、叹号

　　叹号表示感叹句末尾的停顿。例如：

　　[1]为祖国的繁荣昌盛而奋斗！

　　[2]伟大的中国人民万岁！

　　语气强烈的祈使句的末尾用叹号。例如：

　　[3]打！打！延伸射击！

[4]不许动！举起手来！

语气强烈的反问句的末尾可以用叹号。例如：

[5]我哪里比得上他呀！

四、逗号

逗号表示句子内部的停顿，可以是单句内部的停顿，也可以是复句里分句之间的停顿。逗号表示单句内部的停顿的如：

[1]参加世界乒乓球锦标赛的我国运动员，昨晚乘火车启程回国。

[2]实践已经充分证明，只有社会主义才能救中国。

[3]今天，我们举行集会隆重庆祝中华人民共和国成立60周年。

例[1]的逗号表示主语和谓语之间的停顿，例[2]的逗号表示述语和宾语之间的停顿，例[3]的逗号表示状语后面的停顿。逗号表示复句里分句之间的停顿的如：

[4]这是全国各族人民的盛大节日，也是检阅我们成就和力量的庄严典礼。

[5]据说苏州园林有一百多处，我到过的不过十多处。

五、顿号

顿号表示句子内部并列词语之间的停顿。例如：

[1]勤劳、勇敢、智慧的中国人民在党的领导下，在古老的华夏大地上创造了举世惊叹的人间奇迹。

[2]在保卫国家安全、维护祖国统一和参加国家经济建设、完成抢险救灾等任务中，人民军队作出了重要贡献。

例[1]里的"勤劳、勇敢、智慧"是并列的词，例[2]里的"保卫国家安全、维护祖国统一"和"参加国家经济建设、完成抢险救灾"是并列的词组。这些并列词语间的停顿都用了顿号。

顿号表示的停顿很小，从作用来说，一个顿号相当于一个"和""跟""及"之类的连词。一般地说，只有两项的联合词组，中间多用"和"类连词，用了"和"类连词就不要再用顿号。如果是多项的联合词组，前几项间用顿号，最后两项间用"和"类连词。例如：

[3]科技、教育、文化、卫生、体育和计划生育等各项社会事业取得可喜成绩。

六、分号

分号表示复句内部并列分句之间的停顿。分号表示的停顿比逗号大，比句号小。使用分号主要是为了分清结构层次。例如：

[1]做，要靠想来指导；想，要靠做来证明。

[2]一根普通电话线，只能通三路电话；一条微波线路，可通十万路电话；而一条激光通讯线路，可以通一亿路电话！

[3]小芹去洗衣服，马上青年们也都去洗；小芹上树采野菜，马上青年们也都

去采。

例[1]和例[2]都是单重复句，例[1]有两个并列分句，例[2]有三个并列分句。并列分句间的停顿用了分号。例[3]是多重复句，第一层是并列关系，第一层的分句间用了分号。

在非并列关系的多重复句内有时也可以用分号。例如：

[4]不错，这样的人往往经验很多，这是很可宝贵的；但是如果他们就以自己的经验为满足，那也很危险。

[5]人还没看见，已经先听见歌声了；或者人已经转过山头望不见了，歌声还余音袅袅，不绝如缕。

这两个句子都是多重复句，例[4]是转折复句，例[5]是选择复句，第一层的分句间都用了分号。

七、冒号

冒号是两个小圆点，上下排列，位置偏下。它和数学里的比号不同，比号也是两个小圆点，上下排列，可是位置居中。下面是使用比号的例子：$21:7=3:1$。

冒号表示句子内部比较大的停顿，用来提起下文。例如：

[1]毛泽东在延安整风时就强调："应确立以研究中国革命实际问题为中心，以马克思列宁主义基本原则为指导的方针，废除静止地孤立地研究马克思列宁主义的方法。"

[2]下午，他拣好了几件东西：两条长凳，四个椅子，一副香炉和烛台，一杆抬秤。

[3]拉车的人们，只要今天还不至于挨饿，就懒得去张罗买卖：有的把车放在有些阴凉的地方，支起车棚，坐在车上打盹；有的钻进小茶馆去喝茶；有的根本没拉出车来，只到街上看看有没有出车的可能。

冒号也用来总结上文。例如：

[4]九斤老太自从庆祝了五十大寿以后，便渐渐的变了不平家，常说伊年青的时候，天气没有现在这般热，豆子也没有现在这般硬：总之现在的时世是不对了。

练习二

一、说明句号、问号、叹号的共同点和不同点。

二、有疑问词语"谁""什么""怎么"等的句子，如何判断哪些是疑问句，哪些不是疑问句？

三、带有感情的句子，哪些要用叹号？哪些不用叹号？

四、说话时有停顿的地方，哪些地方要用逗号？哪些地方不用逗号？

五、并列词语间的停顿，一般用顿号，可有时也用逗号。请说明：什么时候用逗号？什么时候用顿号？

六、"分号表示复句内部并列分句之间的停顿。"怎么理解这个定义？

七、举例说明冒号的主要用法。

八、改正下列各句内标点使用不当的毛病。

(1)美国著名电影表演艺术家查尔顿·赫斯顿订于 15 日来北京人艺执导《哗变》，对这位蜚声世界影坛的人物，我国观众由于看他的片子不多，对于他的经历还不太了解，特做简短介绍以飨读者。

(2)两年前，我当兵来到溺水河边。从事的工作是种菜，说起种菜，对我这个农村娃来说，并不陌生。

(3)原民丰瓷厂是军转民企业，1993 年建厂，由于经营管理不善，企业四年亏损了 4000 多万元，1200 名职工下岗。

(4)他在仔细辨别这种声音是从哪里传来的？那个黑影是什么东西？脚印有没有可疑之处？

(5)老人感动地说："有这么热心的民警，有这么多好街坊，我呀！还得活一阵子呢！"

九、改正下列各句内分号使用不当的毛病。

(1)从去年北京电影市场的消费走向看，轻松、幽默、摄影技巧独特、表现手法新颖的影片；讲平凡人说平凡事、表演风格朴实自然的片子，观众都比较喜欢。

(2)面对这块令人眼花缭乱的"肥肉"，无孔不入的黄金走私分子，挖空心思，百般钻营，把贪婪的黑爪伸进这个交通并不方便的大山沟。外埠的、本地的；团伙的、单帮的；坐地收购的、转手倒卖的、长途贩运的……五花八门的走私活动，从春到冬，一年到头，活跃在这条罪恶的黑道上。

(3)这次同时再版的还有：周立波的《山乡巨变》；马识途的《清江壮歌》；沙汀的《沙汀短篇小说集》；和艾芜的《艾芜短篇小说集》等作品。

(4)叙述，震撼了一位医生的心；震撼了共产党员的责任感，他决心探索进行内耳手术的路。

(5)只有做到这一点，才能避免谷贱伤农，保护农民利益；才能掌握粮源，促进粮食购销企业顺价销售。

第三节　标号的用法

一、引号

引号分双引号和单引号两种。横行文章里的引号是蝌蚪形。一般用双引号（" "）。需要用两层引号时，外面一层用双引号，里面一层用单引号（' '）。例如：

[1]"先生，'怪哉'这虫，是怎么回事？……"我上了生书，将要退下的时候，赶忙问。

每组引号都有前后两部分，前面的叫前引号，后面的叫后引号。

引号标明文章中直接引用的话。例如：

[2]恩格斯说："运动本身就是矛盾。"

[3]往前走，是五组六十二级的汉白玉大石阶，迎面墙壁上镶嵌着以毛主席的《沁园春·雪》为主题的巨幅国画。画的一边是一片白茫茫的群山，"山舞银蛇，原驰蜡象"；画的另一边，在云海苍茫中旭日东升，照耀着大地，显得"江山如此多娇"。

要区分引用和转述：引用是把别人的话不加改动地用在自己的文章里，转述是用自己的话把别人的意思说出来。引用要用引号，转述不用引号。下面的例[4]是引用，例[5]是转述：

[4]老人说："我儿子是工人，出来好几年了。我是第一次来抚顺。"

[5]老人说，她儿子是工人，出来好几年了，她是第一次来抚顺。

要注意引文末尾的点号和后引号的先后：凡是完整地引用别人的话，而又作为独立的句子来使用，末尾的点号要放在后引号的前面，如例[2]；凡是把引用的话作为叙述者的话的一部分，不作为独立的句子来使用，后引号的前面不用点号，如例[3]。后引号的后面要不要用点号，如果要用，用哪一种，要由句子的结构来决定。

引号还用来标明论述的对象或具有特殊含义的词语。例如：

[6]"一国两制"构想是邓小平理论的重要组成部分。其基本内容是在祖国统一的前提下，国家的主体坚持社会主义制度，同时在台湾、香港、澳门保持原有的资本主义制度和生活方式长期不变。

[7]而且他对于我，渐渐的又几乎变成一种威压，甚而至于要榨出皮袍下面藏着的"小"来。

例[6]的"一国两制"是这段话论述的对象。例[7]的"小"指自私。

二、括号

括号有圆括号（ ）、方括号［ ］、六面括号〔 〕、方头括号【 】等几种，最常用的是圆括号。每组括号都包括两部分，在前面的叫前括号，在后面的叫后括号。使用括号时两部分都要用，不要只用了一部分而忘了另一部分。

括号标明文章中注释性的话。例如：

[1]拍雪人（将自己的全形印在雪上）和塑雪罗汉需要人们鉴赏，这是荒园，人迹罕至，所以不相宜，只好来捕鸟。

[2]食物就是一种能够构成躯体和供应能量的物质，例如碳水化合物（包括糖、淀粉、纤维素）、蛋白质、脂肪等，它们既能构成躯体，又能在呼吸时被氧化而放出能量。

[3]趁着今天党校开学的机会，我讲了这许多话，希望同志们加以考虑。（热烈的掌声）

[4]果戈里作《巡按使》，使演员直接对看客道："你们笑自己！"（奇怪的是中国的译本，却将这极要紧的一句删去了。）

括号里面的话如果是注释词语的，这种括号叫句内括号。句内括号要紧贴在被注释的词语之后，如例[1]和例[2]，后括号的前面不能有点号。括号里面的话如果是注释整个句子的，这种括号叫句外括号。句外括号要放在句末的标点之后，如例[3]和例[4]，后括号的前面可以有句末点号。

三、破折号

破折号是一长横，占两个字的位置。

破折号标明文章中解释说明的语句。例如：

[1]河水流入死海，不断蒸发，矿物质沉淀下来，经年累月，越积越多，形成了今天世界上最咸的咸水湖——死海。

[2]激光的速度是一秒钟跑三十万公里，用三十万公里乘上所需时间，再除以二，就得出了地球与月球之间的距离——三十八万四千公里。

[3]圣诞和新年餐桌上的名菜——鹅肝、牡蛎、冰淇淋蛋糕，最为畅销。

[4]蝉的幼虫初次出现于地面，常常在邻近的地方徘徊，寻求适当的地点——一棵小矮树，一丛百里香，一片野草叶，或者一根灌木枝——脱掉身上的皮。

例[4]用破折号标明插在句子里面的话，它的前后要各用一个破折号，以便和上下文分开。

破折号和括号都可以标明解释说明的语句，但是有区别：破折号标明的是正文，比较重要；括号标明的不是正文，只是注释。

破折号还有其他的用法。例如：

[5]过了一会儿，又听见一个说："怎么，你们都走啦？难得来一趟，自由自在地洗个澡，也不多玩一会儿。——哎呀！我的衣裳哪儿去了？谁瞧见我的衣裳啦？"

[6]他们走不上二三十步远，忽听得背后"哑——"的一声大叫；两个人都竦然的回过头，只见那乌鸦张开两翅，一挫身，直向着远处的天空，箭也似的飞去了。

[7]高大的乔木——低矮的灌木——平坦的草甸，这种随着海拔的升高，呈现出

植物不同分布的现象，被称为"植物的垂直分布"。

例[5]标明话题的突然转变，例[6]标明声音的延长，例[7]标明连续关系。

四、省略号

省略号是六个小圆点，占两个字的位置。表示整段文字的省略，用十二个小圆点，占四个字的位置，单独一行。

省略号标明文章中词句的省略。例如：

[1]于是在震耳的炮声中，我们不禁齐声朗诵起来："……俱往矣，数风流人物还看今朝。"

[2]她起先责备于福管不了家，后来说小芹和吴先生是前世姻缘，还唱些什么"前世姻缘由天定，不顺天意活不成……"

[3]这句话像一道命令，人们都站起来了，一个，两个，三个……跑进风雨里。

[4]身旁小李早已沉不住气了，大声嚷着："分队长！分队长！……"

例[1]和例[2]标明引文的省略，例[3]标明列举的省略，例[4]标明重复词语的省略。

使用省略号时要注意：必须让读者知道的意思，不能省略，也就用不着省略号；不必让读者知道的意思，不说就算了，也不需要用省略号。只在那些有省略而且又要让读者知道有省略的地方，才用省略号。

省略号还表示说话的断断续续。例如：

[5]孔乙己便涨红了脸，额上的青筋条条绽出，争辩道，"窃书不能算偷……窃书！……读书人的事，能算偷么？"

如果省略号的前面是完整的句子，省略号要放在句末点号之后；如果前面不是完整的句子，就直接用省略号，不加其他点号。省略号的后面，一般不必再用句逗号。

五、着重号

着重号是小圆点。横行文章里标在字的下面，直行文章里标在字的右面。小圆点的点数和需要着重的字的字数相等。

着重号标明要求读者注意的字句。例如：

[1]语法和修辞的学习是只能帮助阅读和写作，不能替代阅读和写作的。

[2]党的中央纪律检查委员会的基本任务，就是要维护党规党法，整顿党风。

[3]帮闲，在忙的时候就是帮忙，倘若主子忙于行凶作恶，那自然也就是帮凶。

六、连接号

连接号的基本形式是一横（—），占一个字的位置，出版印刷界习惯叫它"一字线"。它还有另外两种形式，就是"半字线"（-）和"浪纹线"（～）。

连接号的作用是把意义密切相关的词语连成一个整体。一字线连接号主要用来连接词语。例如：

[1]根据比利时皇家科学院的倡议而举办的"中国—西方讨论会"今天下午在布鲁塞尔举行。

[2]在我国大力发展第三产业的问题，已经得到经济—社会发展战略决策人员和研究人员的重视。

半字线连接号用来连接号码、代号，前后多是隶属关系。例如：

[3]CH-53E是在CH-53D的基础上重新设计的更大型的重型起重直升机。

[4]1952 年 7 月 14 日，一艘新型航空母舰(CVA-54)在弗吉尼亚州纽波特纽斯船厂开工建造。

浪纹线连接号用来连接数字，表示数值范围。例如：

[5]马克·吐温(1835～1910)，美国进步作家。

[6]蚜虫可用 40％乐果乳剂 800～1000 倍溶液防治。

七、间隔号

间隔号是小圆点，用在被隔开的词语的中间，上下居中。

间隔号标明外国人和中国少数民族人名内各部分的分界。例如：

[1]尼古拉·哥白尼

[2]爱新觉罗·努尔哈赤

间隔号还用来表示书名与篇(章、卷)名之间的分界。例如：

[3]史记·项羽本纪

[4]孟子·梁惠王上

在文章标题或书刊名中，间隔号还用来标明并列词语间的分界。例如：

[5]狗·猫·鼠

[6]课程·教材·教法

并列词语间的停顿本来用顿号，可是在标题中为了醒目也常用间隔号。

八、书名号

书名号是尖角式，有单双两种，一般用双尖角。当书名号内还要用书名号时，外面用双尖角，里面用单尖角，如《〈呐喊〉自序》。书名号的另一种形式是浪纹式，用在古籍和某些文史著作里面。

书名号标明书名、篇名、报刊名等。例如：

[1]《西游记》的作者是吴承恩。

[2]你读过鲁迅的《狂人日记》吗？

影视、戏曲、绘画、雕塑等作品的名称也要用书名号。例如：

[3]美国影片《泰坦尼克号》给观众留下了深刻的印象。

[4]我非常喜欢董希文的油画《开国大典》。

九、专名号

专名号是直线。横行文稿中标在专名的下面，直行文稿中标在专名的左面。

专名号表示人名、地名、朝代名等。例如：

[1]这武松提了哨棒，大着步，自过景阳冈来。

[2]唐玄宗在开元年间，是励精求治的皇帝。

专名号在书写和排印时都比较麻烦，因此现代白话文著作中一般不用，只用在古籍和文史著作中。在使用了专名号的文章里，如果要使用书名号，书名号要用浪纹式，使得形式比较协调。例如：

[3]陆法言记录诸人议论的要旨，再经本人多年的斟酌，公元 601 年制成切韵五卷。

练习三

一、引用和转述在引号的使用上有什么不同？

二、说明句内括号和句外括号的区别。

三、破折号和括号都可以标明解释说明的语句，两者有什么区别？

四、"必须让对方知道的意思，不能省略，也就用不着省略号；不必让对方知道的意思，不说就算了，也不需要用省略号。"谈谈你对这句话的理解。

五、连接号有几种形式，使用中有什么区别？

六、改正下列各句内引号使用不当的毛病。

(1)轰轰烈烈的里面常含有"泡沫"，往往是利少弊多。

(2)自流井区光大街居委会党政"一班人"坚持"以经济建设为中心"，大力开展社区服务工作。

(3)十几天后，过度的劳累使他"腹泻"的老毛病又犯了。

(4)我国计算机信息产业驶入"高速公路"。

七、下列各句内句号和后引号的位置，如果有不恰当的，请予以改正。

(1)老人告诉记者："创作是我的精神寄托，也是我的生命支柱"。

(2)要知道，18 世纪最杰出的醇儒巨匠马克思也热衷搞股票，"要将对手的钱毫不留情地夺过来。"

(3)记者评价温兆伦"是一个能同你面对面坐下来倾心交谈的那种朋友，他的谈吐让人可以感受到他受过很好的教育。"

(4)郭老说，这部书"在我自己是一部划时期的作品。"

第四节　标点符号使用中常见的错误

一、句号的误用

　　句号是最常用的句末点号，它只能用在句子的末尾，不能用在句子的里面。如果把它用在句子的里面，一个句子就会被割裂为几个句子。例如：

　　　　[1]＊中国人民大学函授学院为帮助准备参加成人高考的中青年同志系统复习高中课程。9月下旬将在月坛北街二号院礼堂举办成人高考补习班。

　　　　[2]＊本技术的关键是攻克了氧气不能接触油类的禁区。降低了生产成本和氧气耗量。优于国内所有的新金属焊割气。

　　　　[3]＊尽管中国信息产品制造业充满困难与艰辛。但是中天人的信念是，不管有多大的困难和挫折，振兴民族工业的信念不变。

　　　　[4]＊我想，如果"盼盼"落户营口防撬门厂，也一定能使企业名震海内外。所以就起名为"盼盼"。

　　例[1]"为……复习高中课程"是介词结构，句子到这里没有完。第一个句号要改为逗号。例[2]是包含有三个分句的复句，分句之间不能用句号。前两个句号要改为逗号。例[3]"尽管"和"但是"引出的是转折复句，复句内两个分句间不能用句号。第一个句号要改为逗号。例[4]"如果……名震海内外"是原因，"所以就起名为'盼盼'"是结果。因果复句中间不能用句号。要把第一个句号改为逗号。

　　句号的误用还有一种类型，就是分号内包含了句号。例如：

　　　　[5]＊就拿儿童药品来说吧，一方面儿童防病治病的常用药由于利微而无人愿意生产、销售，造成品种短缺、规格不全，小儿只好服用成人药品。许多疗效甚佳但价低利薄的普通药品，如驱蛔灵等竟然无货可进；另一方面，那些生产、推销价贵利高的补钙、补碘、补脑的营养片、营养液、营养素之类的厂家、药店乃至卫生防疫部门的工作人员却蜂拥而上，打着"为了孩子"的旗号，不管有利还是有害，利用舆论的、经济的、行政的多种手段，千方百计诱导，甚至强制少年儿童服用，以致闹出像山东省单县几百名小学生因集体服用碘钙片而中毒那样的恶性事件来。

　　例[5]"一方面……；另一方面……"是并列复句，中间用了分号；可是在"一方面"引出的分句内，又出现了句号。句号表示的停顿大于分号，所以这样使用句号是错误的。在这个句子内，"许多疗效甚佳……无货可进"和"一方面……服用成人药品"意思重复，应该把"许多疗效甚佳……无货可进"去掉，这样就解决了问题。"如驱蛔灵等"移到开头的"常用药"的后面，在"等"的后面还要加上个逗号。

二、问号的误用

　　问号表示疑问句末尾的停顿，非疑问句的末尾不能用问号。有的人有一种误解，以为只要句子内有"谁""什么"等疑问词，或者有"是……还是……""是否"等疑问结构，就是疑问句。其实不然，"谁""什么"等疑问词和"是……还是……"等疑问结构，固然常用在疑问句里，可是也常常用在非疑问句里。一个句子是不是疑问句不能只看有没有疑问词或疑问结构，而是要看它是不是提出问题并且要求回答。如果没有提出问题也不要求回答就不是疑问句，末尾也不能用问号。例如：

> [1] ＊关于什么是智力？国内外争论多年也没有定论。
>
> [2] ＊要懂得哥德巴赫猜想是怎么一回事？只需把早先在小学三年级里就学到过的数学再来温习一下。
>
> [3] ＊一心一意地搞数学，搞得他发呆了。有一次，自己撞到树上，还问是谁撞了他？
>
> [4] ＊她独自走着，低着头，分不清天上下的是雨，是雪，还是雪珠儿？
>
> [5] ＊现在人们关心的是像这样的千古奇冤，今后是否还会出现？

上面的五个句子都不是疑问句，都不应该使用问号。例[1]和例[2]里的问号要改为逗号。例[3]至例[5]是陈述句，句末的问号要改为句号。

下面的句子也不是疑问句，末尾不应该用问号：

> [6] ＊我感到自己的无知，也感到了丑石的伟大，我甚至怨恨它这么多年竟会默默地忍受着这一切？
>
> [7] ＊"哎，"大队会计催促道，"你到底要不要？"对方像费很大的劲，说："好，来个五十斤吧？"

例[6]和例[7]句末的问号要改为句号。

三、叹号的误用

叹号表示感叹句末尾的停顿。叹号使用中的主要毛病是多用，常见的是在陈述句的末尾随便使用叹号。陈述句的末尾要用句号，只有当它带有十分强烈的感情时才可以用叹号。有人以为只要带有感情就要用叹号，这就会造成了许多叹号的多用。例如：

> [1] ＊面对这严峻的挑战，怎么办？实践告诉我们：只有开拓技术市场，实行技术商品化，才能使科学技术迅速转化为生产力！
>
> [2] ＊在华侨饭店706房间，长影导演华克同志问我："时茂，你愿意不愿意去趟海南岛？""我去过！""你愿意不愿意去大连？""我也去过！"

例[1]"只有……才……"是陈述句，末尾要用句号。例[2]是导演和演员聊天，演员心平气和地回答。其中的"我去过"和"我也去过"并不带有特别强烈的感情，末尾只能用句号，而不能用叹号。

叹号是句末点号，只能用在句末，不能用在句内。有人看到语气词就在后面用叹号，不管语气词是不是在句末，这样常常会用错。例如：

> [3] ＊我激动的心啊！一时一刻都没有平静。
>
> [4] ＊祖国壮丽的大自然啊！就像一块巨大的磁石强烈地吸引着游子的心。

例[3]和例[4]里的叹号都用在主语的后面，处于句内，要把这两个叹号改为逗号。

四、逗号的误用

逗号是最常用的句内点号，常见的毛病是在该用句号或分号的地方误用了逗号。例如：

[1] *10年改革，使北京市农场系统发生了巨大的变化，1977年以前，国家平均每年要向农场系统补贴300万元，10年后的今天，国营农场系统已经甩掉了补贴，成为北京重要的农副产品供应基地。

[2] *那个黄昏，我已然丧失了对外部世界的正常的反应能力，视野有多大，她的形象便有多大；想象力有多么丰富，她的神情就有多少种暗示。

[3] *8月2日下午5时左右，有一个被自行车撞成脑重伤的小男孩被送到朝阳医院，这时，正巧副食店的杨经理来医院探视病人，她走到正处于半昏迷状态的小男孩身旁，把耳朵贴到男孩子嘴边，询问他的姓名、住址，凭着几句含糊不清的话语，杨经理和好心的司机一起，在派出所同志的帮助下，终于找到了孩子的家长，晚10时，孩子做了开颅手术，保住了性命。

例[1]是两个句子。"巨大的变化"后面的逗号要改为句号。"1977年以前"和"10年后的今天"是对比来说的，"300万元"后边的逗号要改为分号。例[2]"正常的反应能力"后面的逗号要改为冒号。例[3]说的是五层意思，要改为五个句子。第一句说小男孩被撞伤送到医院，第二句说杨经理见到这件事，第三句说杨经理询问孩子的姓名和住址，第四句说找到了孩子的家长，第五句说孩子做了手术。第二、第四、第七、第十一这四个逗号要改为句号。一段话里面在应该用句号的地方用了逗号，这种毛病叫"一逗到底"。我们要注意防止出现这种毛病。

说话时一个句子的内部可以有大小不等的停顿，写成文章时这些停顿不一定都要用逗号。如果逗号用得太多，就可能把句子分得太散，反而不利于阅读。例如：

[4] *到目前为止，全市已有407所民办学校，开设了100多种专业，在校生近10万人，初步形成了多学科、多类型、多层次的比较完善的社会教育体系。

[5] *他把这几年，村里的大小变化，全都告诉了我。

例[4]"已有407所民办学校，开设了100多种专业"是递系词组，中间不应该用逗号，第二个逗号要去掉。例[5]句内的两个逗号都要去掉。

五、顿号的误用

为了分清结构层次，多层次并列结构间的停顿，一般要用不同的点号来表示。如果不注意这个问题，就可能造成理解的困难。例如：

[1] *综观环京经济协作区，具有雄厚的科技信息优势、较强的工业基础、巨大的生活资料和生产资料市场、较丰富的动植物、矿产、海洋、旅游等资源。

[2] *艺术节期间还要举办形式多样的文艺评论活动、内容独特的文物、风情、美术、摄影展览，以及大规模的经贸活动。

上面两个句子里的并列词语都有两个层次，第一个层次间的停顿要用逗号，第二个层次间的停顿要用顿号。例[1]第一、第二和第三这三个顿号要改为逗号。例[2]第一个顿号要改为逗号。

> [3] ＊我们要报道那些企业在革新、挖潜，在提高产品质量、产量、降低消耗、增加利润等方面是如何想办法、找窍门的。

例[3]"在提高产品质量、产量、降低消耗、增加利润"有两个层次，都用了顿号就造成层次不清。可以把"质量、产量"间的顿号去掉，整个词组就只有一个层次了。

并列词语间没有停顿的，不要用顿号。例如：

> [4] ＊在顶天立地的解放军战士面前，五、六十个敌人吓破了胆，一个接着一个举着双手走了出来做了俘虏。

> [5] ＊我父、母亲都是日本留学生，母亲先学医，以后又攻读工艺美术。

例[4]和例[5]两句里的顿号都要去掉。

六、分号的误用

分号主要表示复句内部并列分句之间的停顿。分号容易用错，使用时要特别留心，常见的错误是在并列的词组间误用分号。例如：

> [1] ＊旅行车沿着环岛新铺的碎石公路飞驰，年代久远的玄武岩牌坊；干涸鱼塘内倾斜的渔船；绿油油的西瓜地相继进入视野。

> [2] ＊《湖畔》中人物的对话；《鲜花开放的地方》中环境的点染；《大钱饺子》里的铺叙议论，都十分富有特色。

分号只能用在并列的分句之间，不能用在并列的词组之间。例[1]和例[2]里的分号都要改为顿号。

复句有许多类，并列复句的分句间用分号，非并列复句的分句间一般不用分号。下面是误用的例子：

> [3] ＊去年12月13日，在河北省香河县公安局的配合下，通县公安局破获了盗窃高压输电线路铁塔塔材的案件；抓获犯罪分子二十余人。

> [4] ＊它不仅代表了2100多年以前，我国的养蚕、纺织、印染、刺绣和缝纫工艺方面所达到的高度水平；也显示出我国古代劳动人民的聪明、智慧和惊人的创造才能。

例[3]是承接复句，例[4]是递进复句，都不是并列复句，分句间的停顿不能用分号，要把分号改为逗号。

多重复句内如果第一层是并列分句，分句间的停顿要用分号。如果并列分句不在第一层上，并列分句间不能用分号。例如：

> [5] ＊中天人坦坦荡荡地承认不足，因为他们相信自己有能力把产品质量搞得更好；因为他们相信这样做才能真正赢得用户的信赖。

例[5]是有两个层次的复句。第一个层次的分界在"不足"的后面。"因为……因为……"虽然是并列关系，但是在第二个层次上，所以中间也不能用分号。要把分号改为逗号。另外，如果把第二个"因为"去掉，句子可能要好些。

七、引号的误用

引号标明行文中直接引用的话。引文末尾怎么使用点号，要考虑两个因素：一个是引文本身是不是完整的句子，另一个是引文是不是作为独立的句子来用。凡是完整地引用别人的话，而又作为独立的句子来使用的，句末的点号要放在后引号的前面。下面句子里句末点号的位置不对：

[1] *电冰箱厂副厂长高健说："工商联合起来，处处为消费者着想，路子就会越走越宽"。

[2] *大家说："这次活动，真是一堂生动的安全教育课啊"！

例[1]的句号和例[2]的叹号，都要移到后引号的前面。

凡是把引用的话作为叙述者的话的一部分的，不管引文是不是完整，后引号的前面不用点号。后引号的后面要不要用点号，用哪种点号，都要从句子的结构来考虑。例如：

[3] *阵地上，"提高警惕，保卫祖国。"等醒目的大标语，在阳光下显得格外耀眼。

[4] *民警笑笑，没再说什么就走了，我很热情地邀他"有空来玩。"

例[3]后引号前面的句号要去掉。例[4]句号应移至后引号后面的全句末尾。

八、书名号的误用

书名号也就是作品号，它标明书名、篇名、报刊名等，可是常见有人随意扩大它的使用范围，诸如产品、奖品、单位、活动、课程、竞赛、展览会、讨论会、交流会等的名称都用上书名号，这是不对的。例如：

[1] *河南省首届《教育学》《心理学》师资培训班于 3 月 15 日在郑州市蒙阳师范学校正式开学。

[2] *北京经济台与东直门医院共同推出《专家电波门诊》。

[3] *《第三届中国国际建筑贸易博览会暨中国国际厨房、卫浴设施展览会》《中国国际建筑陶瓷、大理石及石材制品展览会》《上海国际社会公共安全产品展览会》犹如建筑界的"奥运会"，既为全世界建筑界的巨擘架设了跨入中国市场的桥梁，又为国内厂商敞开了上海市场的大门。

以上各例里的书名号都要改为引号。

练习四

一、改正下列各句内标点使用不当的毛病。

(1)曾在厂行政科工作多年的许同志通过角逐，当上了装酒临时工，在这个多劳多得的岗位上，他干活卖力，月收入由原来的 400 元增加到 700 元左右。

(2)在两个多月的时间里，全局职工用自己的双手铺设了自来水管和下水道，为了节约开支，职工们泡在齐腰深的水坑中捞取旧砖，铺成了那条宽阔平坦的道路。

(3)发展个体私营经济，一要放手发展。二要积极拓宽领域。三要不断扩大规模。形成经济优势。

(4)工会发挥桥梁和纽带作用，向广大职工发起了抗灾自救的总动员。并把抗灾自救，安排好受灾职工生活作为当前工会的重要工作来抓。

(5)该委员会共 21 人，主要由多年从事文物鉴定，对某类文物具有较高鉴定技术造诣的专家组成。

(6)一个以推广电化教学为主体，实现教学手段现代化的高潮正在兴起。

(7)安丰乡三面临水，防洪堤线长 16000 多米、有劳力 5800 人，平均每年每个劳力要在防汛中投工 100 个。

(8)到 1964 年春，一部包括 200 幅主图及部分附图，20 余万研究说明文字的《中国古代服饰研究》初稿即告完成。

(9)他们详详细细讨论了行动的细节，人员的配备，战斗的布置，一直谈到深夜。

(10)建材产品 70％用在建筑业根据发达国家的经验人均国民生产总值在 600 美元至 6000 美元是建筑发展时期，我国正进入这一时期，据建设部规划：到 2000 年要竣工各类房屋 12 亿平方米，同时加大道路、码头、水利等基础设施工程，这些工程为建材产品提供了广阔市场。

二、给下面的短文加上标点。

　　我们院里来了两个乡下小孩一个是姐姐梳着歪小辫穿着小花褂儿一个是弟弟脑瓜顶上留的头发就像扣了个茶壶盖儿他俩说话特别逗一有空我就逗他们说话小姐姐有心眼发现我在逗她瞪我一眼转身就走可那小弟弟一逗就说尤其是吵架声音又响又脆像鞭炮可好玩啦

三、改正下列短文中使用不当的标点，并说明改动的理由。

　　3 月 7 日下午，有两名军人在北京火车站候车室里吃苹果，将削下的果皮随意扔在地上，当车站卫生监督人员按规定要他们付罚款时，这两个军人无理争辩，态度不好。正在车站执行纠察任务的副参谋长和蔼地对他俩说，军人要带头执行地方的有关规定，自觉维护公共秩序，保持公共场所的清洁卫生；"三大纪律八项注意"中有一条讲的是革命军人说话要和气、随地扔果皮不对，同人家争吵就更不应该了。教育他们诚恳认错，照章办事。

后　记

　　这本教材专为普通高校中文院系、外语院系、新闻传媒院系以及对外汉语院系各专业的"现代汉语"课程所编写，编写原则有三：

　　第一，内容力求精当，选择现代汉语方面最基础、学生最必须具备的知识。

　　第二，表述尽可能深入浅出，通俗易懂。

　　第三，注重引导学生进行思考，注重提高学生的语言应用能力。

　　这本教材各章节的顺序是：绪论、语音、文字、词汇、语法、修辞、标点，但是各校任课教师在教学中，可以根据具体情况作适当调整。

　　若要让学生将各部分内容学进去，掌握好，任课教师的认真讲授当然是很重要的条件，而要求学生做练习也是必不可少的教学环节。本教材各章节都附有练习，任课教师也可以根据具体情况作适当增删。

　　这本教材得以出版，要感谢北京师范大学出版社，特别要感谢本书编辑赵月华和杨帆女士，她们不仅向我们倡议编写这本教材，而且在出版过程中反复审校，付出了辛勤的劳动。

　　不当之处在所难免，敬请广大读者批评指正。

陆俭明

2011 年夏

北京师范大学出版社新世纪高等学校教材·中国语言文学类

北京师范大学出版社高等教育分社网址：http：//gaojiao. bnup. com. cn

★普通高等教育"十一五"国家级规划教材；◆教育部"面向21世纪课程教材"；▲北京市高等教育精品教材；☆普通高等教育"十五"国家级规划教材；△全国高等教育自学考试指定教材。

汉语言文学专业基础课系列教材

★▲文学理论新编（第3版）（童庆炳）

文学理论新编（第3版）教师用书（童庆炳）

★语言学基础理论（第2版）（岑运强）

★现代汉语（第3版）（周一民）

古代汉语教程（李国英　李运富）

古代汉语（徐正考　付亚庶）

中国现代文学史（第2版）（刘勇　邹红）

中国古代文学史（上中下）（北师大古代文学研究所）

新中国文学史（上下）（张健　等）

☆◆比较文学概论（第2版）（陈惇　刘象愚）

外国文学史（匡兴　等）

马克思与现代美学（曹卫东）

▲语文课程与教学论（郑国民　阎苹）

汉字学概要（王宁）

汉语言文学专业课系列教材

★儿童文学教程（王泉根）

★神话与神话学（杨利慧）

◆世界文学发展比较史（上下）（曹顺庆）

▲中国民间文化（万建中）

△现代汉字学（杨润陆）

中国现代小说导论（杨联芬）

中国百年话剧史稿(现代卷/当代卷)（黄会林　谷海慧）

中国文化史（李山）

文学批评与文体（蒋原伦　潘凯雄）

中国文学批评史（王汝梅　张羽）

外国文学史纲要（陈惇　何乃英）

语文教育学（张鸿苓）

训诂学基础（陈绂）

汉语语音学（周同春）

汉语言文学专业作品选系列

中国古代文学作品选（上下）（郭英德）

中国现代文学作品选（上下）（刘勇）

中国当代文学作品选（上下）（张健）

国家精品课程系列教材

外国文学作品选（西方卷）（刘洪涛　王向远）

外国文学作品选（东方卷）（王向远　刘洪涛）

语文课程与教学论（刘永康）

西方文论经典释读（杨慧林）

写作系列教材

汉语写作学（徐振宗　等）

应用写作学（徐振宗）

事务文书写作（刘锡庆　洪威雷）

常用法律文书写作（刘锡庆　刘荣林　等）

公文写作（刘锡庆　陆雅慧）

经济应用文书写作（刘锡庆　李道荣）

日常实用文体写作（刘锡庆　张明）

科技实用文体写作（刘锡庆）

文科类毕业论文写作（刘锡庆）

理工农医类毕业论文写作（刘锡庆）

军事应用写作（刘锡庆　王景堂）

公共课系列教材

☆中国文化概论（第2版）（张岱年　方克立）

中国文化概论教师用书（方克立　周德丰）

教师口语（国家教育委员会师范教育司）

教师口语训练手册（国家教育委员会师范教育司）

教师发声训练教程（杨小锋）

普通话培训与测试（尹建国）

大学语文（张铭远　等）

新编大学语文（朱恒夫）

大学生媒介素养概论（于翠玲）

国学概论（刘毓庆）

21 世纪硕士研究生系列教材

中国现代文学资料与研究（李春雨　杨志）

中国现代文学研究的视域与形态（刘勇）

中国当代文学与文化研究（张柠）

中国古典文献学的理论与方法（郭英德　于雪棠）

反思文艺学（李春青　赵勇）

多维视角：中国古代文学史的立体建构（郭英德）

文艺学系列教材

文学批评新编（王一川）

中国现代文论新编（陈雪虎）

中国古代文论新编（李春青）

大众文化理论新编（赵勇）

文学心理学新编（程正民）

文学社会学新编（方维规）

文学符号学新编（钱翰）

20 世纪西方文论新编（陈太胜）

北京师范大学出版社新世纪高等学校教材·外国语言文学类

现代英语词汇学概论（张韵斐）

实用英语语音学（何善芬）

研究生英语写作教程（李争鸣）

交际英语口语教程（李长兰　程晓棠）

专业硕士英语教程（王焱华）

北京师范大学出版集团
BEIJING NORMAL UNIVERSITY PUBLISHING GROUP
北京师范大学出版社

高教分社
语言文学室

地址：北京新街口外大街 19 号　邮编：100875
电话：010—58808053,58802833　传真：010—58808503
网址：www. bnup. com. cn　　e-mail：bnupyw@163.com

高教分社语言文学室工作人员填写：

来源：电话/传真/信函/电邮/巡展/活动/会议/其他＿＿

获表日期：＿＿＿年＿＿＿月＿＿＿日　签收人＿＿＿

处理时间＿＿＿＿　　用途：新建/更新　责任人＿＿＿

教师用免费教材样本申请表

　　请您在我社网站所列的高校语言文学类教材中选择样书(每位教师每学期限选 1～2 种)，以清晰的字迹真实、完整填写下列栏目，符合上述要求的表格将作为我社向您提供免费教材样本的依据。本表复制有效，可传真或函寄，亦可发 E-mail。

姓名：＿＿＿＿＿＿＿　　主要授课专业：＿＿＿＿＿＿＿＿＿

学历：□专科 □本科 □硕士 □博士 其他：＿＿＿＿＿＿＿＿＿＿＿＿(海外经历可一并注明)

职称：□助教 □讲师 □高级讲师 □副教授 □教授 □硕士生导师 □博士生导师　其他：＿＿＿＿

职务：□教研室主任 □系副主任 □系主任 □副院长 □院长 □无职务 其他：＿＿＿＿

学校全称：＿＿＿＿＿＿＿＿＿＿＿＿＿＿＿＿＿＿＿＿＿＿(若必要请注明所在校区)

学校地址：＿＿＿＿＿＿＿＿＿＿＿＿＿＿＿＿　邮编：＿＿＿＿＿＿＿

所在院、系、教研室：＿＿＿＿＿＿＿＿＿＿＿＿＿＿

电话区号：＿＿＿＿办公电话：＿＿＿＿宅电：＿＿＿＿手机：＿＿＿＿E-mail：＿＿＿＿(必填项)

授课科目 1：＿＿＿＿学生人数＿＿＿＿所用教材是＿＿＿＿＿＿＿出版社出版的《＿＿＿＿＿》

教学层次：□中职中专 □高职高专 □本科 □硕士 □博士 其他：＿＿＿＿＿＿

授课科目 2：＿＿＿＿学生人数＿＿＿＿所用教材是＿＿＿＿＿＿＿出版社出版的《＿＿＿＿＿》

教学层次：□中职中专 □高职高专 □本科 □硕士 □博士 其他：＿＿＿＿＿＿＿＿

教材指定者：□本人 其他：＿＿＿＿＿＿＿＿＿＿＿＿＿

所需要的教材样本书名	作者	定价

您对本书《　　　　》的肯定性评价：

您认为本书有何缺点，具体应如何修改(可另附纸，您的意见被采纳后我们将酌付酬谢)：

您近期高校文科教材方面有何写作计划：＿＿＿＿＿＿＿＿＿＿＿＿

您最重要的科研与教学成果：＿＿＿＿＿＿＿＿＿＿＿＿＿＿

＿＿＿＿＿＿＿＿＿＿＿＿＿＿＿＿＿＿＿＿＿＿＿＿＿＿

注：您申请的样书须与您讲授的课程相关。

感谢您对我社的信任，很荣幸接受您的意见和建议，祝您健康快乐！
欢迎您从我社网站 www. bnup. com. cn "相关下载" 栏目下载有关课件！